山东省社会科学规划研究项目文丛·一般项目

子弟书诗篇对儒家思想的诠释与传播

王美雨 

九州出版社 JIUZHOUPRESS | 全国百佳图书出版单位

图书在版编目（CIP）数据

子弟书诗篇对儒家思想的诠释与传播 / 王美雨著
. -- 北京 : 九州出版社, 2019.12
ISBN 978-7-5108-8851-9

Ⅰ. ①子… Ⅱ. ①王… Ⅲ. ①子弟书－影响－儒家－哲学思想－研究－中国－清代 Ⅳ. ①B222.05

中国版本图书馆CIP数据核字(2020)第009968号

子弟书诗篇对儒家思想的诠释与传播

作　　者	王美雨　著
出版发行	九州出版社
地　　址	北京市西城区阜外大街甲 35 号（100037）
发行电话	（010）68992190/3/5/6
网　　址	www.jiuzhoupress.com
电子信箱	jiuzhou@jiuzhoupress.com
印　　刷	北京九州迅驰传媒文化有限公司
开　　本	787 毫米 ×1092 毫米　16 开
印　　张	18.75
字　　数	382 千字
版　　次	2020 年 5 月第 1 版
印　　次	2020 年 5 月第 1 次印刷
书　　号	ISBN 978-7-5108-8851-9
定　　价	68.00 元

目 录

绪论

随着子弟书整理工作的推进，尽管子弟书的研究工作还存有各种问题，但学界越来越重视它，且视角逐渐开始多样化，已是不争的事实。现有相关研究成果显示，除思想内容、语言形式等，有关子弟书的其他问题在引起学者研究的同时，基本都会引起学者的争议，如作者问题、起源问题、归属于哪种艺术形式的问题等等。从这个角度看，子弟书具有较高的研究价值。只是与其他资料不同，我们所言的子弟书是由不同作者创作而成的诸多篇章集合体。不同作者的文化素养、文化观念不同，故抛却作者相同的子弟书篇章，意味着有多少子弟书篇章就有多少个独立的文化世界，它们是作者的，也是受众的，更是子弟书创作时代的。

文化意识比较抽象，它是人的自身学识、自身经历、社会观感等的集中呈现，而前人的文化意识，对我们了解其所在社会的一切，乃至了解和借鉴清代继承和传播中华传统文化的方法都有着一定的意义。就子弟书而言，作为满族文人用汉语创作的说唱文学，它体现了身为满族人的作者对满汉两种文化的接受程度与认知程度，是满汉两种文化意识形态的反映。所以，隐藏在子弟书篇章所描述的具体的社会现象、文化现象后的，是子弟书创作时代乃至当时整个社会的文化意识形态，其研究价值不言而喻。

第一节 子弟书的起源及文化属性

相较其他艺术形式，虽然子弟书产生及流行的时间距今并不远，但是由于其抄本多散佚于世，其唱腔于今也已不可寻，且其所在时代的相关研究除《书词绪论》外，其他内容仅见于子弟书文本内容及一些竹枝词等，兼以作者多不署名，这就使子弟书的起源、得名由来、艺术形式等问题，成为研究子弟书时避不过去的一个问题。

一、子弟书的缘起及得名

陈锦钊[①]认为子弟书是清代北方地区的一种俗曲，因其用词典雅，符合上流社会要求，故地位比较高，连带着其演出者的地位也较高。虽然他在成果中没有确切指出子弟书的起源及其特点，但至少指出了子弟书曾经是当时曲艺艺术形式中的显学。这就给了我们一个思路，既然是当时的显学，时人就不可能不对其进行一定的研究与阐释，而一旦时人这样做，其所言必定符合其实际情况，否则受众不可能接受。这一点，在子弟书《子弟图》中我们得到了证明。

《子弟图》指出子弟书最早的创作者是清代满洲贵族，书中直言“曾听说子弟二字因书起，创自名门与巨族[②]”。子弟书既然源出满族贵族，其语言、内容及形式、甚至唱腔等方面肯定要满足他们的需求，而符合上层建筑需求的文学艺术形式，都必定以“雅”为主要的特点，这一点也可以从子弟书《喜舞歌》中看出。无论是诗篇还是正书，都没有后期子弟书俚俗性的语言风格和贴近大众审美需求的内容。它的诗篇在规整的语言形式内，描写了清朝国道昌盛、万民来朝的盛世盛景，在短短的八句中，完成了对清代统治者的歌功颂德，同时

---

① 陈锦钊 . 子弟书之作家及其作品 [J]. 书目季刊，1978.12（1&2），21—56 页。

② 本书所引用子弟书正书或诗篇，如无特殊说明，均引自《清蒙古车王府藏子弟书》《子弟书珍本百种》《子弟书丛钞》《子弟书全集》《红楼梦子弟书》。

也体现出了上层满族贵族对自己统治者的拥护以及对自己生活等的满足。其正书亦是如此，开篇用规整的句式指出满族发源自吉祥宝地，是长白山的钟灵毓秀哺育了她，满族是有福泽的民族，必定会长长远远地存在和发展。展现了满族起源和发展的神话传说简史。客观来讲，无论满族起源是否与佛库伦在布勒瑚里湖吃了喜鹊衔来的朱果怀孕有关，这个神话传说，都说明满族具有极强的民族自豪感和自信心，以及其民族文化的神秘性。而这些尤为上层的满族人们所推崇，也是其以为自己阶层高人一等的重要原因。既如此，他们在描写与此有关的事时，自然是万分审慎和严肃的，这就使得相关的文学艺术作品呈现出了同样的特征，《喜舞歌》自是其中的一个明证。

大众的审美情趣、要求在层次、内容及形式上的不断变化，是文学艺术作品不断具有新的形式、新的内容的原因之一，因为已有的艺术形式无法给予人们更多的新奇感，或是人们开始用苛责的眼光去看待它。面对诸多“挑剔”的评论和要求，艺术家及创作者们不得不想方设法创新艺术形式：或改造，或新创。当然，因这种需求的变化而产生的艺术形式，大多时候并不是全民性的，很多时候是基于一个点而发的，正如子弟书的产生。《子弟图》明确指出子弟书得以被创造的原因正是因为社会上原有的艺术形式已经无法满足上层旗人的艺术需求。作者指出当年旗人们大多数家庭富裕，所以喜欢在家庭内听戏。但是他们认为昆戏等南方的戏曲固然曲调婉约、清灵，但是难以听懂，而北方的弋阳腔等则比较粗俗，难以满足他们的听觉审美要求，于是就创作了子弟书。因为有了对昆戏和弋阳腔等戏曲的先验感受，故他们创作的子弟书，综合了两者的优点，即“警雅”“通俗”。其描述明确表明子弟书起源于旗人中的富贵家庭，应该说，这个说法具有一定的科学性。我们说人是社会性的群居生物，不仅指其在生理、物质上具有向群性，也指其在心理、精神上具有向群性。这两种向群性，决定个体和个体之间必定有千丝万缕的联系，而其中，不可少的则是学习和模仿、效仿能力。惟其如此，一个社会群体才有良性发展的可能性。可以看到，在构成人类社会的各种因素中，文学艺术因素对人类精神的发展有着重要的作用，也是人类学习、效仿的重要对象。子弟书从上层到全社会的流行正说明了这一点。

作为基于一个点尤其是基于上层建筑而生的艺术形式，子弟书最初是神秘、新奇的，它在上层群体内的受宠与流行，激发了大众的学习与效仿心理，于是尽管其唱腔特色比较另类，但仍成为大众追崇的对象，甚至以能听子弟书、评判子弟书为己荣。这种基于个人心理层面的对子弟书的追崇，在社会上形成了“滚雪球”效应，子弟书也就从点到面，成为全社会所关注、所感兴趣的对象。

但一种艺术形式的产生及流行很多时候并不是基于一种原因，而是多种因素并行的结果，或是在其产生的初期有其他令人瞩目的特殊群体的参与，以致掩盖了其真正产生的原因，如郑振铎先生[①]认为子弟书是八旗子弟游手好闲之余的产物。可见，郑振铎先生虽与《子弟图》一致，都认为子弟书起源于旗人，[②]但两者也存有一定的差别。《子弟图》重在强调子弟书起源的高贵性，而郑振铎先生则重在强调子弟书起源的娱乐性。从这个层面看，其所给予子弟书的定位不如《子弟图》给子弟书的定位高，由此拉低了子弟书的价值地位，但在一定程度上点明了子弟书内容的通俗性，激发了研究者的兴趣，所以没有减弱其实际的文学文化甚至史料价值。

除此之外，姚颖也认为子弟书是由八旗子弟而作，但她没有像《子弟图》及郑振铎先生那样点明八旗子弟创作的具体原因，只是指出子弟书是由八旗子弟创作的一种艺术形式，[③]这种不对具体创作者身份进行评价的行为，虽然中庸，但却能引导人们客观地去看子弟书，进而对其作出客观公正的评价。换个角度看，她的这种观点也有其他的启示，即在研究一种文学艺术形式尤其是有诸多作者的艺术形式的起源时，如若对具体的个体作者不能做出明确分析时，可以从更高更广层面分析它产生的社会背景及社会背景中哪种因素对其的影响较大，同时，也可对其创作群体的特征进行研究。如此，虽不涉及具体作者，但却能发现群体的创作特征。所以，从这个角度看，无论是《子弟图》、还是郑振铎、姚颖的观点，对我们研究子弟书的创作原因、创作团体都有一定的帮助。

一种新的艺术形式被创作后并得以流行，少不了社会语境的作用。满族入关后，积极学习汉族文化，以至“凡温饱之家，莫不延师接友，则文学固宜其

---

① 郑振铎. 中国俗文学史 [M]. 北京：东方出版社，1995 年版，第 560 页。

② 《子弟图》中认为子弟书起源于“名门与巨族”，显然是满族贵族，根据清朝制度，能满族中的贵族只能是旗人。

③ 姚颖. 清代中晚期北京说唱文学与伎艺研究：以子弟书、岔曲为中心 [M]. 北京：北京燕山出版社，2008 年版，第 179 页。

骎骎然盛矣”。[①] 这种社会现象的出现，固然对满族的发展有很大的帮助，但在某种层面上也让掌权者头疼，于是就形成了掌权者一方面自己参与创作，一方面面对旗人沉溺戏曲等艺术形式的现状，又不得不制定规章制度限制旗人这种行为的矛盾现象。即便清代中后期时旗人群体及社会所具有的各种问题，戏曲不是诱因也不是决定性因素，它仅仅是其中一个能够拿到明面上讲又涉及范围广、如能遏制它、在一定程度上可以肃清旗人不良风气的一个因素而已。但既然清政府认为它的存在是形成旗人不良风气的重要原因，甚至要限制它，那么在这种社会形势下，无论是创作者还是演出者、抑或是观看者，都要依照政府的规定而行。此时单人三弦演出、且不用浓墨重彩的子弟书恰如一股清流，满足了大众对戏曲的需求。[②] 换言之，子弟书的这种演出特点决定它与奢靡无关，对演出地点、演出形式等都无特别需求，所以，无论唱腔如何，听众是否能听懂唱词，都迎合了娱乐形式匮乏时期受众的需求，最为关键的是，子弟书的语言和内容确有独特的魅力，所以受众自行阅读子弟书文本后，再去听子弟书，即便听不懂，也能获得一种别样的体验。故子弟书的流行，并不是偶然的，是社会、子弟书作者、子弟书本身及受众等共同推动的结果。

与子弟书起源于何人何处相同，“子弟书”这个名称的本身内涵就令学者难以确定。如有的学者认为，子弟书得名“子弟”，是因为其不收取演出费的原因。已有研究成果大多引用《绿吟堂馆子弟书·序》[③] 中的观点，认为“子弟”这个名称虽具有很多种含义，但都不适合作为说唱文学的子弟书，而在当时按照曲艺演出收费的实际情况，可以将其分为“生意”“子弟”两类，前者收取演出费，后者不收取演出费。虽然金台三畏氏说得很明白，但他最后仍然说，不论子弟书中的“子弟”二字到底因何而起，都无法改变它的可歌性、可读性。其实这种观点不是个例，《都市丛谈·十不闲》认为：“内分清、浑两门（即‘子弟’与‘生意’之别）。”[④] 另外，启功先生、何海鸣等也持相同的观点，如后者在《韩小

① （清）昭梿．啸亭杂录 [M]．何英芳点校．北京：北京中华书局，1980 年版，第 5 页。

② 李芳．观看与书写：清初、中叶旗人观剧体验与其俗曲创制 [J]．中正大学中文学术年刊，2010（02），第 221—249 页。

③ 金台三畏氏．绿吟堂馆子弟书·序，首都图书馆藏，清钞本。

④ 待馀生，逆旅过客．燕市积弊·都市丛谈 [M]．北京：北京古籍出版社，1995 年版，第 115 页。

窗之鼓词》[①]一文详细地讲解了子弟书的走票及其受主家邀请表演时的情形，特别强调了子弟书演唱者演出时不收取费用的事实。

抛开其他因素，这种观点表面看是科学的，因为看到了子弟书与其他曲艺在演出费用上的区别，然而，它的观察角度实际上却是基于已进入流通领域的艺术形式而言，而没有关注到该艺术形式在进入流通领域之前就已经具有了自己的名称，由此，可以说这种观点有所偏颇。去除其他与经济有关的因素，我们要考虑的问题是，什么是演出费用？什么是报酬？显性演出费用和隐性演出费用的异同是什么？如何去界定它们？

子弟书最初因为在家庭中演出，确实无关钱财，顶多算是一种家庭娱乐活动。但当其进入社会后，无论演出者是否愿意，他都会获得一种变相的报酬。《子弟图》用“大悬殊”之语，指出了初期的子弟书对演出场所、受众的要求非常高；处于没落阶段时，子弟书作者则“沦落”到“野茶馆子”中排练、表演子弟书。另外，很多子弟书也描写了这一点，且指出了子弟书兴盛时，其演出者甚至不屑于与邀请者或听者进行任何的交流，这种情况也就隐含着初期子弟书演出者即便外出演出，也仅限于一些他们认同的上流场合。在具体表演时，他们或是演出完就走，或是在邀请者那里参加酒宴。就实际情况看，这种隐形演出报酬对他们而言是可有可无的，但随着后期旗人的生活水平越来越低，很多旗人子弟书演出者生计艰难，演出之后，索取报酬自是很正常的事。即便如上文所言，这种报酬并不是单纯意义上的钱财，而只是像演出初期那样的食物报酬，也说明在子弟书演出者心中，无关钱财的饮食等报酬也满足了他们一定的需求。子弟书演出者获得报酬的这种特点，符合子弟书最初源自上流社会圈子的特性，也是子弟书演出者自恃身份与其他曲艺演出者不同的重要原因。总而言之，将子弟书中“子弟”二字的意义与子弟书演出者是否收取费用联系在一起，有待商榷。

除此，还有一种观点认为子弟书到底源自何人是一件不可考的事，如顾琳[②]就是其中的代表之一。作为写出第一篇专门研究子弟书文章的清代人，顾琳尚

① 何海鸣．韩小窗之鼓词 [J]. 民众文学，1926(01)，第 8—10 页。

② 顾琳．书词绪论 [M]. 关德栋，周中明．子弟书丛钞．上海：上海古籍出版社，1984 年版，819 页。

且认为子弟书原创者不可考，且只能指出它是从什么时候流行的，那么后世研究者的结论是否真的确切，也自有“仁者见仁智者见智”之意了。当然，与其他观点相比，这种观点也有一定的科学性，因为任何一种艺术形式，其能被社会所认可、并流行起来，必定要经历一段时间。在缺少多媒体或其他即时记录条件的时代，去探究一种流行的艺术形式到底起源于何人，是一件非常困难的事，所以人们往往注意到的是其流行前夕，那些对此作出巨大贡献的人，顾琳所言的罗松窗即是此类人物。

以上几种关于子弟书得名或起源的观点之所以有所差异，只因其出发角度不同而已，不过，异中有同，这些观点都将子弟书看作是一种独立的艺术形式，都充分肯定了子弟书的独立地位。在学界的研究中，还有一种完全不同的观点存在，即有的学者将子弟书看作是诸种艺术形式的总称，如余钊指出：“子弟书是八旗子弟乐的一种，最初是流行于镇守边关的清军官兵中的民间俗曲，包括十不闲、莲花落、太平歌词、道情等多种形式。”[①] 根据子弟书本身的形制、演出唱腔、演出形式、乐器等可以看出，它与十不闲、莲花落等各种曲艺形式有明显不同之处，因此余钊的这种观点也不能作为子弟书缘起的代表。

据笔者看来，任何一种文学艺术形式，不论它得名由来及其起源形式为何，只要它具有自己独特的体制，且在语言、内容或艺术形式等方面都具有独特性，我们就可将其看作是一种具有自我特色、自我内涵、自我价值的文学艺术形式。所以，以上观点我们可以作为参考，但是不能将其认定为它们就说明了子弟书得名的实际情况。笔者认为至于子弟书到底因何得名，并不影响对它的艺术形式、语言、内容、文化等各方面的研究，故下文我们不再对其进行探讨。

二、子弟书散佚、消逝原因

不能否认的是，人类的审美需求在具有连续性特征的同时，也具有阶段性、层次性等特征。直白而言，即一种艺术形式存在一段时间后，在形式及内容等方面没有创新的话，受众极有可能形成一定的审美疲劳，此时新艺术形式稍有“露头”，或者稍有风吹草动，那么拥有了一定选择权的受众，就极有可能会弃旧奔

① 余钊. 北京旧事 [M]. 北京：学苑出版社，2000 年版，第 486 页。

新。当然，这不是唯一的原因，就像子弟书退出历史舞台的原因就比较复杂。

单从艺术形式的体制出发，在受众那里，大致有大俗、大雅及介于两者之间的普适性艺术形式。考虑到子弟书初期的语言形式及一贯的体制，可将其归为大雅一类。这一类的特点要么能一直为受众所喜爱，以至尽管受众范围越来越小，也能成为一种得以传承下去的艺术形式，如京剧、昆剧等；要么最初能迅速得到受众的接受和传播，但随后却逐渐衰亡，最终不得不退出历史舞台，如子弟书。就史实而言，子弟书反复多变的唱腔以及篇幅的短小，是受众最终舍弃它的理由之一。[①]但正如上文所说，像京剧、昆剧等戏曲形式的唱腔或唱词其实也不为大多数人所了解、听懂，但它们自产生后，就一代一代地传承延续下来。现在甚至已经成为非物质文化遗产。为什么会出现这样的情况呢？这是因为子弟书是由一个人自弹自唱，而京剧、昆剧等不仅有丰富多彩的扮相、多位演员的参与，还有动作。两者相比，大众自然会选择后者。再如子弟书的唱腔如“羊叫唤”，而京剧、昆曲等的唱腔却具有高亢、婉转、柔美等特征，能把受众代入一种韵味无穷的由美妙的唱腔构成的声音世界。

子弟书的创作者身份也是原因之一。虽然学界对子弟书的作者身份有所争议，比如都是满族人，还是有一些是汉族人，但这个问题并没有影响学界将子弟书界定为满族说唱文学，说明子弟书作者是以满族人为主的。然而从满族文学及子弟书发展的实际看，子弟书作者的数量没有得到持续均衡的发展。如此，子弟书得不到新鲜血液的注入，必定也会逐渐萎缩，进而为受众所舍弃。那么，汉族文学家是不是可以替代满族文学家创作子弟书呢？答案是肯定的，但同时也意味着子弟书不再是满族说唱文学。我们知道，子弟书作者身为满族人，意味着子弟书的内容与满族文化属性相契合，也就是说，即便其中有些内容是汉族文化的呈现，但却是被子弟书作者筛选后的符合其文化认知范畴的。这样一来，虽然子弟书兼有满汉文化两种属性，但是其内容的选择出发点却遵从满族文化。反之，如果创作者是汉族人，他必定会从汉族文化的角度出发去选择及描述、阐释内容，最终，其名称虽然还是“子弟书”，形制也会保持原有的样子，但是其内容和文化属性会越来越朝着汉族文化的角度发展。彼时，自然不能称

① 傅惜华．子弟书总目 [M]. 上海：上海文艺联合出版社，1954 年版，第 11 页。

其为满族说唱文学，而应称其为汉族说唱文学。

就内容而言，子弟书主要包括原创和改编两类。前者以反映当时的社会生活、民俗及官兵生活为主，但除《鸳鸯扣》外，一般篇幅都很短。后者的改编来源主要是《三国演义》《西厢记》《水浒传》《红楼梦》《聊斋志异》等等。按理说，前者的题材来源可以是源源不断的，但就子弟书的实际情况看，其内容主要是描写侍卫、官员等人的生活及工作情况，且主要以消极性的思想为主，特别是当子弟书作者所熟悉的社会发生了巨大变化后，但其却无法改变观察、了解社会视角的话，此时子弟书的内容必然无法引发受众的兴趣。

综上，子弟书消逝、退出历史舞台是多种因素综合作用的结果，除了上文我们所陈述的原因，也有其他的原因，如社会政治、经济、文化等环境的影响等。对这些原因进行研究，不是非要找出子弟书消亡的原因，而是为了点明历史上任何一种文学艺术形式的消亡都不是基于一种因素，我们研究子弟书等类似的文学艺术形式，其目的自然不是为了探究其原因，也不是为了恢复其唱腔，而是为了研究它的内容及其文化内涵，挖掘其在语言文化传承方面的价值，进而将其所蕴含的语言文化等继承、延续下去，为中华民族语言文化的继承、延续，增加来自文学艺术的元素。

三、子弟书的文化属性问题

从文化属性看，子弟书的典型特性是具有满汉文化两种文化属性，兼以其具有特殊的艺术表现力及内容，故有资格作为清代满族说唱文学的典型代表。子弟书的价值是与其文本内容同现的，所谓同现是指子弟书内容表现了当时一定的文化，如《鸳鸯扣》则完整、清晰地阐释了当时满族的具体婚俗文化现象。依据作者在《鸳鸯扣》中所述，我们可以还原清代满族从男女双方相看到洞房花烛夜的所有习俗，以及其中所涉及的其他的文化。这就让读者在阅读文本的同时会获得对当时满族婚俗文化的清晰认识，另外，只要具备一定的阅读和理解能力，就能理解子弟书作者通过内容所呈现的满族婚俗文化内涵，同时，也能了解随之伴生的满族民族信仰、饮食文化、服饰文化等。从这一点来说，子弟书所寄托的满族作家的审美情趣、思想意识等具有较强的史料价值。

子弟书作者在子弟书中呈现的满族文化类型丰富：生活、婚俗、饮食文化、服饰文化、政治、军事等，几乎囊括了清代中后期所有角度的满族文化，它们虽然得以展现的数量不多，然其与所属文化类型是点与面的关系，即受众可以由其感受该文化现象所属文化的更广、更高层面的内容及内涵。

如子弟书《螃蟹段儿》① 就很好地呈现了满族人的生活习性。入关之前，生活在草原的满族人，不仅不善于或是不吃螃蟹，甚至不认识螃蟹。作者在正书中先是写道男主人公买了螃蟹回家，他妻子问是什么，结果他并不知道。既然不知道，接下来两个人逮螃蟹、煮螃蟹、吃螃蟹的情节就顺理成章地令人捧腹，毕竟对不认识的人而言，活螃蟹的确难以处理。不难看出，作者的手法越夸张，越能反衬出满族人在关外时的生活习性，同时也展现了他们面对一种不习见的饮食原料时，敢于尝试的态度，无形中也体现了他们豪爽的民族特质。子弟书《女觔斗》则描述了当时茶馆中的演出情形，先是提到评书、相声儿、十不闲、莲花落等几种曲艺，但观众对待它们的态度不同，如对待相声是“心不在焉”，不仅不看还不听，甚至可以用“闹哄哄”形容他们当时的状态。反之，他们则很喜欢十不闲、莲花落等艺术形式。无形中反映出他们喜欢带有动作的曲艺形式，即他们想获得视觉、听觉等多种感官的享受。然而这几种也只不过是铺垫，最后登场的女觔斗才是他们最喜欢的，再次反映出动作性的曲艺形式在大众心目中具有重要的地位。另外，子弟书《厨子叹》则用对比的手法描写了经济繁荣和经济萧条时期厨子的工作状态，在反映出厨子行业艰难的同时，也说明在社会萧条的状态下，具有一定手工技艺的人生活都尚且艰难，那些一点手工技艺没有，单靠自然“恩赐”吃饭的广大中下层民众的生活则更为艰难。

除以上子弟书外，其他反映清代中后期满族文化尤其是旗人文化的原创子弟书有《老侍卫叹》《打围回围》《銮仪卫叹》《女侍卫叹》《苇连换笋鸡》《花别妻》《饭会》《阔大奶奶逛二闸》《柳敬亭》《乡城骂》《射鹄子》《逛护国寺》《阔大奶奶听善会戏》《须子谱》《老斗叹》《碧玉将军》等。以上这些子弟书都是原创类的子弟书，为作者对当时社会现实的描写，他们在以自己的视角详细书写当时不同社会现象的同时，也在一定程度上呈现了自己的审美观感，进而提升了子弟书的内涵。

---

① 又名《拿螃蟹》。

除原创类的子弟书外，改编类子弟书的作者也总是见缝插针地在篇章中呈现满族文化。如《窃打朝》中的饮食习俗，《卖刀试刀》中的牛二打扮及作者在其中所使用的汉译满语词，《查关》中通篇的满语词等，既是满族文化的呈现，也是满族语言的呈现。

可以说，子弟书对自己民族语言文化的呈现，充分体现了他们对自己民族语言文化的自信，乃至身处汉族语言文化中，也不忘自己的民族语言文化。当然，子弟书作者既然已经身处汉族语言文化圈中，自然也会深受其影响，甚至无论其是否自愿，都会在子弟书中呈现汉族的语言文化。就语言层面看，其语言模式从满语到汉夹满的变化，就反映出子弟书作者在使用满语、汉语两种语言时，不同阶段的心理合语言能力的变化。就文化层面来看，子弟书中也处处都是汉族文化的呈现，如《射鹄子》作者在诗篇中说："谁将射礼问周官，蓬矢桑弧久不悬。"在关外居住时，满族擅骑射，入关后，这一民族特征的逐渐消失，直接原因是其生活环境及生活习俗的改变，但作者却将其与周礼联系在一起，显示出以子弟书作者为代表的满族文人面对文化困惑时，已经产生了自觉从汉族文化寻求答案的意识。这一点，充分显示出语言文化环境对一个人乃至一个民族的影响。这也是面对当前复杂的语言文化环境，我们要加强民族语言文化自信心的重要原因。

从中华民族文化内涵及发展路径来看，汉族文化和满族文化是它诸多子文化中的两种重要的子文化，所以在本质上具有共同点，故入关之后的清代满族，才能迅速地接受汉族的精神文化和物质文化。

通过分析子弟书所呈现的这两种文化现象，可以发现，子弟书作者在表现这两种文化时，并不是被动的或消极的，而是以极大的热忱去展现自己理解范畴内的这两种文化。

四、子弟书诗篇概况

诗篇指的是位于子弟书正书之前，既自成一体，又大多与正书内容有着紧密联系的篇幅较短的韵文形式。从大多数由诗篇和正书两部分构成的子弟书来看，诗篇虽短，但其蕴含的文化内涵并不逊色于正书，尤其是很多作者在诗篇中直接阐明了自己的思想文化态度，其中，又以儒家思想文化占据主流，其类型之多、内涵之广，是我们将其作为研究目标的重要原因。

诗篇在内容上具有延展性、广泛性，除却对正书简介的部分诗篇外，剩余的诗篇几乎可以组合成一个能独立的展现子弟书作者文化理念、审美情趣的文化世界。如《击鼓骂曹》的作者在诗篇中先是指出当时流行的童谣早就点明了汉朝的国运，即黯淡、凋零不可救。接着指出汉王室衰落固然有奸臣当道的原因，但更多的却是因为当政者的无能。在灰败没有希望的汉末，虽然有以曹操为代表的奸雄肆无忌惮地“蔑视”“蚕食”汉王室的权力，但仍然有一些忠于汉王室的人用自己的方式维护着汉王室，甚至不惜牺牲自己。汉朝距离清朝已远，两者有着很大的差异，那么作者为什么要单独设置诗篇对其作出评价呢？这是因为不同社会现象下隐藏着不同的社会本质。即是说，虽然中后期的清朝，政权统一且较为稳定，国力上也可圈可点，然而这仅是就国家层面而言，实际上旗人尤其是中下层旗人的生活并不如意，如《老侍卫叹》《苇连换笋鸡》中的侍卫和兵丁，所以作者写这首诗篇未尝没有暗讽当世的目的。另外，《击鼓骂曹》诗篇表现了作者的消极态度中隐含着作者积极的态度，而他的积极态度正是通过正平骂曹这件事呈现出来的。身为封建时代的一员，作者不可能直摘当政者的不是，只能借古人古事暗呈自己的态度。作者类似于春秋笔法的写法，寄托着他对当政者能够改变社会现状的无限期望。

《饭会》诗篇则描述了作者身处仕途，痛恨官场那些虚伪，却又不得不虚与委蛇的痛苦心态。作者开门见山指出在为官是一件非常困难的事，如果不能“圆滑”地在官场中为人处事，那还不如不做官。即是说，作者所谓的“宦途行走十分难”，并不是指的处理公务或者与公务有关的事，而是进入宦途后要面临的各种人情世故。首要的一条是要学会用“吃喝”拉拢人，因为在当时，吃喝宴请已经成为官场的正常状态。参与其中的官员也都是各有所取，换句话说，这些饭会就是一场官场上的交易。因为深谙饭局文化，所以《饭会》作者不用借助长篇大论，就揭开了清代中后期官场的饭局文化面纱。其实作者揭开的不只是清代中后期官场的饭局文化面纱，揭开的也是中华民族独有的饭局文化面纱。饭局文化隶属于饮食文化，与其他饮食文化相比，它被参与者赋予了不同的因素，如政治、经济、文化、情感等，其目的无非是为个人或团体谋求利益。至于那些以消磨时间或文化交流为目的饭局文化则是单纯性的饭局。由此可见，参与第一种饭局的人，吃的不是饭，吃的是人情世故。至于作者所言的宦途饭局，可以说是被赋予了完全意义上的政治因素，而作者对此是深恶痛绝的。除此之外，作者在诗篇中还指出，要想宦途顺利，还要学会“吹嘘”自己。所谓“吹嘘”自己，指的是在宦途中，对那些地位较低、能力不高、人脉关系不强的人来说，唯有“吹嘘”，才能在虚虚实实中让别人以为自己有价值，进而在别人的这种“误解”中，获取自己的利益。根据《侍卫论》《狐狸思春》《郭栋儿》等子弟书，可推断出子弟书的作者或演出者有很多都是当值的官员。由此可见，《饭会》作者在诗篇中所言极有可能是其亲身经历之事，但由于整个社会大环境如此，所以他尽管痛苦，却不能挣脱，只有借写子弟书才能一抒心中的郁结。

类似于《击鼓骂曹》《饭会》的子弟书诗篇还有很多，它们的存在是子弟书作者为突出展示个人主观意识而设置的一个相对独立的世界。所以，不论诗篇是对正书内容的概括、评点，还是作者对自己身世的感慨、对创作原因的说明等，都不突兀，都能与正书内容有机地结合在一起。

诗篇不同的内容，都使作者的主观意识得到了清晰、通透的呈现。换言之，诗篇是独属于作者思想的世界，是作者尽情阐发自己的情感、观点的地方，所以较之正书，诗篇更好地体现了子弟书作者的价值观念、审美取向等，由之可推及清代中后期满族文人乃至整个社会的思想文化状态，这也是我们为什么要对子弟书诗篇的数量、形制、内容等进行详细研究的原因之一。另外，我们之所以对诗篇所诠释和传播的儒家思想特别作重点研究的原因，在于儒家思想在中国民族思想文化中的特殊性。儒家思想自先秦时期产生并存在以来，经历了不同时代的变迁，虽有时代誉之，有时代诋之，有时代中庸之，但儒家思想的核心精髓如“仁爱”“孝道”等一直被得以继承和发展，并被赋予不同的时代特征，却是不争的事实。

在研究中，有一点要注意的是，因为满族文化和汉族文化同属于中华民族文化，在入关之前，两者在语言和文化方面就有了一定的交流，即满族对儒家思想文化也早有了一定的了解，甚至在入关以前，就已经接触、吸收了部分儒家思想，甚至将其与自己的民族文化作了一定的融合。因此，这里所言的子弟书诗篇[①]在语言或儒家思想文化方面的特征，只是基于普遍意义上的视角而言，并无将其彻底与满族文化或其他文化剥离而研究的意图，即不会去考证我们研究中所涉及的思想文化是否为满族的原有文化，而只是从儒家思想文化的视角去观照、去研究。

① 为简洁需要，下文中，除章节名称外，其他地方“子弟书诗篇”均简称为“诗篇”，“子弟书正书”均简称为“正书”。

第二节 子弟书诗篇研究述评

大部分子弟书分为诗篇和正书两部分是毫无疑问的事，诗篇在很大程度上与正书具有同等价值，也是不用怀疑的事，但值得注意的是，尽管学者对子弟书的研究早在清代就已经开始，但只是侧重对子弟书作者、起源艺术形式、艺术价值、内容、语言甚至是音乐形式的研究，却鲜少涉及诗篇。

就目前的研究成果看，国外学界在研究中未提及诗篇，国内学界对诗篇研究虽颇多创见，然多为研究正书时顺带提及，论说较为简单。粗略地看，在诗篇的研究方面，国内学界有如下几个视角：

一、对诗篇体制的研究

诗篇大多为四句或八句，讲究押韵，但其字数不一，如《灵官庙》诗篇共八句，却使用了三种字数。前六句各用了 7 个字，第七句用了 11 个字，最后一句则用了 13 个字。再如《两宴大观园》诗篇也有八句，但其字数的分布又有新的变化。前四句每句各用了 7 个字，后四句则每句各用了 11 个字。以上两首诗篇前后两部分唯一差别在于每句的字数有所不同，但在平仄、押韵、对仗等领域则基本符合律诗的格式，这种情况，就使得学界对其形制的归属产生了不同的观点。

（一）诗篇是七律

诗篇是否是律诗的研究，始于启功先生。他（1984）明确指出“起首处先用八句七言律诗，有‘引子’的性质，很像‘快书’前八句的‘诗篇’，但没有‘诗篇’的名称”。[①] 启功先生的这种观点符合大多数诗篇的特征，如《趁心愿》第三回诗篇即为七言八句诗，无论从哪一个角度看，都是一首符合要求的律诗。

① 启功 . 创造性的新诗子弟书 [A]. 文史第 23 辑，1984 年版，第 239 页。

耿英[①]以启功先生的研究为基础，指出诗篇虽以七言律诗为基础，但在句数、字数上具有多变性。显然，耿瑛虽承认诗篇是律诗，但却认为它是律诗的变体。由于说唱文学的性质，子弟书作者在句数使用上比较自由，以至四句或六句的诗篇，如《金印记》第四回诗篇仅有四句，在形式方面符合近体诗的要求，故可将其称为律绝。但《长随叹》的诗篇却有六句，尽管其每句的字数也是七个字，也讲究押韵和平仄，但其句数既不符合律绝要求，也不符合律诗要求。所以，对这种诗篇，我们的确不好界定其是律绝、律诗还是其他的什么。至于那些超过八句的诗篇，我们也不能将其称为律诗，因为它们在字数方面都不符合律诗的要求。如《面然示惊（警)》诗篇只有第一句是七个字，其他九句都不是，明显不合排律要求。所以，我们只能将这类诗篇称之为诗篇，而不能称之为排律。

因此，耿瑛从诗篇的表面形式出发，通过对其内在要素的一定分析，以绝大多数诗篇的主要形式为依据，判定其归属，具有一定的合理性，但未能对诗篇做出全面系统研究，故未能彻底明晰诗篇的形制归属问题。

七律是近体诗的一种类型，在平仄、押韵、对仗及句数等方面都有着严格的研究。但随着语言三要素本身的演变，律诗以上的几个方面也是有所变化的。如中古时，押韵所依据的是106韵，而子弟书依据的却是北方十三韵辙，今天的人写律诗依据的则多是中华新韵。平仄的话，则差别更大，中古时，声调有平声、上声、去声和入声等四声，近代时虽然也有四声，但确是阴平、阳平、上声及去声，两者之间不但有声类的区别，还有各自包含的具体字的差异。那么问题就来了，如果韵依照的是106韵，平仄却是近代的，这就出现了韵和平仄不搭的问题。若两者不能做到妥帖一致，又何谈是律诗呢？所以，窃以为近代人作诗如果所依为106韵，那么平仄也要用中古的规则，然而，这样又出现了一个问题。那就是无论是韵还是平仄，古今都出现了很大的变化，如果一切都依据中古时的规则来，那么创作出来的律诗用今天的语音规则去看的话，又是不符合规则的。反之，如果用韵依照北方十三韵辙或者是中华新韵，平仄只要依据近代的就可以，这样用今天的语音规则去读，无论在韵还是平仄方面，

① 耿瑛. 曲艺纵横谈 [M]. 沈阳：春风文艺出版社，1993 年版。

一般都是符合规则的。也正是因为这个问题的存在，所以我们在评定一首诗篇是否是律诗时，应该多方面考量，而不能简单地依据其中的某一个因素就将其界定为律诗，或是排除在律诗之外。或者以耿瑛的观点为基础，将其界定为是律诗的一种变体形式。

（二）诗篇形似律诗

姚颖《子弟书的研究历史、现状及意义》（2004）明确表示诗篇是八个七言句、讲究平仄对仗，很像律诗。讲究平仄对仗，是律诗的规则，既然诗篇符合律诗的规则，为何姚颖只是认为像律诗，而没有直接将其定义为律诗呢？这一点想必是和诗篇的具体句式特点有关。

诗篇与一般讲史话本篇首的楔子为七言律绝或七言律诗不同，它在字数和句数方面基本上属于“自由型”的，完全取决于作者，它确实多为七言八句，但也有很多例外，如《送盒子》的诗篇前六句在平仄对仗方面都中规中矩，但最后两句由于加了衬字“自以为”“谁承望”两个“了”，最终各变成了10个字和12个字。这从一个侧面反映出子弟书作者乃至其他满族文学家在对待汉族已有的文学艺术形式时，会主观能动地按照自己的喜好对其进行改造，以便更好地表达自己的创作意图。如《惨睹》诗篇共八句，前七句都是7个字，且讲究平仄、对仗及押韵，只有最后一句为“燕庶子以靖难为名犯庙堂”，在规整之后，作者突然变换形式，原因在于他对朱棣是不满的。首先，他认为朱棣起兵的原因在于他是“庶子”[①]，封建社会嫡庶泾渭分明，显然，在作者看来，如果朱棣确是嫡子的话，他不会借“靖难”为名起兵反叛朝廷。诗句所用“犯”一词，也说明了他对朱棣及其行为的不满。这样看来，如果该诗句变为7个字，如“庶子靖难犯庙堂”，是无法将作者对朱棣的态度完全表达出来的。

所以，我们完全可以将其看作是律诗在说唱文学中的特殊表现形式，毕竟，艺术不仅为时代而生，艺术形式也为内容服务。

（三）不明言诗篇与律诗之间关系

郭晓婷《清代子弟书研究历史及其思考》（2009）指出诗篇是虽然也是七言八句，在文辞上讲究雅致，但却没有遵守律诗的格律要求。这种观点与上文所

① 据文献资料显示，朱棣是庶子，然而他本人却说自己是马皇后所生，这样就把他自己的身份提升到嫡子的位置，如此在皇位的问题上，他才具有毋庸置疑的获得权。

说姚颖的观点虽迥异，但也带有绝对性。

诗篇虽多有文辞雅致者，但也有通俗者，如《续钞借银》诗篇不仅使用了“莫怪”“开门”“市井心”等词语，且语句口语化浓，整首诗篇的文辞通俗易懂，并没有雅致之态。再如《赤壁鏖战》诗篇用词平常，使用了“纷纷”“天下”“安定”“破”“因此”等通俗易懂的词语，内容上仅重在叙事，也无雅致之态。

郭晓婷这种只是指出诗篇不遵守律诗声律、但又不明说诗篇与律诗关系的做法，虽符合一部分诗篇的特点，但却不符合所有诗篇的特征。据诗篇实际情况，其中存有大量符合律诗声律要求的诗篇，如《风流词客》的诗篇。

基于诗篇在格式上的这种复杂性，盛志梅在《试论子弟书的叙事体制及特点》（2011）一文中也不言诗篇和律诗的关系，而是将其称之为七言韵语。同样，傅惜华先生也只是称其为七言诗，并将其命名为“诗篇”，且认为它与“头行”的作用一致。[①]

这种观点避开了诗篇到底是不是律诗的问题，为我们研究同类问题提供了借鉴，面对一种与已有体裁相近的形式，我们是一定要给它确定一个归属，还是不纠结此点，只是把关注点放在其更有价值的方面呢？

笔者认为，就律诗原有形制而言，无论是五言律诗，还是八言律诗，皆为八句。即是说，律诗是有严格字数和句数规定的，而诗篇虽然押韵，然其不单字数不固定，句数也不固定，如《醉打山门》诗篇只有六句，但从诗篇外在形式而言，它与律诗还是有一定相似点的，差别仅是句数的不同而已。所以，以上三种观点中，认为诗篇形似律诗的观点更为恰当。

二、对诗篇功用的研究

文学艺术作品中任何一部分的出现，都有其独特之用。诗篇自然也不例外，这也是一部分研究者从功用方面研究它的原因。

诗篇的功用类似于其他曲艺形式前的定场诗，虽为定场，但其功用多样，王美雨认为它们的功用有二：“相当于内容提要的楔子”“点明创作原因”。[②] 第一

① 傅惜华．子弟书总目 [M]. 上海：上海文艺联合出版社，1954 年版，第 4 页。

② 王美雨．车王府藏子弟书方言词语及满语词研究 [M]. 北京：九州出版社，2015 年版，第 6—7 页。

点，如《俏东风》头回诗篇是头回内容的梗概，它描绘了浓浓春意下，才子佳人各自的美好情态，为其之后的相遇以及初期的美好相处做好铺垫的同时，也反衬出女主人公最终凄惨的命运。一定程度上，也暗示了作者是遵从“父母之命媒妁之言”的传统婚姻规则，在其看来，一旦违反这个规则，无论男女双方的开始多么美好，最终也会以凄惨收场。先秦时期的诸多儒家经典其实都涉及了这个问题，根据《孟子》[①]中所言，男女双方之间，如果没有经过当时社会规定的程序，无论有多么炽热的情感，都不能私下来往，否则父母及全社会的人都可以轻视，将其看作是低贱之人。与《俏东风》同类题材的其他子弟书也反映出，在男女关系中，受到惩罚的往往是女性，而故事中的男主角却总是在女主角凄惨离世后，不仅会获得女主角的鬼魂继续爱怜，还会重新获得一段被女主角鬼魂祝福的婚姻。无疑，这是子弟书作者歧视女性的一种隐秘呈现。我们从诗篇中解读出来的这种信息，或者说它所呈现的这些，说明它具有独特的存在价值。第二点，如《红拂女私奔》作者在头回诗篇[②]中就点明了创作原因。明面看，作者创作原因是“闲遣性”，然而换个角度看，作者完全可以选择其他的创作内容来“闲遣性”，而不用选择红拂女这样既具有游侠气质，又具忠义思想且爱憎分明的知名女性来写。应该说，“闲遣性”是次要的创作原因，对红拂女们的赞赏与肯定才是作者创作的主要原因。满族原为游牧民族，其女性也具有游牧民族或者说草原儿女的豪爽气质，然而入关以后，满族女性也随之失去了赋予其特质的草原环境，像汉族女性一样被关在高墙大院内，豪爽的气质或许还在，但已不是原有的豪爽气质，其中掺杂了太多人为的刻意豪爽，而《红拂女私奔》的作者对这一点是不满意的，故把自己对女性的要求与期盼寄寓在了这篇《红拂女私奔》中。这种点明作者创作原因的诗篇其功用具有多样性，对其进行分析时，不仅要联系作者的创作时代背景，从表层、内层两个方面分析，还要多角度地观察、细剖其创作原因，而不能仅是止步于作者自己在诗篇中所言的创作原因。

就诗篇具体情况而言，除以上两种功用，还呈现了作者对正文内容的主观

① 李学勤主编．十三经注疏·孟子注疏 [Z]. 北京：北京大学出版社，1999 年版，第 164 页。

② 虚空渺茫叹浮生，日月笼中鸟乾坤水上萍。浩劫只为无终始，世事何尝有定踪。图王霸业临明月，惜玉怜香半夜灯。寂静松窗闲遣性，写一代娥眉领袖女英雄。该诗篇取自《清蒙古车王府藏子弟书》，其中“茫”一字《子弟书全集》写作“漠”。

评价，如《女侍卫叹》诗篇。作者在诗篇起首两句就指出了人生最痛苦的就是分别，更不用说是刚结婚的人。从这里看，作者的观点是正确的。然而由于时代或者说是个人认知层次的局限，作者对新婚之人为什么不喜欢别离的原因解读时，却仅从感官层面出发，既没有上升到一定的高度，也没有解释刚结婚的男主角为什么会和新婚妻子分离。因此，从此角度看，作者的这首诗篇是失败的，不仅没有给《女侍卫叹》这篇子弟书提升质量，反倒是让受众在阅读过诗篇内容后，会产生一种其正书内容是低级层面的闺怨、小儿女的情思。由此可以看出，诗篇在有些作者那里，随意为之的可能性很大，并不会像经营正书内容那样去经营诗篇。不过，像《女侍卫叹》诗篇的那些诗篇，固然内容价值不大，但也完成了作者想通过它实现的任务。

另有诗篇综合了多种要素，如创作时间、创作原因和作者的主观评价等，《长随叹》诗篇就是之一。起首两句是作者创作《长随叹》的时间，之后四句则表现了创作原因和作者对正文内容预发的评论。姚颖将该类诗篇划分为“总括型”“议论型”“描写型”“作者型”四种。[①] 据此而言，诗篇可以说是子弟书的精神内核所在，所以学界对其功用的关注度较高，大类研究视角大致可分以下三种：

（一）诗篇对子弟书的内部功用

陈锦钊[②] 提及诗篇功用有二：一是点明创作者的编创动机，二是简略地概括正书的内容。贾静波[③] 点明诗篇虽然具有相对的独立性，与正书的内容或形式等可不同，但对正书起到了画龙点睛的作用，并以聊斋子弟书为例，指出诗篇在体现原作文意时，也体现了子弟书作者的文化理念，呈现出满汉两种文化思想冲突、融合的特征。以上观点虽重心不同，但都说明了诗篇的重要性，甚至是正书内容都是为了诗篇而服务。

我们知道，子弟书作者多为八旗子弟，特殊的身份及生活状态，让他们对社会充满了复杂的情绪，而文字是他们选择的一种宣泄情绪的隐秘、内在的方

① 姚颖．清代中晚期北京说唱文学与伎艺研究：以子弟书、岔曲为中心 [M]. 北京：北京燕山出版社，2008 年版，第 79 页。

② 陈锦钊．论子弟书的整理与研究 [J]. 满族研究，2003（04），第 55—64、72 页。

③ 贾静波．《聊斋志异》子弟书的“市民化”特征分析 [J]. 民间文化论坛，2007（03），第 50—55 页。

式。然而单凭一首诗篇，显然无法承载他们要宣泄的情绪，或者无法担当起引发受众产生共鸣的责任。所以，作者必须借用故事将自己在诗篇中的精神诉求做进一步阐释，但这种阐释必定不能和诗篇内容分开，由此诗篇就具有了内部功用，即诗篇向内的和正书内容相辅相成的功用。

（二）诗篇对子弟书的外部功用

诗篇外部功用主要指的是对受众的作用，如姚颖（2008）指出诗篇具有先于正书与受众进行情感交流和渲染气氛的艺术功用，这类诗篇主要指的是概述正书内容的那部分，如《弦杖图》诗篇，它简要描写了以演唱子弟书为谋生手段的瞽人的生活后，同时指出子弟书演唱者虽然受尽风霜、历经辛酸，但也有机会为权贵们演出，进而至少获得了心理层面上的荣耀感。总而言之，短短的一首诗篇展现了子弟书演唱者跌宕起伏的生活境遇，故而能吸引受众迫切了解其更具体的生活及演出情形。

诗篇外部功用也指它对其他艺术形式的影响，如《中国曲艺志·天津卷》[①] 认为诗篇对其他艺术形式如梅花大鼓有一定的影响。这个观点是科学的，任何一种艺术形式的产生，都必定要受已有的社会上不同层面的诸多因素的影响。被创作出来后，它也不会以一种绝对封闭的真空状态存在，极有可能也会吸取社会上的其他艺术形式来丰满自己。反之，它也会或多或少地影响与其相似、临近甚或是完全不搭边的艺术形式。所以，可以用物理学上的力的相互作用来形容不同艺术形式之间的相互关系，它们互相影响，各取所需，最终促进了彼此的发展。以上是从大的层面看诗篇的外部功用，从小的层面即与诗篇有着紧密联系的因素看，它还有以下外部功用。

陈桂成[②] 明确诗篇是作者有意创造的一种间离，即由作者先为故事内容定调，在表达自己感慨的同时，也能激起受众的兴趣，此时再引入正书内容，就能使受众带着先验感去体味正书内容，进而获得更深层次的收获，从这个视角看，将诗篇看作是该篇子弟书的“广告”，也未尝不可。如《乡城骂》的整首诗篇都是在评价乡下女性嫁到城里旗人家这件事，在作者及世人眼中，这是一场地

① 《中国曲艺音乐集成》编辑委员会 . 中国曲艺音乐集成·天津卷 [Z]. 北京：中国 ISBN 中心，1993 年版。

② 陈桂成 . 论子弟书的改编艺术 [J]. 文史论坛，2011(20) 第 111—113 页。

位较为悬殊的婚姻，[①] 所以不仅该女性生活不幸福，其亲属进城探望她也受到了婆家的歧视，甚至婆家尤其是婆婆也认为自己家因为女主角而有失颜面。这样的评价，具有很强的吸引力，因为对大多数人而言，婚姻都是其一生中必有的一个经历，然而不是每个人都能找到既门当户对又能两情相投的结婚对象，因此他们对作者在诗篇中的评价必定很感兴趣，进而万分期待正书的内容。如果正书中男女主角的遭遇与他们一样，那么他们会获得一种莫名的感同身受般的愉悦感，至少在他们看来，原来世界上不只是自己一个人有着同样的婚姻问题，在婚姻中有着同样的痛苦；若男女主角的婚姻与他们不一样，是幸福的，那么他们可能会对自己的婚姻持有希望，认为自己有一天也会像男女主角那样幸福。不过，若男女主角的婚姻生活是幸福的，现实中拥有"门不当户不对"的婚姻的它们也是幸福的，那么，他们大抵除了"本应如此"的感受，而不会有大的情绪起伏。[②] 毕竟，按照人类的一般心理看，承受困苦生活或者说更大灾难的事，需要他人的比其程度更重的苦难来衬托。

简言之，以上这些观点注意到了作为一种艺术形式，子弟书必定也遵循其创作的规律，尤其是作为说唱文学，子弟书就不单只是为作者而存在，它更多的是为受众而存在，身为它的一部分，诗篇的外部功用自然也就成为它应有的功能之一。这种观点对我们肯定诗篇的价值显然是极为有利的，然而就研究的实际情况看，很多研究者只是在研究成果中简单地陈述诗篇所具有的这种功用，并没有对其作深入细致的分析，无形中减弱了我们对诗篇的重视。

（三）诗篇对子弟书的内外功用

这种观点是以上两种观点的结合，关注面比较全面，如李雪梅等 [③] 就认为诗篇是子弟书的重要构成部分，内外功用兼有，特别是认为诗篇具有教化受众的

---

① 客观来看，两者之间的地位其实并不悬殊，就正书内容来看，男方家其实家境并不富裕，除了住在城里的旗人身份，其他也不过是个空架子。反倒是女方家虽为乡下人，但其家境还算是比较殷实的。

② 上面这段关于受众由《乡城骂》中男女主角婚姻状态所产生的感受的分析，是基于受众男女双方都有的前提而生的。在诸多的子弟书篇章中，描写女性听戏的主要有《阔大奶奶逛二闸》《阔大奶奶听善会戏》。由此可见，其实子弟书的受众主要是男性，而在婚姻中男性又把握着主动权，身处强权地位，所以，上述感受分析对他们而言，实用性不大。所以，我们的分析只是基于一种理想化的假想性的女性受众较多的情形的分析。

③ 李雪梅，于红，霍耀中，尹变英，李豫 . 中国鼓词文学发展史 [M]. 上海：上海人民出版社，2012 年版。

对外功用的观点，是对诗篇价值的极大肯定，也间接指出了对其进行研究的必要性。

除此之外，李雪梅等学者也认为诗篇也是子弟书风格的象征，[①]即子弟书的完整形式本就应该具有诗篇和正书两部分内容，至于那些没有诗篇的子弟书，也不意味着它们的价值会低于有诗篇的子弟书，恰恰说明子弟书在体制编排上的自由性，如果将其看作是以便更好地贴近民众需求，也不无道理。当然，这种不带诗篇的子弟书，也不排除是因为其正书内容本就短小，故事也较为简单，其本身并不需要诗篇。所以我们在研究子弟书时，不能因为某些子弟书没有诗篇，就否定了诗篇的价值。

因为文学作品中任何内容的出现，看似是作者随心所欲的预设，实则需要遵循内在的创作规律，作为子弟书重要构成部分的诗篇，自然也要遵循这一规律，这就使其具有了重要的功用，甚至可以说，如果没有诗篇的参与，子弟书不但艺术价值及文学价值会大打折扣，而且会减少作者情感诉求、文化诉求的外现途径，也会降低受众对子弟书的期待。

不过，我们要看到，尽管学界解读出了诗篇的三种功用，但并未引起学界对诗篇的广泛主意，殊为憾事。

三、对诗篇传播方式的研究

作为子弟书的重要构成部分，诗篇与子弟书的传播形式一致。姚颖[②]将子弟书的传播方式分为文人评点、蒸锅铺租赁、摆摊、出版、茶馆等演唱几种类型。昝红宇认为子弟书传播按照“旗人名门贵族——听差人员——京都大众——案头文学”的路径进行。[③]盛志梅[④]认为从传播途径看的话，子弟书在流通领域中的传播一是静态的，即文本；二是动态的，即演出。这两种传播形式又各自包括很多符合时代特征的具体形式，这些形式互相配合，完成了子弟书在市场等

① 李雪梅，于红，霍耀中，尹变英，李豫．中国鼓词文学发展史 [M]. 上海：上海人民出版社，2012 年版，第 241 页。

② 姚颖．清代中晚期北京说唱文学与伎艺研究：以子弟书、岔曲为中心 [M]. 北京：北京燕山出版社，2008 年版。

③ 昝红宇．清代子弟书之源流嬗变考略 [J]. 山西煤炭管理干部学院学报 2011（02），第 81—84 页。

④ 盛志梅．清代子弟书的传播特色及其俗化过程 [J]. 满族研究，2012（04），第 79—83 页。

流通领域中的传播，同时也使得子弟书的艺术性及文化性在市场中获得了检验。

李芳[①]认为子弟书演出是从内到外、从非经济性演出到经济性演出的过程，这个过程看似简单，实则体现出了子弟书从内到外，从“阳春白雪”走向“下里巴人”的发展历程。同时，也是子弟书作者及演唱者心路历程的一个发展历程。

具体而言，无论子弟书的艺术形式怎样，是否为大众所理解、接受，都不可能是贫苦家庭甚至是中层家庭所能拥有的，因为受精力和财力的限制，聚集一些人在家中创作并演出子弟书，对他们而言，是一件较为困难的事。所以，李芳所言的本家并不是一般的家庭，而是既生活优裕，又有时间，且具有一定文化素养的家庭，但其不是都有能创作子弟书尤其是能演出子弟书的成员，所以想要“附庸风雅”地在家庭内部欣赏子弟书的演出，主人必定会邀请相熟人家的子弟书演出者到自己家中演出，此时，子弟书虽然仅是从一个家庭到了另外一个家庭，但却迈出了从内部到外部的第一步。久而久之，子弟书的演出范围就越来越广，逐渐从非功利性的演出走向了非功利性和功利性相结合，最终完全功利性演出的方式。

李芳提及的演出场所虽已很全面，但还遗漏了朋友聚会也是子弟书传播的一个重要场所。如顾琳[②]指出子弟书是朋友们聚会时，以助酒兴的一种非常好的方式。

子弟书传播地点的变化及多样性，充分说明它在当时已经成为随处可见其文本、随处可闻其声的家喻户晓的曲艺形式。

简言之，以上研究侧重关注子弟书的传播方式、传播地点，以及它们的时代特征，清晰地展现出了子弟书在传播上的特点及发展历程，在具体论述中，虽基本没有提及诗篇，但作为子弟书的一部分，诗篇自然也有着同样的传播形式。[③]

---

① 李芳．子弟书演出考论 [J]. 民族文学研究，2014（06），第 156—166 页。

② 顾琳．书词绪论 [M]. 关德栋，周中明．子弟书丛钞．上海：上海古籍出版社，1984 年版，第 818 页。

③ 关于子弟书诗篇的传播形式，我们在下文会详细阐释。

四、对卫子弟书诗篇音乐形式的研究

《中国曲艺音乐集成·天津卷》[①]将卫子弟书诗篇的音乐结构形式分为起板、过门、头行、硬起的腔格，并对其富有天津特色的演唱风格作了分析，对我们了解不同地域子弟书的音乐结构提供了帮助，同时也呈现出子弟书具有随地域而变的特征，表明子弟书具有较强的可塑性。可以推测，如果子弟书作者的居住范围再广一点，子弟书也会出现带有其他地域特征的音乐结构及词语。张晓阳对卫子弟书诗篇《秋景黄花》《十八半》《八和》工尺谱做了音乐形态上的分析，指出其音域基本都在两个八度内，整体音域较低。“旋律进行方面，主要是大二度、小三度、大三度、纯四度、纯五度、小六度等几种进行方式。[②]”他的研究印证了子弟书“羊叫唤”式的唱腔，据此也可想象子弟书演出者在演出时情态。陈钧[③]也对上述三篇卫子弟书诗篇的音乐形式做了剖析，并指出京韵大鼓与子弟书在音乐体裁上的相同之处正在于京韵大鼓与子弟书诗篇都是独立成篇的唱段。既然诗篇是独立成篇的唱段，就说明它的结构和意义是完整的，可以单独对其进行研究。陈钧[④]后来又以卫子弟书的音乐结构为研究对象，指出其每四句为一落，故而每首诗篇都有两落，是两小落构成的一个复式结构。这个结论说明子弟书作者在创作诗篇时，至少在音乐形式上赋予了它与正书同样的精力。

子弟书的唱腔已经失传，所以从音乐形式的角度对卫子弟书的诗篇作一定探究，是对子弟书研究的一大贡献，但我们也要看到，这些研究仅是对卫兵子弟书诗篇音乐形式的理论探讨，将其应用于实践，恢复子弟书唱腔的可能性较低。

---

① 《中国曲艺音乐集成》编辑委员会 . 中国曲艺音乐集成·天津卷 [Z]. 北京：中国 ISBN 中心，1993 年版。

② 张晓阳 . 清抄本子弟书工尺谱研究 [D]. 中央民族大学，2012 年版。

③ 陈钧 . 京韵大鼓：音乐·历史 [M]. 北京：中国戏剧出版社，2013 年版。

④ 陈钧 . 卫子弟书音乐与清抄本子弟书工尺谱——子弟书音乐研究（上）[J]. 乐府新声（沈阳音乐学院学报），2015（04），第 84—91 页。卫子弟书音乐与清抄本子弟书工尺谱——子弟书音乐研究（下）[J]. 乐府新声（沈阳音乐学院学报），2016（01），第 139—154 页。

五、对诗篇与头行关系的研究

李家瑞[①]认为诗篇即俗称的头行，陈锦钊[②]、陈钧[③]都继承了这种观点。但陈钧后来又推翻了自己的这一点观点，指出诗篇大约与卫子弟书相同，并不是头行。这种矛盾观点的出发，反映出他没有特别关注李家瑞等人提出的“头行”只是俗称而已，故没有对其进行特别的界定。至于诗篇的性质，太田辰夫[④]认为诗篇与位于传奇开场前的“家门”具有同样的性质。

综上所述，尽管目前学界对诗篇的研究尚显薄弱，但逐渐朝着多视角、多层次、多学科的趋势发展，为诗篇逐渐被学界重视提供了基础。但我们也要看到，学界研究子弟书的学者数量还不多，对诗篇的研究虽内容逐渐丰富，但均散见于对子弟书其他内容的研究成果中，尚未给予诗篇在思想文化内涵方面的关注，这可以称得上是子弟书研究的憾事，所以，从新的理论视角关注子弟书诗篇，就成为一件很有必要的工作。

当然，诗篇虽然是大多数子弟书的必要构成部分，但不代表学者一定要对其进行研究，毕竟其数量、篇幅、内容等方面都无法与正书相比，且在很多章回体小说中我们也能看到诗篇的存在，意味着它不是一个特别的存在，所以它在子弟书的研究中总处于一个被忽视的地位。[⑤]在现行公开出版的各版本子弟书中，通过编者对诗篇的不同称呼及体例编排，我们也可以看到它在子弟书研究中的确处于弱势地位，甚至身份都颇具有“尴尬性”。

如《清蒙古车王府藏子弟书》及《子弟书全集》明确称之为诗篇，且诗篇与正书之间格式泾渭分明，态度鲜明地表明了编者对诗篇身份的肯定。反观《子弟书选》在有些子弟书的篇首标有“诗篇”二字，有些子弟书中没有这两个字，

---

① 李家瑞 . 北平俗曲略 [M]. 上海：上海文艺出版社，1990 年影印本。

② 陈锦钊 . 论子弟书的整理与研究 [J]. 满族研究，2003（04），第 55—64、72 页。

③ 陈钧 . 京韵大鼓：音乐 · 历史 [M]. 北京：中国戏剧出版社，2013 年版。

④ [日] 太田辰夫著白希智译 . 满洲族文学考 [M]. 北京：中国满族文学史编委会，1980 年版。

⑤ 当然，我们说诗篇被忽视，更为确切的证据是学界对其身份归属的不确定性，而不是指学界没有对它的其他方面进行研究。

这种划分显示出作者似乎在子弟书是否有诗篇这个问题上持有的是折中态度，[①] 最为关键的是，在那些标有诗篇的子弟书篇章中，无论在字体抑或是在格式方面，编者并没有做出明确界定，所以并不能确定哪是诗篇、哪是正书，兼以某些子弟书的诗篇和正书之间联系密切，故有时读《子弟书选》中带有诗篇的子弟书，甚至给人一种连编者都无法明确其界限的感觉。与之相比，《子弟书珍本百种》的编者则处理得更为巧妙。作者虽不明言诗篇，但却以不同的字体将其与正书内容作了区分，这就明确表示出作者也看出了诗篇与正书内容的不同，但其又不确定该以何种名称称呼它，故而干脆以“无名”待之，以字体与正书区分开。除以上三类外，《聊斋志异说唱集》及《子弟书丛钞》则将《清蒙古车王府藏子弟书》及《子弟书全集》中看作诗篇的部分直接并入正书。说其并入，是因为它们并未像《子弟书选》那样，虽没有在格式上将诗篇和正书分开，但好在编者还在应为诗篇的内容前面标以了“诗篇”二字。如此，也就证明《子弟书丛钞》《聊斋志异说唱集》的编者对诗篇这一称呼或者这一部分内容的存在并不重视。

不同编者对待诗篇的态度，为我们对其进行研究带来了一定障碍，因为对于一种学界存有争议的艺术形式，我们连其归属都界定不了，又何谈对其进行深度研究？所以，系统全面研究诗篇的第一步，就是要确定其归属，界定好其性质。

诗篇身份的不明，有着诸多原因。如子弟书作者在创作时的不明言、研究者的格式编排不清、诗篇与正书内容的密切相关性、诗篇与正书在形式上的同质性等。究其因，诗篇与正书同为韵文是其本因。

简言之，由于诗篇和正书在声律、句式、字数等方面都具有相同之处，所以抛开一些在内容上与正书内容完全不同的诗篇，两者的区分具有一定难度。基于此，是否将诗篇和正书区分开，学界自然就有了不同的观点，也由此在一定程度上影响了对诗篇的关注度。

---

① 折中态度在学术研究尤其是文科类的学术研究中经常存在，特别是在一些特殊现象的研究上。比较有名的例子是学界对汉语中副词的划分，有学者将其划分为实词，有学者将其划分为虚词，有学者将其认定为是半实半虚的词。《子弟书选》作者对诗篇的处理方法，类似于学界将副词认定为是半实半虚的做法。

第三节 子弟书诗篇的价值

从表面上看，诗篇的存在看似可有可无，任何一篇去掉，都不会影响正书内容的完整性。但真的可以去掉吗？答案是否定的。诗篇的独立不代表它没有存在的价值，如《八郎探母》头回诗篇。诗篇中，作者描写的是北宋建立的背景，也是杨家抗金的大背景。虽然每个朝代都有自己的建立背景，但在新旧朝代的更迭中，却不可避免地有或大或小的军事战争。在朝代建立后，也总会有因各种因素而爆发的军事战争。但不论是哪一种军事战争，只要它产生，就必定会对民众产生一定的影响。所以，受众往往对这个话题会比较感兴趣。因此，《八郎探母》作者在诗篇中开门见山提出的这个大背景，可给受众带来一定的思考，即当社会受到战争威胁时，自己依然能享受到安稳的生活，是杨家将等爱国爱民的将士在前线浴血奋斗的结果。但这只是笼统性的介绍，作者想要让受众产生更多的共鸣和体味，就必须用详细具体的事例来进行说明，所以作者在正书中选取了八郎探母这个看似与战场正面战争无关的小事来烘托杨家将的付出。正因此，作者在诗篇中不但强调了杨家将抗金的社会背景，在诗篇的最后两句还强调了杨家将为抗金付出的巨大牺牲，也为杨八郎和母亲的见面增加了无限的悲剧色彩。无疑，这样的诗篇可以引发受众对个体付出与国家命运、社会稳定等之间关系的思考，这就为正书内容增加了厚度、深度。

与《八郎探母》的诗篇带有大社会背景不同，很多诗篇完全是为展示或阐释正书内容而存在，甚至在内容上也具有连续性，故很多时候无法将之与正书区别开，如《盗令牌》的诗篇[①]、《祭塔》的诗篇[②]与《宫花报喜》头回首段[③]的内

---

① 一刻千金话不差，红炉煨火自煎茶。闲翻今古消长夜，细辨贤愚动暗嗟。慷慨原关男子气，侠肠偏是女孩家。写一回赵氏翠娘将牌盗，说什么须眉志气巾帼英华。

② 西湖十景美堪观，雷峰夕照至今传。塔影儿倒悬低照水，塔尖儿高耸上摩天。早晚风光遮日月，阴晴变态起云烟。闲同野叟谈今古，写一回雷峰塔下的旧姻缘。

③ 鳌头独占状元红，皆因英姿吐凤锐志囊萤。刘小姐虽受千般苦，吕蒙正何尝一世穷。节义至今标烈女，诗书从不负英雄。依闲窗偶因小侍添新墨，写一回宫花报喜夫贵妻荣。

容架构非常相似，但《清蒙古车王府藏子弟书》并没有将《宫花报喜》的这段列为诗篇。充分说明诗篇和正书在内容上的紧密联系，以致有时整理者甚或是作者在它们的归属上态度都有点模糊，由此，是否将《宫花报喜》首段中类似诗篇的内容独立出来，并不是一件紧要的事情。不过这样做也降低了诗篇独立存在的价值。因为，不管其内容是否与正书内容紧密联系，它都有自己或大或小的存在价值，所以，以上两类诗篇包括其他类诗篇，还是有自己价值的，有的价值甚至正书也不具备，客观来讲，其价值主要体现为以下几点。

一、语言学价值

高季安[①]指出子弟书创作及流行时的北京正处于封建社会时代，而根据“文艺为政治”服务的观点，初期产生并流行自满族上流社会中的子弟书，自然是为统治阶级服务的，所以它不可能会为大众服务，必将会以“曲高和寡”的形式收场。但根据已有的子弟书来看，他的这种观点有所偏颇，因为很多子弟书无论在内容还是语言方面都具有逐渐接近民间的特征。

任何文学作品都必须以语言为物质外壳，所以研究时首先应该注意的是它的语言材料及形式，其次才是它的内容与文化内涵。说到语言，不能不说子弟书是极有特色的，尤其在语言模式和用词方面。

与很多文学作品不同，子弟书的语言模式具有变化性，从以满语为主发展到以汉语为主，完成了从一种民族语言到另外一种民族语言的完美变化。这种变化深入说明了以下几点：一是子弟书的受众范围从最初的满族人逐渐扩大为以汉族人为主；二是说明随着时间的推移，清代满族人对汉语的掌握越来越熟练，并把其作为了自己主要的交际语言；三是说明以子弟书作者为代表的清代满族文学家，不仅有很高的汉语水平且喜欢用汉语进行创作；四是说明子弟书的题材越来越广泛，很多事物的名称或者其他词语在满语中都没有相应的表达形式，作者不得不使用汉语。以上几点都说明，子弟书作者善于根据受众的需求变化调整自己作品的语言形式。

如果说从满语到汉语的变化体现了社会对文学作品的整体要求，以及子弟

① 高季安．“子弟书”的源流 [J]. 文学遗产增刊，第 1 辑，1955 年版，第 337 页。

书作者超强的语言学习能力，那么子弟书中具体字词的使用则体现了受众对文学作品的整体要求。据子弟书语言，其受众对它的要求就是要使用汉语，但又不能是纯粹的文言文式的严谨的语言风格，而应该是俚俗性、谐趣性并存的特点，子弟书《郭栋儿》中对郭栋儿的子弟书语言的评价就在一定程度上反映出了子弟书的语言特点。[①]它虽是对子弟书语言的批判，却反映出了子弟书所具有的俚俗性语言特点，而正因它具有这种特点，所以子弟书说唱者在表演时，能够将子弟书的故事情节及人物形象表现得更为生动、立体，进而充分满足中下层受众的需求。除此之外，有的作者在诗篇中也直接点明了自己所创作子弟书的语言特点，如《柳敬亭》诗篇。[②]从中可见，作者认为尽管当时有很多人不喜欢子弟书的俚俗性语言特点，但他认为自己可以从中得到乐趣，所以并不在乎别人的评价。这些情况说明，少数人的反对，并不能改变子弟书语言朝着俚俗性方向发展的趋势。无独有偶，《苇连换笋鸡》作者也在诗篇中指出了方言的功用。[③]可见，作者认为方言的表现力极强，能够记录世间一切事情，而正是因为他们在创作时大量使用方言，所以创作出的子弟书才会“时兴趣画人争看，又演新书到处听”。

既然正书具有这样的语言特点，与之紧密联系的诗篇自然或多或少地也会具有这个特点。如《评昆论》诗篇开篇两句所用词语“高抬”“压倒”等都是口语词，浅显易懂，能较快地引起受众的语言共鸣。《凤仙》诗篇中所用“白眼”“酸丁”，形象地展现了无文化之人和有文化之人的区别。《荷花记》第十回诗篇中所用“使”是一个典型性的方言，表示“累”的意思。《老侍卫叹》诗篇后四句中的“当票子”“三五个”“帐主儿”“门前”“闹泼皮”“老妻”“挎”等不仅具有俚俗性，且具有时代性，如“当票子”；还有方言性，如“闹泼皮”；《须子谱》诗篇中的“绞”“光棍”“须子”等；《銮仪卫叹》诗篇中的“托堪”、

① 《郭栋儿》作者对郭栋儿演唱子弟书时的情态描写可谓是入木三分，形神兼备，具体如下：“他比那相声儿更自有工夫，冷不防说一句歇后语，招的那满座听书的笑个足。左不过市井留言恶蛇贫嘴，并不是意想不到亏了他念出。似乎是小铺儿的抽屉竟（净）装蒜，老头儿下棋吃了个足（卒）。什么叫作大片儿鸡屎，这样语正直人焉能听的伏？虽则是随便消遣不干紧要，也必得沉重端方是江湖的正途。而且是矮调儿搭着连趟子嘴，又不似真讲气力高显臣的快书。说的那古人都像无二鬼，恐怕他找不着扣子把串儿秃噜。”

② 且排俚语成新调，拾人牙慧谱歌声。拙人自得拙中趣，一任那骚客提毫费品评。

③ “哑谑流传各样生，方言特异记无穷”即《苇连换笋鸡》作者认为的方言所具有的功用。

《文饭会》诗篇中的“乌秃”是满语词。可以说，这些词语具有重要的语言学价值，对于研究俚俗词语、方言词语在清代满族说唱文学乃至其他文学作品中的使用情况具有很重要的价值。

除了俚俗性、方言性等语言特征外，诗篇还具有俗语性特征，所谓俗语性特征是指作者在诗篇中使用了大量的俗语，如“善恶到头有昭彰”（《全扫秦》诗篇）、“人言逆耳”（《范蠡归湖》诗篇）、“书中原自有黄金”（《颜如玉》诗篇》）、“人穷志不穷”及“富贵凭天非自由”（《渔家乐》诗篇）、“富贵荣华不自由”（《双官诰》诗篇）、“世间万恶淫为首”[《绪（续）灵官庙》诗篇]、“人到交深始见心”及“世上人心似海深”（《二玉论心》诗篇）、“依样画葫芦”（《僧尼会》诗篇）等，这些俗语虽然大多经过了作者的改编，但其主体特征未变。

另外，诗篇中使用了一些典故词，如“千金报德非难事，双眼看人羡此情”（《大力将军》诗篇）中的“千金报德”。还使用了大量的成语，“海晏河清八方静，风调雨顺处处宁”（《投店连三不从》诗篇）中的“海晏河清”“风调雨顺”等。

综上，诗篇的语言特征显示出子弟书在语言表达形式上的自由性，以及作者擅于利用俚俗性语言提升子弟书语言表达力的能力。所以说，对诗篇中富有特点的俚俗词、满语词俗语及其他语言形式进行研究，具有重要的研究意义。

另外，诗篇中的一些词语可以为《汉语大词典》的一些例证提供源起。语言的三要素都有着其产生的原因，故想要理清一种语言现象的源起及发展，我们需要对其源起作出研究，尤其是那些已经定型的词语形式，更要探究其来源，如此才能弄清楚为什么是它成为固定形式，而不是别的表达形式。如“轻描淡写”表示着墨不多的描写时，《汉语大词典》所举最早的书证为洪深所写《电影戏剧的编剧方法》中的句子。而在子弟书《荷花记》头回诗篇中就已出现“竟日消闲做一篇，轻描淡写紧相连”，这样就可以为《汉语大词典》中的例证提供来源。

二、社会学价值

任何文本，只要进入社会，就具有了社会学价值，差异在于其社会学价值的层次、类型等有所不同。子弟书能够在清代中后期产生并流行一时，主因不是其艺术形式，而是其所呈现出来的符合大众审美诉求的各种价值。在这些价值中，社会学价值不可忽视，在诗篇中我们也可以看到这一点。

这里所言诗篇的社会学价值，指的是子弟书作者在诗篇中对当时社会现象的描写，它们以极其精炼的语言向我们展现了当时的社会真实的现象，因此含有一定的社会学方面的价值。

如《官衔叹》诗篇[①]先是描述了侍卫的官服、容貌以及因官职而带来的身份变化，最后话锋一转，指出在其荣耀的背后是物理环境的严酷，无论酷暑严冬，他们都必须站立在禁门内执勤。子弟书作者特地点出侍卫工作环境的艰苦，是为了说明当时侍卫的生活并不是表面看起来的风光，而这一点，也可以从其他描写侍卫的诗篇里得到证明。《老侍卫叹》描写的是好吃的老侍卫得到俸银之后不为将来日子打算，而是立刻用其购买美食并油嘴滑舌准备邀请自己妻妹吃饭的事，着实可悲可恨。所以，作者在诗篇[②]中对其作了评价和“惩罚”。[③]侍卫虽然俸禄少，但毕竟是朝廷的官员，老侍卫有俸禄的时候全部用来吃，没有俸禄的时候就典当衣服，他的妻子甚至到坟场去乞讨祭品。子弟书作者在搜取创作素材时，较少就一件个案进行创作，如果一定要把某个社会现象作为自己的创作素材，那么它也必定是具有代表意义的典型案例，否则他的创作所带来的社会反映及产生的社会效果就会低很多。所以，《老侍卫叹》虽然描写的仅是老侍卫一家的生活，却反映了当时侍卫的普遍性生活状况，尤其是诗篇中描述的是更为直接的侍卫们的常态化生活，因为子弟书《苇连换笋鸡》也描写了同样的内容。主人公被派到一个偏僻的巷子做堆拨兵，他与老侍卫一样，贪吃贪喝。当值时，正好看见有一个卖鸡的经过，于是他用自己的凉帽和卖鸡者换鸡吃，卖鸡者不肯换，他竟然又在堆拨里搜出了一个残破的梆铃，“涎皮笑脸”多时，才换到一只鸡。换到鸡后，他完全忘记了自己正在当值，以致离岗到小饭店吃喝一番，且喝得醉醺醺的。不难看出，像老侍卫一样，他也以满足口腹之欲为主。

① 赫赫荣华戴顶翎，春风俏摆雀开屏。衣冠时样花争美，面貌娇娆玉比容。尽瘁鞠躬当侍卫，扬眉吐气作章京。佩刀鹄立禁门里，夏热冬寒苦万重。

② 人生七十古来稀，笑我时乖寿偏齐。酒债寻常行处有，朝回日日典春衣。当票子朝朝三五个，帐主儿门前闹泼皮。老妻自是多贤慧，挎竹篮每向坟边乞祭余。

③ 无论从哪个角度看，这个“惩罚”其实不是作者给出的，而是老侍卫自作自受的结果。就常理来看，他的这种生活，无论是作者的艺术性创造，还是作者的写实性描写，其直接的原因都是老侍卫自己，是生活给予他的必然“惩罚”。

如果说老侍卫拿到俸银之后再去吃喝还属正常的话，那么《苇连换笋鸡》中的堆拨兵在当值期间用自己的凉帽及工作用具梆铃换鸡、甚至离岗去吃喝的问题就不正常了。不过，就其行为本质看，他们的行为都折射出当时清代官僚机构中收入低微的下层官员的困苦生活，以及追求口腹之欲就是他们的精神需求。

这些现象的存在暗示清代后期的官僚机构已存有严重问题，甚至到了“激化”的状态。有果必有因，入关之后的八旗子弟没有土地，且清政府规定他们不得经商或从事其他商业性行为，这对于俸禄较高、收入较高的旗人而言影响不大，但对于中下层旗人而言，却并不是一件好事。所以老侍卫、堆拨兵的生活并不是个案，而是当时中下层旗人较为普遍的正常的生活状态。

除隐晦地描写当时的社会问题外，子弟书作者也描写了一部分其他社会现象，《张格尔造反》作者在诗篇[①]中就描写了因为张格尔造反而给社会造成的严重影响。国家是一个整体，只要是爆发战争，无论规模大小，都会对国家造成一定的影响，就像作者在诗篇中所言，回疆虽然远在边境，但一旦爆发战争，照样可以让生灵涂炭，因为只要有战争，国家就要耗费人才财力去支持前线的物资需求，就会影响民众的生活。

有时作者在诗篇中描述的与正书内容不同，甚至相反，我们可以将其看作是一种反讽手法。如《碧玉将军》中的主人公奕经本来是一个没有学问且贪婪暴虐的纨绔子弟，既没有上阵对敌的能力，也没有上阵对敌的胆量，但就是这样一个什么都不是的人，却因为出身高贵，被任命为带领士兵抵抗外敌入侵的将军，在谁看来，它都是不可思议、不可想象、滑稽到底的事，但它却确确实实地发生了，其原因就不得不令人深思了。由于作者在正书中已细写了碧玉将军的种种恶行，所以他在诗篇中并没有继续这种风格，于是第三回诗篇[②]的内容就与正书内容形成了鲜明的对比，这种比较，比直接谴责碧玉将军的不作为及没有能力更有力度。

子弟书作者一般都是兼职作家，像子弟书名家鹤侣氏就曾经当过侍卫，所以他创作了一系列反映侍卫生活的子弟书。即子弟书作者都是对社会现象有了

① 边外回疆起战争，黎民涂炭苦生灵。血染黄沙金鼓振，尸抛山谷画角鸣。旌旗隐隐迷郊甸，队伍纷纷满路程。都只为雄师数万把新疆定，逆匪口回恶贯盈。

② 尽道东南立战功，连宵江面火光红。天兵得力乘风出，贼盗惊窜旧穴空。共仰将军真智慧，可知竖子肆朦胧。红旗报至天恩重，传得臣门与市同。

切身体验或较为深入的认知后，才会寄情于子弟书，将其创作出来。所以，子弟书肯定具有重要的社会价值，而作为其重要组成部分的诗篇，自然也具有这一特征。

除以上社会现象外，诗篇也描写了一些人类社会基本的共有的社会现象。众所周知，在所有的社会现象中，最基本的就是人类的吃穿住行问题，它也是大多数中下层人们尤其是下层人们终生为之奋斗、力图解决的问题。在这个过程中，伴生了诸多社会现象，如《续钞借银》诗篇将人们贪恋钱财的原因归结于为了满足基本的生活需求。而在寻求钱财的过程中，人就需要和他人进行交流，由此就产生了各种各样的人际关系，其中最明显的就是诗篇中所言的"炎凉态"。所谓"炎凉态"指的是人际交往过程中各种冷漠、趋炎附势、嫌贫爱富等行为，这些行为的产生在某种意义上是人为了谋求自身利益而作出的"最优"选择，但这种选择所带来的利益是不可靠的，或可说是如转瞬即逝的海市蜃楼。然而只要有人类社会，就会有基于个人利益需求而产生的不正当行为，至于"炎凉态"只是这个过程中产生的附加社会现象而已。面对这种常见的社会现象，人们已经见怪不怪，作家也常常把其作为自己创作的一个话题。有多篇诗篇涉及了这个话题，如《长随叹》《夜奔》《假老斗叹》等的诗篇都从不同角度阐释了炎凉态。虽然人际关系中的炎凉态是人们所厌恶的，但确实又是无法摒弃的一种社会现象。所以在与之有关的子弟书中，隐含着的是作者在现实生活中所经历的炎凉态，是其借文字一抒胸臆的表现。那么到底应该如何面对这种人人唏嘘却又不得不面对的社会事实呢？或者该如何解决这种社会现象所带来的问题？这不是哪一个民族或者哪一个国家的事，只要有不同利益诉求个体的存在，有不同利益诉求群体的存在，它就必定随之存在，只是它的具体形式千变万化而已。如果从社会发展的角度看，它体现的是食物链、优胜劣汰。所以，暂时规避炎凉态的有效做法，就是通过努力提升自身素质能力的方法，有效提升自己的社会地位，即是说，如果不思进取，自轻自贱，那么极有可能会体验到《假老斗叹》《夜奔》《长随叹》中炎凉态的存在，毕竟它们的主人公备尝炎凉滋味甚至最终落魄潦倒，主要原因都是因他们自身的不正当行为所引发的。

三、民俗学价值

从本质上讲，民俗就是对人们日常社会现实生活及其他方面的概括描述，它蕴含着丰富的现实性、民众性内涵，具有丰富的文学表现力。子弟书作者自然也不会弃写民俗。除正书中的民俗现象外，诗篇中也有一定数量的民俗现象。不过，由于受篇幅影响，诗篇提及的民俗现象比较简略，大多是对正书中民俗现象的简略表达。

《路林（露泪）缘》第十一回诗篇提及了“东厨祭灶”习俗[①]，《厨子叹》诗篇提及的商铺租金，可将其称之为商贸民俗。[②] 诗篇中“铺面的劳金好些吊”，是指商业活动中常见的店铺租赁。《厨子叹》作者从厨子角度出发，指出租金很多，而其日夜不停地干活也只能挣到不多的钱，甚至都难以支付租金。说明当时餐饮业尤其是《厨子叹》中所提及的规模较小、铺面又是租赁的饭馆经营状况更不乐观。将之与正书对比，就会发现，餐饮业的不景气，来自社会经济状况的不景气。社会经济萧条不由个体而定，它是决策者在政策制定及实施方面把控不利的结果，然而，由于子弟书作者意在用《厨子叹》诗篇及正书中的内容向当政者表明自己所在群体生活的艰难，以期引起他们的注意，甚至因此改善自己的生活，所以他并没有探究导致社会经济萧条的原因。由此可见，子弟书作者描写民俗现象，其目的具有多样性特征。《路林（露泪）缘》第三回诗篇提及的“修禊”习俗历史比较悠久。修禊是我国传统祈福消灾的民俗，一般在晚春的时候举行。魏以后，一般在三月三日举行。其时，达官贵人、黎民百姓都到水边嬉戏玩乐。后来逐渐演变成文人曲水流觞、吟诗作赋的习俗，诗篇中所言“山阴修禊”即为著名的兰亭修禊。久居深闺的林黛玉为什么会羡慕修禊，尤其是肆意洒脱的山阴修禊呢？原因在于像她这样身处大家庭中的女子，即便是修禊这样其他中下层女性都能轻易参加的习俗活动，她也无法参加，更不可能像王羲之他们那样借此习俗展现自己的才华和胸怀。所以，这里提及的修禊习俗，不是单纯意义上的习俗，它也是林黛玉渴望自由，希望挣脱樊笼心境的

① 东厨祭灶习俗在下文有详细论述，此处不再赘述。需要指出的是，这四个字还体现了中国传统的建筑风格，即厨房一般建立在院子的东边。

② 所谓商贸民俗指的是在长期的商业活动中形成的一种约定俗成的买卖方式。

写照。

不同时代的民俗既有共同点也有不同点，由此民俗就呈现出多样的种类与形式，例如交友方式的不同。交友即交朋友，它的方式受所在时代人际交往方式及社会生产力等多种因素影响。《顶灯》的诗篇提及的交友方式是“酒楼茶社交朋友”，应该说，不论在哪个时代，只要它有酒楼和茶社，人们都有可能在其中交到朋友，差别只是概率大小而已。正如上文所言，清代是满族统治的时代，其政策充分考虑到了旗人的利益。但凡事有利必有弊，它对旗人限制和保护的同时也让大部分旗人处于无所事事的状态，由此，酒楼、茶馆成为他们娱乐消遣、交友会友的地方就毫不奇怪了。人的欲望永远无止境，在消费需求层次上呈上升趋势，所以面对政府给予的数量一成不变的钱粮，大生活逐渐不如从前必定会成为中下层旗人的生活常态。但实际上，清初的满族人是非常英勇的，如清代满族诗人佛伦在诗歌《从军行》中指出：“神龙得云雨，铁柱焉能锁！壮士闻电并，猛气怒掀簸。赤士试剑锋，白鱼装箭笴。矫首视天狼，奋欲吞幺麽。鲸牙如可拔，马革何妨裹？……请看跃骅骝，扬鞭追伴伙。长天碧四垂，乱山青一抹。大旆高飞扬，万马迅雷火。一鸟掠地飞，先驱者即我！”[①]我们从中可以窥见满族有驰骋田猎、纵横天地的英勇无畏气概，只不过这种气概，尤其是到了清代中后期，在长期无所事事且安稳的社会环境下，已经消磨殆尽。在这种大的社会背景以及小的个人生活状况下，酒楼、茶社自然就成为旗人们经常光顾的地方，时间久了，相熟的自然会逐渐成为朋友。这种交友地点和方式，可以称得上是清代中后期人际交往的一个特色。

既然一个时代有一个的民俗，那么民俗对我们今天的启示是什么？当然是它所蕴含的延续自其以往时代的文化内涵、文化意识。每一种习俗的形成，都不是一朝一夕之事，不仅有适用面、使用面的问题，还要有实践、时间的检验。就像修禊一样，它是采取在水边嬉戏的方式，还是曲水流觞的方式都不重要，重要的是人们能记住这个习俗，记住它的创立本意是什么，记住它的文化内涵是什么，并能选择适合自己时代特征的方式来展现它。而我们这里要做的，即是把这些习俗展现出来，同时挖掘其文化内涵，探究其能否当下的文化建设做

① 佛伦．从军行；张菊玲，关纪新，李红雨．清代满族作家诗词选 [Z]. 长春：时代文艺出版社，1980 年版，第 61 页。

出贡献。

四、思想文化价值

人们借助语言表达出来的内容，哪怕是一个音节，或仅是鲁迅先生所举的劳动时打夯的号子，都是其发出者思想活动的一种外化形式。例如，即便是对事物的命名，如“山”“水”等，也是先民对这些自然事物认知的一个反映。故诗篇在具有其他文化价值时，具有思想文化价值是必定的。

作者在诗篇中所用的每个字每个词甚至句式，都是其斟酌再三精心选用的结果，如此审慎态度下所选用的字词句，显然能担负起诠释作者内心世界及思想文化的责任，如《绿衣女》诗篇。研读后，可发现作者在诗篇中想要阐明的思想是儒家所倡导的安贫观，以及他自己所认为的现世观。在作者看来，安乐是人生最大的福分，至于富裕或贫穷都不如太平、安乐重要。这样的思想对社会基本处于发展停滞时期的清代中后期的人们而言，无疑是一剂“镇定剂”，是他们能够继续面对现世的精神支持。《全扫秦》文末诗篇虽仅短短四句，却点明了作者想要表达的为人处事应以善为标准的观念，为让受众接受自己的观点，他甚至将鬼神的观念也掺入了其中。这种利用鬼神观念宣传善的做法，符合当时大众的认知水平，且其利用的故事又是大众耳熟能详的岳飞的故事，所以能够起到一定的教化作用。

正是这些不同类型的思想文化，① 抑或是说事无巨细的思想文化的存在，使得子弟书具有了与众不同的文化意蕴，也是子弟书虽退出历史舞台，但学界仍然对其进行整理、并对其作多角度研究的重要原因。

简言之，诗篇具有重要的文化价值，因为文学家用文学艺术形式呈现出的文化现象，首要前提是它必须符合社会大众的文化需求。其次，作者还需用符合当时社会认知规律的形式表现出来。即在架构形式或者选择故事内容时，作者要采取的是一种新颖却又符合当时社会认知规律的形式和故事，如此其所阐释的文化现象才能为民众充分理解，最终产生预期的文化价值关系。综上，诗篇具有重要的价值，有对其研究的必要。胡锦涛就曾指出：“中华文化是中华民

① 以上这些思想文化，仅是诗篇所诠释的部分思想文化，其他的类型的儒家思想文化在下文中我们会对去作详细的论述。

族生生不息、团结奋进的不竭动力。要全面认识祖国传统文化，取其精华，去其糟粕，使之与当代社会相适应、与现代文明相协调，保持民族性，体现时代性。加强中华优秀文化传统教育，运用现代科技手段开发利用民族文化丰厚资源。加强对各民族文化的挖掘和保护，重视文物和非物质文化遗产保护，做好文化典籍整理工作。”[①]我们现在对诗篇进行既全面又重点突出的研究，目的之一正是为了响应这一号召。

① 高举中国特色社会主义伟大旗帜 为夺取全面建设小康社会新胜利而奋斗，http://paper.people.com.cn/rmrb/html/2007-10/25/content_27198418.htm。

第一章　子弟书诗篇概述

子弟书虽然名为说唱文学，但基本上却都是唱词，没有一句说词，[①]所以可以称之为是一种可以唱的韵文。但子弟书又与其他韵文不同，无论是诗篇还是正书中的很多语句，都是近似于口语化的句式，这就使其规整的演唱式韵文具有了别样的韵致，如《舵（藏）舟》第二回诗篇就属于此类。它的前六句中规中矩，是律诗的形制，结果第七句虽也为 7 个字，但是口语化色彩浓厚，最后一句不仅变成了口语化色彩浓厚的 16 个字，且还有儿化音的存在。这两句与前六句无论在形式还是在风格上有着明显差异。句式从规整到口语化的变化，与正书内容从压抑紧张到轻松适宜的变化保持了一致的节奏，凸显出了句式或语言本身具有表现故事情节的重要功用。

再看《要账该账大战脱空》[②]，正书第二回描写无耻进入欠道后的行为及情形时，尽管采用了韵文的形式，但其口语色彩浓厚，结合这些语句所呈现出来的欠债不还者所遭受的炼狱式的场景，故极易引起受众的兴趣，进而反省自己是

---

① 子弟书还有数量极少的一部分，有说词，如《游泥河》除正书之前有诗篇外，其他回目前与正书相对的不是诗篇，而是白，即分为“白”和“唱”两部分。如第二回之前的“白”为“贞观天子在马上开言，说朕乃万国九州之主。今乃出其不意偶失其志（智），自古道圣天子有百灵相助，大将军有八面威风。而况且你青鬃马下不来，飞镰刀剁不到，贼呀岂奈我何？葛苏文一闻此言，咕嘟嘟心头火起，口内生烟，红须乱乍，赤发飘扬，圆睁怪眼，倒立雄眉。”这种形式子弟书的出现，说明无论子弟书作者的文学艺术水平如何高，都无法摆脱由于受韵文格式限制，有一些内容在子弟书中都无法表达的事实。同时，也说明在艺术形式的发展过程中，人们总是自觉不自觉地对艺术形式进行微调或大调，直至臻于完美或者变成另外一种艺术形式。

② 据《清蒙古车王府藏子弟书》，在其他各种子弟书书目中，该篇名为《要账该账》，别称《要账大战》，又称《大战脱空》。本书依《清蒙古车王府藏子弟书》所收抄本书作《要账该账大战脱空》，下同。

否有此类行为[①]，甚至因此而采取实际性的行动，也就是偿还自己应该偿还的债务。如受众真的去做了，《要账该账大战脱空》就实现了自己的社会教化功用，从而实现了自己的实用性价值。

诗篇和正书在语言风格方面的这种特征，充分显示出子弟书作者具有多方面的创新能力。换句话说，新出现的文学艺术形式，除体制与旧有的文学艺术形式不同之外，语言形式有时也有很大的不同。即子弟书作者并不循规蹈矩，他们不神化已有的相当成熟的文学艺术形式，总是力图在子弟书中作出创新性的改变。那么他们为什么能够做出如此大的创新呢？[②]清代满族入关之后，为让族众了解、学习汉文化，也为了便于统治汉文化圈内的民众，清代统治者要求用满语翻译汉族典籍，汉文化由此逐渐为满族人所了解和接受。在此过程中，清朝统治者也很注重对汉民族文化尤其是儒家思想文化的学习，在这样的社会文化背景下，满族文人深谙汉族文化及儒家文化成为一种潮流，于是纷纷使用汉语进行各种体裁的文学创作。如正黄旗人纳兰性德创作了大量经典的词，位列清代三大词人之列；镶红旗人文康创作的长篇小说《儿女英雄传》，成为研究清代满族民俗的重要资料；满族望族苏完瓜尔佳氏的成员恩锡诗作颇丰，有三卷本的《蕴兰吟馆诗余》、十卷本的《承恩堂诗集》等。在以上满族文学家的作品中，随处可见以儒家思想文化为代表的汉族文化。这意味着，清代满族已经成为用汉语创作文化艺术的重要成员，也显示出他们已具备擅于使用汉语创作各种体裁文化艺术及文化作品的能力，能自如地用汉语诠释儒家思想文化。

满族作家在如此新颖且具有无限延展性的语言文化及文学创作语境下，去自主创作一种新的文学艺术体裁是水到渠成的事。最为关键的是，在满汉两种语言文化的共同孕育下，文学艺术形式具有了突破以往两个民族各有的文学艺术形式的可能，所以满族作家在进行创作的时候，并没有局限于既有的文学形式，而是积极做了创新，身为说唱文学的子弟书正是其中的一个产物。诗篇的

① 当然，我们这里所说的反省，仅限于那些内心尚有敬畏之心、羞耻之心的欠债不还者。至于像今天那些“老赖”，甚至被司法机关公布其信息，限制其消费水平，也犹自不还债的人而言，别说是《要账该账大战脱空》这样的劝诫文，就是真的被绳之以法，恐怕也无法让其偿还债务。所以，从这个层面看，所有的劝诫文，抑或是所有的文化教化能够起到作用，前提是接受者本身还具有一定的可塑性、可劝性。

② 清代徐珂在《清稗类钞·文学类》总结的清代满族文学兴盛的六点原因可以作为理由。

形制、数量、押韵等就体现了这一特点，即是说，作为诸多子弟书的重要构成部分，诗篇在语言文化方面的特点，本就决定其与正书一样具有重要的价值。至于它在数量及形制方面的特点，则是从形式方面对其价值的支持。

第一节　诗篇的数量

不同子弟书的诗篇数量不同，反映出不同作者对其所写内容的认知和阐发不同，同时也反映出他们对所写内容的审美接受度不同，所以，诗篇的多少不是一个简单的数量问题，其所蕴含的是作者对自己所写正书内容的理解度及个人的关注度问题。换句话说，一篇子弟书中诗篇数量越多，越能说明作者在创作时，与正书内容产生了共鸣。以至于正书内容不足以完全表达他的诉求时，他需要以另外的形式如诗篇来抒发自己的共鸣。此共鸣不但有利于帮助我们理解正书内容，也有利于帮助我们了解作者对正书内容的看法。

在可见子弟书篇目中，每篇子弟书所含有的诗篇数量不一，有的子弟书没有诗篇，有的诗篇数量从一篇到多篇不等。且这些诗篇的句数、字数不固定，在充分体现子弟书作者具有高超语言文学艺术水平的同时，也说明子弟书虽然是韵文，但并不拘泥于统一的具体形式，这就使它的诗篇至少在语言形式、篇幅及数量等方面呈现出了灵活多变的特征，尤其是不同的子弟书，其所具有的诗篇数量差别比较大，更加反映出诗篇功用的多样性。具体而言，子弟书诗篇的分布基本情况如下。

一、没有诗篇

没有诗篇指的是该类子弟书只有正书没有诗篇，如《子路追孔》《论语小段》《鞭打芦花》《蓝桥会》《满汉合璧寻夫曲》《张良辞朝》《诸葛骂朗》《骂朗》《拷红》《打朝》《马嵬驿》《西厢记》等。受众想要了解这些子弟书，必须阅读正书，至于那些在子弟书演出场合且从没有接触过该篇子弟书的受众，则只能根据子弟书演出者的演唱逐渐了解正书内容，不过，他们也因此获得了那些有诗篇的子弟书所没有的优势，即随着正书内容的推进，能逐渐领略、体味正书内容，获取一种与作者共同创作的阅读体验。

根据我们整理的数据，子弟书没有诗篇和其回数多少没有关系，如《鞭打芦花》足一回，而《满汉合璧寻夫曲》《西厢记》等都是多回，但作者并没有设置诗篇。说明子弟书中是否有诗篇，在于作者，而不在于子弟书正书的回数，再次说明诗篇是因作者创作时的心态或表达需要而生，是其在正书中无法表达的文化理念，故具有与正书不一样的文化内涵。如《全扫秦》文末诗篇直接使用了“善恶到头有昭彰”“一生动坐如幻梦”的语句，[①]简略、清晰地表达了作者的思想，而仔细分析它的正书内容，可发现其无法明晰地表达以上两句所呈现的思想。

在没有诗篇的子弟书中，以一回的居多，如《天下景致》《八字成文》《大瘦腰肢》《薄命辞灶》《森罗殿考》《雪江独钓》《绝红柳》《浪子叹》《老汉叹》《荣华梦》《荡子叹》《穷酸叹》《阔大烟叹》《大烟叹》《祭灶》《赶斋》《学堂》《秦氏思子》《胡迪骂阎》《弦杖图》《别善恶》《鬼断家私》《刺汤（一）》等只有一回正书。就其题材而言，这些子弟书或是叙述某个小事，或是叙述对某一类人的感慨。无论哪一种，都简练浓缩，在短短的篇幅内，呈现出了一个完整的不乏内涵的文学故事。

这类正书虽然没有明确的诗篇，但在正书开始之前基本都有类似于诗篇的引子，如《薄命辞灶》的开篇。[②]从内容看，它和表达作者对正书内容感慨的诗篇类似。但由于它的句数多达 23 句，与其他诗篇相差太大，因此只能作为正书内容，而不可作为诗篇。对这样开篇的子弟书，我们要思考的是作者为什么要在如此长的篇幅之后才导入正书内容，为什么没有把它与其他的正书内容分开？作者大费周折地用如此长的篇幅阐释正书内容的背景，是因为正书所涉及的是一些常见的社会现象，还是仅仅是作者本人对此话题感兴趣？再以一回本的《荡子叹》为例，它与《薄命辞灶》用大量篇幅阐释正书内容的社会背景不同，作

---

① 宋室江山未应常，天佑泥马渡康王。既生岳某安社稷，又降秦桧害忠良。世人不测苍穹意，善恶到头有昭彰。一生动坐如幻梦，命公追忆细参详。

② 春夏秋冬四季天，圣人留下万古传。北方冷来南方热，不冷不热属中原。北方人儿好酒天天醉，南方人好色典卖庄田。西方人好财抛父母，山东人好气肯见官……且不言庆贺新年辞旧岁，接连再把古书言。

者在开篇中从头到尾都在以一种谦虚的态度说自己没有才华，[①]本不会创作子弟书，只因身边有很多朋友不务正业、蹉跎人生，但他直言劝诫会惹人嫌，所以才不得不创作《荡子叹》，借其委婉地劝诫自己的朋友。这种小众化的创作原因，显然只是针对《荡子叹》本身而言，其价值自然低于《薄命辞灶》的开篇。不过，从形式上看，两者除了篇幅有点长，不规则的句子稍多之外，在起首和结尾，以及内容等方面都与其他诗篇有相同之处。像《薄命辞灶》《荡子叹》这种正书开篇类似诗篇却又不是诗篇的子弟书还有很多，其中也有一些篇幅较短的，如《大烟叹》正书开篇用八句完整地阐释了作者的创作原因，[②]似乎可以独立为诗篇，但是其接下来的语句与其紧密联系，具有不可分割性，故对这样的子弟书，除非作者有明确的说明，编者是无法将其分割为诗篇和正书两部分内容的。

有二回正书但没有诗篇的子弟书有《打关西》《佛旨度魔》《刘高手治病》《萧七》《刺汤（二）》等，这些子弟书都是改编类的文章，虽没有诗篇，但作者会在正书中如《薄命辞灶》那样发大段的议论，如《佛旨度魔》开篇。作者通过自己对佛法及佛教的看法，最后感慨世人多身陷自己的迷局中，枉造恶缘，却不知世间有佛法，一切恶行无论早晚都会受到佛法的惩罚。就今日视角看，作者的这种言论或者说是观点带有很强的历史缺陷性、不科学性，透露出一种腐朽的令人批判的封建迷信思想。不过，我们要看到，文学艺术作品是应时代而生，只要那个时代的人能够承认并接受文学作品中的观念，那么今人只能去进行客观的分析，而不能用今天的价值观去判定它的对错，比如上面的观点虽然和封建迷信有关，但其劝人向善的主旨还是值得肯定的。《刘高手治病》第一回开篇“几净窗明小院中……他只晓趁我十年运且博虚名”，点明了作者的创作原因。通过描述，可以看出在当时，医疗水平令人担忧，更可怕的是还有一部分人装神弄鬼、冒充名医，甚至在“人云亦云”的从众心理下，很多人自觉不自觉中作了助推者，以致出现了很多如刘高手这样广受欢迎的庸医。鹤侣氏在

① 冬烘无事坐灯前，把文人的笔墨也动一番。欲待要嚼字咬文其奈无有，不过是含里含糊信口编。十三道大辙我全不懂，亦不晓平上去入之乎者也矣哉焉。胸中本来无墨水，只可以照猫画虎地扯回大蓝。只因为相近的朋友不务正，仅可袖手一旁观。虽然说朋友有责善之道，说勤了倒惹得他们不耐烦。孔子云朋友数斯疏矣，这句古语然而然。故此才编荡子叹，权当告诫与史鉴。

② 会唱几句乱谈（弹）莫问是谁，文人笔墨也动一回。画虎不成反类犬，馆阁先生打梦（闷）雷。主意待说真名姓，人家要知道我准挨捶。编来一段大烟叹，著成唱本乐何为。

诗篇中的小心翼翼描写，无形中反映出庸医群体在当时已经占有一定的数量，且占有了不小的市场。他们有大量的支持者，这些支持者既是受害者，又是庸医的帮凶，因而鹤侣氏只好特别说明自己写《刘高手治病》不是为了讽刺当时的行医者，只不过是为了接这个题目说说自己的感受罢了，如果有人因此而不舒服，也不要因此而憎恨自己，这种小心翼翼的态度决定他不敢指出自己敢冒天下之大讳写作《刘高手治病》的原因。这种无声胜有声的写法，更能反映出他对刘高手们以及那些不明是非、不辨是非的患者的谴责与批判。同样，类似于《刘高手治病》中的这类诗篇，除非作者本人明确把它列为诗篇，否则我们很难将其和正书内容明确区分开，这一点恰好说明了诗篇和正书的密切联系。

除以上两类外，还有其他回数的子弟书也没有诗篇，如三回本《吕蒙正》、四回本《绣香囊》《白蛇传》、五回本《玉搔头》、十五回本《三审郭槐》、十八回本《玉簪记》。在正书部分，作者或是开门见山叙述故事，或是像在诗篇中那样对正书故事做出评价。这两类诗篇，后一类很像子弟书的正书开首，较易被当作正书，如《清蒙古车王府藏子弟书》认为《胡迪骂阎》有诗篇，而《子弟书珍本百种》说其没有诗篇。再如，依照《子弟书珍本百种》，四回本的《刺虎》没有诗篇，[①]“北京图书馆藏双槐堂抄本《刺虎》四回，有诗篇，无正文”。[②]《刺虎》这两种迥异的存在状态，一是说明诗篇具有一定的辨识难度，二是说明同一子弟书在不同流通渠道或领域具有不同的命运。

客观来讲，将这些子弟书中的开篇部分看成是诗篇还是正书，其实都不影响其所在子弟书内容的表达，唯一的差别仅在于如果将其看成是诗篇的话，由于排版的要求，所以整篇子弟书只是在外在形式上会有所变化，并不影响内容

① 《刺虎》有乾嘉时书肆文萃堂刻本、金氏抄本、阿英家所藏旧抄本、清蒙古车王府藏本等，胡光平（1963）、陈锦钊（1978）将金氏抄本《刺虎》第一段：“旧事凄凉不可闻，最惨是分宫时国破家亡流泪伤神。侠气欲消明主恨。笔刀故斩叛贼心，若问那花容铁胆的精忠女，就是那宝剑冰心费宫人。小窗闲墨表扬红粉志，写一段贞娥刺虎节烈之文。”两人将其判定为诗篇的理由是这段话中最后两句。在已确定的诗篇中，的确有很多这种最后两句为点明作者身份及创作目的的诗句，故两人观点倒也不偏颇。但我们这里依据的主要是《子弟书全集》《清蒙古车王府藏子弟书》等整理本，故像《刺虎》中这类有争议的诗篇，只列举，不讨论。另，阿英家所藏旧抄本《刺虎》第一段为：“地覆天翻日月昏，神州赤县起烟尘。煤山枯树君王死，凤阙龙庭贼盗吞。卖国奸臣交背顺，偷生鼠子抱头奔。三百年养士一场无人报效，复君仇谁知倒是费宫人。”将之与金氏抄本第一段相比，可见其更加贴近诗篇的格式与内容。

② 张寿崇主编．子弟书珍本百种 [Z]. 北京：民族出版社，2000 年版，第 358 页。

的表达。

二、有一首诗篇

在可见子弟书篇目中，有一定数量的子弟书有一首诗篇，这些诗篇的内容不一，如《吊绵山》的诗篇，其核心是作者对介子推被晋文公烧死一事的叙述与评价。晋文公本意虽然是为了任命介子推为重臣，但其行为却导致了介子推母子的身亡。据史实及《吊绵山》中所言，晋文公在封官的第一时间根本没有意识到自己遗漏了介子推这个功臣，直到有人将介子推的名字明晃晃地亮在了他面前，他才不得不为之。如此，就表明晋文公登基之后，出于政治性的因素，对曾经为其“割股”的介子推等人有了忌惮之心。显然，介子推深知这一点，所以得知晋文公大举封赏时，他并没有上前。而后，得知晋文公要封自己为官时，又果断携母逃入深山。反观晋文公，为了塑造自己的贤君形象，竟下令放火烧山逼迫介子推下山为官，却直接导致了介子推母子的死亡。这件事实清晰的悲惨故事，在历代有心人的演绎下，同时成就了介子推和晋文公。所以，尽管作者也认为晋文公的行为不当，但由于受封建忠君思想的影响，他还是在正书末尾对介子推和晋文公都作了褒奖，由此可见历经诸朝仍存在的忠君观念，对人的影响之深。[①] 无论如何，作者在诗篇中展现的任何观点，都有其存在的目的和价值，是为了支持正书而作。正如《吊绵山》作者在诗篇中所表达的内容与其在正书末的观点是前后呼应的，他用自己的态度引导着受众对晋文公导致介子推之死一事的看法，并将其最终归结为明君和忠臣的观点上。由此可见，子弟书中，即便只有一首诗篇，作者也能最大程度地利用它巧妙地展现自己的创作意图和理念。

除以上子弟书外，带有一首诗篇的子弟书还有《晴雯撕扇》《晴雯赍恨》《子胥救孤》《击鼓骂曹》《出塞》《刺梁》《雀缘》《牧羊圈》《诉功》《鹊桥密誓》《一顾倾城》《闻铃（二）》《锦水祠》《哭像》《湘云醉酒》《负心恨》《珍珠衫》等。就其类型而言，这些子弟书都属于编创类，作者所写的诗篇也大都是以感慨为主，如《哭像》诗篇前六句都是作者在感慨杨玉环马嵬坡下不得不自缢身亡的

① 当然，这又是另外一个命题了，故而我们不再阐释这个命题，而是回到诗篇和正书的关系上。

事。在作者眼里，唐明皇赐死杨玉环是他身为一名君王所做的最为正确的事。但作者同时也承认，唐明皇和杨玉环之间是存有真感情的，所以在最后两句他指出自己写作《哭像》的原因在于感慨悲凉。仔细审视，会发现他所感慨的悲凉不只是唐明皇在赐死杨玉环时的不自由，还有人面对生离死别的不自由等。往深处想，作者的感慨是对人生无常的感慨，这种感慨与标题《哭像》相呼应，凸显出了正书内容的悲情。与那些已湮灭在时间洪流中的子弟书相比，《哭像》显然是成功的。这是因为，它的流行度影响到了它的传播度，所以得到了广泛的传抄，并得以存世。由此可知，对受众都熟悉的历史故事，要想给予受众全新的体验，不采用新的艺术形式就能解决的事，还必须有作者个人主观意识的参与，且接触其作品的不同层面的受众都能体味到他的这种主观意识，并能产生一定的共鸣，如此，作者所重新诠释的历史故事才能获得真正的成功。

对具有一首诗篇的子弟书进行分析，可以发现，其回数从一回到三十回不等。作为其内容中的独特部分，它们的诗篇有独特的存在意义，在正书的大世界中又自成了一个小世界，给予了受众不一样的感受。根据笔者统计，以回数多少为顺序，含有一首诗篇的子弟书大体如下：

《路旁花》《哭像》《天台传》《醉卧怡红院》《双郎追舟》《党太尉》《为票嗷（傲）夫》《哭官哥》《为赌嗷（傲）夫》《一入荣国府》《僧尼会》《旧院池馆》《盘丝洞》《家园乐》《百宝箱》《骂城》《公子戏嬛》《游园寻梦》《离魂》《闹学》《家主戏嬛》《饭会》《望儿楼》《埋红》《海棠结社》《血带诏》《舌战群儒》《碰碑》《芭蕉扇》《打面缸》《顶灯》《活捉》《双玉听琴》《得书》《随缘乐》《续戏姨》《徐母训子》《赤壁鏖兵》《续骂城》《痴梦》《票把儿上台》《望乡》《齐陈相骂》《祭塔》《盗令牌》《咤美》《痴诉》《乡城骂》《酒楼》《太常寺》《侍卫论》《烧灵改嫁》《五娘哭墓》《祭姬》《阳告》《捐纳大爷》《渔樵对答》《醉打山门》《天台传》《桃李园》《黔之驴》《赤壁赋》《长生殿》《沉香亭》《灵官庙》《面然示惊（警）》《禄寿堂》《党太尉》《炎天雪》《灯谜会》《武乡试》《林和靖》《子母河》《武陵源》《党人碑》《苇连换笋鸡》《赶靴》《八仙庆寿》《军营报喜》《走岭子》《夜奔》《葡萄架》《骨牌名》《阔大奶奶逛二闸》《盒（合）钵》《数罗汉》《救主》《盘盒》《送盒子》《东吴招亲》《连环计》《叹武侯》《白帝城》《挡曹》《凤仙传》《嫦娥》《秋容》《马介甫》《天官赐福》《阔大奶奶听善会戏》《郭子仪

上寿》《侠女传》《陈云栖》《葛巾传》《大力将军》《颜如玉》《凤姐儿送行》《品茶栊翠庵》《过继巧姐儿》《三宣牙牌令》《庆寿》《长随叹》《孟子见梁惠王》《厨子叹》《喜舞歌》《老斗叹》《官衔叹》《老侍卫叹》《评昆论》《女侍卫叹》《柳敬亭》《先生叹》《司官叹》《少侍卫叹》《诏班师》《惨睹》《珍珠衫》《穷鬼自叹》《忆真妃》《烟花楼》等。这些子弟书只有一回，也只有一首诗篇，都位于正书之前，与正书内容相得益彰，形成了一比一的比例。如《先生叹》的诗篇，先是描写了先生为什么开学馆教授学生的原因，接着指出其开学馆教授学生时的境况难以言明，而正书要做的就是解释他难言的原因。如此，诗篇自然过渡到正书，两者形成了前启后继、互为补充的关系。

与上文提及的一回本的诗篇都位于正书之前不同，其他回本子弟书的诗篇分布虽不规律，但大致可分两种：一种位于正书之首，一种是位于头回内部的正书之前。

其他回本子弟书的诗篇位于正书之前的不在少数，如两回本的《子胥救孤》《查关》《銮仪卫叹》《雪梅吊孝》《商郎回煞》《一顾倾城》《出塔》《续钞借银》《调春戏姨》《花叟遇仙》《赵五娘吃糠》《草船借箭》；三回本的《要账该账大战脱空》《闹学》《公子戏嬛》《长亭饯别》《百宝箱》《盘丝洞》。四回本的《坐楼杀惜》《哭官哥》《路旁花》《鸨儿训妓》《玉香花语》《遣春梅》《絮阁》《诉功》；五回本的《单刀会》《罗成托梦》《火云洞》；六回本《游泥河》，八回本的《意中缘》《红拂女私奔》；十二回本的《二入荣国府》《梅花坞》；十三回本的《投店连三不从》；二十四回本的《翠屏山》等。不论回数多少，这种位于正书之前的诗篇，其作用与位于一回本正书之前的诗篇一样，不是对哪一回正书内容的单独描述，而是对其所在子弟书全部正书内容的概括描写，或是时代背景，或是故事概况，或是其他，所以其内容比位于某一回正书之前的诗篇更具有概况性，为受众了解整篇子弟书提供了整体意义范畴内的借鉴，如《坐楼杀惜》的诗篇，其内容主要是对《坐楼杀惜》正书内容故事发生时的社会背景的描述，即在正书开始之前就摆出故事发生的社会环境。作者这样做是有原因的。《坐楼杀惜》是大众耳熟能详的水浒故事，所以，作者完全没有必要交代其小背景，即宋江杀阎婆惜的具体原因，因为这样做只会给人以画蛇添足之感，故作者舍小背景而就大背景的做法，可谓明智之举。

诗篇位于头回的两回本子弟书有《别姬》《射鹄子》《碧云寺》《借靴》《分宫》《宝钗产玉》《卖胭脂》《挂帛》《鍾馗嫁妹》《假老斗叹》等，三回本子弟书有《奇逢》[①] 和《守楼》《击鼓骂曹》《负心恨》,五回本子弟书有《三笑姻元（缘）》《哭城》《梅妃醉酒》《摔琴》《幻中缘》，六回本子弟书有《庄氏降香》《高老庄》，七回本子弟书有《游武庙》，八回本子弟书有《拷红》《红拂女私奔》《八郎探母》，三十回本子弟书有《全彩楼》。

这些诗篇虽然位于头回正书之内，在内容上却不仅是针对头回内容，它们像位于正书之前的诗篇一样，其内容针对全部的正书内容而设，如三十回本的《全彩楼》的诗篇虽然位于头回正书之内，但从内容上看并不是仅关于头回正书内容，它既对《全彩楼》正书内容的社会背景作了阐释，又点明了作者写作《全彩楼》的原因。据此，我们也可推知这些位于头回内的诗篇本就是应该位于头回之前，但由于其无论是在头回前，还是在头回正书前，都是位于全部正书内容前，所以，作者在编排的时候，并不在意其位置，由此造成了同样是一首诗篇，同样是描写全部正书内容的，却有的位于头回前，有的位于头回内。从一定程度上，也反映出子弟书作者在谋篇构句上的自由随意性。

三、有两首诗篇

带有两首诗篇的有《惊变埋玉》《桃洞仙缘》《寄信》《闻铃（一）》《糜氏托孤》等，在诗篇的分布上，除一回本《明妃别汉》在正书前及正书后各有一首诗篇外，其他具有两首诗篇的子弟书至少是两回本，基本呈现出一回正书配一首诗篇的特征。

具有两首诗篇的两回本子弟书还有《会玉摔玉》《绣荷包》《削道冠儿》《花叟逢仙》《续钞借银》《绿衣女》《薛蛟观画》《梦榜》《鹊桥盟誓》《二玉论心》《探雯换袄》《议宴陈园》《遣晴雯》《连升三级》《卖刀试刀》《打登州》《送盒子》《绪（续）灵官庙》《赤壁鏖兵》《疯僧治病》《张格尔造反》《拷玉》《打十湖》《梨园馆》《打围回围》《菱角》《绩女》《疑媒》《梅妃自叹》《背娃入府》《惊变埋玉》等，其诗篇一回一首，颇为工整。这些诗篇的内容基本上是针对所在

① 傅惜华藏精刻本《奇逢》只有一回，诗篇位于正书前。

回数的正书内容，如《打围回围》第一回诗篇[①]和第二回诗篇[②]分别简洁地呈现了其所属正书的部分内容。

除此之外，其他具有两首诗篇的子弟书在分布上则没有那么工整，如《探塔》两回，一首位于正书前，一首位于头回前。三回本《梦中梦》头回和第二回有诗篇，三回本《凤仙》和《红梅阁》都是头回和第三回有诗篇。四回本《麟儿报》头回和第三回有诗篇，四回本《百花亭》头回和二回有诗篇。六回本《天缘巧配》头回和第二回有诗篇，十回本《玉簪记》头回和第十回有诗篇，十三回本《何必西厢》只有头回和第二回有诗篇。

诗篇分布位置的不同，显然与其内容有着重要的关系，如《明妃别汉》第一首诗篇是对王昭君出塞前后人生的对比，充分体现了作者对王昭君身为女性不能主宰自己命运的同情。其篇末的诗篇则是整篇引用了杜甫的《出塞》。《明妃别汉》作者在诗篇上采用这种与众不同的形式，是有原因的。对比前后两首诗篇可以看出，第一首主要表示了作者对王昭君的同情，而杜甫的《出塞》诗，则是从王昭君的角度出发，委婉地展现了王昭君的怨恨情绪。这两首诗篇在互为补充中，使王昭君的形象更加具体生动，也更易引起受众对王昭君的同情。可以说，《明妃别汉》作者把名人的名诗作为诗篇的做法，除了以上功用，在提升正书内容感染力的同时，也印证了它的真实性。说其提升感染力，是因为一名能引起著名诗人杜甫注意的女子，必定不是普通的女子。她的所作所为必定有惊人之处，甚至值得后代的人去敬佩、去追思。对一般受众而言，在评价历史事件或文学艺术作品时，下意识中会受名人的影响。所以，作者在篇末引用杜甫的这首《出塞》，能够提升《明妃别汉》的感染力。说其能印证真实性，是因为世人皆知杜甫是写实诗人，他注重对社会真实现象及事件的描写，作者在篇末引用他的诗，其目的正是为了说明王昭君之事的真实性，并没有对其进行艺术性的虚构，如此，受众极易代入其中，感同身受王昭君所经历的与所思的。

① 冷雨敲窗不可闻，闺中少妇倍伤神。闲凭绣榻愁无限，独对寒灯夜已深。隔院砧声惊俏梦，透帘花气醉芳心。行围谁晓家中苦，度日如年整六旬。

② 满城驼马又纷纷，尽是回围转猎人。天外归鸿声惨淡，林中红叶景萧森。几番霜落人踪少，千里风高日色昏。深闺哪晓回围苦，暗数行程带笑颦。

四、有三首诗篇

除两回本的《叹旗词》具有三首诗篇外，其他具有三首诗篇的子弟书大多至少有三回正书。这种现象可从篇幅布局的美观性及诗篇内容方面考虑，低于三回本的子弟书若具有三首诗篇，在布局上不好处理，诗篇内容也不好架构，除非像《叹旗词》一样，首篇为正书内容的社会背景，其他两篇分布于每回正书之前，内容且与其相关。具体而言，它位于正书之前的诗篇起首明确指出清政府统治能够得以存在的基础是八旗，而充当朝廷官员的也大多出自八旗，作者对这些官员的评价是“贤官”，那么他们到底是不是贤官呢？通过第一回诗篇可以看出，作者所言贤官只不过是清朝初期的八旗官员。退一步讲，即便其仍是贤官，但是由于没有教育好自己的子弟，出现了家业衰退的现象。就儒家传统观点，只有先治理好自己的家庭，才能真正地具有进入仕途处理各项事务的能力。所以，此时的贤官其实已经不是原始意义上的贤官。作者对这种现象很不赞同，所以他在第二回诗篇中也表达了同样的意思。当然，这三首诗篇所表达的社会现实，或者其中涉及的旗人，就清代实际而言，其所指的并不只是正书中提及的旗人，几乎是清代中后期旗人的整体写照。我们知道，旗人在一定意义上是清王朝的象征，也就是说，旗人的颓败其实就意味着清王朝的颓败。

上述分析表明，如果两回本的子弟书具有三首诗篇的话，很容易喧宾夺主，让受众只关注到作者在诗篇中所陈述和揭示的社会现实，而忽略了正书中的具体内容。

根据笔者统计，具有三首诗篇的三回本子弟书数量较少，有《姚阿绣》《鍾生》《思凡》《风月魁》《趁心愿》《周西坡》《文乡试》《胭脂传》《须子谱》《风流词客》《瑞云》《离情》等。这些子弟书的诗篇是每回各一首，在体例上比较规整，内容上或是作者的评价，或是与正书内容有关。以《离情》为例，它第一回描写的年轻女子驿亭烟夜晚听见一年轻书生吟诵诗赋，进而喜欢上他的故事。但作者并不认同这种做法，在他看来，这种男女私下交往的事，尤其是女性主动去认识、爱慕一个年轻男性。是违背社会伦理道德的，所以在最后一回可以看到，书生的父母对此极为恼火。根据第三回中驿亭烟所言，为分开自己的儿子和驿亭烟，书生的父母决意携书生搬往他处。针对这个内容，作者在第一回诗篇[①]对此表示了“同情”[②]的基础上，特别指出驿亭烟的行为是“愚蒙”之为。《离情》第二回诗篇[③]重在描写书生在书斋内专心读书，驿亭烟的呼唤中断了他的学习。可见，驿亭烟承担的是一个主动攀谈男性的角色，在这种情形下，即便她再有才华，也无法消除她违背儒家“男女授受不亲”的事实，也再次说明其和书生最后分开是必然的事。第三回诗篇[④]则表现了驿亭烟俩人之间爱而不能在一起的痛苦，从诗篇中可以发现，作者将其悲情归咎于了一些自然因素，而没有说明他们不能在一起的本质原因。据正书，书生爱驿亭烟，但又不能违抗父母之命，所以他非常痛苦，甚至离魂去见驿亭烟，但这种作者恩赐给他的神鬼功能既无法战胜当时的婚姻观，也无法战胜他心中对当时婚姻观的隐秘认同。简言之，驿亭烟俩人的结局印证了我们上文说过的，在封建社会，无论男女双方多么相爱，只要没有“媒妁之言，父母之命”，两者之间爱情得以善终的概率很小。

同样是三回本的《花别妻》也有三回诗篇，但都位于正书即头回之前，且其内容并不是对正书内容的整体概括。具体而言，这三首诗篇是对正书三回内容的分别简略概括，但是作者却将其都置于了正书之前，这样做的好处就是可以让受众在较短时间内，对《花别妻》正书的内容有清晰的认识。此种与众不同的编排形式，体现作者善于从细节考虑问题的同时，也存有一定的问题，即阅读文本的受众一开始就能对《花别妻》的正书内容有清晰的大概认识，在阅读正书后，若有遗忘，也能随意翻阅这三首诗篇。然而，对那些身处子弟书演出场所、通过子弟书演唱者获得相关信息的受众而言，这三首诗篇起初的确是方便他们了解正书的内容，但当正式进入正书内容后，他们极有可能遗忘相应回数诗篇的内容，此时，诗篇就失去了存在的部分意义。所以，从这个视角看，如何处理好诗篇的位置问题非常重要，且每个位置的诗篇数量的合理性也是应

① 千古伤心是离情，画斋回首恨难停。痴心误染颜红女，遗恨难当依绿生。画阁当时曾寄语，空庭何处不伤情。惟儒生阅透风流原苦事，闲笔墨著成唱本醒愚蒙。

② 作者崇尚封建伦理道德秩序下的婚姻观，所以他所表露出来的对驿亭烟的那么一点的同情，也不过是虚言，他在之后诗篇中的评价很好地映射了这一点。

③ 独坐空斋美少年，魂惊睹面小窗前。精神到处文章老，领悟工深笔墨闲。海上年年青（精）卫舞，枝头夜夜子规眠。不提防窗外佳人将门唤，他这才高举玉趾步蹁跹。

④ 独对寒灯笔生愁，情人心碎恐（怨）悠悠。篱下菊花开几点，窗前月影冷三秋。孤雁洽当寒渚宿，凤凰难傍夜官游。恨只恨飒飒的秋风儿偏多事，无端的吹散鸳鸯水上浮。

该注意的问题。

五、有四首诗篇

四首诗篇的子弟书有春澍斋的《蝴蝶梦》、惠亭的《蝴蝶梦》、文西园的《金印记》等。这些子弟书的特点为正书有几回，就有几首诗篇，每一首诗篇都是对每一回正书的概况或评价。如两种《蝴蝶梦》虽然作者不同，但其诗篇的内容和文化理念基本一致，反映出在面对与中华几千年传统伦理道德相悖的现实或故事时，身为满族人的子弟书作者与身处儒家传统伦理观念几千年下的汉族人在观念上是一致的。

其他四回子弟书有四首诗篇的还有《千金一笑》《琵琶记》《十面埋伏》《永福寺》《石头记》《撞天婚》《梅屿恨》《三难新郎》《碧玉将军》《一疋布》等。这些子弟书内容各异，作者投射在到诗篇中的文化意识、观点也各有特点。以《一疋布》为例，作者在头回诗篇中诠释的观点是人要取财有道，否则必定会得不偿失。宣扬了儒家所倡导的“君子爱财，取之有道”的思想。第二回诗篇则重点说明了正书中故事发生的背景，并交代了人物之间的关系。李天隆是《一疋布》中的男主人公之一，其原为富家子弟，因其好交朋友且不走正道，以致穷困潦倒，万般无奈的他前往张国栋家寻求帮助。令人讶异的是，张国栋利欲熏心，竟然让妻子扮作李天隆的妻子去欺骗李天隆亡妻的父母。张国栋提出这样的建议，是有底气的，他的底气即妻子的美貌，所以第三回诗篇就描写了张国栋妻子的美貌。而见过了张国栋妻子的李天隆，尽管知道用张国栋提供的方法骗取自己岳父的钱财有失厚道，但是他已被张国栋妻子的美貌所吸引，所以自然同意张国栋提出的建议，由此就引出了第四回正书。第四回正书中的诗篇也对张国栋借妻给李天隆一事作了评价。在明讽暗嘲中，表达了自己的言外之意。在作者看来，张国栋起意不良，为追求不道德的个人利益，甚至忽视了人都是有欲望、有情感的事实，故其结局是唯一的，必定会“竹篮打水一场空”，“赔了夫人又折兵”。《一疋布》的这四首四篇层层递进，内容侧重点却各不同。在作者细腻的笔触中，将《一疋布》作了简略性的说明，同时也巧妙地表明了作者对此事的看法，颇有价值。

在可见子弟书中，具有四首诗篇的子弟书的回数不等，诗篇的分布也各有特点。同为八回本的《意中缘》和《绪（续）俏东风》，前者前四回有诗篇，后者则前三回及第五回有诗篇。两者在诗篇上的分布情况，显示出诗篇并没有特定的分布规律，它存在与否完全由作者决定，作者觉得哪一回正书前该有诗篇，他就会在哪一回之前设置，不受正书内容和受众的限制。诗篇在分布上的这种灵活性，使子弟书在外在上脱离了千篇一律的形制，可让受众体验到子弟书在形式上的灵动感。

通过《意中缘》和《绪（续）俏东风》的诗篇分布，可以看出，越是回数多的子弟书，其诗篇分布越自由，如十二回本的《梅花坞》，其诗篇分别位于头回、八回、九回及十二回。六回本子弟书《游泥河》头回、第三回、第五回及第六回有诗篇。

六、五篇及五篇以上诗篇

子弟书不仅正书回数不同，每回正书的篇幅不同，诗篇的数量和篇幅也不相同，且诗篇数量越多，越没有分布规律。所以，如果把所有的子弟书放在一起，单是在诗篇的分布上就呈现出一种动态的变化美，为受众的听觉或视觉提供了对子弟书形式的一种动态享受。

如上文所言，子弟书的诗篇数量和回数不是一一匹配的关系，如有五首诗篇的子弟书不一定有五回，像《全悲秋》有四回，但却有五首诗篇，并都位于头回之前。五首诗篇以秋天里萧瑟的大观园为主线，具体又各有不同：第一首诗篇先是指出了自然环境，接着写秋意浓浓的晚上，灯烛都已经燃尽，但林黛玉仍无法入睡。在作者看来，林黛玉之所以抱病，根本原因不是她的身体素质，而是她的敏感多思、重情重义。具有这种特点的她，却身为寄居之人，自然倍感压抑。她能做的，就是在无人的夜晚，用忧伤的泪水抚慰自己的情感。这种做法，在一定程度上虽然可疏解她的情绪，但久而久之，也会成病。第二首诗篇起首就把林黛玉所居住的潇湘馆从大观园中独立出来，说其是“孤馆”，如此就从物理和精神两个方面说了林黛玉在大观园中的压抑生活。作者也以此为基础，再次细腻地刻画了林黛玉对贾宝玉的相思之情。写完了林黛玉的“凄惨”处境及相思之情，第三首诗篇则将林黛玉情感的郁郁与身体的沉疴结合起来。在这首诗篇中，林黛玉是人比黄花瘦、懒梳妆、以泪洗面的形象，毫无疑问，她的这种形象及行为源自她内心郁积的负面情绪。其负面情绪之浓，甚至影响了潇湘馆周围虫子的情绪。接下来的第四首诗篇，作者重点写了林黛玉的细腻情思，只不过还是强调了林黛玉所具有的愁怨、易感伤的一面。第五首诗篇属于总结性的诗篇，作者认为林黛玉所遭遇的一切，正是因为她的超然脱俗，因为不合于一般的世情要求，所以她在葬花中能抒发自己的愁思，在秋夜中对月可倾诉自己的情怀，但脱离这些环境后，她依然是孤独的。以上五首诗篇层层递进，展现了林黛玉在贾府居住时忧郁的心情。它们共同反映出林黛玉的郁结不是一朝一夕形成的，而是她在贾府居住时的所见所闻及所经历的一切逐渐引发的。作为心思灵透又对外界非常敏感的林黛玉而言，她其实完全有能力应付贾府中的一切，也能做到像薛宝钗那样游刃有余，但她骨子中的骄傲却不允许她如此做。于是，既不能与贾府诸人诸事“同流合污”，林黛玉只有保持自己的世界，久而久之，她自然会越来越抑郁。从另外一个方面，这五首诗篇，也从不同的角度诠释了作者对林黛玉命运的感慨及同情。

十八回本《全扫秦》的诗篇分布则更有特点，其诗篇位于头回一篇，正书末四篇。从内容上看，《全扫秦》的四首诗篇符合一般诗篇的内容分布特征。如头回诗篇是对全篇内容社会背景的分析。文末四篇则由各有特色，第一首先是指出了秦桧陷害岳飞成功的背景，接着指出尽管岳飞遭陷害而亡，但世间自有“道”的存在，如秦桧一样作恶的人早晚要受到“天道”的惩罚。但在诗篇的最后两句，作者又认为人生就像一场梦，折射出作者也知道不是每个恶人都会受到“天道”的惩罚，所以他在诗篇最后让看《全扫秦》或听《全扫秦》的受众自己去仔细分析同类的历史事件，进而去揣摩“善恶有报”的论点。第二首诗篇继续强调善恶有报的观点，非但如此，作者还建议人们不要意气用事去惩罚作恶者，因为他觉得应该由“天道”最后惩罚作恶者才是最恰当的。最后一首诗篇则极为消极。他再次指出人生如梦，为人既不要去作恶事，也不要去入世，因为岳飞精忠报国的下场就是被秦桧陷害而死。最后一首诗篇，作者以总结性的内容指出，无论秦桧如何陷害岳飞，都无法遮掩岳飞精忠报国的事实，也无法阻挡岳飞的名垂青史。不难发现，这四首诗篇内容是作者针对正书内容发出的感慨，岳飞的遭遇，让他甚至有一种看透红尘、远离尘世的感慨，但同时又对现实抱有希望的矛盾心理。《全扫秦》这种以正书起首诗篇展现社会背景，正书叙述具体事件，正书末诗篇发表自己感慨的布局方式，逻辑严明、系统性强，能给予受众一个完整的阅读或听的过程。

具体而言，多于四首诗篇的子弟书，其诗篇的分布大致如下：

五回本且每回都有诗篇的子弟书有《罗刹鬼国》《舵（藏）舟》《青楼遗恨》《渭水河》《伤春葬花》等。《花木兰》《双官诰》《芙蓉诔》等六回本子弟书，每回各有一首诗篇。七回本《渔家乐》有七首诗篇，每回各有一首诗篇，十二回本《俏东风》也有七首诗篇，分布于一回、二回、三回、七回、十回、十一回及十二回之前。《东吴记》《范蠡归湖》《雷峰塔》等都是八回本，它们各有八首诗篇。《荷花记》全二十回，共十一首诗篇，除十回之前有诗篇外，其他都分布于奇数回目之前。十三回本的《路林（露泪）缘》每一回之前都有诗篇，这些诗篇互为补充，形成了作者对正书内容的完整观点。

综上，尽管不是每篇子弟书都有诗篇，诗篇在不同的子弟书中分布也不均匀，但正是因为这种不确定性，让子弟书在形式格局上具有了变化性，甚至能让受众产生一种猎奇感，即在阅读或观听中，不知道哪一篇子弟书就会有诗篇。从接受理解的视角看，这些诗篇相当于给了受众一个缓冲的时间。所谓缓冲，一是指受众可暂时从连续的正书内容中解放出来；二是指受众可以静心思考一下自己对正书内容的理解是否与作者一致。至于那些位于篇首的诗篇，自然是引导作者更好理解正书的前奏。所以，尽管子弟书作者不同，每篇子弟书内容也不同，分布也没有规律，但将它们集合一起进行研究，是能够充分反映子弟书作者的审美理念、创作趋向，以及他们对思想的接受及传播的轨迹等。

第二节　诗篇的形制

诗篇名之为诗，但因其是说唱文学中的一部分，故与常规意义上的诗歌又有所不同，这就使得诗篇在形制上具有了自己的独特性。李雪梅等人指出："子弟书的艺术体例当中，诗篇是非常重要的。很多艺术形式，小说、杂剧传奇、鼓词、评书等等都有以诗句开篇的惯例。但子弟书的诗篇除了像其他的艺术形式一样点题之外,更重视诗篇本身的艺术性。"[①]诗篇的形制可以反映这一特征。形制指诗篇在外在形式和内在韵律两方面的体现。外在形式包括句数、字数以及所用语言的形式，内在韵律则指平仄及押韵两个方面。如《反天宫》诗篇共有八句，也有几联是讲究押韵的，但由于加了衬字，每句的字数并不相同，从七字到十一字不等。

子弟书诗篇虽然数量颇多，但主要以七言为主，四言、六言为辅，在正字之外还有衬字的存在，形式与律诗类似但又与真正的律诗有所不同，尤其在字数合句数方面，呈现出一种基于律诗但又别于律诗的美。这种变化，符合子弟书作为说唱文学的性质，因为说唱文学本就是一种面向大众的游离于正统之外的艺术形式，处于其开篇位置的诗篇，自应具有相应的特点。

一、变化有序的句数

句数不固定是子弟书诗篇的重要特点，实事求是地说，诗篇句数决定于作者想要用多少内容表达自己的内心世界。观子弟书诗篇的句数，从四句到十六句不等，[②]其中又以八句为多，呈现出句数多样但又以八句为多的特点。通过对列有诗篇的子弟书进行统计，发现约有 582 首诗篇，它们的句数分布大致如下：

① 李雪梅，于红，霍耀中等著．中国鼓词文学发展史 [M]. 上海：上海人民出版社，2010 年版，第 240 页。

② 姚颖（2008：31）在《清代中晚期北京说唱学与伎艺研究 以子弟书、岔曲为中心》一书中指出"子弟书的体裁，开头都是八句诗，统称'诗篇'"。根据子弟书诗篇的实际情况以及诸多子弟书整理者的观点，显然，她的这种观点还有待商榷。

句数	4	6	8	10	11	12	14	16
数量	21	21	522	8	1	2	2	5
篇目例证	《救主》《赶靴》《炎天雪》《明妃别汉》（正书后诗篇）、《糜氏托孤》（第二回诗篇）	《长随叹》《过继巧姐儿》《挂帛》《张格尔造反》（头回诗篇）《周西坡》（第二回）《谈剑术》	《晴雯撕扇》《湘云醉酒》《椿龄画蔷》《思玉戏嬛》《两宴大观园》《宝钗代绣》（三首）	《晴雯赍恨》《面然示惊（警）》《二玉论心》（第二回诗篇）、《绿衣女》（头回诗篇）	《游泥河》（第六落）	《舵（藏）舟》（头回诗篇）《全彩楼》	《疯僧治病》（头回诗篇）《游泥河》（第五落）	《数罗汉》《绪（续）灵官庙》（第二回诗篇）、《投店连三不从》《打十湖》（头回诗篇）

梧桐叶落扫窗棂，夜深微雨醉初醒。挑灯欲写秋声赋，奈予天性欠聪明。且排俚语成新调，拾人牙慧谱歌声。拙人自得拙中趣，一任那骚客提毫费品评。

中国近体诗主要分为绝句和律诗两类，前者有四句，后者有八句，根据诗篇的实际情况，这两种占诗篇句数类型的绝大多数，尤其是八句的诗篇为 522 篇，占总数的 89.7%，兼以它们都讲究押韵，是研究者判定它们是不是律诗的一个障碍。但抛开那些字数和句数不固定的诗篇，从外在形式上看，大部分诗篇是符合律诗要求的，如《评昆论》的诗篇就合乎律诗的规则要求，唯一不同的是它押十三韵辙、律诗押 106 韵。

那些不符合律诗句数要求的诗篇，也各有自己的原因，如规整的律诗应该是八句，但很多诗篇往往是前六句规整，后两句不规整，如《东吴招亲》诗篇。它的前六句是对正书所涉及人物的评价，而后两句则纯粹是作者的感慨，这样的形式突破了律诗常规形式，但极易把作者、受众的情感和正书的内容联系在一起，以一种情感代入的方式去体验正书内容。

有的诗篇仅有四句，如《救主》诗篇、[①]《赶靴》诗篇、[②]《炎天雪》诗篇。[③] 这三首诗篇内容各不相同，第一首诗篇虽为内容简介，但从诗义看，其内容并不完整，从文学传播的效果看，此为作者有意为之，其目的是激发受众了解正书内容的欲望。第二首诗篇为作者对《赶靴》正书内容的评价与感慨，在让受众

① 赤胆忠心一女流，陈琳成就美名头。惟恐太子盒中泣，招惹巡宫门上搜。
② 朋友原在五伦中，亦须臭味两相同。自古通财非易事，如今世态更薄情。
③ 长夏竹轩苦睡魔，闲情翻检旧书阁。春秋纲目诛心笔，野史传奇劝世歌。

了解到自己的态度后，作者在第三首诗中又写了创作《炎天雪》的原因。这三首诗篇的内容编排及顺序，与其他子弟书中句数不同的诗篇内容编排相同，由此，可推知，诗篇的句数和其内容无关。

诗篇句数最多的为十六句，其数量比较少，仅有《数罗汉》《绪（续）灵官庙》（第二回诗篇）、《投店连三不从》《打十湖》（第一回诗篇）、《叹旗词》（第一回诗篇）等四篇。十六句的诗篇虽然内容虽蕴含丰富，但篇幅过长，不适合它作为诗篇的身份，所以总体数量不多。

诗篇中，也有极个别诗篇在句数上的变化与作者的情感相联系，如我们上文提及的《全扫秦》篇末的四首诗篇。第一首为八句，显示出作者写完正书内容后，心情犹自起伏不平，难掩愤慨之情，于是在诗中点明岳飞即便是被秦桧陷害至死，但其沉冤早晚会被昭雪，而秦桧也会受到应有惩罚。第二首诗篇仅有四句，是作者愤慨之后，以一种劝导的语气教导世人要以行善为做人根本，在他看来，劝导人的话不用多说，再兼以他之前刚表示过愤慨之情。第三首诗篇则有六句，此时作者心中虽仍有愤慨之情，但经过两首诗篇之后，已经平缓不少，所以在这里用了六句，继续扬善劝恶，甚至使用了人生一场到最后不过成空的论据。最后一首诗篇又是四句，作者又一次点明秦桧的阴谋诡计虽然得逞，但是岳飞精忠报国的精神和事迹却是他杀不死的。所以，单从《全扫秦》这四首诗篇来看，作者在每首诗篇中都寄寓了不同的情感，说明诗篇的句数在一定程度上也能反映作者的情感及其变化。

还有一类比较特殊的子弟书，不仅有诗篇和正书，还有“白”。如《游泥河》，头回正书前有诗篇，第三回正书前有“白”，它的形式与只有四句的诗篇一致，但此处其名称为“白”。从第四回开始，《游泥河》不再叫“回”，而是叫“落”，如“第四落”“第五落”“第六落”，处于诗篇位置上的内容不仅名称为“白”，且其形式与诗篇也有所不同，如第六落的“白”，观其句式，与普通诗篇不一致，句式呈口语化、散句化，比其他子弟书更符合身为说唱文学的特质，[①]

① 子弟书虽为说唱文学，但只唱不说，而《游泥河》中，却有“白”的出现，说明在子弟书的发展过程中，有些作者并不拘泥于子弟书既有的形式，使用诗篇还是白，大多是根据子弟书的内容或因此而激发的他的情绪而定。《游泥河》的故事比较雄壮、悲慨，在作者未正式写正书内容之前，他还采用的是正常的诗篇形式，但随着故事情节的推进，作者大抵是觉得诗篇无法表达其因此而生的情感，所以采用了“白”的形式。

可以将之称为特殊的诗篇。

综上，诗篇尽管句数多样，但整体看，除个案外，都是偶数句，且 8 句居多，所以说其句数变化有序是合理的。

二、自由有序的字数

就字数而言，诗篇和律诗既有共同点，也有不同点。有些诗篇每句字数为 7 个，如《双官诰》第六回的诗篇。但也有一部分子弟书的诗篇，尽管其每句字数也为 7 个，但是其在句数上却不是八句，如《高老庄》诗篇也如律诗一样押韵、讲究平仄，但其句数却仅有八句。再如《疯僧治病》头回诗篇，除句数是十四句，不符合律诗要求外，其他几个方面都合乎律诗规则。

当然，不是每首诗篇的每句都有 7 个字或 5 个字，如《为赌嗷（傲）夫》的诗篇，前七句都规规整整是 7 个字，结果最后一句却变成了 11 个字，而恰恰正是因为这一句的变化，我们不得不将其排除在律诗的范畴之外。《舵（藏）舟》第二回诗篇的最后一句不仅没有和其他几句一样押韵，且是 14 个字，所以也不符合律诗的字数要求。

除末句字数异于其他句的诗篇外，字数有异的也有其他句数，如《舵（藏）舟》第四回诗篇的第三句和第四句、最后一句分别是 10 个字。《双官诰》的诗篇最后两句都是 11 个字。《花木兰》第二回诗篇的倒数第二句是 10 个字。据此，诗篇哪一句不符合常规，并没有定制，主要是根据作者表达的需求而定。

以上两种字数不同于其他诗句的诗篇，体现了作者在创作时不拘泥于形式，遵循文为内容服务的创作态度。字数与句数的变化结合在一起，使得诗篇具有了灵活多变、令人人耳目一新的形式。同时，形式在一定程度上有可以反映内容，故诗篇多变的形式意味着子弟书的内容必定不呆板。

就内容而言，诗篇中字数的变化，不仅只是因内容的要求，很多时候也是出于作者的个人语言习惯。如《荷花记》第十回诗篇，第一句为 10 个字，其中“想当初”可要可不要，之所以加上它们，是为了强调主人公曾经宁静幸福的生活，也是为了反射现在的生活。“掐花儿”“登楼儿”“风儿寒”“打莺儿”“张口儿”“踏花儿”“手指儿”中的“儿”是典型的北京话儿化语音特征。后期的子弟书作者主要居住在京津一代，对北京话相当了解且掌握得很好，因此他们在进行创作的时候，无论是诗歌还是其他艺术形式，都不由自主地带有了北京话的儿化特征。诸多儿化现象的存在，为诗篇及语言增加了俏皮幽默的特色，极易拉近和大众的距离。《东吴记》第五回诗篇的第三句中所用“对”是作者出于准确表意需求，特地添加的，由此就使得原本工整的诗篇形式出现了变化。值得一提的是，《东吴记》第四回诗篇虽然仅有四句，但其字数却有三种，第一句是7个字，第二句是12个字，第三句和第四句分别是10个字，四句诗却有三种不同的字数，充分显示出不遵循既定的律诗格律进行诗歌创作的方式，得到了不同子弟书作者的支持，也由此使每句诗的字数不固定成为诗篇的特征。

诗篇存在的主要意义是为了阐发作者在正书中无法阐释的内容，但其形式、内容和正书又有着千丝万缕的联系，所以尽管它与正书存在的意义不同，但有时也极难划分。如《子弟书选》也列有诗篇，但是并没有将其和正书完全隔开，即到底哪些是诗篇哪些内容不是诗篇，选编者并没有明言。《清王府钞藏曲本子弟书集》没有标明诗篇，将其和正书内容作为一体处理。《子弟书全集》《清蒙古车王府子弟书》《子弟书珍本百种》则将诗篇和正书明确分开。这些编者对子弟书诗篇截然不同的态度，深刻反映出了诗篇和正书在形式和内容上的千丝万缕联系。但诗篇就是诗篇，无论它和正书的内容和形式多么接近，我们都应尊重子弟书作者的创作初衷，将诗篇和正书分开。

三、最大限度内的对仗

正如上文所言，研究者认为诗篇不是律诗的一个重要原因在于它有很多衬字，以致其每句的字数并不是律诗固有的5个字或7个字，如《送盒子》的诗篇，它的前六句是规规整整的律诗句式，最后两句除了仍遵循押韵的规则外，其他则与律诗体裁相差巨大，其中最明显的特征就是有了衬字。所谓衬字就是诗句中原本不需要，作者为了增强表现力或是出于口语表达等的要求添加的字，如“自以为渔郎误入桃源路”其中的“自以为”可看作衬字，它的出现，代表着作者对《送盒子》中主人公遭遇的评判。“谁承望计中了埋伏倒破了财”一句则不是简单的加衬字，属于完全意义上的一般句式，再次表明子弟书作者重意义要大于重形式。

除上述情况外，诗篇也讲究对仗，且其对仗和律诗具有同质性。众所周知，律诗讲究对仗，尤其是颈联必须严对，颔联可宽对，而子弟书作者在创作诗篇时，也尽可能地让这两联对仗，如《晴雯撕扇》诗篇的颔联是“俏语频频含妒意，娇嗔脉脉露风情。”颈联为“影内情郎终是幻，镜中爱宠总成空。”两者都是工对。《大力将军》诗篇的颔联为“积雪堆中埋壮士，卑田院内识英雄。”颈联为“千金报德非难事，双眼看人羡此情。”颔联为工对，颈联中的“非”和“羡”属于借音对，“非”为“飞”之谐音，利用“飞”的词性与“羡”在词性上相对。故从这个角度看，它也是工对。《马介甫》的颔联是“天下应无再造散，闺中难觅洗心丸。”颈联是“丈夫气短成俘虏，娘子权高据将坛。”两者也属于工对。

学者在判定诗篇不是律诗的标准之一就是诗篇不讲究对仗。有的诗篇只讲究颈联对仗，《三笑姻元（缘）《火云洞》；有的诗篇只讲究颔联对仗，如《单刀会》《摔琴》《全扫秦》的文末诗篇。诗篇中讲究颔联和颈联对仗的不在少数，两者都讲究的有《罗成托梦》《路林（露泪）缘》的大部分诗篇、《翠屏山》《全彩楼》《荷花记》的大部分诗篇、《俏东风》大部分诗篇，这些讲究对仗的诗篇中其他联的字数有的不是 7 个字，有的是 7 个字，特别是具有后者特征的诗篇，在形式上与律诗无二样，所以从这一点来说，不能说诗篇都不是律诗。

四、大多数诗篇讲究押韵

虽然由于受诗篇句数和字数的影响，很多学者不将其看作是律诗，但实际上，诗篇很讲究押韵，严格按照十三韵辙行文，如《俏东风》第二回诗篇的韵脚为“楼”“头”“勾”“留”，首句入韵，其所押阳声韵为十三韵辙中的“油求辙”。《荷花记》头回诗篇也是首句入韵，其韵脚为“篇”“连”“然”“鸢”“谈”，其所押阳声韵属于“言前”辙。

可以看出，上面两首诗篇韵脚的韵腹、韵尾一致，比较规整，与律诗的整体特征一致。除以上这种押韵方法外，诗篇按照十三韵辙押韵，也有韵脚韵腹不一样的情况，如《出塔》诗篇也为首句入韵，韵脚“情”“冰”“梦”“丛”“空”“层”属于中东辙。与上文《俏东风》《荷花记》诗篇相比，它的韵脚有所变化，具体为“ing”“eng”“ong”，使整首诗篇在音韵上表现出了一种变化美，充分显示了作者在创作诗篇时的精细思考。同时也表现出十三韵辙赋予了律诗新的特点，使其呈现出更为丰富多彩的韵律变化。利用韵脚的变化增强诗篇的表现力，是子弟书作者乐于采取的一种方式，如《绪（续）灵官庙》诗篇，其韵脚为“尘”“文”“津”“训”“人”，同属“人辰”韵，其韵脚的韵腹、韵尾有四个“en”，一个“in”，在规整中稍有变化，为整首诗篇的表现力提供了韵律方面的帮助。

子弟书的正书也是韵文，无论在形式还是内容方面，诗篇都与它有相似、相联之处，说明两者至少在形式上是和谐统一的。不过，诗篇终归还是与正书有所区别的，具有独立的研究价值。研究时，首先要弄明白的问题是将其归为律诗还是不归为律诗。这个问题我们前面虽然已经探讨过，倾向于将诗篇看作是形似律诗的结构，即一种突破常规的律诗。正如在唐诗的基础上产生了宋词一样，诗篇也可以是另外一种“变异”的律诗。只是由于它是子弟书的一部分，不像宋词那样作为独立的个体在社会上流行，进而不能具有独立的名称而已。顾琳在提及子弟书的押韵及用字时指出：“相时作宜，凡事皆当如此，而书之道亦不外是。情事比于天时，板眼格局比于地势，字仍其字，而音韵之抑扬，自必相情事。格局之当而发之，总期中节。此即天地自然之理，不可使毫厘差谬。凡书中重字，皆可类推。要在明眼人善为斟酌，倘少有不妥，则圆形方影之讥，又岂能幸免也哉！”[①] 从这个角度看，诗篇在押韵方面之所以与一般律诗不同，在于子弟书是叙事类型的韵文，受其影响，诗篇内容大多也以叙述为主，这种内容限制了诗篇在字词方面的选择，为了不以韵害辞，所以有时就有不严格押韵的诗句，由此，诗篇有不合律诗的地方，也可理解。

除以上特点外，诗篇也使用了一定的修辞手法，《负心恨》的第三回诗篇[②]可作为代表。在后四句诗句中，作者使用了排比手法，这种手法的使用，能以同层次同视角的方法有力表现春天游人如织的情形。《疯僧治病》头回诗篇[③]也

---

① 顾琳．书词绪论 [M]. 关德栋，周中明．子弟书丛钞 [Z]. 上海：上海古籍出版社，1984 年版，第 831 页。

② 春光骀荡总宜人，柳绽桃舒处处新。长安城试罢春明诸士子，俱都是骏马轻貂踏软尘。有的是诗酒流连来萧寺，有的是暖阁红炉列翠裙。有的是偕队联骑游郭外，有的是摘艳寻芳绕巷频。

③ 吁乎今世命弗佳，半生遭际尽堪嗟。十年回首如春梦，数载诏光两鬓鸦。也曾佩剑鸣金阙，也曾执戟步宫花。也曾峨冠拟五等，也曾红粉赠姣娃。也曾黄金济贫士，也曾金樽酒不乏。也曾设榻留佳客，也曾白眼傲奸邪。也曾高谈惊四座，也曾浩气啸烟霞。

使用了排比手法，10个排比句的连用，写出了作者曾经身处宦途、荣耀无比的人生，既反衬出了他今天的落魄，也是他将内心苦闷、郁积之情彻底展现出来的原因。

整体而言，诗篇在形制上与律诗非常相似，但由于它是作为子弟书的一部分，子弟书又为说唱文学，所以作者在创作时，总是习于从受众角度出发考虑自己的创作，因此与律诗相比，它在形制方面又与律诗有了一些细微的差别。不过，认真审视后会发现，这些细微差别不足以成为其迥异于律诗的理由，所以，在研究诗篇的形制时，完全可以将其当作是律诗进行研究。

第三节　诗篇形制的功用

正如绪论中所言，学界认为诗篇存有向内的功用、向外的功用、内外功用兼有等三种功用，但这三种功用都是仅基于诗篇的内容，并没有涉及诗篇的形制。一种表达形式或一种艺术形式出现并能得到社会大众的广泛认可，进而流传，关键在于其形式的新颖性、可塑性以及表达性。所以说，诗篇与律诗同中有异的形制特点，不是作者偶然为之，而是作者结合子弟书的特点及自己的表达需要所特意使用的一种话语形式。

"'子弟书'歌曲的形式，虽然以七字句为主要的格律，但是可以随意增加若干的衬字，而是非常灵活自由并没有任何严格的限制；它在形式上比较其他一般'鼓词'的体制，倒是具有相当的进步性的一种曲艺。"[①] 这是子弟书口语化的重要标志，如《銮仪卫叹》的诗篇，[②] 如不是其位于诗篇的位置，很难想象它是一首诗篇，尤其是后四句，口语化意味更是浓厚，甚至类似于今天口语化的语句。再如《送盒子》头回诗篇，[③] 它所用的"聪明伶俐""浑楞糊涂""买卖人"等，口语化色彩浓厚，其中的"浑楞糊涂"更具有方言色彩。《闻铃（一）》第一回诗篇[④] 中虽只有"可怜""真真""数落"等词语口语化色彩较为浓厚，但其诗句整体语言色彩却呈现出了口语化特征，尤其是衬词"你看他"的使用。

语言形式基于思维产生，反过来又会作用于思维，反映到诗篇中，就是其形制的外在形式，以一种既陌生化又与大众日常语言表达形式相贴近的语言形式存在。这种语言形式，为所在子弟书内容和内涵的展现发挥了独特的作用。

---

① 傅惜华．子弟书总目 [M]. 上海：上海文艺联合出版社，1954 年版，第 3—4 页。

② 虽是胡言谱郑声，料借这讴歌弦唱警诸公。聚谈顽笑人人损，竭力当差哪个能？该班是五天四夜八顿饭，却还要跑城两趟起三钟。最可羡诸公更有豪强处，尽都是耐热禁寒不怕穷。

③ 初种名花有慧心，安排巧计总迷魂。聪明伶俐青楼女，浑楞糊涂买卖人。谁设机关谁害你，自投罗网自焚身。周腊梅偶然施展风流的手，替张才把陈账都勾清法术神。

④ 天子伤心总为情，可怜情字未分明。情通理顺方真切，理与情违费品评。泪落不因家国丧，魂飞只为美人倾。李三郎真真到此无聊赖，你看他数落着悲啼哭雨铃。

结合这种语言形式及其表层形式，可以看出，诗篇在形制上大致有以下功用。

一、体现正书的语言形式

诗篇和正书内容不同，形式也有所差异，但两者在内在上具有统一性，即诗篇在形式及内容方面都不能与正书迥异。故从这个角度看，诗篇的形式既是正书形式的先遣者，又是对正书形式的补充。

与位置不一相似，诗篇在语句形式、语言风格方面和正书的关系较为复杂，大致呈现出以下三种：

一是诗篇中的诗句语言风格与正书语言风格一致。这种类型的诗篇和正书的语言形式及风格一致，尤其是紧随它之后的正书。如《翠屏山》头回前的诗篇，[①]语句严整，风格偏向书面化，紧随其后的头回正书开篇与其在语言句式和风格上一致，充分体现出了作者在创作时，是综合考虑了诗篇和正书两者语言是否搭配这个问题的。再如《思凡》头回正书开篇的前六句与头回诗篇[②]在语言形式和风格上也完全一样，如果把第七句中的衬词“真个是”去掉，那么它就是一首完整的律诗。

二是诗篇后半部分语言风格与正书语言风格一致。这种类型的诗篇往往前半部分语言风格很规整，后半部分尤其是最后两句语言风格陡变，而紧随其后的正书在语言风格上则与之相同。再看《会玉摔玉》，其第二回诗篇[③]在形式上的自由体现在最后两句的字数上，两者一为10个字，一为12个字，与前面六句规整的句式相比，在内容表达方面更具表现力，与之相适应的是，紧随这两句诗之后的正书就是“林黛玉在贾母身旁斜坐，留神打量进来的人。见他淡梳妆珠花点翠笼云鬓，巧打扮素袄沿边掩绣裙……”如果单纯从形式出发，“今一旦宿孽遭虽言分定，只恐怕偿不了的相思两泪淋”两句是作为诗篇和正书之间的过渡句而存在，这就避免了从规整的律诗形式到字数不一的正书的突然过渡，

---

① 雪月风花固可怜，奈何月缺与花残。千年长恨英雄贱，万古难消红粉冤。铁笔欲留侠烈传，松窗故写翠屏山。望君莫笑愚多事，愿作人间醒世言。

② 花笑莺啼景最妍，到奴总是断肠天。魂归乡圃飞蛱蝶，梦绕巫山泣杜鹃。几点泪滴红杏雨，两条眉锁绿杨烟。凄凉更是黄昏后，款送钟声月满栏。

③ 春入莺花别样新，绣窗儿女闻天真。繁华每羡当年景，冷落还悲后日人。富贵何曾前世种，恩情总是孽缘深。今一旦宿孽遭虽言分定，只恐怕偿不了的相思两泪淋。

给受众预留了心理上的过渡时间。《送盒子》头回之前的诗篇[①]与《会玉摔玉》诗篇类似，它最后两句与前六句语言风格迥异，无论在字数还是表达方面完全是口语化的形式，紧随它之后的头回正书语言风格亦是如此。“且说那腊梅配与张才后，小夫妻言和语顺度光阴。只因为地皮儿萧疏街道儿又紧，因此上门儿虽半掩入港却无人。……”不难看出，《送盒子》的正书语言和诗篇最后两句语言风格一样，是因为正书起首就是在为接受周腊梅如何帮助张才消除旧账做准备。

三是诗篇语言风格与正书语言风格完全不一致。在审视诗篇语言风格和正书语言风格之间的关系时，可以看到，有一部分诗篇在语言风格上和正书的语言风格完全不同。或是诗篇语言风格呈书面语风格，而正书则是口语化风格。《连环计》的诗篇和正书即属此类。其诗篇是规整的律诗格式，[②]然正书开篇却为：“想当年董卓专权欺献帝，吕温侯猛勇无双是他的义郎。搅乱得社稷颠危无人匡助，眼看着汉室不久要丧家邦。……”两者语言风格截然不同，让受众在刚接触到《连环计》时，无论在视觉还是听觉方面，在语言上都获得了两种不同的感受。

诗篇和正书在语言风格上的关系，一方面使得子弟书至少在形式上不千篇一律，一方面又体现出了子弟书作为说唱文学的特点。虽然子弟书只有唱词没有说词，看似不符合说唱文学的要求，但它在语言形式方面的特征弥补了这一缺陷。诗篇和正书在语言风格上具有的口语化特征，使其纵使全部以唱的形式表现出来，语句也以口语化的形式呈现。

在中国文学史上，律诗是一种格律严明、形式规整的文学形式，具有独特的语言表现力，子弟书作者以其为基础，在遵守律诗的体制中又有所变化，体现出了清代中后期满族文学家对律诗的理解和灵活运用。甚或说，作为正书的先遣者，从形式上而言，诗篇是作者用来“练手”的部分，其目的在于用更妥帖的韵文形式书写正书内容。这也是我们说诗篇既反映正书的形式，又能体现子弟书在形式上具有自由灵活性的原因。六回本的《游泥河》可以作为明证。

① 初种名花有慧心，安排巧计总迷魂。聪明伶俐青楼女，浑楞糊涂买卖人。谁设机关谁害你，自投罗网自焚身。周腊梅偶然施展风流的手，替张才把陈账都勾清法术神。

② 尘世同登傀儡场，几回屈指计沧桑。百年恩怨空遗恨，千载忠奸枉断肠。不想急流思勇退，无端开宴出红妆。古今多少英雄辈，中计失机取灭亡。

《游泥河》第一回正书之前诗篇[①]除最后一句外，其他几句都是较为规整的律诗形式，第三回正书内容之前的诗篇[②]在形式上就发生了变化，只有四句但此时它已经不叫诗篇，叫“白”。经过这个过渡后，第五回位于诗篇[③]位置的也叫“白”，但其在体制方面已经完全与一般的诗篇不同，无疑，此时诗篇已经完成了自己的使命，完全让位于“白”，所以，紧接着，第六回正书前位于诗篇位置的“白”也是此类形式。《游泥河》中从诗篇到白的这种变化，虽然在子弟书中不多见，依据学术研究中常言的“例不十，法不立”，这种变化看似没有研究的价值。但实际上，在子弟书传世的过程中，有很多已经散佚，所以虽然像《游泥河》这类可见的子弟书不多见，但不代表在子弟书发展史上没有这类子弟书的存在，因为“说有易，说无难”，且《游泥河》的正书在形式上与位于它之前的诗篇及“白”的形式是相适应的。如其第一回正书开首几句[④]的句式基本与诗篇一样规整。再看第五回正书起首几句[⑤]也与其诗篇相适应，它的第一句就体现了说话者此处于情绪激动、愤怒的状态，此时变化多端的散句显然比规整的句子更能体现他的这种情绪。所以作者在诗篇的位置使用了“白”。大抵在作者看来，用诗篇的话，无论其句数及字数如何变化，都还在规整范围内，所以他在诗篇的位置植入了“白”，放弃了诗篇。这从一个侧面说明，诗篇在形制方面的特点，或者作者是否使用它，在很多时候反映了作者选择用什么样的形式去表达正书内容。

虽然我们说诗篇可有可无，但一旦作者选择了使用诗篇，那么它就再不是可有可无，至少作者对其形式的选择，是与其正书内容形式相适应的。否则，两者在形式上就已经脱节，内容上自然也不会和谐。所以，我们可以看到，所有的诗篇，无论其内容及具体的形式是什么，但都是韵文。

---

① 堪叹人生天地中，使碎心机为利名。人生恰似花间露，为勇争强火化冰。三寸气在千般用，一旦无常万事空。任君使尽千般巧，只落得临死回头被土来蒙。

② 赫赫威名天地动，提兵来反中原境。安心要夺锦江山，我今岂肯饶你的命。

③ 贞观天子在马上开言，说朕乃万国九州之主。今乃出其不意偶失其志（智），自古道圣天子有百灵相助大将军有八面威风。而况且你青鬃马下不来，飞镰刀剁不到，贼呀岂奈我何？葛苏文一闻此言，咕嘟嘟心头火起，口内生烟，红须乱乍，赤发飘扬，圆睁怪眼，倒立雄眉。

④ 我表的是贞观天子领雄兵，跨海飘洋把高丽来平。葛苏文定下一条牢笼计，将贞观围困在三江越虎城。朝鲜兵马三十万，战将千员数不清……

⑤ 说你你你死在眼前还讲横，鸟翅环胯下一把杀人斩将锋。一回手走兽壶中拔出来一支定扣缠弦雕翎画杆追魂夺命狼牙箭，急忙忙飞鱼袋内取雕弓。……

二、服务正书的内容

服务正书内容，是诗篇的重要功能之一。无论它的内容是什么，都不能和正书内容脱离，形成泾渭分明的“皮是皮，肉是肉”的关系。故而在追求诗篇为正书内容服务时，子弟书作者不仅要考虑到诗篇的内容，还要考虑到诗篇的形式。

诗篇的形式即诗篇的形制所呈现的具体形式，如《太常寺》诗篇采用的因果句、转折句表明正书中旗人喜爱唱戏的原因。首联“可叹旗人命运艰，求取功名分外难”是果在前因在后，颔联“每赞随龙真有趣，自惭伴驾又无缘”为转折句，颈联“要想科甲没学问，欲待捐官少银钱”两句则为各自独立的因果句，尾联“无奈何租房将庙立，少不的打扫喉咙念上几天”两句既互为因果关系，它们也是其他三联的果。作者在诗篇中用这种复杂的句式关系表达正书内容的目的，意在解释对以《太常寺》中主人公为代表的旗人而言，之所以选择靠学唱戏打发一年四季的光景不是因为他们懒惰，只是因为没有官职在身而已。说他们不懒惰，是因为作者在正书中用四季的气候及主人公的行为点明了这一点。春季时“学念的爷们都要起早，怎奈那春困缠人更爱眠。临睡时吩咐丫嬛和侍妾，到明朝五更叫我莫延迟。一定是朝朝早起殷勤得很”；夏季“暑热难捱真真苦楚”；秋季“金风儿阵阵吹人冷”；冬季“朔风儿严冷实实难受，瑞雪儿纷纷透骨儿寒。学念的爷们都要讲穿戴，怎耐那衣衫破损却又无钱。”描写完主人公四季学唱戏的情形后，作者话锋一转，把主人公送上了仕途：“转新年太常出缺将人要，莫及格送信到家园。”可谓是苦尽甘来后的皆大欢喜结局。显然，作者所表达的这些只是适合大部分没有背景的旗人，他们什么时候能够进入仕途，并不是自己能决定的，他们能做的只有等待，在朝廷缺官员的时候，他们能够被挑上是幸运，没有被挑上也只能继续之前的生活。所以，作者在诗篇中多次使用因果句、转折句，其目的是为了为正书内容服务，以便更好体现当时旗人生活的艰难，藉此引发当政者对旗人的关注。

有的作者在诗篇中利用问句的形式隐晦表现正书内容，如《侍卫论》诗篇前三联是规整的律句形式，体现了朝廷官员身份及当值时的威严气质。但作者其意不在夸奖他们，所以尾联中他说：“问尊兄荣任是在何衙署？鞠躬道小弟当辖在大门。”也就是说，前六句诗所描写的都是最后一句中所言侍卫的形象，然而作者在正书中所描写的侍卫无论在生活还是工作上都不具备他在诗篇中所言的气质，所以，诗篇是《侍卫论》的“扬”，正书是《侍卫论》的“抑”。作者采用的这种诗篇和正书共同构成的先抑后扬的艺术表达形式，将清代中后期侍卫表里不一的生活与工作做了透彻的展示。

没有人参与的文学作品是不存在的，作者是文学作品中恒有的“人”，人物形象则是文学作品中或有或无的“人”，这两个“人”或单独出现，或协同出现，营造相关文学作品中具有的文学世界。作为文学作品中恒有的“人”，作者在呈现文学作品中或有或无的“人”时，需要考虑到语言形式和选取的展现点等。从这个角度看，诗篇的形制对作者呈现正书中的人物具有很好的作用，如《票把儿上台》作者在诗篇[①]中用了规整的律诗形制。这种规整的律诗形制看似呆板，实则大有玄机，因为用规整的形式更能呈现出正书中的人物形象乐于唱戏，且唱戏已经成为当时“兵民旗汉官”共同爱好的社会现实，同时，在一定程度上也揭示出了清代戏曲流行的原因。

三、辅助作者表现创作时的情感

任何作家的创作，都必须基于一定的情感进行，若没有情感的参与，其写出来的东西顶多算是有序的文字组合，而不是文学作品。从这个角度看，子弟书能流行那么长时间，自然是因为作者在创作时把自己的情感释放进了它。需要思考的是，用什么样的形式将自己投放进子弟书的情感释放出来，才能使自己的情感和内容自然衔接、融为一体。具体而言，文学作品中作者情感的表达，需要借助的因素虽然很多，但内容和形式尤为重要。内容是承担作者情感的主体，形式是内容表达作者情感的辅助。所以，文学形式对一部文学作品极为重要。即是说，作者在子弟书中设置诗篇的目的之一，是为了让其辅助表达自己的情感。

如子弟书《宝钗代绣》的作者从客观视角冷静地去看《红楼梦》，去看宝钗代绣这个故事情节。通过其所用语言形式可以发现，他认为只有形式规整的

① 子弟消闲特好玩，出奇制胜效梨园。鼓镟铙钹多齐整，箱行彩切俱新鲜。虽分生旦净末丑，尽是兵民旗汉官。歌舞升平鸣盛世，万民同乐庆丰年。

诗篇才能与自己的这种态度及情感相适应，所以他在第二回的诗篇[①]中全篇采用AABB及ABB、AAB的重叠形式，在具体排列中，又有细微的变化，呈现出了一种形式上的动态美，它们以“AABB+ABB，AABB+AAB。AABB+ABB，AABB+ABB。AABB+AAB，AABB+AAB。AABB+ABB，ABB+AABB”的形式交替出现。AABB、ABB、AAB是典型的叠词形式，它们存在的主要功用主要是为了更好地表情达意，故可以将它们看作是形容词的特殊类型。换句话说，《思玉戏嬛》的这首诗篇等同于完全由形容词构成，兼以AABB、ABB、AAB三者在诗中组合顺序的变化，揭露出作者客观冷静态度的背后隐藏着对薛宝钗小女儿心态的认可与同情。作者之所以把自己对女性在追求方面的认可与同情巧妙地隐藏起来，关键原因在于无论他如何开明，也无法挣脱男权主义下的封建礼教对他的束缚，这一点也可以从第三回诗篇[②]中看出。作者在诗篇中本着一种认同的态度对薛宝钗的痴情作了隐秘的表现，作者认为高超的绣艺能力固然是她能够代绣的原因，但这不能成为她代绣的根本原因。可以说，她能去代绣，是因为她深爱贾宝玉，因而从窗外看到午睡中的贾宝玉，一时没有控制住自己的情绪和行为，才进门去绣袭人给贾宝玉还未绣完的肚兜。却不料她的举动又恰好被窗外的林黛玉看到，身处同一个感情漩涡的三个人，就在两个清醒、一个熟睡的状态下，进行了一次巧妙地交锋，作者在诗篇倒数第二句对此作出了评价，点出了此时萦绕在薛宝钗身上的柔情和林黛玉身上的“醋意”。我们知道，薛宝钗和林黛玉固然在情感的处理上有自己的不当之处，但“祸根”却是用柔情蜜语对待所有女性的贾宝玉。然而，作者却丝毫没有提及这一点，说明在其内心深处，他认同贾宝玉的做法，无形中反映出了“男尊女卑”的封建伦理社会秩序对女性的戕害。

如果说《宝钗代绣》诗篇反映的是词语形式对子弟书作者表达情感具有一

① 飞飞往往燕忙忙，两两三三日日长。雨雨风风花寂寂，重重叠叠泪行行。虚虚实实悠悠梦，浓浓淡淡俏俏妆。切切思思君漠漠，伤心心事事茫茫。

② 偶步怡红小院西，恰逢郎睡正浓时。心痴易露忘情处，技养难防不自持。自喜小窗依枕绣，谁期隔户有人知。此一回柔情醋意真难写，笑老拙怎比红楼笔墨奇？

定的作用，《数罗汉》诗篇[①]反映的就是句式在诠释作者情感上的作用。它烦琐多变的句式，单句和复句的无规律使用，配以字数的多样化，甚至杂乱性，深刻说明了作者在写作《数罗汉》时的纠结情感，表现了他在佛法的作用和现实的嘈杂中纠结的状态，也点出了他相信佛法，但现实中的“恩爱冤孽海，欢喜是愁缘”又是让他困惑不已的事。

句式是诗篇语言的具体展现形式，在表现作者的语言文字水平时，也担负着一定的诠释作者情感的责任，如子弟书《葡萄架》[②]的诗篇[③]表达了作者面对世间男女情爱，无法解脱又想超脱的情感。该诗篇的句式长短不一，变化中又有规整，充分展现了作者觉得自己看透了红尘中男女情事，甚至将其看作是“妖魔债”，并劝世人远离这“妖魔债”。然而，一个人真正能看透世情并能从中超脱的人，是不需要求助佛家，也不需要别人劝解的。“言为心声”虽然在一些时候可能并不确切，但在一定程度上能代表作者的某些真实想法。所以，作者采用什么样的语言形式隐秘地表达自己的情感，既需要符合时代对语言形式的要求，又要在共性中展现自己的个性，诗篇形制的多样性正是对这一特性的反映。

① 般若波罗密哆波合波惹法无边，镇妖邪慧剑高擎祗（智）炬燃。望佛光青莲作法朱火为眉狮吼数声传妙运，仰佛力胸留万字手作斗（兜）罗龙标一指见真禅。最上乘明镜亦非台菩提本无种（树），真下品恩爱冤孽海欢喜是仇缘。因此上开党雾（路）法海禅师欲却（祛）床头怪，施宝筏渡迷津跋（八）垢皆空是（十）行原（圆）。

② 因其内容淫秽，所以整理者在整理时一般都是省略正书内容，而只录入它的诗篇。

③ 自古鐘情系孽缘，奈人生无不被这一个字儿牵缠。哪知道怜香惜玉风流苦，倚翠偎红是欢喜冤。所以才色色皆空释氏语，贤贤易色圣人言。劝君早脱这妖魔债，总不如流水无心是自在禅。

第四节　诗篇内容概况

文化内涵因内容而生，也就是说内容的质量高低及其具体形式，决定了文化的深度与广度。诗篇作为子弟书的重要组成部分，且大多位于正书的前面，决定它的内容必须丰富、所呈现的文化内涵必须具有符合一般受众文化认知范畴的特点。以此为前提，可以发现诗篇的内容无论是具体还是抽象，是自然景观还是人文景观，是作者感慨、评价还是风俗，甚或是语言风格，都具有一定的深度与广度。

正如上文所言，任何作者在进行创作时，他所建构的内容，或者在建构内容时所使用的每一个字词、甚至标点符号，都不能随意而为的，诗篇自然也是如此。即是说，诗篇丰富内容的背后是广博而深厚的文化内涵，它既是对子弟书作者个人精神世界的反映，也是对清代中后期满族文学家乃至所有满族人精神世界的反映，更是对清代中后期社会的物质、文化等各种现象的高度浓缩。就这一点看，诗篇内容要高于它在形制上的价值。

侯宝林等人认为“不妨把曲艺唱词当作另一类型的叙事诗——‘说唱诗’或‘故事诗’”。[①]作为说唱文学，子弟书也具有这一特征，作为它重要构成部分的诗篇，也不能脱离这一特征范畴，所以研究子弟书时，诗篇的内容有被重视的必要。如王美雨认为它是“相当于内容提要的楔子”“点明创作原因”，[②]她指出的这两点既是诗篇的功用又是它的内容，但并没有全面概括出诗篇的内容。通过对诗篇的全面研究，可以看出它内容丰富，不仅有以上两种内容，[③]还有对

① 侯宝林，汪景涛，薛宝琨．曲艺概论 [M]. 北京：北京大学出版社，1980 年版，第 122 页。

② 王美雨．车王府藏子弟书方言词语及满语词研究 [M]. 北京：九州出版社，2015 年，第 6—7 页。

③ 因笔者已在《车王府藏子弟书方言词语及满语词研究》中详细阐释“相当于内容提要的楔子”“点明创作原因”两点，故下文不再赘述。

作者审美情趣的呈现、对大众价值取向的反映、对当时社会背景的描写、对所描写故事片段背景的介绍、对正书中人物所处生境和心境的描写等等。这些内容从不同层面构成了诗篇丰富的内容，同时也为正书内容的表达提供了佐助。换言之，如果没有诗篇的存在，大多数子弟书仅仅只能是一种用韵文形式呈现的说唱文学故事，其所蕴含的风俗民情、文化理念等的呈现就受到了束缚，至于子弟书作者所体现的满族文化理念、满族人对清代当时社会现象的认知等，则更无法明确得知。这也是我们一再强调诗篇重要的原因。

不同诗篇的内容虽各不相同，但都与正书内容或多或少地有所联系。其中，诗篇与正书联系最密切的就是直陈正书内容。《趁心愿》第三回诗篇①就描写了该回正书的内容。它在短短的篇幅内，以简洁的话语描写了清新、温情脉脉的早上，男主人公情陷美梦不肯起床、丫鬟娇笑唤其起床的情形。他所具有的动态性画面感中，有跃然纸上的景色、人物，让受众还未接触正书，就领略到了一种别样的美感。在所有诗篇中，内容和正书联系最少的诗篇，大致有以下两类：

一是描写正书故事发生背景的诗篇。如《太常寺》诗篇。②虽然正书中描写的旗人生活及工作并没有如此之惨，但它的诗篇可以看出，清代中后期，旗人尤其是中下层旗人生活艰难，很多旗人既没有学问又没有钱财，平时只能靠唱戏等打发时间。如《太常寺》正书中涉及的四季景色中的前三个季节的景色都是主人公无所事事的日常生活，直到冬景作者才略提了主人公“怎耐那衣衫破损却又无钱。无奈何借钱赎衣才将庙进”的潦倒生活，契合了诗篇所提及的社会背景。另外，通读作者对四景的描写可以看出，诗篇中所提及的旗人生活艰难，固然有时代原因，但根本原因却在旗人自己。从这个层面来讲，这种内容涉及当时大社会背景的诗篇，与描写具体社会现实的正书内容可谓是相得益彰，值得肯定。子弟书《叹旗词》作者在正书中说道：“天道兴颓岂偶然，世间治乱少百年。自从那印务升迁后，诸事纷纷大不安。三五年前还略好，眼前光景更难堪。领催马甲加差役，笔帖分得累的可怜。世管公中诸印务，子男都尉世袭

① 情如鱼水两相亲，鸳梦初回日向晨。花映窗纱香浥室，莺啼庭树韵怡人。蝶蜂苦恋春留迹，桃李无言妙入神。公子情浓犹不起，春鸿低唤笑声频。

② 可叹旗人命运艰，求取功名分外难。每赞随龙真有趣，自惭伴驾又无缘。要想科甲没学问，欲待捐官少银钱。无奈何租房将庙立，少不的打扫喉咙念上几天。

官。层层地步层层苦，五甲八行遇倒悬。……”据此，可见《太常寺》的男主人公即便最后领了差事，其生活境遇也不会改善多少。换句话说，当时的旗人大多都处于一种“绝望”的消极状态。

二是纯粹描写作者写作背景和心境的诗篇。如《天台传》诗篇[①]只是简单地描写了作者居住旅舍的环境及他的创作原因、心境，显然，与描写社会背景的诗篇相比，这类诗篇的价值相对较少一点，因为它所呈现的主要是作者的个人情绪。

综上，我们可以从原创类和改编类两个角度看诗篇的内容。

一、原创类子弟书诗篇内容

原创类子弟书的最大优势在于其诗篇和正书都是作者的原创，它所呈现的完全是作者个人的文学创作态度及审美价值取向，类同于作者借子弟书在书写自己对当时社会现象的看法及自己的精神世界。

文学的一个重要特征就在于它能够以艺术的形式呈现“原汁原味”的现实生活，或者可以说，它可以用艺术的形式呈现作者和大众所感兴趣的社会现象，并通过适当的渠道让大众从艺术的视角再次审阅这种社会现象，为其带来全新的体验。但在进入传播渠道之前，作者要首先保证所采用的艺术形式是不是能完美地阐释自己所选定的社会现象。对于大部分子弟书作者而言，诗篇和正书就是最好的阐释形式。两者或是浓缩和精描的区别，或是补充和被补充的区别，为大众在更深层次上理解自己习见或不习见的社会现象提供了帮助。

描写乡下妈妈进城探望自己女儿的《乡城骂》，其诗篇[②]就反映了清代中后期乡下满族女性嫁给城里旗人虽然已经成为一种普遍社会现象，但受门户观念的影响，婚后的满族女性生活并不美满，甚至城里的亲家看不起乡下的亲家。而接触到《乡城骂》的受众可能也面临着这种问题，所以作者在诗篇中的简练表达，极易激发他们的兴趣，以至迫切地想知道正书中的内容是否与自己家的情况一致，作者是否提供了妥帖的解决问题的方法等。

---

① 客居旅舍甚萧条，采取奇书手自抄。偶然得出书中趣，便把那旧曲翻新不惮劳。也无非借此消愁堪解闷，却不敢多才自奥比人高。渔村山左疏狂客，子弟书编破寂寥。

② 世间婚配命中生，岂容人力不非轻。两家娶聘应门对，一生荣辱在心凭。屯女配旗原贪富，旗户迎村总因穷。此所谓不慎前思忘本分，致有这探女烦难一段苦情。

原创类子弟书中，作者有时采用对比的手法描写诗篇内容，如《须子谱》诗篇，它的前三联诗句都是在说夏季时，民众通常采用的避暑方法。最后一联则是说纨绔子弟、市井混混在夏日的做法。前后形成了鲜明的对比，而听子弟书的人大多采用的又都是前种避暑方法，因此当他们听到有人和自己的方法不同时，自然是好奇心起，急欲了解具体内容，甚至想从中获得可借鉴的方法。

原创类子弟书的诗篇有的类似于新闻简报，如《碧玉将军》第二回和第三回诗篇。第二回诗篇[①]描写的外敌入侵时前线的险恶情形，极易让观众产生代入感，甚至会激发他们的保家卫国情怀。第三回诗篇[②]描写了碧玉将军武断认为自己取胜，未等到最后就将捷报传回朝廷并受到朝廷奖励的事。显然，诗篇中所描写的内容与正书中的内容正好相反，这种强烈反差，给受众以审美享受的同时，也能激发他们对昏庸无能官吏的愤恨，成功引起了他们对国家时事的关注。

原创类子弟书的诗篇内容并不仅限于以上几种，还有对正书中人物形象的描写，如《少侍卫叹》诗篇。[③]作者在诗篇中对身为旗人的少年侍卫从技艺、性格、家室及服饰等各个方面都作了展示和夸赞。但实际上，正书中少年侍卫的当值生活并不如此。那么，到底是诗篇中的内容是事实还是正书中的内容是事实呢？根据其他侍卫类的子弟书，似乎正书中的内容更贴近社会事实，而诗篇中的内容不过只是作者理想化了的少年侍卫形象。他这样写，意在表达理想和现实之间的脱节，如旗人的仕途，要受很多因素的影响，并不是有能力就可以仕途畅通的。

因为是原创类子弟书，所以作者也喜欢借诗篇写自己的生活，如《柳敬亭》的诗篇。[④]诗篇中写道，深秋的夜晚，细雨蒙蒙，酒醉醒来的作者，想写一篇赋描写此时的情形，但他自言能力不够，所以只好转向写俚俗性的子弟书。当然，作者并不是真的写不出赋，而只是为自己创作子弟书《柳敬亭》找个理由而已。

---

① 武功山下阵云低，会稽城头月晕齐。飞檄直临彭岛外，歼城不动浙江西。战袍血溅盘雕鹘，雄剑霜寒淬鹧鹈。半壁东南功不细，天尽频下武都泥。

② 尽道东南立战功，连宵江面火光红。天兵得力乘风出，贼盗惊窜旧穴空。共仰将军真智慧，可知竖子肆朦胧。红旗报至天恩重，传得臣门与市同。

③ 自是旗人自不同，天生仪表有威风。学问深渊通翻译，膂力能开六力弓。性格聪明嘴头滑顺，人情四海家道时兴。本就是赳赳武夫干城器，更兼他手头散漫衣帽鲜明。

④ 梧桐叶落扫窗棂，夜深微雨醉初醒。挑灯欲写秋声赋，奈予天性欠聪明。且排俚语成新调，拾人牙慧谱歌声。拙人自得拙中趣，一任那骚客提毫费品评。

这恰恰说明，在当时，子弟书已经非常流行，所以作者深夜酒醉醒来想到的是创作反映社会现实的子弟书，而不是“吉士思秋，实感物化”。子弟书《评昆论》作者则在诗篇[①]中对当时的说书艺人石玉昆作出了评价。作者先是指出石玉昆属于上流说书艺人，其听众范围极广，上至达官贵人、下至市井闾里，风靡一时，所以他的门票不是一般人能够负担起的。社会上甚至出现了很多效仿他的说书艺人。这些情况都说明，子弟书已经成为“流行艺术”。

原创类子弟书的诗篇虽然各自内容不同，但因其涉及面较广，所以将其放在一起梳理、分析，能够获取一定数量的当时社会的民俗文化，以及当时人们的文化心理。

二、改编类子弟书诗篇内容

子弟书选择任何一部作品进行改编时，都是出于一定的目的，如选择改编水浒故事，是因为在清代中后期几乎人人都知道与水浒有关的故事。这一点说明，子弟书在选择改编对象时，迎合受众的兴趣是重要的标准。当然，迎合受众只是浅层次的原因，其背后隐藏的深层原因是因为作者意欲借某个受众已经熟悉的故事，表达自己的意图。

改编类子弟书的内容与其曲调相适应，旧有竹枝词点明了改编类子弟书的曲调特点：“子弟书有东西二韵，西韵若昆曲。盖东城调，又名东韵，音节如高腔；西城调，又曰西韵，音节如昆曲。东韵之词，沉雄阔大，慷慨激昂，如白帝城托孤、宁武关、千钟禄，贞娥刺虎、千金全德诸本，多衍历史上所谓忠臣孝子，义夫节妇之故事。而西韵之词，类为才子佳人，儿女私情，若石头记、百花亭、昭君出塞、藏舟、永福寺等，均饶柔靡之音也。”[②]

以上所言这两类特点能够概括改编子弟书内容的特点，但仅有恰当音乐形式的配合显然是不够的，因为改编类子弟书选取的都是受众较为熟悉的内容，因此作者在叙述的时候就必须小心，以免让受众产生在看原著的错觉。这也要求作者所选择的叙述视角非常重要，我们知道“叙述者的观念视点（除非他是

① 高抬声价本超群，压倒江湖无业民。惊动公卿夸绝调，流传市井效眉颦。编来宋代包公案，成就当时石玉昆。是谁拜赠先生号？直比谈经绛帐人。

② 孟瑶．中国文学史 [M]. 台北：传记文学出版社，1970 年版，第 621 页。

不可靠的叙述者）优先于人物的观念视点”。[①]这就决定改编类子弟书作者要格外审慎地在诗篇中表达自己的观点或是精挑要描写的正书内容，由此，与原创类子弟书相比，改编类子弟书的诗篇更能呈现作者与众不同的文化理念、人生态度等。如《晴雯赍恨》的诗篇[②]就表达了作者的人生态度及对晴雯们悲惨命运的看法。《红楼梦》虽是曹雪芹创作的一部无法断定具体历史时期的小说，但曹雪芹却存世于康熙到乾隆年间，而艺术来源于现实，所以即使《红楼梦》的内容是虚构的，但必定会带有他所在年代的痕迹。当然，能被列为中国四大名著的原因，绝不仅在于它的艺术性，更在于它所描写的符合人类共性的故事及文化、道德等诉求。也正是因为这样，所以《晴雯赍恨》作者对晴雯之死一事抱有深切的同情，并用平素的“仇口”也给予晴雯同情之心来衬托晴雯的冤屈之重。毫无疑问，在那个时代，晴雯们不在少数，否则作者不可能为晴雯单独创作一篇子弟书，并在字里行间发出了隐秘而又深切的同情。诗篇的最后两句则表现了晴雯的情深义重，她即便是受冤而死，但仍然一心待宝玉的痴情。《晴雯赍恨》的作者是男性，无论他具有怎样开放、先进的思想，在思考问题时，必定是基于自己男性群体的利益出发，所以他对晴雯直到临死仍痴情贾宝玉的行为作了肯定和称颂，而没有对贾宝玉提出任何批判。深入而言，他的这种描述及评价，反映出了清代中后期的满族人已经基本上接受了关内文化。当然，一种文化接受另一种文化的前提，是因为两种文化在本质上必定有一定的相同点，差异在于一种文化表现得明显，另外一种文化表现得不明显而已。所以，《晴雯赍恨》诗篇中所体现的文化理念，实际上是融合为一体的满汉两种文化内涵，而不单单是其中的一种文化内涵。

《两宴大观园》也改编自《红楼梦》，它的诗篇则呈现了另外一种内容和文化内涵。作者在诗篇[③]中通过对正书主人公史太君和刘姥姥的对比，深刻表现出了富人、穷人的生活各有自己的优劣，但两者都有对方不曾拥有的东西，所

---

① [美]西摩·查特曼．故事与话语：小说和电影的叙事结构[M]．徐强译．北京：中国人民大学出版社，2013年版，第140页。

② 生离死别最难堪，别到晴雯更可怜。总有愁肠难贮泪，任他仇口也称冤。了无私爱生前共，空有虚名死后担。肠断芙蓉秋水上，香魂犹伴大观园。

③ 不是天生命不同，如何一类有枯荣。荣时处处皆佳趣，枯者常常遇上风。史太君虽有瑕疵许多粉饰，刘姥姥纵然直爽也算奉承。可喜他作戏逢场本来面目，休笑他脸厚皮憨臊着不疼。

以荣枯之间，无所谓胜败。作为改编类的子弟书，自然与原著之间既有共同点也有不同点。从接受学的角度看，其中的不同点正是受众想要了解的内容，如了解说唱文学中的史太君、刘姥姥与《红楼梦》中的史太君、刘姥姥有何不同，这些不同主要体现在哪些方面，作者是如何呈现这些不同的，等等。

值得注意的是，不同作者描写基本相同的内容时，正书的内容梗概虽然基本一致，但在诗篇方面却差别很大，如《子弟书珍本百种》中所呈现的两种描写蝴蝶梦的子弟书就是如此。四回本的《蝴蝶梦》每回前都有诗篇，作者春澍斋用人生如梦、死后万事成空的主题作为头回诗篇①的主旨，既是他对人生的一种感慨，又是对正书故事内容的完整概括，具有重要的存在意义。如果说头回诗篇仅是作者对人生的一般意义范畴内的感慨，那么二回前的诗篇②则挑明了夫妻关系在生死面前不堪一击。为证明这一点，作者用佛教的虚无理论来解释世间的夫妻关系，整首诗篇透露出一种无奈、凄凉的气氛。很明显，前两回诗篇是作者因《蝴蝶梦》而生发的感慨，哲理性意味比较强，从第三回诗篇③开始转向对《蝴蝶梦》中故事发生的原因及具体内容的阐释，指明了《蝴蝶梦》中女主人公为什么在丈夫尸骨未寒的时候就想改嫁的原因。庄子为测试妻子是否能遵守她在自己临终前的誓言，于是幻化为年轻俊俏且身份高贵的王孙前去试探妻子，结果妻子没有抵得住他的百般暗示和诱惑。第四回前的诗篇④就详细描写了这件事。很明显，与第一首第二首诗篇不同，作者虽然在这首诗篇最后两句也发出了感慨，但是他探讨的不再是普遍意义上的生命的无常和人性的丑陋，而是从“情”字出发，探讨令《蝴蝶梦》女主人公违背誓言、迷失自我的主要原因。这种探讨主题的变化，反映出作者对女主人公所作所为的叹息与不情愿地接受。毫无疑问，如果没有这四首诗篇，我们能看到的仅仅是一篇有关蝴蝶梦的故事，作者的个人精神世界我们却无法看到，由此，诗篇的重要性不言而

① 贵贱同归土一丘，劝君何必苦追求。半生豪富回头了，盖世功名转眼休。儿女情长真幻境，夫妻恩爱假温柔。睡模糊猛然参透蝴蝶梦，写一段骷髅幻化叹骷髅。

② 骷髅红粉两相连，恩爱谁能保百年。乍调琴瑟情才熟（热），又报琵琶骨未寒。色本空生空是色，缘因孽种孽非缘。观世音特遣龙女临凡世，借扇坟唤醒庄周一梦还。

③ 缘何庄子幻形容，欲借王孙逗隐情。雕鞍骏马般般好，琴剑书箱色色精。院子犹如真院子，书童恰似小书童。一团春意来勾引，焉有桃花不吐红。

④ 传话的书童儿笑满腔，佳人得信喜洋洋。红鸾再舞鸳鸯镜，紫燕重楼（棲）玳瑁梁。逞弄风流追洛女，安排云雨待襄王。只因为情天孽海迷真性，也认不出新情郎是旧情郎。

喻。与之主旨故事相同的另一篇《蝴蝶梦》的作者惠亭则没有这么宽容，他的《蝴蝶梦》同样是四回本，每回本之前同样有四首诗篇，但其批判的意味要浓得多。在头回诗篇中，他开门见山指出："神仙踪迹甚难言，况是夫妻业孽缘。"表面上他在说世上有没有神仙是一件很难确定的事，实际上他在暗指《蝴蝶梦》中庄子用神仙之法扇干坟的事是虚幻的，进而隐指《蝴蝶梦》中所言之事都是根据人的劣根性构想出来的，不一定是事实。但神仙可以是虚无缥缈的，真实的人生却不是虚无的，所以惠亭在第二回诗篇[①]中再次点明对人而言，除了情其他什么都可以舍弃。男女之情是七情六欲的一个重要组成部分，重要到连勘破生死的庄子都不能免俗，为了检验妻子在自己死后是否能忠贞如一，他幻化成了锦衣王孙去引诱妻子，惠亭在第三回诗篇[②]对此作了评价。不难看出，惠亭一直在为庄子开脱，认为他检验自己妻子是否忠贞的行为只是因为他不能抛却男女之间的情分，而不是出于他对妻子的不信任，这一点也反映出封建社会对女性的苛刻要求，即丈夫死后，妻子不能改嫁，只能独守到老。受满族源起传说的文化影响，身为满族人，惠亭在看待两性关系中的女性时，原本是可以宽容一点的，但他却是站在封建礼教的立场上看待庄子和他妻子的事，在第四回诗篇[③]中甚至直接提出来"贞淫"的问题。至此，惠亭在诗篇中把一件丈夫检验妻子是否忠贞的事提升到了整个社会的层面，并因此得出结论："从来祸福并无门，恶妇无知着意寻。假中生假原非假，真里求真未必真。影离离呼来蛱蝶空花相，虚荡荡变去王孙幻影人。最堪嗔伤风无耻邪淫妇，恋王孙斧劈棺木天理何存。"《蝴蝶梦二》中的四首诗篇，层层递进，由个体到整体，对以庄子妻子为首的封建社会中那些在丈夫死后不能守寡的女性进行了批判。就人类发展的层面看，他的观点无疑有历史局限性，为其所在时代的社会秩序服务而生。单就有关蝴蝶梦的子弟书来看，庄子的妻子能够做出如此"大胆"之举，最重要的原因就在于庄子化身为锦衣王孙的着意引诱，从正书中的细枝末节可以看出，如果不

① 混俗和光空世法，虚无寂灭妙通玄。饱尝了世情冷暖酸辛味，听遍了人面高低谄佞言。尘世中万缘解脱皆无碍，只有这情缘未断似葛蔓勾连。

② 空花色相本非真，幻影浮云未有痕。郎月临波波幻影，空花入梦梦为因。渡迷津色也空诛妄虑，登彼岸空乎为色灭贪嗔。庄子休了除一切空诸想，惟有这爱缘未断欲海波沉。

③ 何者为仇何者恩，事分邪正辨贞淫。整纲常从容就义惊天地，维风化慷慨捐生泣鬼神。铁铮铮捐躯烈妇千年恨，香馥馥守义贞魂万载馨。叹庄生修成羽化登仙客，为着这情丝儿未断半世沉沦。

是庄子的着意设计，他的妻子不一定能做出正书中所言之事。所以，我们从这两篇子弟书的诗篇很容易就可以推断出，儒家思想对清代满族人的影响很大，至少在丈夫死后妻子应该守寡到死的这一观点，他们是全盘接受的。

同样，正书内容完全不同的子弟书，由于其所呈现的正书内容在文化诉求上一致，因此其诗篇一致，如《郭子仪上寿》《宝钗代绣》的正书内容完全不同，但其诗篇[①]内容却完全一样。[②]如果说，以《蝴蝶梦》为代表的子弟书体现了不同的满族文学家对同样内容的不同理解以及不同的文化理念外，那么不同内容体现不同作者具有相同文化理念的子弟书，则充分体现了无论在任何时代、任何社会环境下，总有一些文化理念是人们所共同坚持的，也总有一些文化诉求是人们所共同拥有的。当然，这种情况也可以发生在不同的民族之间，之所以如此，是因为不同民族在各个方面都存在着或多或少的联系，满族和汉族更是如此。清代徐珂就曾指出汉族和满族及蒙古族、回族、藏族的血统的源头一样，并从历史变革、民族、地理、宗教等角度论证了这个观点。徐珂看到了不同民族之间的联系与共性，具有一定的科学性。但对清代当政者而言，他们要强调的却是民族的差异性，反映到子弟书中，就是其对满族生活和文化的描写，以及闪现在汉族文化中的满族文化。

综上，体制及内容的多样性，使诗篇形成了与正书互动的多样化特征，为多角度诠释儒家思想提供了基础。同时，根据《晴雯赍恨》《两宴大观园》以及两篇《蝴蝶梦》的诗篇，可以想见，其他子弟书的诗篇也有着丰富的内容，这些我们可以从水浒子弟书及《红楼梦》子弟书等具有典型性特征的子弟书中看出。

---

① 新春新喜喜相逢，丰福丰寿喜封增。增爵增禄增福寿，寿长寿永寿常生。升文升武生贵子，子贤子孝子孙荣。荣华到老重重喜，喜的是福如东海永长宁。

② 与《郭子仪上寿》《宝钗代绣》这种正书内容完全不同、诗篇内容则完全相同的情况不同，还有正书内容完全不同，诗篇内容与其正书内容部分相同的子弟书，如《荡子叹》正书中有“欲待要嚼字咬文其奈无有，不过是含里含糊信口编。十三道大辙我全不懂，亦不晓平上去入之乎者也矣哉焉”，《别善恶》诗篇中有“本欲待咬文嚼字其奈无有，不过是含里含糊信口儿编。亦不晓平上去入一百有零单六韵，更不通之乎者也矣哉焉”。前两句两者差别仅在于“信口”一词是否儿化，其他区别则在于《荡子叹》作者指明子弟书所用韵辙是十三韵辙，而《别善恶》作者则将其换为了一百零六韵，且字句排列顺序上有所区别。显然，这两首诗篇中相同的内容，意不在文化，只是反映了当时子弟书作者常用的解释自己编创子弟书的原因以及自谦之词而已。

第五节 典型性诗篇内容

子弟书篇目虽多，来源广泛，但在广泛中也体现出了典型性特征，如对《聊斋志异》《红楼梦》《水浒传》《西厢记》等著名文学名著的改编等。正如上文所言，这部分改编类的子弟书，在内容及文化理念方面既与原著有共同点也有不同点，尤其在诗篇方面，更是如此。显然，这部分子弟书与其他来源小众化的子弟书不同，所以有必要将它们的诗篇单独进行典型性研究，以挖掘来源于为受众所熟悉的经典文学作品的子弟书尤其是其诗篇中所蕴含的文化内涵，并探究其改编成功的原因。鉴于此，我们选择了篇目比较多的水浒子弟书、红楼梦子弟书两类子弟书的诗篇作典型性研究。

一、水浒子弟书诗篇内容

水浒子弟书是指由清代满族说唱文学家改编自水浒故事的水浒子弟书，多由诗篇和正书两部分构成。水浒子弟书是满汉文化的结晶，展现了以子弟书作者为代表的清代中后期满族人对水浒故事的独特理解和审美感念。

水浒子弟书中的诗篇和正书各司其职，又互为补充，从不同的角度诠释了作者对水浒故事的审美接受与再造。两者的差别在于前者重在概括正书内容、说明正书内容发生的故事背景及作者创作的原因，后者重在详细叙述具体的故事。故从这个角度看，诗篇所体现的子弟书作者的情感及对水浒故事的审美观照是显明而又细微的。

任何作者在对已有文学作品进行改编时，无论其如何改编语言、内容，其主线脉络及主要人物的特质都须和原作保持一致，故从这个角度看，作者对自我精神世界的阐释在正书中就受到了限制。反之，诗篇所受的束缚就相对少一些。诗篇中，作者是自由的抒发者，他可以在这里书写与正书完全无关的内容，也可以表达对正书中人物及事件的主观评价。所以，如果说正书还留有原作者的精神痕迹，那么可以将诗篇看作是独属于子弟书作者的精神领域，在一定层面上反映了清代中后期以八旗子弟为代表的满族文人对水浒故事的审美认知和诠释。

就已有资料显示，水浒子弟书中带有诗篇的有《夜奔》《醉打山门》《走岭子》《卖刀试刀》《活捉》《坐楼杀惜》《削道冠儿》《翠屏山》等。它们的诗篇内容侧重点不同，从不同角度反映出了清代中后期满族文学家乃至整个满族对水浒文化理解与接受的内容与程度。

（一）诗篇内容与正书内容有关

在呈现正书内容时，诗篇比较自由，或是点明背景，或是直陈正书具体故事情节，或是作者正书内容作出评价，等等。从水浒子弟书诗篇中，可以很清晰地看到这一点。

1. 点明正书内容发生的社会背景

作为说唱文学艺术形式，子弟书篇幅有限，对原著进行改编时，往往只能截取其中的一个故事，这就使其失去了前因后果，对那些不熟悉原著的人而言，理解起来就有一定的困难性，所以子弟书作者有时也会在诗篇中点明故事发生的社会背景，如《活捉》的诗篇。《活捉》的主体内容是阎婆惜死后仍眷恋张文远，欲与其再续前缘，但张文远因惧她是鬼魂，拒绝了她，阎婆惜愤恨之余，勒死了张文远。类似的故事在中国古典文学作品中很常见，并有着诸多的变体，甚至可以将其看作是鬼怪小说的一个母题。但正如上文所说，节选的改编类的文学内容，如果作者不明示故事发生的社会背景，受众对故事的理解就会仅限于表面，该故事就会成为受众认知中已有同类故事的类同化部分，属于细节稍有变化的机械复制品而已，而这一点，是改编者不愿意看到的，所以在创作时呈现故事发生的社会背景就成为一件必要的事。《活捉》诗篇的前六句都是在描述阎婆惜鬼魂抓张文远的社会背景，指出当时奸臣当道，社会混乱，在这样的社会背景下，衍生出荒诞的阎婆惜鬼魂抓张文远的故事自然易于被大众所接受。正书开篇[1]指出了阎婆惜并不怨恨宋江杀掉自己，甚至在变身为魂魄回找张文远时，察觉到张文远对自己并不是真心时，她还为宋江辩解，认为宋江杀她是因

① 且说那阎婆惜的魂灵早出了壳，他如何敢缠绕宋公明。一来是自己心中有愧，再那宋江原系天罡列宿星。

为自己要嫁给张文远。《水浒传》中，并没有活捉这一情节，张文远也没有受到惩罚。那么，改编者们为什么会设置这种《水浒传》中没有的情节，为张文远设置这种结局呢?

任何文学作品的创作，都是对来自现实生活素材的一种艺术加工，这种艺术加工不能是对现实的歪曲，也不能超越大众的认知范畴。就《活捉》诗篇中所呈现的社会背景，可推知，生活其中的民众无法在现实中获取希望，所以将希望寄托在虚幻的故事上，也是合情合理的事，这也是《活捉》在明代许自昌的传奇《水浒记》中一经出现后，就被世人广泛接受的根本原因。世人对《活捉》情节的改编及自觉对阎婆惜、张文远施加的惩罚，表明他们认为张文远就应该受到惩罚，即便阎婆惜死了，也应让她承受被张文远背叛的痛苦。可以说，这是改编者们抑或是世人自觉对张文远和阎婆惜做出的惩罚。深受儒家思想影响的子弟书作者，接受这一点自然也是一件水到渠成的事。他甚至在细致描写了阎婆惜鬼魂活捉张文远、张文远惊吓万分的情节后，犹嫌不足，在正书最后发出了警醒之语:“这才是色果情因冤孽报，劝世人莫照三郎的样子行。”

《活捉》诗篇对社会背景的关注，拔高了正书内容的社会价值性，即在当权者不作为、社会混乱、民众看不到希望的时代，无法寻求到物质和精神满足的民众，就会把自己的苦闷和追求寄托于荒诞的故事，甚至最后将其付之于行动，寻求最后的解脱。《坐楼杀惜》的诗篇就是明证。诗篇中，作者开门见山指出宋哲宗时代战乱频繁、社会混乱、百姓生活困苦的原因有着深厚的历史原因，比如宋朝历代皇帝对蔡京、杨戬、童贯、高俅[①]等奸臣的宠信，以致很多贤德之士、爱国忠臣不得不隐退。以犀利的笔锋直陈事实后，作者笔锋一转，指出从古到今只有君王贤明、大臣贤德，社会才不会有祸乱。反之，则社会祸乱不断、民不聊生。由此可见，作者虽没有明言宋哲宗是不是贤明之君，实则却隐秘地指出身为君王的他，才是社会祸乱的根源。结合这个背景，可见作者认为宋江杀阎婆惜是当时社会必然的产物，也是宋江不得不为之的一种行为，而不是基于他个人利益出发的一种行为。诗篇的这种基调，暗含了中华民族文化中“快意恩仇”的游侠精神，极易引起下层受众的共鸣，进而产生一种宋江就该如此做

① 诗篇中将“高俅”写作“高球”。

的认知，最终让受众和创作者站在了同一精神阵营，同时也对“无望”的社会产生了一种虚幻的期待感。

2. 巧释正书故事发生的原因

正书故事发生的原因就事论事，侧重故事本身，不涉及当时的社会环境。任何故事都有其发生的原因，所以，要想深入地抓住故事的本质，就必须要了解故事发生的原因。也就是说，即便是改编自四大名著的内容，如果受众事先没有了解其具体故事发生的小背景下的原因，那么他们对说唱家将要演绎的子弟书内容大抵只能是“知其然不知其所以然”。所以，在开始演绎正书之前，将故事发生的原因作简要的陈述，是一件很有必要的事。但有时为了表达效果的需要，作者并不会直白地展现故事发生的原因，而是把原因隐藏在对故事主人公的相关描述中。如《削道冠儿》头回诗篇描写了正书内容发生的时间地点及原因。首联先说明了武松在一个荒凉的夜晚，独自一人走在山林中。这样的时间地点，衬托出了武松身上所具有的那种艺高人胆大的特质。同时，能在荒凉夜晚赶路的人，大多是迫不得已，所以作者在中间两联关照了武松的精神世界后，在最后一联写了武松上梁山投奔宋公明的原因。这首诗篇明面上看似没有写武松上山救人的原因，但诗篇中所呈现出来的武松所具有的侠义精神以及武松要投奔梁山的事，实则都反映出了武松具有路见不平拔刀相助的精神，所以像上山救张小姐的事，对他而言只是一件小事，因此诗篇中所提及的武松所具有的精神特质，其实就是这件小事能发生的原因。

当然，作者对于受众是否能从诗篇中解读出武松勇救张小姐的原因，还是持怀疑态度的，于是在“头落”中，作者再次重申了武松的英雄壮举。[①] 武松夜过蜈蚣岭，正是在他隐身逃难的路上。从孟州城逃出，他得到孙二娘等人的相助，才能打扮成头陀投奔梁山泊。按理说，此时的他不应该再节外生枝，但正如作者在诗篇和“头落”中反复强调的，武松所具有的侠义精神不允许他不“多管闲事”。而正书末的“侠义武松不肯留名”一句表明作者最欣赏的就是武松身上的侠义精神，因此他才在《削道冠儿》中多次提及了武松的侠义精神。就小说中武松的个人经历而言，他的侠义精神特质在于他不会因为个人身处危难中，

① 我表的是梁山泊上好汉武松，景阳冈打虎留下美名。他也曾大闹十字坡店，凌云志像带英风。他也曾替兄杀过亲嫂，因此发配孟州城。

就放弃自己的做人准则，符合中华民族传统文化的精神特质需求，这也是作者在诗篇及正书中，反复强调武松的处境及其侠义精神的原因。

3. 简述正书内容

简述正书内容是诗篇的一个重要功能，此时的诗篇相当于内容提要，它能让受众在短短的几十字内了解正书的内容概况，甚至凭此做出是否选择欣赏正书的决定，所以，简述正书内容的诗篇，在内容编排上要抓住受众的兴趣点，引发其对正书的兴趣。如《卖刀试刀》第二回诗篇[①]就用 29 个字简要地叙述了正书的内容。第一句点明了时间、地点的同时，“烈日”一词的使用也铺垫出了杨志卖刀时的那种焦灼的心情；第二句中牛二和杨志迥异的表面精神状态，形成了鲜明的对比，但三四句又点明了两者表面的精神状态并不代表其内在精神世界。先扬后抑的叙事方式，激发了受众急欲了解正书的欲望。相较于《卖刀试刀》的诗篇，《削道冠儿》第二回诗篇[②]则要直白得多，作者用本应是正书中人物的话语，拿出来作为诗篇，点明正书的内容从正书的内容可以看出，武松的这几句话，相当于它的故事高潮，这种正书内容未开始，就用诗篇呈现故事高潮的做法，能够让受众快速融入其中，给其带来其他诗篇所没有的审美感受。

水浒子弟书改编自古典名著《水浒传》，大部分受众对它所涉及的人物及故事主要情节都有一定的了解，因此，像《卖刀试刀》《削道冠儿》中这种类似于内容提要的诗篇很少在其他水浒子弟书中出现，即便出现，也是因其担负着作者所赋予的任务，如《卖刀试刀》头回诗篇最后两句就与第二回诗篇的内容截然不同，在字里行间多了作者对杨志的同情。纵观子弟书，不但水浒子弟书如此，其他改编类的尤其是改编自古典名著的子弟书也大多如此。头回诗篇中，作者大多重在书写与正书故事相关的内容或与创作者本人有关的内容，极少为正书内容作简介；若有，一般也像《卖刀试刀》《削道冠儿》一样，在其他回目前的诗篇中简略展现。

水浒子弟书不同回目前诗篇内容的不同，一是说明作者对水浒故事的了解非常深，二是说明作者深谙受众心理，知道什么时候该用什么内容吸引受众的注意力。

---

① 天汉桥边烈日中，一人豪横一人从容。慢道英雄真懦弱，须知牛二假威风。

② 武松闻听双睛瞪，叫声老者休悲痛。我今上山救小姐，主仆相逢重欢庆。

4. 评析正书中的主要人物

改编者对原著的主观态度，不仅体现在对原文的细节改编及其刻画上，更重要的是在诗篇中直接表达对原著中人物及其行为的评价上，体现在子弟书中，就是作者在诗篇中会明确表达对正书中所涉及的人物及其行为的评价。子弟书《醉打山门》的诗篇内容，则可视为典型代表。首联“智勇功名本自佳，英雄何故作僧伽？”对鲁智深身为一名智勇双全的英雄，却成为僧人的事提出了疑问。但作者并没有过多追求这个问题，而是话锋一转，用“削发披缁空弃世，参禅拜忏总虚花”两句，点明鲁智深并不是自愿遁入空门，只此两句，就引起了听众想要了解鲁智深遁入空门的原因。“灯火埋藏真面目，精神磨砺碎袈裟。古今来佛子有一件千秋快事，五台山醉打山门美鲁达。”四句则写出了鲁智深人虽在空门，但是豪情万丈的精神丝毫没有减弱的事实，由此让受众获得了关于鲁智深的更高层次的审美愉悦感。

毫无疑问，作者在受众欣赏正书内容之前，对正书中主要人物做出的评价，在很大程度上能影响受众的审美判断。但影响受众审美判断的程度视受众对人物的原有认知影响，如果作者评判的人物是受众不熟悉的，那影响的程度要大于受众熟悉的人物。这就要求作者在评判时，需持有客观公允的态度，不能与原作相背而行，也不能违反自己创作时的社会审美需求，而一旦与大众审美需求背道而驰，只有失败一条路可走。但客观公正的评判自己创作的人物，却是很难做到的，所以，在水浒子弟书诗篇中，我们很少能看到作者对人物的大段评判，即便有，也与人物在原作中的形象相适应。

（二）阐释作者编创水浒子弟书的动机

无论是改编还是原创，作者总是基于一定的动机，并在其作品中以特定巧妙的形式呈现。在水浒子弟书中，诗篇是作者阐释自己精神认知及动机的主要领域。水浒子弟书诗篇表明作者创作动机可分三种：因遣兴而作、为弘扬侠烈精神而作、因读有所感而写。不同的创作动机，让水浒子弟书呈现出了不同的魅力。

《卖刀试刀》是作者因遣兴而作的水浒子弟书。头回诗篇[①]中，作者明确指

① “静里工夫莫放空，一枝斑管助幽情。每羡文人能遣兴，自惭拙笔技雕虫。古砚淋漓题侠烈，小窗今日写英雄。”但据陈锦钊，钞本《卖刀试刀》诗篇为“镜里乾坤别样清，一枝斑管助幽情。每羡古人文绣虎，自惭拙手技雕虫。闲笔墨连朝题粉黛，小窗今日写英雄。且说那未入梁山的青面兽，先时落魄住在京城。叹杨志为打点功名把钱财费尽，只落得一场欢喜一场空。”

出了自己创作的原因。尽管作者直白地说明了自己是因潜行而创作《卖刀试刀》，但其创作的根本前提在于他对水浒故事有着深入了解，绝不会是一时兴起就能改编出与原著语言风格不同的水浒子弟书。作者从诸多的水浒故事中，能够选择杨志卖刀试刀的故事，证明他极其喜爱杨志这个人物形象，[①]诗篇最后两句就表达了他的这种情感。从这个角度而言，作者所言“助幽情”“遣兴”，实则是从另外一个角度体现了他本人对杨志卖刀试刀这一情节的独特理解。

“侠义”是水浒精神的特质之一，也是子弟书作者关注的重点，并在诗篇中直言其对侠义的推崇。如《翠屏山》头回诗篇中作者所说的侠烈指的是杨雄和石秀。在《翠屏山》中，作者用二十四回的篇幅，描写了杨雄、潘巧云及石秀等三人的故事，重点刻画了潘巧云不守妇道、石秀不受潘巧云引诱、杨雄怒杀潘巧云的故事。字里行间，可以看出作者对潘巧云持有否定态度，认为杨雄和石秀是英雄，所以才将他们划分为侠烈，至于他创作《翠屏山》，目的是为他们写一部《侠烈传》。《翠屏山》作者的这一观点与历来的观点一致，充分说明了清代中后期时，汉族文化的价值观已经被满族文人所接受。

从广泛意义上看，水浒子弟书得以被创作出来，根本原因都是在于作者的读有所感；从狭义角度而言，因读有所感而创作的水浒子弟书，主要指的是那些作者在诗篇中明言读有所感的部分。这两种读有所感，仅限于诗篇，至于正书中的内容则是完全意义上的对水浒故事的编创。如《夜奔》的作者在诗篇中指出自己创作子弟书的原因是因为阅读林冲夜奔的这段内容时，他与林冲产生了情感上的共鸣，所以才会着笔细意写林冲与鲁智深分手后所见所感。正书中的林冲眼中有碧绿清澈的水，有随风飘摇的花瓣，啼声不断的鸟儿，还有嫩绿的草，苍翠挺拔的松柏，袅袅娜娜随风而动的柳枝，沁人心脾的稻花香，袅袅的炊烟等。尽管由于鲁智深的原因，林冲不再受押差刁难，又能马上见到柴进，但不可否认的是，林冲此时并没有摆脱刺配沧州的命运，他的人生可谓到了低谷。既然如此，作者缘何又要将林冲眼中的乡村自然景色写得如此美丽呢？其意有二：一是反衬林冲心中的失落与愤恨。因为景色越是美好，就越能激发林冲内心的愤恨，果然，与柴进把酒畅谈后，林冲“偶说到奸相高俅不觉的发指，

① 不过，我们也要看到，杨志形象的成功，和牛二这个水浒故事中经典反面人物形象反衬有着莫大的关系。因此作者在正书中，用了大段篇幅描写牛二。

瞪环睛双眦尽裂气满胸膛。击案道一念未决贼漏网，悔当初不斩钉截铁大作一场。”二是说明林冲渴望宁静祥和的生活，他内心是一个追求精神完美的人。然而在深仇大恨面前，他的这种追求无疑是不可能实现的“海市蜃楼”。所以，支撑他坚持下去的不止有他被高俅所害的深仇大恨，还有对美好生活的向往。

除以上三类创作原因外，也有的子弟书是因作者对水浒人物有所感而创作，如在《活捉》诗篇的最后两句，作者指出了自己创作《活捉》的原因是为了“笑骂”宋江，说明尽管阎婆惜只是宋江的外室，在宋江眼里也仅是类似于艺妓式的存在，但毕竟已经住在宋江为其购买的宅院中，相当于成为宋江的人，所以在世人眼里，她和张文远在一起就是对宋江的背叛，是对宋江身为男性的最大侮辱。但正如作者所言，在世人眼里，阎婆惜的悲惨命运有一部原因在于宋江，所以，世人不仅会“笑话”宋江，也会“责骂”他将阎婆惜“束之高阁”的行为。

（三）诗篇内容与水浒故事无关

作为读者，在阅读原著时，个人的价值观及审美意识会影响他对原著内容的理解与评价，而当他从读者转为改编者时，在阅读时获得的体验就会参与其中，对故事的次要情节、环境及其他方面的改编就具有了个人痕迹，与原著有所不同。反映到子弟书中，往往表现出正书内容如果大量体现了作者的主观意识，则诗篇内容与正书内容的关联度就会减弱，有的甚至与正书内容一点关系都没有。

如子弟书《夜奔》作者就在诗篇中描写了自己创作时的自然环境以及心境，而这两者，特别契合林冲在发配路上的遭遇和心境，所以即便与正书内容没有关系，也没有突兀之感。之所以如此，是因为其正书内容所决定的。

《水浒传》对鲁智深在刺配路上帮林冲的情形做了详细描写，但受体裁以及篇幅限制，子弟书《夜奔》只用了120个字[①]就将该故事的情节叙述得非常清楚。短短的篇幅内，不仅呈现了发配路上的自然环境，也隐现了押解林冲的公差奸诈丑陋的嘴脸，同时也将鲁智深的豪情、武功作了明现。这种隐现和明现相互

① 林武师刺配沧州秋已暮，鲁智深野猪林中大闹了一场。直送到横海郡头要往他乡去，别武师在松柏林中古道旁。又叮咛说解子贼头须仔细，看洒家学一个样子莫要慌张。说话时抓挣起双袖一声喊，斜飞铁杖一缕寒光。声响处松叶儿唰唰虬枝坠，说吾去也倒提禅杖两袖飞扬。

配合的表现方式，既提供了应该提供的信息，也给受众预留了足够的想象空间。《水浒传》则仅用“叙说些闲话，江湖上的勾当”[①]描述林冲和柴进见面后一起吃饭的情形，着笔简略，虽给受众留下了无限想象的空间，但没有提及林冲和柴进的胸怀壮志，难免有所缺憾。而子弟书《夜奔》则详细地描述了其谈话内容：“尽说些六合八荒达人奇士，无非是愚忠苦节义胆侠肠。又说些山谷的大侠草泽的亡命，又说些五陵的年少燕赵的儿郎。说到了处世的遭逢平生的际遇，这武师擎杯不语暗惨伤。偶说到奸相高俅不觉的发指，瞪环睛双眦尽裂气满胸膛。击案道一念未决贼漏网，悔当初不斩钉截铁大作一场。”这段豪情万丈的对话，虽是作者的想象，但其内容契合林冲和柴进见面时的语境及两人的性格，并恰到好处地呈现了林冲在经历人生巨变之后的细微心理变化，为其之后加入梁山泊作了精妙的铺垫。同时，也让受众对柴进和林冲有了更为深入的了解。

《走岭子》正书对《水浒传》内容的这种大幅度改编，充分体现了作者对有关故事内容的主观认知，故作者不需在诗篇中再次重申自己的这种主观认知，所以《走岭子》的诗篇[②]内容与正书完全无关。诗篇中所营造的静谧环境氛围及作者对人生白驹过隙状态的感慨，衬托出了武松夜晚过山岭的不得已及压抑的情感，让受众对正书内容有了期待，也让诗篇和正书具有了叙事空间上的层次感。

据上文，水浒子弟书诗篇内容分布不均衡，以描写和正书内容有关的居多，阐释作者编创水浒子弟书原因的次之，数量最少的是和正书内容乃至水浒故事无关的诗篇。不同的诗篇，对应的功能不同，反映出在研究水浒子弟书时，诗篇具有不可忽视的价值，值得对其进行深入的研究。

二、红楼梦子弟书诗篇内容类型

《红楼梦》的经典片段基本上都被清代满族说唱家改编成了子弟书，如《晴雯赍恨》《二玉论心》《三宣牙牌令》《两宴大观园》《晴雯撕扇》《议宴陈园》《过继巧姐儿》《凤姐儿送行》《湘云醉酒》《椿龄画蔷》《一入荣国府》等。这些子

① （明）施耐庵．水浒全传 [M]. 中国古典精华文库，第 130 页。

② 琐窗人静转清幽，翻阅残篇小案头。笔端清遣闲时闷，墨迹点染古人愁。谢朓山前花似锦，子陵台上月如钩。到而今谢朓子陵何处也，山自青青水自流。

弟书是作者以《红楼梦》为基础编创的产物，其主线脉络与原作虽大致相同，但在人物形象塑造方法、语言形式选择及艺术表现形式方面有着很大的不同，不仅增强了其艺术生命力，且使其从汉族文学进入了满族文学，在满族说唱文学领域焕发出了独特的光彩。

与其他子弟书一样，红楼梦子弟书在结构上也分两种，一是只有正书，二是包括诗篇和正书两部分。这两种形式的红楼梦子弟书，相得益彰，在多样化的内容及结构中，展示出了子弟书作者对《红楼梦》的审美认知与接受，在诗篇中，我们更能感受到这一点。

具体而言，红楼梦子弟书诗篇的内容及功用主要表现为以下几点。

（一）描述正书的重要故事情节

简述正书内容或提及正书内容是诗篇的职能之一，利于受众对正书内容的理解。只是不同诗篇涉及正书内容的篇幅不同，有的是整首诗篇都在呈现正书内容，有的仅用一两句提及正书内容，红楼梦子弟书的诗篇大多是后者。如《凤姐儿送行》的诗篇内容虽都和正书内容有关系，但除了“多助豪门又一宵”一句是直陈正书内容外，其他七句都是作者借王熙凤将巧姐儿托付给刘姥姥一事发出的感慨。《湘云醉酒》的诗篇虽略多，但也仅有“一任园中众口哗”“烧来一脔尝新味”两句是直陈正书内容。这两句诗重点展现了湘云的豪迈特质，所以具有画龙点睛的作用。《宝钗代绣》诗篇起首两句展现了正书中宝钗代绣发生的时间、地点，它具有引起受众好奇的功用，即在这种场景下，为什么会发生宝钗代绣的事。既有疑问，受众就会自觉地要去了解正书内容，这两句诗由此实现了存在的意义。

与水浒子弟书作者一样，红楼梦子弟书作者能在短短的一首诗篇或一两句诗句内，准确地展现正书的内容梗概或者提及正书的重要情节，反映出他不仅极为了解《红楼梦》，汉语水平也很高。如《议宴陈园》诗篇讲到刘姥姥在大观园宴会中的作用时说“村妪助兴添新趣”。表面看，这句话点明了刘姥姥以富有乡土气息的、滑稽的个人行为给贾府的宴会添加了趣味；实质上，却是暗指贾府生活的无趣。正书中，参加宴会前，王熙凤为刘姥姥打扮时的情形是：“又说道往前些儿待我打扮你，说话间横三竖四满头的红黄。早惹众人鼓掌而笑，婆子反觉得意洋洋。”王熙凤的举动本来就是要让刘姥姥出丑，以逗众人笑。但刘姥姥却自有自己的想法，她“笑说道这头不知修来什么福分，到今日这样体面实在非常。”这样的反应自然是贾府中的女性们所不能理解的，所以“众人说妖精吓似的大家又笑了，难为你还说体面有光芒。”再看刘姥姥，听了这话后，她说:“我少年最爱花和粉，这如今老来风流理当颠狂。”可见，刘姥姥的这句回答，充分表面她很明白王熙凤不是真心为她打扮，在贾府待的日子虽然短暂，贾府的富贵生活也是她无法企及的，但是久经世故的她很明白贾府中女性生活的无趣，而自己之所以被留在贾府、还能参加贾府女性们的宴会，无非是因为自己与众不同的诙谐滑稽的言行，这也是自己在贾府女性眼里的唯一价值所在。所以，这种别人无法忍受的近乎恶意的取笑，她不仅视若无睹，而是将其看成是一件极为荣幸的事。可见刘姥姥的心境非一般常人所比，甚至当众跌倒出大丑，她也能顺势而为，将其作为一件趣事，以至“惹得那众人哈哈笑断了肠”。所以，作者在诗篇中简单的一句“村妪助兴添新趣”意蕴无限，既点明了刘姥姥的个性特征，也道出了贾府女性们生活的无趣，因为她们的欢乐竟然全由一名她们瞧不起的农村老妇人提供，这不能不说是她们的悲哀。因此，《议宴陈园》的欢乐是一种转瞬即逝、不属于贾府女性的欢乐，它更倾向于是刘姥姥一个人的真正欢乐。

诗篇的这种提要式功能，决定它所呈现的必须是正书中最富代表性、最关键的内容，否则就失去了它存在的意义。所以，红楼梦子弟书诗篇中即便是只有极少的内容和正书内容有关系，受众也能通过它们明确正书中的内容，并将其作为依据，去寻找正书对这些内容的阐释。

（二）评判正书中的红楼梦人物

《红楼梦》中人物数量众多，以致不同学者计算出的人物数量有着很大的差异，徐恭时在《〈红楼梦〉究竟写了多少人物》一文中，搜集了自清嘉庆年间以来的诸多观点，指出其“人数最少是 421 人，最多是 721 人”，他“以庚辰本作底本，逐回逐段地把人名材料作成札记，然后翻阅其他诸本，凡遇异文补注于旁，再全面检查前后记述的矛盾处，加以考订。此外，广览诸家表谱，相互核对，最后把人物归类，凡一人多名者并为一条”，[1] 并得出结论，《红楼梦》中共

① 徐恭时.《红楼梦》究竟写了多少人物 [J]. 上海师范大学学报（哲学社会科学版），1982(02)，第 25—28 页。

有 975 个人物，其中女性 480 人，男性 495 人。观红楼梦子弟书，则主要侧重描写女性人物，如晴雯、刘姥姥、椿龄、薛宝钗、王熙凤、林黛玉、巧姐儿等，其中，晴雯、林黛玉是作者描写的重点人物。与女性形象的数量相比，红楼梦子弟书描写的男性人物就单薄得多，主要男性只是贾宝玉一人而已。这些人物形象在《红楼梦》中的地位不同、戏份不同、命运也不同，但都是《红楼梦》中不可或缺的部分，也是红学家研究或其他艺术作品的关注点。子弟书作者自然也不例外，诗篇就是他们表达自己对这些人物看法的场所。

林黛玉是《红楼梦》中个性元素较多的人物形象：自幼丧母，寄居外婆家；貌美多才、体弱多病、敏感多思；等等。在贾府这样显赫的大家族，她显然是一个外来的异类，所以她感觉自己生活得异常“悲苦”，葬花等行为其实就是这种心情的一种外化形式。林黛玉一腔痴心对贾宝玉，但却没能嫁给他，最终留下一句千古难解的“宝玉，你好……”，含恨而终。可以说，林黛玉是诸多有类似经历的封建社会年轻女性的典型代表。《会玉摔玉》作者在诗篇中指出林黛玉和贾宝玉之间本来就是“宿孽”，两人在一起注定不会有好结果。毫无疑问，这种观点是消极的，它将林、贾两人的感情悲剧原因归结为宿命，规避了社会现实因素，显示出了作者具有一定的阶级局限性。与之相比，《埋红》的作者则仅从林黛玉本身出发，对其作了客观评价，点出了林黛玉聪明、多愁、易感的性格特征，读之，让人会遗忘林黛玉性格中令人不快的因素，剩下的唯有对她的怜惜。

《晴雯赍恨》诗篇中，作者以“生离死别最难堪，别到晴雯更可怜”为出发点，把晴雯的遭遇和一般性的生离死别进行了对比，凸显了晴雯的悲情遭遇及凄惨的人生结局，同时也是与正书的呼应。晴雯是贾宝玉的大丫鬟之一，在贾府长期的生活，不仅让她习惯了奢华的生活，且养成了心气较高的性格特征。但在封建时代，权贵家的女性尚且不能主宰自己的命运，何况她一个丫鬟。所以，无论她在丫鬟中如何出众，对贾宝玉如何忠心，都无法改编她身为丫鬟的事实，更无法左右主人对她命运做出的裁决，所以最终以莫须有的过错被王夫人逐出了贾府，以致凄凉病死。毫无疑问，晴雯被逐出前在贾府中的生活越温暖越“奢华”，就越能反衬她被逐出贾府后的命运有多悲惨。当然，在晴雯被逐一事中，也隐含着作者对以王夫人为代表的权贵们的冷酷无情的批判，以及无可奈何。

不可否认，晴雯的一生也有来自她所服侍的主人贾宝玉的温暖，子弟书《遣晴雯》的作者也对此做了肯定，在诗篇中，他先是说坟墓中的晴雯逝去时的年纪之轻，接着又说其实贾宝玉对晴雯也有感情，但是生就是生，死就是死，无论贾宝玉如何的深情，晴雯不会再出现在这个世界上，也不会感受到他的深情。这些描写贾宝玉缅怀晴雯的诗句，大抵是晴雯们在世间存在过的凭证及意义，也是作者从自己层面为晴雯们所尽的最大同情和哀悼，同时也表现了民众中所流行的“且行且珍惜”“珍惜眼前人”等思想。

（三）阐释作者的阅读及创作体味

阅读体味，指的是子弟书作者在诗篇中阐释的自己对正书内容的阅读感受，观红楼梦子弟书，作者的阅读体味分为两种，一是和正书内容有关，二是在主题上和正书一直，但具体内容与正书无关。相较而言，前者在红楼梦子弟书中的数量较多，后者则相对较少。

凡文学家，皆是对世间万物感触敏锐之人，所以，对其他文学家的文学作品，往往有着自己的独特见解，体现在诗篇中，就是作者对正书中所涉及的人或事的感慨。这些感慨让读者在理解原著的同时，也体会到了身为改编者的子弟书的内心情感。可以说，子弟书作者的这种感慨，既是与原著作者和原著中人物的对话，又是他与自己及子弟书阅读者的对话。这种对话，使子弟书不仅具有了正书中人物形象和故事的情感、风采，也带有了子弟书作者本人鲜明的情感、风采以及哲理性认知的特征。

在子弟书《凤姐儿送行》的作者看来，贾府的衰败以及贾府众人的命运固然让人唏嘘不已，但他们不懂人情冷暖、不知真心待人也是很重要的一个原因，所以他在诗篇中说“看凤姐儿终身后，还不就刘姥姥的身家保的牢”。贾府人丁很多，但最终能照顾王熙凤女儿巧姐儿的却是仅去过贾府几次、受过贾府小恩惠，但却是贾府众人一直瞧不起的刘姥姥。作为大字不识的农村贫苦老妇人，刘姥姥不懂权贵们之间的你来我往，只是遵循着深入到中华民族血脉中的朴素的“报恩”准则，所以心甘情愿地承担起了抚养巧姐儿的任务。作者在诗篇中也对此作出了点评，他说“不亏此际施仁惠，安得他年全故交”，正是对“人行好事，莫问前程”理念的最好诠释。当然这不是刘姥姥照顾巧姐儿的唯一原因，由于受作者所要表达主题的影响，他在这里呈现的其实只是其中的一个原因。读过《红楼梦》的人都知道，刘姥姥和巧姐儿之间还有着很深的渊源，子弟书《过继巧姐儿》解读了它。正书中指出巧姐儿得病后，刘姥姥说“若生在我们那里落乡居住，管保他无病无灾结实要皮。”结果王熙凤顺势说“将她过给（继）你们罢，叫你那狗儿的媳妇养活之。”身为贫苦人又精于世情的刘姥姥自然会拒绝，然而王熙凤怎么会因她的拒绝而放弃呢？最后她不但要把女儿过继给刘姥姥家，还让刘姥姥为女儿起名字，刘姥姥是个聪明人，也自然不会再次推脱，于是在询问过孩子的生辰八字后，她给起了“巧姐儿”这个名字。如此的情分加上到贾府时王熙凤的多番照拂，古道热心肠的刘姥姥不接过抚养巧姐儿的担子倒不是一件正常的事了。

体现作者由阅读生发出和阅读或者是与改编内容无关的感想，也是红楼梦子弟书诗篇的功能之一。作为一个社会的人，红楼梦子弟书作者身处一定的社会，有自己五味杂陈的人生经历，也有精彩独特的文化理念，它们往往会进入到他的阅读及创作领域，由此形成了一种因阅读或创作而生的个人体味。

富贵和贫穷之间的转化，或者说是人生的变化无常，是一个重要的文学母题。红楼梦子弟书诗篇对此也有所反映，《会玉摔玉》诗篇就体现了作者的感慨：“人世从来梦幻身，兴衰成败等浮云。”任何时代下人的感慨，其实都可分消极和积极两类：消极的，就是感慨之人为悲观之人，陷在这种情绪里无法自拔；积极的，就是感慨之人为积极之人，能抓住人生变化无常的规律，积极努力。根据诗篇的下文内容“可怜绣户深闺女，也是红尘偿债人。”可判定《会玉摔玉》作者发出的这种感慨虽然是消极的，但仅是基于正书内容而发，并不是他在现实人生中的真实感慨。据此，判定一个作家的写作态度或者人生态度，不是单凭一篇文章或者是一部著作就可以的。

《二玉论心》的两首诗篇都与二玉论心的事无关，是作者以二玉论心一事为媒介，表达的他自己对人心的见解。他在头回诗篇中表达的是知音可贵以及知音难寻的感慨。“劲节不随寒暑变，清操方耐雪霜侵”，知音之间的这种情感，弥足珍贵，所以他认为“此情自古称难遇，莫怨伯牙摔碎琴。”这几句诗，既透露出作者是一个真性情之人，也点明作者在现实中缺少知音的事实，所以他的心情是惆怅的，因此第二回诗篇，他几乎用了所有的篇幅来说明人心难测及知音难寻的问题。因为与历史上知音之间类似的故事从未曾发生他的身上，因此对知音充满了无限的向往，所以他在诗篇最后两句再次表明了自己内心孤独、无人诉心曲的状况。

与其他诗篇内容相比，无论是哪种体味，都是该篇子弟书的作者个人精神世界的一种外放形式，故相对其他诗篇内容而言，它更具有研究价值，是我们了解子弟书作者的重要资料。

（四）描写与正书内容有关的自然景色

子弟书作者重视自然景色在刻画人物形象和故事情节中的作用，“善于将人物心理活动和自然景色结合在一起，让人物的情绪得以自我的、隐秘式的呈现。”[①] 诗篇中，则既会提及和正书内容有关的自然景色，也会描写和正书内容无关的自然景色。这两种自然景色的描写，一是体现了作者对《红楼梦》相关内容的理解，二是作者编创红楼梦子弟书时自己所处的自然环境。这两种自然景色描写，具体内容虽不同，但都是作者写作时心境的一种反映，故不再是纯粹的自然景色，而是带有了人文情感的景色。

利用自然景色衬托人物形象或故事情节，分为同向衬托和反向衬托两种。正向衬托指作者描写的自然景色带有的情绪与人物形象和故事情节的氛围一致，如上文所言，晴雯的最后一段人生历程是悲惨的，它具有影响子弟书作者心境的效力，故在《遣晴雯》作者眼里，一景一色都带有了忧伤的情绪。为了渲染这种情绪和气氛，他从晴雯的角度出发，营造了“忽对西风倍黯神，一庭明月照离人”的悲伤景色。可以说，没有这种景色的存在，这两句诗之后的“兰胸紧锁无穷恨，绣枕还留有痕迹”两句就失去了衬托，也会因此失去感染力。反向衬托指作者为了凸显人物形象和故事情节，有时也会使用反衬的方式描写自然景色，如子弟书《双玉听琴》表现的是贾宝玉、妙玉一起温馨听琴的故事。贾宝玉到亭园散步后，欲探望惜春，却正碰见与惜春下棋的妙玉，他为妙玉的美貌和气韵所惊呆。后在送妙玉回庵的路上，他俩听见了一阵渺茫的琴声，于是就一起坐在石头上听琴。应该说，虽然正书最后说“惟有那秋声断续如琴韵，又不管凄凉憔悴人”，但不意味着贾宝玉和妙玉之间就是真的男女之情，贾宝玉

① 王美雨．子弟书对水浒人物的审美接受与再造 [J]. 菏泽学院学报，2018（08），第 18—23 页。

本为多情之人，在喜爱、怜惜年轻女性的同时，也多有不当之举，但他对身为尼姑的妙玉还是怀有不敢亵渎之情的，所以，他和妙玉听琴分离，虽惆怅但绝不会持久，这也可从诗篇中的“落叶梧桐秋气深，西风潇洒到园林”看出，虽然是深秋，西风来临，但作者呈现的整个自然景色是鲜明、轻快的，进而反衬出在他看来贾宝玉和妙玉之间只不过是年轻男女之间的互相赏识而已。同样，《会玉摔玉》的作者在诗篇中使用了与正书内容氛围不同的景色“春入莺花别样新”反衬林黛玉的凄凉心情。

在诗篇中描写自己创作时的自然景色，也是红楼梦子弟书作者的一个写作特点。《思玉戏嬛》诗篇起首两句即描写了作者创作时的自然景色：徐徐清风，明媚天气，袅袅柳丝，深浅鲜花，一景一色都洋溢着无限的生命力。面对如此的自然美景，作者心旷神怡，让他觉得除了那些同样明媚柔美的女性能配上这些景色，哪怕是丝弦也配不上。情难自禁下，他就着这良辰美景，开始创作《思玉戏嬛》。由此可见，自然景色对作家的创作心态及内容有重要的影响。与他不同，《海棠结社》的作者在写作时，看到的景色、心里的感受则又是另外一番情形。作者开篇就写枫叶凋零，山和天空也没有颜色，营造了一派让人感觉萧瑟孤寂的景色。不过，作者也承认，秋天也有美好的景色，只是人的心情或自然景色刚到最佳的时候，萧瑟的秋霜就迎面袭来。也就是说，无论是诗篇的前半段，还是后半段，都反映出在作者眼里，自然景色虽然很美好，但它们都要在美好的时刻就会消退，所以他的悲伤情绪顿然而生，并因此“闷坐翻抄《红楼梦》”，将个人的情绪转向了文学创作。

描写自然景色的红楼梦子弟书诗篇还有很多，但不外乎以上所说类型，也再次证明，文学虽为人学，但是它同样离不开自然，即文学或其他艺术作品，都是人在对自然和社会进行观感的基础上创作出来的。

（五）点明改编红楼梦故事的原因

文学文本一经问世，就成为一种社会层面上的文学作品，其所产生的社会意义及反响是作者无法掌控的，故文学文本能否成为文学作品，能否遍及流通领域，能否作为蓝本被诠释成其他的艺术形式，最关键的要看它是否有极具感染力的语言、内容及社会意义。无疑，《红楼梦》就具备这样的特征，所以清代满族作家将其改编成了说唱文学子弟书，对其作了极富个人特征的诠释。但在某些子弟书作者看来，改编的内容并不能全面而深入地体现他们改编《红楼梦》相关故事情节的原因，所以他们会在诗篇中直言自己的编创原因。

《思玉戏嬛》的诗篇整首都是在说明作者编创这篇子弟书的原因，诗篇起首两句是明媚的自然景色“和风动荡艳阳天，柳媚花明出自然”，但作者并不贪恋美景，并用“不向丝桐拂正调，暂从古砚写红颜”两句表明了自己的心迹。虽然是使用古砚磨墨，但他指出自己是“换出笔墨新文咏，除去宫商旧套删”，即自己编创子弟书《思玉戏嬛》，不恪守俗套，而是用一种新颖的韵律形式展现自己对《思玉戏嬛》故事的理解。诗篇末，他在指出《思玉戏嬛》“俚句”语言特点的同时，也谦虚地表明自己创作水平不行，只是“堪人笑”，但实际上，《思玉戏嬛》的语言水平及艺术价值都很高。最后一句“闲叹痴情解闷烦”，点出了作者对贾宝玉思念林黛玉的感慨，很明显，作者虽然说是“闲叹”，实则是因为他心情“烦闷”。这与诗篇起首的明媚景色形成了鲜明的对比，生动地诠释出了对一个心烦气闷的文人而言，景色越是美好，他的心情可能越被反衬得不堪。总而言之，这首诗篇虽然通篇都在描述作者创作子弟书的原因，但内容信息含量大，从中不仅能解读出作者的创作原因，还能解读出以他为代表的清代满族文学家对《红楼梦》中“思玉戏嬛”故事情节的理解。

众所周知，作为贾宝玉的大丫鬟之一，晴雯最后的结局极为悲惨，她的悲惨遭遇极易引起生活不顺、仕途坎坷的人的共鸣，《遣晴雯》头回诗篇就体现了此点，作者用“芸窗下医余兀坐无穷恨，闲消遣楮洒凄凉冷落文”两句，既清晰地指出了晴雯的悲惨命运，又指出了自己凄凉、百般恨的人生状态。不同作家的人生经历与感悟不同，所以即便他们写的是《红楼梦》中的同一个人物形象，他的创作原因也不一定相同，如《晴雯换袄》诗篇指出作者的创作原因是：“云田氏长夏无聊消午闷，写一段宝玉晴雯的苦态形。”作者云田氏是因为无法打发枯燥的夏日，所以才会去写《晴雯换袄》，在他眼里，这是一段苦情戏，正好可以冲淡他在长夏的无聊，并映衬他现有生活的美好。《海棠结社》与《晴雯换袄》的创作原因有同曲异工之妙，作者是“闷坐翻抄《红楼梦》”。两者的不同在于前者是感觉自己长夏的无聊与晴雯、贾宝玉的苦有相似之处，后者是自己一个人闷坐无聊，才去翻抄《红楼梦》，并没有将个人情感与《红楼梦》中人物的情感联系在一起。与以上这些创作原因相比，《议宴陈园》的作者符斋氏则仅是因为阅读《红楼梦》时内心有了一定的感受，所以才“泼笔墨偶题两宴大观园。”他这种简单的创作原因，虽然没有蕴含什么文化内涵，但却极易为受众所理解和接受，毕竟，有时人总会在某个时刻因某事自然而然地产生一种源自内心的本能的冲动，以至于不得不采取符合自己能力的方式表述、倾诉出来。

以上是红楼梦子弟书诗篇的大致内容类型，不仅具有丰富的内容，是了解正书内容及子弟书作者的重要资料，因此对其作深入的细化研究具有重要的意义。

从水浒子弟书和红楼梦子弟书的诗篇内容可以看出，其内容在整体层面上既有共同点也有不同点，在具体内容上则完全不同，将两者的内容综合，可以基本上代表诗篇的基本内容类型。

第六节　诗篇的文化内涵

子弟书篇数众多，所描写社会现象、社会风俗及其他文化现象繁多，从表层看，是社会文化现象在作者视角下的反映；从深层看，是作者和受众文化诉求在社会文化现象方面的反映。也就是说，子弟书及其内容、文化内涵等，都是基于人的需要而产生，故而与其原型相比，带有了更丰富的文化意蕴。

众所周知，作家进行创作，目的具有多样性，但不论其目的是什么，只要其作品进入流通领域，为社会其他成员所接受，除了主体文化内涵外，该作品其他更深层次或者细节性的文化内涵就超出了作者的可控范围。这种结果一方面使得作家的创作有了意义，一方面也为社会群体提供了利用合适的文学作品阐释自己文化理念的机会。正是由于文化解读者领域和层次的复杂性，可以让我们至少从作者层面和受众层面两个角度出发解读一部文学作品。

根据研究资料显示，子弟书几乎全为满族男性创作，其中偶或也会有女性，但毕竟凤毛麟角，故可将子弟书看作是由清代中后期满族男性创作出来的文学艺术作品。将不同的子弟书篇章尤其是诗篇放置一起，从中可以发现他们的世界观、人生观、文化观等，以此类推，可以得知清代中后期满族的物质文化生活及精神文化理念。当然，我们也要看到，任何作者想要自己的作品得到社会的接受和传播，就必须要考虑到受众的需求，如《厨子叹》作者就说自己是“借笔头写他的苦乐冷热生涯”。由此，其作品就带有了受众层面的文化印记。以上两种不同层面的文化要求及内涵，作用于具体的文学作品，为其符合时代要求提供了契机。

具体而言，诗篇在作者层面和受众层面的文化内涵既有不同点，又有相同点，两种互为映衬，为诗篇成为一个独立的文学文化作品提供了便利。

一、作者层面的文化内涵

作者层面的文化内涵指的是文学作品表层所反映出来的作者想要表达的内容以及其审美情趣等。换个角度看，作者是社会群体中的一员，如果他是一个正常的社会人，特别在精神及文化诉求上是一个正常的社会的人，那么他在文学作品中所体现出来的个人伦理及其他思想即是他个人的，也是社会群体的。换言之，能够在社会上流行并且流传下来的子弟书，它体现在表层的文化内涵至少是符合其创作时代甚至是不同时代主流文化理念的，而作者个人的、具体的文化理念则是这种表层文化内涵的一种具体呈现形式。

在人生历程中，人总会有这样那样的情绪，不同的人纾解情绪的方式也各种各样，对文学家而言，纾解情绪的最好方式自然是进行文学创作，并将其需求融入其中。说白了，就是文学家习惯借助文学作品阐释自我。如杜十娘怒沉百宝箱的故事在中国几乎家喻户晓，并被创作成了不同的艺术形式。从中往往能看到作者对这件事的看法，子弟书《青楼遗恨》的头回诗篇就展现了作者隐藏在“杜十娘怒沉百宝箱”事件里的价值观、伦理观等。诗篇中，作者先是解释了杜十娘怒沉百宝箱的原因是因为她是一个专情且具有侠气的女性，她可以暂时的被所爱之人的柔情蜜意所欺骗，但当她察觉到对方欺骗了她的情感时，她会立时抽身，并做出在当时的社会环境下所能采取的最决绝的行为，这一点正是作者所欣赏的侠气。紧接着，作者又在回忆性的内容中，用一种惋惜的口吻道出了他对杜十娘和李生这段感情的看法，两个人虽也曾你侬我侬，但他俩的感情也仅限于青楼。当俩人离开青楼，杜十娘曾经的身份就是俩人之间最大的障碍，也是社会舆论及李生家族压力的源发点，所以李生最终舍弃了杜十娘。作者用“何物不怜香”对李生做出了最大的讽刺和蔑视，最后用“我今笔作龙泉剑，特斩人间薄幸郎”两句表述了他极度的愤慨之情。毫无疑问，作者在这首诗篇中表达的是他的价值观，同时也是普世价值观。说明在人类情感尤其是男女之情上，不同民族虽然寄予的忠贞度要求不同，但对忠贞的渴求其实都有共性，尤其是男性对女性的忠贞要求。当然，有时这种要求也会迁延到男性身上，如《青楼遗恨》所表达的，或可说杜十娘的故事本身强调的就是男性在爱情中要忠贞，且这种忠贞在作者看来，虽然有身份地位的限制，但如果双方一开始就知道彼此身份地位的话，那么无论将来双方是否还会在彼此最初熟悉的环境中生存，都应坚守忠贞。李生所谓的受家族压力不得不放弃自己对杜十娘的爱情，其实只是一个借口，关键在于他个人对杜十娘身份在内心深处是否定的。而这一点，自然瞒不过同为男人的《青楼遗恨》的作者。所以，《青楼遗恨》作者对李生的批判，在一定程度上代表了与他同时代满族人的态度。以上就是《青楼遗恨》头回诗篇中所表现出来的作者层面的文化内涵，唯有了解、吃透它，才能明彻理解它的正书内容，进而做出符合作者创作意图的阐释。

与其他社会人一样，文学创作者需要遵循一定的社会规则要求，要接受其在道德、法律及伦理等各个文化层面的规则，这就决定子弟书作者在现实生活中并不能肆意而为，但向往自由又是人的本性，所以作者有时会在诗篇中表达自己的这种想法，如《醉卧怡红院》作者在诗篇中先是描述了刘姥姥洒意的生活：虽然她已经是老眼昏花，喝多了就会醉得不知人事，但这不妨碍她依然豪饮。在描写刘姥姥无意醉卧在怡红院的情形后，作者接着表达了自己对她的这种生活的向往，一个人喝足吃饱了就睡，是一种最简单却是很多人达不到的生活状态，所以作者非常羡慕刘姥姥的随遇而安。作者的这种感慨透露出他在现实生活中所受的限制很多，所以不能像刘姥姥那样随遇而安地洒意生活。这对作者而言，是一种遗憾，更是一种向往，所以，即便他和刘姥姥不是一类人，他也仍羡慕刘姥姥所拥有的生活状态。从心理学角度看，这是一种普遍的社会心理现象。因为在为人处世过程中，人的行为、爱好甚至取舍总会受到性别、身份、地位、钱财等各种因素的影响。所以，人们总是像《醉卧怡红院》的作者一样，羡慕别人，却没有看到自己也有别人羡慕的地方。

不少子弟书作者也喜欢在诗篇中评价正书中所涉及的具体社会现象，如《为赌嗷（傲）夫》作者在诗篇中展示了赌博所带来的恶劣影响。他首先指出人活在世上必定会俗事、琐事缠身，每个人的悲欢哀喜各不相同。虽然如此，但有些事还是不应该去做的，如贪杯好酒与流连青楼。而在人应该远离的诸种行为中，赌博最是应该杜绝的。因为在赌博场上从来没有什么长胜的人，非但如此，个人的精神气等也会被赌博场中的输赢掏空，甚至因此而倾家荡产。然而令人遗憾的是，尽管这是人人都知道的道理，但总有些人有投机取巧和侥幸的心理，所以即便一输再输，却还总是继续赌博。可以说，这类诗篇具有强烈的现实意义，能够给予受众不同程度的正面影响。除此之外，也有一些诗篇同样具有现实主义精神，但其目的却不是劝诫，而只是把事情描写出来，让受众自行去感受。如《厨子叹》诗篇就客观性地描述了从古到今厨师都是不可缺少的行业，但有的厨师挣钱多，有的厨师挣钱少，其中一个很重要的原因是因为那些厨艺好的厨师会打压厨艺不好的厨师。描述完了这些内容后，作者又接着说，现在社会经济萧条，但租铺面的租金却不少，一天二十四小时的工钱却少得可怜。可见它不像《为赌嗷（傲）夫》诗篇那样有主观性的评价。在作者的客观性叙述中，展现了当时厨师的工作及收入情况。其劳累和收入不成正比的客观事实，极易让受众产生代入感，进而对正书内容产生期待。

除以上内容外，子弟书作者也经常借正书中人物之口委婉地表达自己的理念，如《舵（藏）舟》的作者，先是在诗篇中叙述了女主人公的生活状况。女主人公靠打鱼为生，吃住在船上，生活境遇实在是不够好。接着又描写了女主人公内心充满痛苦和仇恨。一个靠打鱼为生过着清贫生活的女孩，内心为什么会充满恨和痛苦？因为付出和获得不成正比，因为父亲的被杀，更因为她内心深处那种不可言说的对人生充满期待却又无望的感觉。实际上，女主人公的内心感受不只是她的感受，也是作者创作时心态的一种反映。但为了自己的生存，很多时候作者不能在作品中明言自己对社会的看法，所以他会将自己对社会的看法迁移到作品中人物身上，借人物之口隐晦地表明自己的处世态度。所以，诗篇中女主人公看待世界时的满心痛苦，其实就是作者的满心痛苦。我们知道，子弟书作者大多为满族人，如果是八旗子弟还好，至少有清政府给的生活给养，但如果是一般的满族人，其生活境遇就不见得那么好，兼以仕途不顺的话，他对社会有怨言就成为一种可能。但作为正常的社会人，他又很明白，发牢骚可以，但却左右不了社会。而即便是发牢骚，他也不能像个普通人一样满大街找人诉说，于是文学创作就成了他表达情感的一个很重要的渠道。然而，这个渠道也不是畅通无阻的，即是说，作者想要借文学作品表达自己的情感和文化理念，也需要有技巧性的表述，如采用自嘲性的方式表达，《老侍卫叹》诗篇就属于这一类型。诗篇中，作者采用了第一人称叙事方法展示正书中老侍卫的生活状态。老侍卫已经七十多岁，本来身为长寿是值得庆贺的事，但老侍卫的生活实在不够好，到处欠着酒债，每次都得典当衣服。除了衣服，家中能典当的也就那么几样，且就算把家中东西都典当了，也无法还清外债，家门经常被债主围着。实在揭不开锅的时候，老侍卫的妻子就会到坟地去偷祭品。通过上述内容，可见老侍卫的生活之凄惨。尽管作者在诗篇和正书中都提及了老侍卫爱吃的事，但老侍卫的贫苦生活真的只是因为他爱吃造成的吗？老侍卫虽然是作者鹤侣氏创造出来的艺术形象，但他绝不只是一个虚构的文学艺术形象，而是清代中后期中下层老侍卫们的真实缩影。鹤侣氏用自嘲且毫不在乎的语气描述老侍卫的生活，其目的不在于嘲讽，重在通过对老侍卫的生活、思想等状况的描写，力图点出当时侍卫制度或侍卫工作、生活中存在的严重问题，以引起当政者的注意。

当然，在其他诗篇中我们也能发现相应作者所要表达的内心诉求及其审美要求等。将这些不同作者的不同诉求放在一起综合分析，会发现在变化多端的具体现象后，同中有异，异中有同，映射出了清代中后期满族文人的精神世界。

二、受众层面的文化内涵

文学作品存在的意义就在于它进入社会后，能够产生相应的社会价值。不过其社会价值的产生，需要通过受众的认可方能获得。反之，得不到受众肯定的文学作品，没有存在的意义，顶多算是进入社会流通领域的文学文本而已，而那些获得受众肯定的文学作品就成为社会层面的文学作品，其文学意义也因受众的解读而具有了多样性。这就意味着，作者在创作时，如果想要自己的作品获得社会效益，就必须考虑大众的需求，也就是他必须在作品中迎合大众的审美需求，由此决定他的作品中必定有受众层面的文化内涵。

所谓受众层面的文化内涵，指的是作者的作品所展现出来的符合大众审美需求的内容。子弟书在初创时期，主要是在军队及八旗贵族家庭内部流行，随着其后来进入大众视野，其演出地点遍布茶馆、酒楼等，它的用词越来越通俗。通俗一点讲，子弟书是用韵文的形式、通俗易懂的语言迎合了大众的需求。当然，只是形式上的迎合自然不行，还必须有内容、文化上的迎合。从改编类子弟书中可以看出，它们主要是改编自经典的且为大众熟知的文献，其上起先秦诸子百家的经典著作，下至元明清时代的文学作品，如《三国演义》《西厢记》《西游记》《红楼梦》《水浒传》，以及元杂剧、明传奇等；描写现实的子弟书其关涉面更广，有社会百工行业，也有侍卫、军营、战争等内容，还有婚俗、人际交往等内容。毫无疑问，这两类子弟书可以满足不同层次的受众需求，故而子弟书在清代中后期一度成为显学。

对诗篇进行分析，可以看到隐含在其中的受众层面的文化诉求。《游泥河》诗篇反映的是当时大众乃至今天也广为流行的人生观，即人这一生，把很多时间用来追逐名利，然而人生实短，且一旦去世，他在世间曾经所拥有的一切对他也将没有任何意义。这首诗篇所反映的文化内涵虽是消极的，但它却迎合了当时生活境遇不好的广大中下层受众的精神需求。对广大的中下层大众而言，几乎从出生的那一刻起，其一生就已经定了。青少年时期，大抵还满怀希冀、充满干劲地想为自己博得一个好前途，但在其一点都不能掌控的社会现实面前，他们空有抱负，却无法改变自己的命运。于是，很多人只好将自己人生的不顺看作是命运的安排，将一切希望寄托在来世。这种思想，在教育具有阶级性的封建社会极为流行，也是麻痹广大中下层民众的精神利器，是我们今天应该摒弃的。

母亲思念在外的孩子，是文学创作中的常见母题之一。就实际情况而言，只要是和母爱有关的事，无论是正确的爱还是溺爱，都会引起受众的关注，且受众群体不受阶层、甚至年龄、性别的限制。子弟书中当然也不乏这样的题材，如《望儿楼》的诗篇就展现了母爱。它开门见山指出了母亲牵挂游子是身不由己天性使然的主旨，接下来用颔联和颈联描述窦皇后思念儿子的原因，主要是因为战场上刀枪无眼，她怕秦王因此丧命在外。因为担忧儿子，所以她日日靠在望儿楼的窗前，期待儿子的归来，甚至因此而郁积成病。从表面上看，窦皇后身为一国之母，所辖之事不少，且秦王在外的日子虽然难免艰险，但毕竟有大队人马跟随，所以她完全没有必要因思儿而成病。但无论什么身份的人，只要她是一个正常的母亲，就必定会思念在外的儿子，反之，孩子也会思念母亲。子弟书主要在辽沈、京津一带演出，尤其京津一代，作为政治文化中心，有大批客居或因事而来的人，其空闲时的娱乐活动无疑会包括去茶楼喝茶、酒楼吃饭等，彼时，听到子弟书《望儿楼》的内容，其心中必定会产生共鸣，由此作者创作的目的也就达到了。

《马介甫》诗篇①则体现了受众对家庭伦理观念的看法及要求，它对杨万石因为惧怕妻子而让父亲受虐待一事进行了谴责。《马介甫》展现的是现实生活中常有的而文学作品中经常涉及的话题：惧内与孝道。虽然作者在诗篇中明确指出男性在家庭中不应该惧怕妻子，否则将会给家庭带来灾祸。但这里还有一个前提，那就是杨万石的妻子的确是一个不可救药的悍妇，马介甫曾经设局给予她重重的惩罚，她也因此而消停了一段时间，但当得知自己所看到的现象其实都是虚幻的后，她又故态萌发，这一次甚至连杨万石都没有逃脱她的伤害。最后一句“人人看去怒把胸填”，表明作者的观点就是受众的观点，娶妻当娶贤妻，否则家庭必定鸡犬不宁，灾祸不断。由此也反映出作者在进行创作时，无时无刻不在揣摩受众的心理，并力图将他们的心理诉求呈现在作品中。

人在心理上具有向群体性的特征，其显著的特征之一就是人具有向他人倾诉的欲望，俗语“谁人背后不说人，谁人背后无人说”就体现了这一特征。当然，一个人与其他人交流、倾诉的内容要取决于他与交流及倾诉对象的关系。根据人类心理，其最信任的交流对象就是朋友，尤其是那些堪为知己的朋友。所以，在整个人类历史上，对知音、知己的追求是一个人比较在意的，子弟书《二玉论心》的头回诗篇就反映了人们的这种心理。诗篇指出茫茫人世间，虽然人很多，但是却很难找到知音。人与人之间，别说是短暂的相处，就算相处一生，也不一定了解对方，故作者在诗篇中感慨高洁的品质和节操很难得，且其不会因为外在因素的变化而变化。尤其像俞伯牙、钟子期两人能真正互为知音的人太少了，所以俞伯牙为钟子期摔琴的行为是可以理解的。《二玉论心》说的是贾宝玉和林黛玉的故事，但是诗篇中却没有提及他们，反倒是提及了中国著名的俞伯牙和钟子期的故事，这说明了什么？说明贾宝玉和林黛玉两人虽能够论心，虽然对彼此有着深厚的感情，但实际上，两人并不是真正的知音，这也是两人后来结局不好的一个重要原因。从受众角度看，作者在诗篇中的陈述，道出了世人对知己的向往与追求心理。

毫无疑问，无论是什么主题的子弟书，想获得大范围受众的肯定，必然要具有同类特征，并且在作品中要巧妙地将迎合受众的内容表达出来，让受众在

① 阃威大振甚难堪，狮吼床头胆欲寒。天下应无再造散，闺中难觅洗心丸。丈夫气短成俘虏，娘子权高据将坛。杨万石本是聊斋诚心骂世，人人看去怒把胸填。

阅读、聆听的同时，最大限度地将自己代入文学作品中，获得身临其境式的体验。

三、作者层面文化内涵和受众层面文化内涵的异同

作者层面和受众层面文化内涵的创作者其实只有作者一个人，所以两者之间存有共性。不过，受创作目的的影响，两者又有着细微的差别。

作者在进行创作时，首要的是在符合社会规则要求的范围内，寻求表达自我的主题和方式，但文学创作又不同于生活实录，故作者创作时必须要考虑到体裁、语言形式、内容，同时也要考虑到在什么地方表达自我才能与整个文学作品融为一体。毫无疑问，这一点在文字狱大兴的清代，是非常重要的。诗篇显示，作者无论在表达自己层面的文化诉求还是受众层面的文化诉求时，很少有指责社会现实的语句出现，即便有时涉及了社会的不公，也仅是就所选故事的社会背景而言。如《坐楼杀惜》头回诗篇是对宋江怒杀闫婆惜故事社会背景的描述，而这个社会背景几乎是中国古代封建社会的范本，子弟书创作时的清代中后期自然也无法逃脱，但是因为《水浒传》是古典名著，几乎家喻户晓，所以只要作者在诗篇中不明指清代，一般情况下就不会出问题。所以，作者才能在诗篇中大胆指摘宋江怒杀闫婆惜的背后是混乱不堪的社会现实。

除去这种特殊的牵扯到社会背景的之外，体现了子弟书作者和受众共同文化认同的诗篇也有很多，如对普适性伦理观的认识。《胭脂传》第二回诗篇指出世间有很多美好的姻缘，但获得它们不是一件容易的事，因为姻缘是天定的。所以，作者认为男女之间如果有情是有机会做比翼鸟的，但是如果没有缘分是肯定成为不了夫妻的。这种说法依然是姻缘天定思想的反映，它为很多身处不幸婚姻的人提供了精神麻痹的可能。从一定程度上看，它也是封建社会婚姻秩序得以维持的重要保障。

在众多诗篇中，还有一种诗篇是因为作者没有给出个人评价或没有描写其社会背景，而仅是直陈正书内容，如《续戏姨》诗篇。作者在诗篇中呈现了正书内容的故事大概，男主角和妻妹刚要超越男女正常交往的界限时，恰好妻弟放学归来砸门。两人惊慌失措中整理好衣着给他开门。虽然故事的主人公是普通的旗人形象，可以从满族文化的角度考虑他们的行为，但不论怎样，他们之

间的关系是违反正常伦理范畴的两性关系。同为旗人的子弟书作者没有在诗篇中对其作出评价，究其原因，大抵这种现象在当时较为常见，作者若对这种现象进行评价，难以把握深浅，甚至会因此得罪具有此种行为的达官贵人，鉴于此，他采取了在诗篇中仅是简述正书内容的最为保险的方式，即只描写不评价。但这种保险的做法，在很多时候是无法满足受众需求的，尤其是这种与两性关系有关的内容。[①] 从这个角度看，作者的文化呈现和受众的文化诉求之间是存有一定矛盾的。

综上，诗篇所体现的作者和受众文化诉求内涵不同主要体现在两者的目的不同。子弟书作者编创子弟书的原因各异，而受众则主要是为了从中获得美的享受。

① 文学作品中所写两性关系，因不同的作者有不同的尺度，但不论如何，只要那些符合不同社会通行的道德文化要求的两性关系描写，才能获得为不同社会公认的长久的生命力。

第二章　子弟书诗篇中儒家思想类型

作为先秦时期诸子百家之一的儒家，它的创始人是以孔子为代表的儒家学者们。历代儒者所倡导的“仁”“礼”“孝”等思想逐渐演化、拓展成了儒家思想，至汉代董仲舒“罢黜百家，独尊儒术”后，在之后的数千年内，基本成为中国封建社会的主流思想，是中华民族文化的重要成员。不难看出，经过当代的科学取舍以及丰盈，儒家思想在当下发挥的作用越来越大。当然，在发展的过程中，它也曾受到过质疑，甚至遭受过重创，如秦代的“焚书坑儒”政策，从身心上对儒家流派都是一个沉重的打击。除此之外，其他朝代虽也有对儒家思想质疑的声音和行为，但都没有对儒家思想产生“伤筋动骨”的影响。如明代的心学流派就曾质疑过孔子的言论、儒家的思想，王阳明说：“夫学贵得之心，求之于心而非也，虽其言之出于孔子，不敢以为是也，而况其未及孔子者乎！”① 不过，作为学术性的质疑，它产生的影响也多在学者层面，对普通大众的影响则较少。尤其是清朝初年，关内人对清政府的统治不服，多有反清意识。在这种大的社会背景下，为了安抚关内人，清政府不得不提倡和加强儒家思想文化建设，同时，从关外而来的大量满族人，对儒家思想文化持有很大的学习兴趣。所以，由于心学流派理论对儒家思想所带来的影响，在清初统治者大力提倡和推行儒家思想文化的背景下，从大的层面上已经消失殆尽。

人类群体与其他生物群体具有鲜明的区别特征，其中之一就是前者的思想体系、规约、文化及其他非物质性的东西能作为一套体系代代相承，非但如此，还能根据不同的时代需求，对已有的思想、文化等作与时俱进的创新与改进。纵观中国几千年的思想文化史，不难发现，以礼义、仁义、孝悌等思想为核心

① （明）王守仁撰，吴光、钱明等编校 . 王阳明全集 [Z]. 上海：上海古籍出版社，1992 年版，第 76 页。

的儒家思想，无论历朝历代是支持还是反对，都无法改变它一直是中国思想文化核心的事实。当然，我们也要看到，不同时代对儒家思想的诠释不同、具化形式也存有差别，且即便是同一个人，在不同的阶段对同一句话的解读也不同，但这正好说明儒家思想是契合中国人思想文化需求的。

儒家思想产生于制度落后的时代，所以其思想中必定存有一定的糟粕，这些糟粕也是学者等反对儒家思想的依据。“一个世纪以来，现代主义者对儒家思想发动了大规模的批判，进行了各式各样的打击和改造，这种清算是根本性的。伴随着儒家文化所赖以生存的制度结构和社会土壤逐步瓦解，从经典系统到话语方式，儒学像是随风飘散的浮云，已在若有若无之间。”① 儒家思想的可贵之处就在于它凝练和倡导的诸多思想，具有很强的能动性、可塑性、适应性，符合人类社会思想发展的规律。所以，所谓儒家“若有若存”的存在状态，不过是其不适应社会的部分被剔除，适应社会的部分被穿上新的外衣，以新的形式服务社会而已。因为一千多年的存在与发展，已经让儒家思想中的优秀部分成为中国人血脉中的一部分，根本无法完全剔除，正如杨朝明所言：“历史上，儒家文化虽然不可避免地经常受到冲击，但它始终没有中断过，并在新时期涅槃重生，重新获得了自主权，获取了新生命。”② 综而言之，作为一种思想，儒家思想尽管有诸多为不同时代所诟病的不同缺点，但不可否认，儒家思想也有着诸多优点。

作为中华民族传统核心文化来源的儒家思想文化，其影响力不是直线式的仅对中国域内的民众产生影响，它还对域外的如朝鲜、韩国、日本等国家也有着或大或小的影响。故而，儒家思想对域内的少数民族产生影响更是自然而然的事情，其中表现最为明显的就是清代满族思想文化意识的变化。清代满族入关后，在与关内民族大范围的物质及文化接触、交流中，其在物质生活和文化生活的具体表现形式方面都有了不同的变化，如满族民众伦理意识中的汉族传统伦理意识、仁义思想等等。总而言之，清代时，儒家思想虽然不在其高峰时期，但是它成熟又丰富多样的文化内涵，对刚脱离游牧生活，同时又隶属于游

① 景海峰．走向批判的传统主义——当代儒学发展的形态及趋向 [J]. 探索与争，2018（01），第 58—63 页。

② 杨朝明．儒家文化有没有中断过 [N]. 解放日报，2007 年 8 月 20 日，第 013 版。

牧文化、草原文化的满族而言，是新颖的、神秘的，所以轻易地就能被清代满族接受、吸纳和推广。但满族把早已浸入汉族血脉的儒家思想作为一种崭新的思想领域的武器，不是靠国家机器强制推广就可以的，它需靠各个社会领域的共同努力。因为思想文化不是政策，尤其是涉及社会生活方方面面的思想文化，靠强硬性的手段推广几乎不可能。

就清代满族而言，入关之后虽然其政治、经济及文化等都获得了飞速的发展，却不代表整个社会的文化素质也得到了提升，即是说民众对儒家思想文化或者统治者提倡的其他文化思想的解读、接受或传播，在很多时候并不能自主完成，需要有一种能为他们接受、理解又能较好地诠释这些文化思想的载体。纵观历史，为广大中下层社会群体所能接受的文化载体形式，除物质形式外，大多是通俗易懂的文学艺术形式，所以清代的文学艺术形式比较发达，如徐珂在《清稗类钞》中指出单是戏剧大类当时就有九种。其唱腔各有特色，完全能够承担起阐释文化思想的重任。作为其中一种重要的戏剧艺术形式，子弟书在诠释、流播儒家思想文化中发挥了自己独特的作用。但我们也要看到，子弟书之所以能够成为传播儒家思想的载体，统治者对儒家思想的提倡功不可没。最为重要的是，清朝统治者不仅尊崇孔子和儒家思想，还将其作为正学。执政者的言行在很多时候就是风向标，从政治、经济及文化等各个方面对社会都会产生一定的影响，所以顺治尊崇儒学的行为，无疑为清代文学艺术家在作品中展示儒家思想提供了最高权威的指示。身为清代文学艺术作品中的一员，子弟书自然也不能例外。即处在这种尊儒的大社会背景下，子弟书作者甚至在选题之前或者写下第一个字时，就已经决定要阐释什么儒家思想，以此来与大的社会思想潮流相适应。由于有这种先遣社会背景的存在，所以无论子弟书内容是什么，都会给予人一种熟悉感，这为作者在诗篇中阐释儒家思想也提供了一定的便利。

诗篇数量多，其所涉及的儒家思想主要有仁义、礼义、孝道、天命、鬼神等，几乎囊括了儒家思想的全部内容。在具体阐释时，作者将它们与新颖、通俗的故事融合，促进了满族和关内群体之间的凝聚力，增强了两者之间文化的交流、借鉴与吸收，在提升当时道德秩序和责任感的同时，也激发了当时人的现实主义人生态度。也正是因为诗篇及其正书所具有的这种特点，所以子弟书一经面世，就得到了社会民众的广泛喜爱，以至流行一时。

第一节 仁义思想

仁是儒家思想中的核心思想，表示人与人之间互亲互爱、和谐相处的关系。仁，可以说是儒家思想的基础和道德要求，甚或说，无论儒家的具体思想类型及其形式如何，其内质都与仁有关。

在儒家的经典著作中，经常能看到其对仁的阐释，综合分析，可发现，儒家所言的仁是一个非常宽泛的概念，涉到上级和下级、统治阶层和民众阶层的人际关系，以及个人为人处事的基本态度，究其本质，重在强调人际关系的和谐，而这种和谐由超越自我的仁义所带来。

强调人与人之间和谐相处的仁义思想，在中国古代一直是思想主流，在任何领域都可以看到它的存在，但仁义思想不是空中楼阁，它需要有一定的基础，如孔子之所以把孝悌界定为仁的根本，在于一个人能获得生命，并能获得生理意义和精神意义的成长，都是因为自己的父母。如果一个人不善待给予自己生命和养育自己的父母，或者对同胞兄弟不好，那么无论他对那些没有血缘关系的人多好，都不可能是真心。毋庸置疑，一旦给予其足够的诱惑，他就获得了背叛的资本。因此，几千年以来，中国一直强调“百善孝为先”。

在儒家看来，仁义的起点是个体单位，唯有在个体单位那里得到了实施，它才有可能获得在群体单位中推广、传播，并得以实施的可能。换句话说，不立足于个体单位的仁义是没有基础的，即便能获得一时的推广，也经不起时间的考验。我们这里所言的在个体中推行的仁义，最基本的就是上文所言的基于血缘关系的孝，以及在此基础上范围稍大的诚信。

儒家所做的是把人类美好的情感与高洁的品质理论化、系统化，这意味着在儒家做这件事之前，仁义思想就存于各种具体的日常行为中，且仁义思想在任何时代任何民族都有。我们要看到的是，因为人类对真善美的追求基本一致，所以其仁义的实质一样，只是具体表述形式、表现形式以及向其他民族学习的方式不同，如满族学习汉族仁义思想的方式就是从尊孔开始。

早在入关之前，满族就非常重视孔子，崇德元年，皇太极在盛京为孔子建庙；入关后，顺治元年六月，“祭先师孔子”；顺治元年十月，“以孔子六十五代孙允植袭封衍圣公，其五经博士等官袭封如故”；[①] 顺治二年正月，“更国子监孔子神位为大成至圣文宣先师孔子”，[②] 开启了入关之后满族自上而下的全民尊孔崇儒之路。

入关不久的清朝统治者之所以在政治、经济及文化等都不稳定的社会形势下，就如此快速地提出尊孔崇儒的政策，原因在于满族和其他关外民族一样，都属于游牧民族，在学校教育及思想文化等方面，和以汉族文化为主的关内文化有着诸多不同。在社会稳定方面，思想的稳定、统一比物质的稳定更为重要。在诸多的思想流派中，显然选择身为社会主流思想的儒家思想最为明智。然而，思想是抽象的，且不同的人在诠释的时候呈现出来的具体形式不同。所以，对刚入关的清政府而言，让关内人们看到他们提倡、遵循儒家思想的最快、最佳方式，就是采取切实可见的尊崇儒家思想领袖人物的方式，向关内民众证明自己在思想文化上和关内民众有着共同点。儒家思想内容丰富，意味着清初期，统治者固然提倡推行它们，但也不是照搬其所有的思想，如“身之发肤，受之父母”这一点他们就没有施行。他们所提倡推行的，主要是有利于社会稳定统一的儒家思想，其中，仁义思想自清政府倡导的重中之重。上层建筑的决策方向，是文学家创作的风向标，在诗篇中我们也能看这一点。

一、为人处世层面的仁义思想

仁义思想说到底是一种与他人相处时所持有的状态，也可以说是人与人相处时最高级别的准则。《礼记·曲礼上》：“道德仁义，非礼不成。[③]”什么样的行为是道德与仁义？建立在礼义基础上的行为才是符合社会稳定发展要求的道德与利益。孔颖达认为仁就是把恩德施给世间万物，义就是在判断事情是与非的时候秉持公正。可见，仁义的范围很广。当然，只有博爱之心是算不上仁义的，

① 赵尔巽．清史稿 [M]. 长春：吉林人民出版社，1995 年版，第 58 页。

② 赵尔巽．清史稿 [M]. 北京：中华书局，1977 年版，第 9633 页。

③ （汉）郑玄注，孔颖达正义．礼记正义 [M]. 上海：上海古籍出版社，2008 年版，第 433 页。

还必须有一颗正直、公正、宽厚之心。仁义所具有的博爱、正直、公正等特征，看似简单，实际上很难获取。每个个体都生存在一定的群体中，与其他人的关系也有亲疏远近之别，身处不同的群体也有不同的个人利益诉求，且人一生中的经历很复杂，有些能掌控，有些却不能掌控，这就决定人的心境或为人处世态度有随时变化的可能。在这个变化中，仁义思想的留去实难抉择。这也是子弟书作者在诗篇中多次明确或隐晦地提醒人们要讲仁义的原因。如《荷花记》第十五回诗篇，其最后两句写到“人生若不（能）行仁义，福禄何愁不两全。”表明作者认为人生在世如果能秉持仁义，那么人生就会福寿安康。如果没有事实佐证，它显然是干巴巴的不会令人信服的理论层面的东西，所以，作者验明自己观点及劝世人奉行仁义的方式就是让《荷花记》中奉行仁义的主人公时来运转。这一点作者在诗篇的前半部分也做了说明：“运转时来景色鲜，一团淑气合祥烟。风云龙虎今朝会，富贵荣华几世传。指日高升虽在命，连科及第半由天。”具体而言，这里的仁义指的是高洁的品德及由此衍生的博爱，也即我们所说的仁义，主人公之所以能“金榜题名中解元。天下举人同会试，他又高标是第三。金殿传胪亲殿试，御笔单题吴状元。”是因为他“素行好事多德行”。不难看出，在作者眼里，主人公能够中状元，有才华固然重要，但是如果没有德行，才华再高也无用。就普通人而言，日常生活琐琐碎碎，其德行如何对他人带来的影响较少，但是如果是有地位的人，其德行的影响力则较大，因此祈求当政者能够具有仁义思想是很多人的愿望。

《荷花记》作者在诗篇中从正面角度阐释他的仁义观，其所叙述的事情，能在一定程度上激发人们行仁义之事、并通过读书来改变自己命运的欲望。不过，封建社会中的教育具有阶级性，中上层群体是接受教育的主体，占人口比例绝大多数的下层劳动人民很难获得受教育的机会，即便偶有之，也较少有机会走到科考的最后。所以，《荷花记》作者所阐发的行仁义、进而能够高中科举改变自己命运的事，对封建社会广大的下层劳动人民来说，尽管在一定程度上能激发他们读书的愿念，并使其向善而行，但前者对他们而言，不亚于空中楼阁，反倒是后者的引导作用更大。之所以如此，与《荷花记》男主人公本身就不是下层劳动人民也有一定的关系。

《荷花记》诗篇从正面引导人们学仁义思想、行仁义之事，其所举的事例也类似于榜样，虽具有典型性特征，但不具有普遍性特征。所以，有些子弟书作者反其道而行之，用一些大家耳熟能详的“恶人恶事”为例，解读并传播自己所倡导的仁义思想。《遣春梅》诗篇可称作是其中的代表。

《遣春梅》诗篇点明人生虽如幻梦一场，但人也应注重洁身自好，才能留下好名声，为世人所称道；如果像西门庆那样，贪淫好色，不但会丢了性命，且还会被后来人一直谴责。西门庆的一生，几乎就是恶的集合体，即便是其偶有看似“善”的行为，也是体现在其结义兄弟或帮闲身上，或者出于不可告人的目的。所以作者认为他最后被武松杀死的下场是必然的。至于那些原本依附西门庆而生存的女性，在西门庆死后其处境也大不如从前。道理很浅显，吴月娘等在西门庆活着时，享受的是西门庆提供的物质条件。西门庆死后，她们不再拥有以前的生活条件，也是一件很正常的事。

就大多数人的心理而言，对因行恶而造成的前后生活境遇反差巨大的人或事，抱有的印象深于与之相反的人或事。由此，《遣春梅》诗篇中所言西门庆由于贪淫等给自己带来的丑陋下场及其死后妻子的遭遇，是能够给以受众一定启示的。这种启示如《荷花记》诗篇所给予的启示一样，都可启发受众要有仁义思想，行仁义之举，如此的话，纵然不能大富大贵，亦可平安度过一生，更不会给家人、给后代带来祸患。

作者在诗篇中倡导的仁义思想，很多时候以劝世人行善的形式出现。由于善、恶是正常的社会人都了解的概念，所以，作者将仁义化为善后，再向世人传播的形式，更利于他们的理解和接受。换句话说，仁义思想是一种高端层面的概念及行为准则，而善则是一种低端层面的概念及行为准则。子弟书《麟儿报》第一回诗篇就呈现了作者的这一思想。

作者在诗篇中，开门见山奉劝社会上那些有钱却没有继承者的人，一定要尽心尽意地去做善事，不要因为别人贫穷就不帮助别人。而是应该照顾孤儿、体恤孤寡之人，周济那些因为天灾人祸一时陷入困境的人，还要尊敬老人等。一个有钱的人应该把钱拿出来周济那些读不起书的人，不要把钱花在寻欢作乐上。在一番面面俱到的劝导后，作者最后作出了总结“试看今古循良辈，子桂孙兰启后昆。”这个总结可谓巧妙之极。说其巧妙，是因为子弟书的受众主体部分已经成年，或者主要以中老年为主，他们的人生基本已经定型，所以，作者的劝导再怎么全面、深入也不会起多大的作用。意识到这一点后，作者重点强调了古往今来那些曾经讲仁义、行仁义的人，他们的子孙都有着美好的未来。这对非常重视传宗接代思想的受众来说，显然是非常重要的。所以，即便他们自己不在乎，但为了子孙，至少在行为上也会约束一下自己。由此，就会产生一定的良好的社会影响。

一个人为人处世的方式有很多种，以仁义为核心的为人处世方式不过是最理想的方式而已，所以，自人类产生之后，就开始了对它不同程度的追求。即不同作者在子弟书中刻画、叙述为人处世方面的具体事例、理论，当然不是单纯地为了满足受众的娱乐需求，他们还是期望受众能够从中获得一定启示的，所以总会在作品中呈现一些符合那个时代的积极向上的因素，这就使得子弟书在担当起文学作品该有的责任时，也承载起了一定的社会教化功能。

二、忧国忧民的仁义思想

忧国忧民层面的仁义思想在儒家思想中占有很重要的地位。众所周知，孔子周游列国的目的，是他深感当时各国的政策不是仁政，所以他希望通过自己的游说，让各国国君接受并实行仁政思想。究其根源，孔子的这种思想始于其忧国忧民的仁义思想，即如果孔子没有这种思想，也就没有他的仁政理念。子弟书作者虽然生存在相对稳定、富裕、平安的清代中后期，但由于受儒家思想的长期影响，忧国忧民的仁义思想成为其思想中的必要组成部分，所以才会有意无意地在其作品中有所呈现。

诗篇中所阐释的仁义思想，可分两个角度，一个是从正书中所涉及的国君的角度阐释仁义思想；一个是从作者个体角度出发阐释仁义思想。

如《焚宫落发》的诗篇从正书中所涉及的国君角度阐释仁义思想。明朝建文帝朱允炆在靖难之变后的下落有多种传说，《焚宫落发》即是根据其中一种观点——认为他化身为和尚。在作者看来，作为一代帝王不仅被逼到烧毁宫殿且落发逃走的地步，是一件极为悲哀的事，而其根源就是建文帝过于慈祥仁义，如朱元璋在遗诏中称其“仁明孝友”。仁义是帝王应该具备的特质之一，但若帝王的所有行为都以其为准则，这样的帝王是无法统治好一个国家的，所以建文帝最终落得了焚宫落发、下落不明的下场。基于建文帝本人为政的这种特征，作者在诗篇中虽然肯定了建文帝的慈祥仁义特质，但也用“满眼干戈哭破国”暗示对一国之君而言，慈祥仁义固然重要，但不能将其作为治理国家的唯一手段。

有的诗篇呈现了作者从个体层面所理解和诠释的仁义思想，如《访贤》诗篇就体现了作者希望国君任用贤能之人，以保障社会稳定的忧国忧民的仁义思想。作者在诗篇中指出从古到今要想治理好国家就必须任用贤能之人，惟其如此，国家也才能长治久安。而一个德才兼备的人若能得遇明主，顺利施展自己的才华，那么整个国家也会因此而获得发展。治理国家从不是一个人的事，它需要由很多人共同构成国家机器，在国家最高指挥者的统筹规划、指挥下，方能保障一个国家的正常运转及社会的稳定。但是这个前提是参与治理国家的必须是贤能之人，否则国家必定不会稳定。作为大众中的一员，身处社会之中，更能感受到政府官员的贤能与否会关系到民生的切身利益，所以，他借用《访贤》诗篇，表达了自己希望清朝统治者能够任用贤能之人的期待。就一般规律而言，如果一个人或一个社会提倡什么，大多是因为其缺少什么。即清代中后期看似稳定的社会环境，实则是危机重重，不安稳的社会因素很多，普通的大众无法获取安全感。所以《访贤》作者在诗篇中所提出的，不仅是他个人的期望，更是中下层广大人民的期望，是基于个体角度地对国家实施仁义思想的期盼。

仁义思想是中华民族从古到今的核心思想之一，无论人们是否承认，都会受到它的影响，其外在表现形式及影响力也随持有者的不同而有所不同。有一点是可以肯定的，在史书或文学作品中，谈及一个人物，如果要讲其是否具有仁义思想的话，那么这个人物一定具有重要的社会地位，如《荷花记》中的主人公是状元，《焚宫落发》中的主人公是建文帝。这也从另外一个角度说明了儒家思想的渊博以及其仁义思想的多角度阐释性，即对一个具有重要社会地位的人而言，其品行可以用仁义来评价，对一个普通人而言，可以用仁义的其他具体表现形式如孝悌、忠义等来表示。

不否认，诞生于先秦时期且在封建社会发展壮大的仁义思想，自有其局限性，但不能否认的是，人民群众也能从中获取一定的利益，如《全彩楼》诗篇。它先是描写了大宋统一中原后，国家稳定，人民生活富裕的国泰民安的社会环境，最后指出“雨露九重恩广厚”。本句虽无“仁义”二字，但“恩广厚”三个字足以点明身处其中的民众能获得幸福正是由于统治者的仁义政策。它告诉我们，仁义是渗透、表现在人们日常生活一点一滴中的，所以在用文字表现它的时候，除非是专门就其进行论述，否则不必直接提出“仁义”二字，只需用语句表达同样的意义即可。如《金印记》第二回诗篇。作者先是感慨人生不会十全十美，自古到今都是冷暖人生，其中的滋味只有自己知道。社会不稳、命运不济的情形下，满腹才华的贫寒之士，只能是把心中所思所期寄托于笔端，去追忆历史上那些志士。追忆之后，他又发出感慨，没有什么话语能真正形容人生的不易。但作者感慨归感慨，在诗篇最后还是呈现了积极向上的因素。如最后两句中的“济困扶危”“青史名”其实说的就是主人公的仁义思想所具有的特征，即作者认为，即便一个人身处贫寒之中，命运也多有不济之处，但不论如何，都不能忘记“济困扶危”的良好品质，如此才能够留下好名声。再如《糜氏托孤》诗篇开门见山指出战乱纷纷，生灵涂炭。但身处其中的糜氏、赵子龙却“视死如归”“舍身救主”。表达了糜氏、张子龙舍身全节义的仁义思想，这是一种为了“大我”牺牲“小我”的精神，也是其能够千古流芳的重要原因之一。

诗篇所表达的仁义思想，充分体现了子弟书作者对仁义思想的全面、深度把握，以及能动、灵活性的呈现。

第二节　礼义思想

中国自古是礼仪之邦，凡事皆以礼义为先。纵观历史，可以发现中国的礼义起步较高，一开始的立足点就是基于人类社会集体及自然。如《易经》早就指出世间有天道、人道、地道等三道。而作为人，要遵循的自然是人道，同时还要兼顾到天道、地道，惟其如此，三道才能按照最优的路线前行。所以，礼义是儒家思想中的一个重要元素，孔子在《论语·泰伯》中认为礼是判定一个人行为的重要标准，且是否遵循礼，产生的社会影响也不同。在孔子看来，如果社会中的人都能够遵循礼，那么社会必定是稳定且和谐的；如果不遵循礼，那么个人的具体不良行为就会影响到社会，因此，无论哪个时代的儒家学者，都像孔子一样，提倡并遵循礼。

儒家所提倡的礼，不是简单的人际交往准则，而是为人的准则，如《礼记·哀公问》所言的礼："民之所由生，礼为大。非礼，无以节事天之神也；非礼无以辨君臣、上下、长幼之位也；非礼无以别男女、父子、兄弟之亲，昏姻疏数之交也。君子以此为尊敬然。"[①] 此处的礼已经超出了个人行为层面，到达了家庭、国家、社会等存在和发展的层面，由此，礼存在的意义就具有了广泛的社会意义。

对一个社会人而言，要想生存，就必定要和其他人发生各种各样的关系，而人又最是注重个人内在感受的生物，所以，在交际时，如果一个人不讲礼义，必定会给其他人带来不好的印象，进而引发交际失误。所以，儒家提倡"非礼勿视，非礼勿听，非礼勿言，非礼勿动"。套用现代的熟语，这里的礼其实就是我们所言的情商，这样一来，礼的适用范畴就比较广泛了，或者可以说其具有普适性。身处关内的子弟书作者，虽为满族人，但已然受到了儒家的礼文化影

① 李学勤主编．十三经注疏·礼记正义 [Z]. 北京：北京大学出版社，1999 年版，第 1373—1374 页。

响，在子弟书中我们也能看到这一点。

根据诗篇的实际内容，我们可以从个体和国家两个层面观照子弟书作者在诗篇中提到的礼，个体层面的礼指的是社会个体在生活中的言行是否符合礼的要求，国家层面的礼指的是执政者应该遵循什么样的礼才能治理好国家。礼在这两个层面的具体表现，反映出清代中后期满族人对儒家所提倡的礼的认知与接受程度。

一、个体层面的礼

礼，在古代尤其在先秦时期阶级分明，它被认作是中上层社会群体所应遵循的基本社会准则，而下层民众对礼的认知则稍微弱一点，或者说是他们在日常行为中不必严格遵循礼的规则，据《礼记·曲礼上》："礼不下庶人，刑不上大夫。"[①] 古时，国家的大事主要是祭祀和军事，但这两者都超出了下层民众的能力范畴。但这不代表下层民众没有讲礼的责任和需求，于是随着礼的内容越来越完善，无论是哪个阶层的民众都会受到礼的规则影响，由此逐渐就形成了个体层面的礼。如个体交往之间的礼仪、夫妻之间的礼仪等。

《为票嗷（傲）夫》作者在诗篇中谴责了邻居不讲礼、深夜还在家唱戏的无礼行为。寒风凛冽的冬夜，饥寒交加的作者本就难以成眠，结果邻家男主人又在家里唱高腔戏，最关键的是他的声音并不优美，此时作者发出一定的牢骚自然是很正常的事。事实上，一个人只要身处社会群体之中，每时每刻都应考虑到自己的行为是否符合礼的要求，是否给他人带来了困扰、厌烦等不好的影响，所谓"礼之用，和为贵"说的就是这个道理。人具有独立思考的能力，能感受到别人的善意、恶意，故一个人无论是身处家中还是在家外，都应讲礼，否则就会像《为票嗷（傲）夫》诗篇所言，即便是在自己家中的自由活动，有时也会影响别人。故关于礼的这一点要求，在任何时代都是适用的，特别是在现在的楼房时代，非但是声音，就连在家里走路的时候，脚步都应该放轻，否则就会影响楼下的住户。《为票嗷（傲）夫》作者能够把邻居给自己带来的困扰写进作品，证明他已经不堪其扰，但他又不能去邻居家提意见，因为"礼之用，和

① 学勤主编．十三经注疏·礼记正义 [Z]. 北京：北京大学出版社，1999 年版，第 78 页。

为贵”，于是他就在正书中巧妙地借邻居女主人的话表达了自己的意见：“妇人说好爷你压着点声音吧，半夜三更无命地嚎。也不怕左邻右舍人含怨，有什么仇吵得的人家睡不着。你听听那院内的风儿这屋子似破窑。爷自然仗着那点酒儿并且穿得也不少，请看奴单围腰儿套着你的破夹袍。难道说庙内一天还未乐够，务必的来至家中把骂话儿招。”

由此表明邻居女主人是懂礼的，她知道自己丈夫半夜三更在家唱戏打扰了别人，因此好言规劝丈夫。但对一个爱戏成痴的人而言，他是考虑不到这一点的。但换个角度看，这也是作者对邻居半夜在家唱戏行为的一种理解、开解。从邻居女主人的描述中可以看出，其家境困难，甚至连吃穿都成为问题，但当时清政府规定，旗人不得从事商业活动，其家庭收入完全靠政府拨给的钱粮。最初的时候，这些钱粮的确可以满足旗人家庭的开支，然而时间久了，旗人家庭规模扩大，家庭开支增大，却没有别的收入。而此时，长期无所事事的旗人已经习惯了安逸的生活，因此即便寅吃卯粮，也无法去掉贪图享乐的特质，所以，最终很多家庭就成为《为票嗷（傲）夫》作者邻居家的样子。应该说，任何一个正常的人，都不愿意面对这样的生活困境，但对很多旗人而言，又根本没有能力去解决这种家庭困境，于是他们开始寄情于唱戏、玩票等娱乐活动，因为对他们而言，或许陷在戏中，就能逃避现实。至于《为票嗷（傲）夫》中所体现的男主人公的行为只不过是当时旗人所作所为的一个缩影，于是，面对已经成为常态的社会现象，作者批判了男主人公半夜三更打扰他人的行为，但由于同是旗人，所以他对男主人公其实是同情的，因此才会采取了为他隐而不露的开脱方式。作者的这种做法正是对“博我以文，约我以礼”[①]的阐释。

“人生而有欲，欲而不得，则不能无求，求而无度量分界，则不能不争。争则乱，乱则穷。先王恶其乱也，故制礼义以分之。”[②]当和礼义有关的制度制定出来后，首先是接受教育的人通过师道传承会自觉遵循，其次是他们会带动身边的人去遵循，形成雪球效应，最后就成为全社会约定俗成的制度，并世代相传。《为票嗷（傲）夫》作者在诗篇中对男主人公白日行为虽持有一定的同情态度，但他却不认可男主人公深夜在家唱戏打扰他人的行为，所以他在诗篇中所言的，

① 李学勤主编．十三经注疏·论语注疏 [Z]. 北京：北京大学出版社，1999 年版，第 116 页。
② 荀子．礼论 [M]. 北京：中华书局，1980 年版，第 35 页。

实际上正是为了让人们反思自己日常生活中是否也有类似的行为。当然，受众从此诗篇中获取的体味，不是作者所能控制的，但哪怕有一个人能够从此诗篇中获得作者想要的体味，明确在人际交往中应该遵循什么样的准则，作者也就达到了自己的目的。

其他子弟书的诗篇中也多次提到了人应当遵礼，只是在提及礼时，不像《为票嗷（傲）夫》那么含蓄。如《须子谱》诗篇[①]开篇即指出人应该积极努力，学习圣贤和礼义，而不应依仗家势而不思进取。这里所言的学习圣贤和礼义即我们所言的遵礼。古人特别强调礼，甚至认为遵礼是人和其他生物的区别，如《晏子春秋·谏上二》："凡人之所以贵于禽兽者，以有礼也。故《诗》曰：'人而无礼，胡不遄死。'礼，不可无也。"[②]《须子谱》作者自然也深受这一观点的影响，所以他在诗篇开首就指出来礼的重要性，并且在正书中特地指出一个人是否能遵礼和其家庭有着密切关系，他说一个人成为须子并不是天生注定的，而是"自幼儿无从受教训，都只为父母惜子把他疼。"由此就提出了家庭教育这个重要的命题，同时也点出了礼在家庭教育中的作用，能给予受众一定的启发。

因为讲究礼，甚至到了事事皆礼，不礼不行的程度，这就决定着礼在中国社会的各个领域都必定要细化，并且最终形成了规则，但不是所有的礼都符合人们的要求。很多时候，对那些违反情感、道德需求的礼义，人们也会提出反对的意见，如《絮阁》诗篇中提及的"周婆礼"就是对传统礼义的一个挑战。周婆礼典出《太平御览》卷五二一所引《妒记》，大意是东晋名人谢安流连青楼，并且爱上了几个青楼女子，希望将她们娶回家做侍妾，但是他的夫人刘氏不允许他有侍妾。于是谢安就让自己的侄子、外甥等人去劝说刘氏。为了达到目的，他们引经据典，《关雎》《螽斯》等经典诗篇都被拿来作为例证，向刘氏证明一个女人应该有容纳自己丈夫纳妾的气量。刘氏毫不客气地说周公是男人，他自然会从男人的角度去写，如果是周婆所写，肯定就不会这样。后人就从这个典故中提炼出"周婆制礼""周婆作诗"，借其代指妻子对丈夫的约束。在男权体制下，这种对传统礼教的挑战即便成功，其范围也不会大，所以《絮阁》诗篇

① 人各合当遵圣贤，法学礼义莫愚顽。膏粱子弟休持富，困苦儿男用莫偏。平生运命虽造定，阴阳万物自详参。若能够悟开天地人间理，四大皆空度余年。

② 吴则虞．晏子春秋集释 [M]. 北京：中华书局，1962 年版，第 6 页。

先是说“关雎雅化起房中，樛木螽斯后德隆。夭桃看厌思秾李，明月何妨让小星。”然后语意斗转，指出“闺门自制周婆礼，世上空传疗妒羹。”不难看出，作者认为女性自己制定的约束男性专情的周婆礼，其实并不能得到真正的实施，就算“从古来娥眉不肯将人让，有几个我见犹怜度量宏”，也不能改变女性在婚姻中的附属地位。诗篇中，作者虽然表达了对女性的同情，但身为男性，实际上他是不接受的，因此他在正书中认为，杨贵妃之所以在马嵬坡被赐死，是因为她容不得唐玄宗宠爱其他妃子，杨贵妃“直要到马嵬赐死心才悔，醒悟了斗宠争妍一梦中。”最后作者说“但愿普天下的夫人都看破，闺门里和气生祥享太平。”若说作者在诗篇中还是遮遮掩掩表达了自己认为周婆礼不合时宜的态度，那么这句话就非常明确地指出作为妻子，无论任何时候都要服从丈夫，还要和丈夫的妾等和睦相处，整个家庭才能拥有祥和的气氛，自己也才能安稳一生。

与《絮阁》作者不同，子弟书《宝钗代绣》的作者就完全接受了儒家的男女大防观点，他在正书中说“思量那兄妹异席别于六岁，才知那制礼周公是万世师。”他特地将这句话作为正书结尾，其目的正是为了宣传符合儒家礼义要求的周公之礼，由此就可以理解《絮阁》作者为什么在诗篇末说周婆制礼难以在社会上流行了。其实除了儒家之外，道家对礼也有着类似的观点，《庄子》有“德无不容，仁也；道无不理，义也；义明而物亲，忠也；……信行容体而顺乎文，礼也。”[①] 可以看出，道家的礼与儒家的礼实质一样，只是具体表现形式不同，当然，在儒家礼义占主流的时代，道家的礼义表现形式其实已经与儒家礼义表现形式融为一体了。如果再将层面扩大化，可以说，自古及今，中华民族文化体系内的正常的文化流派、思想流派或多或少都得遵循礼。当然，我们也可将其称之为规则。

二、国家层面的礼

从国家层面看，礼是不可或缺的治理国家的手段，所以古代据礼而制定了礼典、礼制，以用来更好的治理国家，如《周礼·天官·大宰》指出：“三曰礼典，以和邦国，以统百官，以谐万民。”[②] 这里的礼典就是礼法，只有遵循一定的

① （清）郭庆藩撰，王孝鱼点校．庄子集释 [M]. 北京：中华书局，1961 年版，第 548 页。
② 李学勤主编．十三经注疏·周礼注疏 [Z]. 北京：北京大学出版社，1999 年版，第 165 页。

礼法，才能有据可依地治理国家；《礼记·乐记》更是认为只有礼制才能把散乱的天下治理的和谐统一：“天高地下，万物散殊，而礼制行矣。”①故古代国君一方面讲究礼制，一方面也以礼遇对待能人志士。与个体层面的礼相较而言，国家层面的礼掺杂了诸多政治、经济等因素，所以子弟书作者在诗篇中表达国家层面的礼时，其主题比较单一。如《杨妃醉酒》的诗篇。它开篇指出了唐明皇即位初年更改年号的事，接着写他清除掉武家一脉后，致力于整顿江山。采取的方法就是效仿唐高祖“尊贤礼士”，并且积极听取谏官的意见。最后，作者指出唐明皇时国家稳定、财力强盛的原因，除了上面这些外，还因为他本身就是一个全才之人。这首诗篇通篇是在表述唐玄宗的卓越能力。但比较有意思的是，作者在正书中并没有就诗篇内容展开详细阐述，反而描写了唐玄宗老年不理国政、痴恋杨玉环的事。作者在正书中先是指出唐玄宗“只因年华懒国政，留恋声色动管弦。爱的是长夜衔杯开宴乐，喜的是媚舞歌姬翠袖翻。排毕五音分六律，丝竹词调教梨园。教坊司群姬歌新韵，《清平调》〔词〕美至今传。”接着描写了唐玄宗对杨玉环一见钟情，从寿王手中将其夺走，并封其为妃，恩爱一时。然身为帝王，唐玄宗在宠爱杨玉环的同时，也会宠爱别的妃子，杨玉环愤懑之余，饮酒入眠，梦中与其干儿子安禄山缠绵床榻。显然，正书中的唐玄宗并没有像诗篇中所言的那样圣明，而是沉溺男女之事，甚至不遵礼制，将自己的儿媳妇变成了自己的妃子。诗篇中的唐玄宗和正书中的唐玄宗形成了鲜明的对比，在这种强烈的对比中，作者的谴责之意也慢慢浮现，显示出他认为身为帝王更应遵守礼制、礼仪要求，这种要求不仅是在国家层面，也在他的私人生活方面，因为从某种意义上讲，帝王是没有私人生活的，他的一举一动都关系到国家，所以古代还有针对帝王的王礼。

所谓王礼指的是天子应恪守的礼，如《礼记·明堂位》中有：“凡四代之服、器、官，鲁兼用之。是故鲁，王礼也。”②为帝王所设的礼义准则，应有比普通人更强的约束力，原则上是不容帝王违反的。可想而知，身为国家最高领导人，一旦枉顾他应遵循的礼，那么其所带来的危害小则奸臣当道，大则生灵涂炭甚

① 李学勤主编．十三经注疏·礼记正义 [Z]. 北京：北京大学出版社，1999 年版，第 1093 页。

② 李学勤主编．十三经注疏·周礼注疏 [Z]. 北京：北京大学出版社，1999 年版，第 953—954 页。

至国家被颠覆。即从一定程度上讲，只要是身为领导者尤其是高职位领导者，他的一言一行就不仅是他个人的，而是他所代表的群体的，会对其群体或其他群体产生不同程度的影响，所以，历代儒家一致重视王礼在帝王治理国家中的重要性。随着社会分工越来越精细化，王礼不再仅局限于最高领导者，很多时候，它也被当成了诸侯之礼。《孟子见梁惠王》诗篇[①]提到了王礼，不过它提及的王礼指的是诸侯层面的王礼，虽然诸侯的影响力要低于周王，但由于僭越王礼的诸侯太多，国家照样会处于民不聊生、生灵涂炭的境地。因此，从这个层面看，掌权者更应遵循适应其位置的礼，否则，就会给社会带来巨大的危害。

总而言之，无论是个体层面的礼，还是国家层面的礼，都反映了“事各顺于名，名各顺于天”的观点。

三、人际交往层面的礼

人际交往层面的礼指的是人在交际过程中应遵循的社会约定俗成的规则。作为社会网络中的小节点，个体想要实现自我存在的价值和意义，必须要考虑到如何处理与其他节点的关系。一个节点的关系处理不好，会影响到与之相邻的节点，甚至会以一种辐射的方式向外扩展，最终会影响到整个网络。从理论层面上看，几乎人人都知道这个关系，维持社会网络的正常运转是可行的。但是从实践层面看，却并非如此。人生来是有欲望的，且欲望的类型、层次及目的各不相同，具体而言，有多少人就有多少不同的个体欲望，如何寻找到自己欲望和别人欲望之间的和谐点，对大多数人而言，是一件比较困难的事。因为“你的任何行为，都要把你自己人身中的人性以及他人人身中的人性，在任何时候都同等对待视为目的，永远不能只看作是一种手段”。[②]所以在人际交往中如何把握个体利益和他人利益之间的关系是一个非常重要的问题。

因为“生产本身是以彼此之间的交往为前提的”，[③]所以社会人际关系的和谐与否，关系到社会的稳定发展，梁漱溟指出：“儒家伦理文化并不是以社会本

① 周室国运已将终，列国诸侯各起兵。自立节旄僭王礼，私专征伐誓血盟。到处只讲割城地，那管生灵涂炭中。为我孟夫子口述唐虞三代之德业，天命如斯只好能说不能行。

② [德]康德著，苗力田译.道德形而上学原理[M].上海：上海人民出版社，2002年版，第80页。

③ 马克思恩格斯选集（第1卷）[M].北京：人民出版社，1995年版，第68页。

位或个人本位为出发点，而是从人际关系着眼，伦理本位者，关系本位也。”[①]如果说孝悌的发生源是家庭内部关系的话，那么梁漱溟在这里所说的我们可以将其看作是家庭外的人际关系，它的质量关系到家庭外伦理的存在实施，即是说，没有和谐的人际关系，伦理就不可能存在。不同子弟书的诗篇，也多次陈述和阐释了人际关系，同时也显示出不论社会形态如何变化，人际关系的交往本质还是守礼，且要充分考虑到人一生会发生各种变化，不能因别人一时的潦倒、失意就做出不利于人际关系长久发展的事。子弟书《背娃入府》就是对这个道理的生动写照。

子弟书《背娃入府》改编自京剧，共分两回，第一回讲了李大一家投奔因献宝有功被封一品官的张元秀并受到款待的事，第二回讲了张元秀岳父一家人也来投奔、张元秀因以前岳父对其不好并不打算管他、李大夫妻为其求情的故事。作者为这两回故事都配了诗篇，[②]展现了利己与利他两种人际交往思想的表现，并对其作了评价。人在与自然界或其他人交往时，总是出于一定的目的，这个目的或是利他的，或是利己的，根据史书记载或是文学作品以及社会现实看，自古到今后者为主流，差别仅在于这种出于个人目的的人际交往利益观是否影响到了他人的利益。应该说，《背娃入府》中的故事在现实中发生的概率非常小，但却是大众最喜闻乐见的。因为在经济落后的农业社会，广大中下层尤其是下层劳动人民如无特殊机遇，将劳苦一生，所以他们盼望能够获得一飞冲天的机遇。另外，本着有恩报恩、有怨报怨的心理，让他们幻想出自己得到机遇脱离贫穷后，将恩仇俱报。正因为现实社会中广大民众的这种诉求，所以《背娃入府》中张元秀献宝成功后，款待曾为其凑齐上京盘缠的表兄李大一家，而欲与曾经瞧不起他、嘲弄他的岳父断绝关系。这个故事中，李大夫妻为给张元秀凑齐盘缠，卖小猪、当中衣、蒸窝窝头的行为，也暗含着李大夫妻希望张元秀献宝成功后自己也能从中获益的诉求。但一旦张元秀献宝成功，从中获益最大的无疑是张元秀，所以，从这个角度看，李大夫妻的行为主质是一种利他主

---

① 梁漱溟．中国文化要义［M］，香港：香港集成图书公司，1963 年版，第 78 页。

② 第一回诗篇为“温凉盏戏演梨园虽不精，看将来人情冷暖古今同。腰金衣紫尊元秀，附势趋炎笑耿翁。村妇偏能识俊杰，农夫尚肯济贫穷。近闻得表弟身荣封侯府，背娃子夫妻奔到北京城。”第二回诗篇为“青眼看人预种情，自然他日好相逢。看财耿老知识浅，妄料张郎贫贱终。往日不为慷慨事，今朝深悔刻薄行。求荣未遂反遭辱，只落得匍匐堂前求恕容。”

义行为。张元秀岳父耿翁的行为则是一种纯粹意义上的利己行为，张元秀落魄时，他瞧不起他、嘲弄他；张元秀发达后，他进京准备从中获取利益，虽然最后在李大夫妻的劝说下，张元秀原谅了他，但他身上趋炎附势的标签却是去不掉的。

显然，《背娃入府》的作者希望受众在人际交往时要遵循礼尚往来的基本规则，还要明白"三十年河东三十年河西"的道理，不要因为人一时的贫穷就瞧不起、打压别人。首先，"尺有所短寸有所长"，说不准谁需要谁的帮助，《凤姐儿送行》诗篇就描述了王熙凤善待刘姥姥，贾府出事后，刘姥姥一家帮其抚养巧姐儿的事。诗篇中说刘姥姥比原定在贾府居住的时间多了一晚，恰是这一晚让刘姥姥感受到了贾府对她的浓浓善意与亲情。缘于此，在王熙凤出事后，刘姥姥才会继续抚养巧姐儿。这些充分表明王熙凤深谙人际交往之道理，从不因别人贫穷就假以辞色，所以最终自己才会得到福报，并延及到自己女儿身上。《大力将军》也表达了与之类似的主题，大力将军从军之前已沦为乞丐，是查公慧眼识珠资助其盘缠从军，他才得以施展才华成为将军。之后他不仅厚报查公，且在查公有祸的时候救他脱身，所以作者在诗篇中对此事发出了感慨。他先是指出大力将军的身体和气质特征：身体健壮，武艺高强，虽然落魄，但他却从没有放弃自己的志向。这是他得到查公帮助的重要原因。同时，查公因为帮助了落魄的大力将军，不仅得到了财物上的回报，也得到了精神乃至生命的回报，说明在人际交往中，一个人秉持善心、助人为乐，终有一天也会从中得到福报。

人际交往中，诚信也是遵礼的一个重要表现。但要想讲诚信，必须"慎独"，因为个体高素质的修养是其具备诚信特质的前提。诚信的重要性毋庸置疑，如孟子认为诚信是世界顺畅运行的自然之道，而思考怎么样才能做到诚信，应该是我们为人处事前首要思考的问题。然而，一个人是否具有讲诚信的能力，并不是天生具有的，而是要经过正确的甚至长期的学习才能获得，即"十年树木百年树人"。鉴于此，很多文学家自觉承担起了宣传礼、宣传社会规范的职责。如《单刀会》作者在诗篇中就强调了这一点。作者指出"三纲五常"是一个人能够立足于人世间的基本依据，在此基础上，人们还要兼顾并处理好五伦之内的所有关系。如对自然界及君王的感恩，对父母的孝顺等。至于朋友关系是人际关系中比较亲密的一种，所以被列为五伦之内，如果说亲情主要强调的是恩德，那么朋友之间则重在诚信。但只有诚信也不行，还需要讲究志趣相同，但很多时候只是志趣相同也不行，朋友之间也要讲究地位的匹配，《赶靴》诗篇[①]就坦言了这一点。

据上述分析，诸多诗篇表明作者崇尚在人际交往中要遵循礼，但人和人之间的交往在现实中却要受到很多因素的影响，因此在作者的言语之间，充满了矛盾、纠结。这种真实的情绪，说明子弟书作者在创作的时候，投入了自己真实的情感，为子弟书的艺术性增加了一抹基于人性而存在的生命力。

① 朋友原在五伦中，亦须臭味两相同。自古通财非易事，如今世态更薄情。

第三节　孝悌思想

孝是中华民族文化的重要构成要素，最初指子女孝顺父母。但随着社会的发展，以及人们精神世界的不断丰富，已不是所有的孝都是单纯意义上的侍奉父母，这可以从段玉裁对“孝”的注解中看出：“《礼记》：‘孝者，畜也’。顺于道，不逆于伦，是之谓畜。”[①] 什么是顺于道的孝？顺于儒家伦理道德要求的孝就是真正的孝。也就是儒家所强调的，在日常生活中要尊敬父母，在赡养父母的时候要很快乐，如果父母病了自己会真的忧虑，父母去世时要真的哀恸，祭祀时要严格按照礼仪规范来，只有这几条齐备了，才能真正的侍奉好父母。且只有这样真心实意侍奉、孝顺父母的人，身处高位时才不会骄纵，身为下属时才不会作乱。显然，儒家强调孝的重要原因，正是它对社会的重要性。《左传·隐公三年》：“君义、臣行、父慈、子孝、兄爱、弟敬，所谓六顺也。”可见，父慈子孝、兄爱弟敬的家庭关系与“君义”“臣行”的地位是同等的，再次表明儒家重视个体建设的特征。

从孝的词义发展演变中可以看出，无论人们赋予了孝什么样的内涵，子女对父母的孝都是基础和核心。因为一个人如果连给予自己生命的父母都不孝顺，又怎么会对父母之外的人好，这也是当前我国政府强调家风建设的重要原因。《孝经》认为一个人从生到死，无论是帝王还是平民百姓，应该时刻考虑到其所行所言是否符合孝道。古代帝王虞舜之所以能以德治国，就在于他能够孝顺父母，合理处理家庭成员关系，《尚书》记载了他的这一特质：“父顽、母嚚，象傲；克偕以孝，烝烝乂，不格奸。”[②] 基于此，孔子认为孝顺是德行的根本，也是一切教育的根本出发点，即“立人先立德”，所谓“夫孝，天之经，地之义，民之行

---

① 李学勤主编．十三经注疏·礼记正义 [Z]. 北京：北京大学出版社，1999 年版，第 1346 页。

② 李学勤主编．十三经注疏·尚书正义 [Z]. 北京：北京大学出版社，1999 年版，第 46 页。

也。”①

过去，孝也曾特指祭祀鬼神，如《论语·泰伯》中有：“子曰：‘禹，吾无间然矣。非饮食而致孝乎鬼神，恶衣服而致美乎黻冕，卑宫室而尽力乎沟洫。’”②鬼神一般有两种文化内涵，逝去的长辈以及神话中的人物。世人对不可见、不可知的事物往往充满敬畏之情，所以其在精神上对待鬼神方面并不亚于对待自己的父母，由此，孝用来指祭祀鬼神就不是一件奇怪的事了。

随着社会的发展，孝被不同的人赋予了不同的内涵，究其原因，在于人们想利用孝的普适性特征为自己的目的服务，如在孝的基础上，清政府还将其与臣民对朝廷的忠结合在一起，倡导臣民要“移孝作忠”。雍正二年始，修建北京的昭忠祠、西安的忠勇祠，将为了国家牺牲的将士们的名字刻在碑上，每年都要组织祭祀，且为他们每个人都作了传。清政府的这种做法，是家国观念在孝这一范畴内的表现。所谓家国观念，指的是家为小家，国为大家，小家需要为大家服务，小家中的成员自然也需要为大家服务。所以在儒家看来，孝悌父母是天经地义的事，它不仅关系到一个家庭的生活状态与发展，还关系到一个国家的治理与发展。就儒家经典中的有关论述来看，儒家认为的孝悌本质上是符合人类情感需求的，至于现实社会中有很多人将其演变为愚孝，则属于个体错误理解了孝的内涵，甚至将其应用于实践中，因此，这种由于个体错误理解和行为所带来的愚孝，并不能成为抨击儒家所提倡的孝悌的理由，况且无论是文学作品还是现实社会，提倡或流行的毕竟是符合人类情感正常需求的孝悌观。

自氏族时代，中国就注重家长制，后随着国家机器的完备，家长制逐渐演变为宗法制。就小的层面而言，所谓宗法制指的是以家族为单位，根据血缘远近、嫡系庶系及长幼等形成的一整套家庭管理秩序。它是“古代维护贵族世袭统治的一种制度。由父系家长制演变而成，到周代逐渐完备。周王称天子，天子分封诸侯，诸侯分封卿大夫，他们的职位由嫡长子继承。这些世袭的嫡长子，称为宗子。他们掌握自己范围内的军政大权和本族财产，负责本族的祭祀，管

① （汉）班固撰．汉书 [M]. 北京：中华书局，1964 年版，第 1719 页。

② 程树德撰，程俊英、蒋见元点校．论语集释 [M]. 北京：中华书局，1990 年版，第 561 页。

理本族的成员，同时代表贵族统治和剥削人民”。[①] 宗法制度的管理体系、上下级关系、血缘嫡庶分明，对维护国家统治、社会稳定具有很重要的作用。脱离这个大的层面，将其具化到家庭单位，它的实施，可以让家庭成员不得不遵从孝道，所以，也有利于家庭关系的和谐。换句话说，宗法制度在一定程度上是孝道能一直延续的重要保障之一，既如此，孝道自然也会成为不同时代文学艺术作品的一个重要母题，差异仅在于深度、高度而已。例如，诗篇中所提及的孝悌虽不能像孔子代表的儒家那样立足国家层面阐释孝悌的重要性，但其从个体层面出发表达自己认知范畴内的孝悌思想时，或多或少总会将其与国家层面的孝道联系在一起。

子弟书中出现大量的孝悌思想，固然与宗法制度有关，但当时统治者的鼓励也很重要，早在入关之前，满族统治者就很注重孝道。章宗末年下诏令：“三代同居，已族门则免差发，三年后免杂役。”[②] 甚至规定：“祖父母、父母无人侍养，而子孙远游至经岁者，甚伤风化，虽旧有徒三年之罪，似涉太轻。其考前律，再议以闻。”[③] 这些政策从官方层面规定和保证了满族人需要孝顺父母，且之后的历代清朝统治者，都遵循了提倡、表彰孝道的做法，常建华指出“从康熙三十五年（1696）到同治十二年（1873）的 178 年间，旌表孝子 5533 人，年平均 31 人。”[④] 清廷的这种措施，无疑加强了“家庭、家族、宗族的稳定性，并且使这些血缘政治组织同自然经济的结合，造成了中国社会结构的坚固性”。[⑤] 同时，它对文学作品的主题也产生了一定的影响，所以，诗篇自然也有很多有关孝道的内容。

子弟书因为创作于清代中后期，从思想意识形态来看，唯物主义思想观相对较弱，唯心观、唯神鬼观等则较强，反映在诗篇中，就是其所展现的孝道，包括凡界、仙界两个领域。当然，前者是真实的领域，后者是虚幻的领域。对此，我们不应该从思想的正确与否来评价，而应该从其内容所具有的现实主义

---

① 罗竹风主编．汉语大词典（第三册）[Z]. 上海：汉语大词典出版社，1994 年版，第 1352 页。

② （元）脱脱等．金史·卷四十七．食货志。

③ （元）脱脱等．金史·卷十二．章宗纪。

④ 常建华．清代的国家与社会研究 [M]. 北京：中华书局，2005 年版，第 88 页。

⑤ 常建华．清代的国家与社会研究 [M]. 北京：中华书局，2005 年版，第 109 页。

教化效果角度出发，唯有如此，才能对子弟书做出正确的解读。

一、凡界、仙界都渴望子孙孝顺

对一个人而言，成年前的努力是为了之后的成家立业，成家立业后其重心则放在家庭经济条件及子女的养育上。老年时，最盼望的则是儿孙满堂，且儿孙能够孝顺，合家幸福。这种心理是中华民族家族文化的特有体现，也是从古到今各类文学艺术的重要题材或家长里短的重要谈资，诗篇也有一部分谈及了这个话题。如《郭子仪上寿》的诗篇[①]就描述了郭子仪过寿时儿孙满堂、儿孙孝顺的场景。

每个人都希望长寿，但长寿不一定代表幸福，除非像诗篇中描述的子孙不仅孝顺甚至能有所成就，而郭子仪无疑获得这一层面幸福的人。所以，作者在诗篇前半部分先是描写了家家户户在新春时共有的场景，紧接着又写出了郭子仪家和其他人家新春不同，因为郭子仪家的新春同时是郭子仪的寿辰，非但如此，他的子孙非常孝顺，这些让生活在中国传统文化环境中的他感受到了人生的圆满，也是作者重点要让其他人所认可的，所以在正书的最后他又特别强调郭子仪过寿时，“外孙外女三十六，孙男孙女四十三。一家大小来拜寿，拜罢归席把杯传。满床笏的故典在我口中念，愿列位七子八婿福寿双全。”尽管这样的家庭规模也存有一定的问题，如郭子仪不能熟悉每一位家庭成员，甚至有可能记不住所有家庭成员的名字，但在他看来，只有自己子孙多，家族兴旺，才是最圆满的事。传统观念中，只要有儿子，就可以传宗接代，但有了儿子的人，却仍然想要更多的儿子。究其原因是人们在子孙后代这件事上的追求是全方位的，如心理上的满足感，视觉上的壮阔感，家大业大的荣誉感，等等。这种源自内心的强烈诉求，往往会引发看似不可理解的事。如《宝钗代绣》的诗篇与《郭子仪上寿》的诗篇完全一样，但《宝钗代绣》的正书内容与该诗篇的内容完全不同。那么作者为什么要这么做呢？

《宝钗代绣》描述了大家庭内部儿女之间的感情纠葛，并不是儿孙多福的故事。但在当时的人看来，在贾宝玉、林黛玉及薛宝钗三人的感情纠葛中，其核

① 新春新喜喜相逢，丰福丰寿喜封增。增爵增禄增福寿，寿长寿永寿常生。升文升武生贵子，子贤子孝子孙荣。荣华到老重重喜，喜得是福如东海永长宁。

心虽然一直是贾宝玉，但一旦当贾宝玉的选择不符合家族利益时，他背后家族的掌权者就会替他做出最符合家庭利益的选择。所以，在过去时代，人们并不担心因多子多孙而导致的家庭内部的大小矛盾，因为整个家族是作为一个整体进入社会的，也就是家族的规模越大，它越有能力和其他的家族对抗，家族内也越有可能涌现有成就的人，进而反哺于家族。诗篇中所强调的子孙孝顺的内容，也折射出，对家族掌权者而言，子孙辈们之间关系如何，他们有时并不放在心上，他们关心的是子孙们对自己是否孝顺。这也是为什么《宝钗代绣》诗篇会与其正书内容毫无关系的原因。

综上，《庆寿》的诗篇所呈现的信息是明面的，而《宝钗代绣》诗篇所呈现的内容则是内藏的。

另外，比较有意思的是，《庆寿》与《八仙庆寿》虽然都是描写仙人给王母娘娘上寿的事，但在诗篇[①]中作者却不约而同地都提到了子孙孝顺的问题。不过也有一定的差异，如两者虽然都强调“子孝孙贤”，但后者还强调了子孙多的问题，从一个侧面反映出了传统文化中重视子孙数量的重要特征。其实，对仙人而言，寿命以及生活条件不再是他们的困扰，如果说他们身上还有什么和普通民众相同的话，那一定是情感，即其情感中还存有与红尘众人相同的因子。在封建伦理道德观念下，描写仙人之间的男女情感是不明智也是不现实的，所以可以看到除非是专门描写神魔妖鬼故事的文学作品，一般的文学作品大都将视角放在其家庭内部关系上，如仙人对子孙孝顺的渴望、满足等。这是因为，孝作为中国古今都致力提倡的道德行为规范，自然也是仙人们所向往拥有的，所以《庆寿》《八仙庆寿》的诗篇才会都提及了子孙孝顺的问题。

如果说在孕育儿女以及儿女成年之前，父母的这种利他情感的确是完全不求回报的，但在子女成年后、自己年老时，他们是渴望子女能够赡养自己的。如其晚年时，子女的确是孝顺的，不论生活境况如何，他们都会觉得自己有一个非常幸福的晚年；反之，其晚年至少在情感方面肯定相对凄惨，而这也正是长寿的神仙晚年也渴望子女孝顺的重要原因。正因如此，所以《诗经·小雅·蓼

① 《庆寿》诗篇：“筵列屏开降众仙，仙人各献九还丹。丹成有效争多寿，寿域无边兆万年。年愈高时德愈厚，厚同地载善同天。天仙每送麒麟子，子孝孙贤祝寿筵。”《八仙庆寿》诗篇：“王母瑶池会群仙，仙桃熟透几千年。年年岁岁增寿福，福比蓬莱寿比山。山岳祥云烟照满，满堂子孝与孙贤。贤门世受君王禄，禄享千钟福寿全。”

莪》专门讲述了子女怀念父母辛勤养育自己，自己却来不及报答父母之恩的事。但通过孔颖达的疏可以看出，《蓼莪》明面上是写子女对自己不能及时孝顺父母的感慨，实际上是劝子女在父母在世时要及时行孝，不要等到父母逝世后再去后悔。因为子女这样的孝顺行为正是所有父母都想看到和得到的。

诗篇所描写的主要是父母辈对子女辈的期望，这种期望反映到现实中，就是父母对子女从小的孝道教育能够让很多人成年后在是非中做出明确的判断，最基本的一条就是子女富贵后，仍然能想着自己的父母，如《牧羊圈》诗篇[①]就表现了这一现象。

一个人所受的正确的孝道教育，在很多时候会转化为更高层面的精神品质，甚至不惜为此献出生命，如《刺梁》诗篇。[②]如果不是受从小就接受的孝道影响，邬飞霞不会假冒马瑶草去梁府刺杀梁冀，《渔家乐》点出了这一点："眼前就是吉凶事，报父仇刺杀梁贼在今期。可叹奴老父新丧谁知晓，这如今假扮千金瑶草把恶贼迷。今学那荆轲一故事，要作女中杰也管不得血肉淋漓。"其实，在她决定去做这件事之前，她虽然想为父亲报仇，但因能力不够，所以并没有实施。而导致她鼓起勇气的原因是"那一日卖鱼回来从简相公门前过，闻得哭声甚惨凄。奴家问起原来为此，顿起我血海冤仇杀父的机。恶梁冀硬抢良人为姬妾，我飞霞顿起豪侠把义气持。"如此，同样是为父亲报仇，但由于导致为父报仇的契机不一样，所以邬飞霞最初的为父报仇是出于孝道的动机，而最后她为父报仇却是出于替天行道的契机，这就让她的报仇之举具有了更高层次的孝道之义。

实际上，先秦时，重孝道就不再是家庭范畴内的事，它已经成为社会判定一个人品质的重要标准，如传说曾参之所以能成为孔子的弟子，正是因为他重孝道。

二、"孝"字中的家国情怀

从夏启废除了禅让制之后，家与国就绑在了一起，中国人的家国情怀也逐

① 永昼迟迟不卷帘，春长笔墨有余闲。选韵慢歌迎燕曲，效颦试写牧羊篇。锦堂节孝千秋重，宋氏贪残万口传。洗俗斋挥毫偶应曹生嘱，写朱纯登母子相逢一段缘。

② 汉室颠危气未终，储君避难脱牢笼。苍穹不欲终炎汉，天使飞霞凤配龙。兰心惟知孝和义，蕙性独存烈与忠。移花接木假托瑶草，刺奸雄全仗着圣母的金针玄妙灵。

渐形成，即“天下之本在国，国之本在家，家之本在身。”[①] 孟子将立国基础归于个人是正确的，因为国家正是由千千万万个家庭组成的。而每一个家庭又是由具体的人组成的。子女孝顺父母，其家庭必定和睦，这个家庭与社会中其他家庭交往的时候，其素质必定是符合社会道德伦理要求的，于是就带来了社会关系的和谐。依次而上，整个国家的社会氛围就会和谐，国家实力也会获得良好的提升。正因为如此，历朝历代都非常重视个人素养与国家之间的关系，如儒家经典著作《大学》明确提出了个人素养与国家管理之间的关系：“古之欲明明德于天下者，先治其国；欲治其国者，先齐其家；欲齐其家者，先修其身。”[②]《论语·学而》中则有“其为人也孝弟，而好犯上者，鲜矣。不好犯上，而好作乱者，未之有也。君子务本，本立而道生。孝弟也者，其为仁之本与！”[③]

到了后世，人们更是直接将孝道和忠君联系在一起，如《汉书·严助传》就直言作为臣子应该像侍奉父母那样侍奉君王。所以，西汉就已经为《孝经》设置学官，东汉赵岐《孟子题辞》有“汉兴，除秦虐禁，开延道德，孝文皇帝欲广游学之路，《论语》《孝经》《孟子》《尔雅》皆置博士。”[④] 根据社会发展的一般规律，一种思想一旦进入国家提倡的层面，那么它在社会上的推行力度及执行度就会很高。西汉政府提倡孝道，民众自然遵从，兼之以后历朝历代不同程度的提倡，孝道思想已经基本深入中华民族族众自觉继承的文化范畴。应该说，在封建时代，家国情怀必定要与忠君思想密切结合在一起，即彼时的家国情怀更注重从国君的角度去思考、解决问题，基于这一点，汉代才有了“举孝廉”制度。身为孝廉之人，做事不仅会考虑到自己的家庭，更会考虑到国家的利益，因为国家利益如果受到侵害，必定也会损害其家庭的利益。为了强化民众或说是读书人的孝廉思想，唐代开始实施童子科制度，规定老师必须为其讲解《孝经》等儒家经典著作，并延续了儒家“事死如事生”的思想，在法律上明文规定“官吏在为其父母服丧期间必须辞去官职，还规定任何人都不得在为父母服

---

① 孟子 [M]. 太原：北岳文艺出版社，2016 年版，第 92 页。

② 大学 中庸 论语 [M]. 太原：北岳文艺出版社，2016 年版，第 4 页。

③（宋）朱熹著 . 四书章句集注·论语集注 [M]. 朱杰人等编《朱子全书》第六册 [Z]. 上海：上海古籍出版社，安徽：安徽教育出版社，2002 年版，第 68 页。

④（清）阮元校刻 . 十三经注疏（清嘉庆刊本）影印本，北京：中华书局，2009 年版，第 5793 页。

丧期间生育子女，违者按律处刑。唐律被后世统治者奉为圭臬，宋元明清一准于此”。[①] 朝廷的这种举措，从教育和法律两个层面有利的保证了民众孝廉思想的形成及实施，对有效治理国家有一定的作用。

除了官方，后世历代也有很多儒家代表人物用自己的方式推崇孝道，宋代理学大师朱熹可以称得上是其中的典型代表。朱熹非常赞同孔子的“孝悌也者，其为仁之本”的观点，所以他一生都在宣传、推广儒家的孝道思想，在江西南康时，他甚至专门针对一般的平民百姓写了《示俗》，他说“庶人，谓百姓也。……虽是父母不存，亦须如此，方能保守父母产业，不至破坏，乃为孝顺。若父母生存不能奉养，父母亡殁不能保守，便是不孝。不孝之人，天所不容，地所不载，幽为鬼神所责，明为官法所诛，不可不深戒也。”[②] 自古到今，名人效应一直存在，朱熹作为理学大家，他所提倡的自然能够为民众所接受，这就为儒家孝道在社会的广泛应用提供了良好的机会，也为孝道和忠君思想的结合作出了保障。

中后期的清代，受儒家的影响已经非常深，孝道与忠君以及国家之间的关系也被他们所认同，不仅在政策中有所体现，在文学作品中也多有体现，《徐母训子》诗篇[③] 就阐释了孝道和忠君之间的关系。徐庶母亲不仅是一个至孝之人，且讲求气节，面对曹操的威胁，她宁死不屈。有这样的母亲，徐庶自然也是一个至孝之人，当收到曹操手下谋士模仿他的母亲写来的劝降信后，他急速前往许昌，到了之后才知道他被曹操骗了。而徐母看到他时，既惊又气，作者在正书中说她：“此一惊如地震山崩魄散魂飞上九霄。战兢兢的瘦体慌张张地立，模糊糊的老眼怔呵呵地瞧。”面对久违的儿子，她“恶狠狠杖藜戳地朴通通地响，怒冲冲白发霜鬓颤巍巍地摇。说你你你何故忽然来许昌其中必有那曲折的事，讲讲讲根根底底明明白白若一字支吾娘可断不饶”。这些看似违背常理的行为实则反映出了徐母对汉朝的忠心。所以当她得知徐庶是因为收到疑似她写的劝降信才投奔曹操时，她仍然非常生气，又对徐庶进行了一番大义凛然的教训：“你

---

① 俞荣根．儒家法思想通论 [M]. 广西：广西人民出版社，1992 年版，第 13 页。

② （宋）朱熹著．晦庵先生朱文公文集 [M]. 朱杰人等编《朱子全书》第二十五册，上海：上海古籍出版社，安徽：安徽教育出版社，2002 年版，第 4585 页。

③ 英男贤母姓名标，首冠东周次汉朝。专诸至孝终全义，慈母倾生始刺僚。忠烈王陵扶刘季，萱堂伏剑仰汉高。垂名千古惟徐母，训子留芳只恨曹。

未曾认假为真因一封书把一世的名节丧，也想想娘素日为人怎么肯叫吾儿俯首入笼牢？你弃明投暗与国贼为伍令万古千秋人唾骂，我徐门中历代先人谁不恨背君的逆子叛国的裔苗。……”非但如此，最后她“大叫一声无能的徐庶无能的徐庶，转画屏满腔正气三尺白绫作成了千古壶仪第一豪。”徐母非常了解徐庶，知道他很孝顺自己，所以只要自己在许昌一天，徐庶就必定会受制于曹操进而留在许昌，所以她用自缢的行为告诉徐庶忠君比孝顺父母更为重要。岳飞的母亲在岳飞的后背刺上“精忠报国”四个字，其实质与徐母一样，在她们看来，男儿当志在国家，报效国家是他们的职责所在，深刻地体现了附加在孝之上的家国情怀。

子弟书《花木兰》的诗篇[①]也极好地诠释了这一点。作为中国著名的巾帼英雄，我们知道花木兰代父出征的根本原因是“阿爷无大儿，木兰无长兄”，且其父亲年迈多病，出于孝道，花木兰女扮男装代父出征，将一个小家庭内的孝道变成了国家范畴内的家国情怀，成为千古美谈。正如孟德斯鸠所言：“中国古代立法者们认为，应该激励人们孝敬父母；他们并且集中一切力量，使人恪守孝道。他们制定了无数的礼节和仪式，使人们对双亲在他们的生前和死后，都是克尽人子的孝道……礼教构成了国家的一般精神……中国人的生活完全以礼为指南。”[②]

三、家庭范畴内的孝道

官方政策及名人思想，不仅会影响社会民众的思想，也会影响文学作品，如《诗经》中的《蓼莪》，如《聊斋志异》中的《马介甫》。除文学作品外，一些孝顺故事也以各种艺术形式或其他形式被呈现在世人面前，如著名的二十四孝故事。与宣扬家国情怀一体、爱家与忠国、忠君思想相联系的孝顺故事不同，家庭范畴内的孝道仅局限于家庭内部，是纯粹意义上的子女对父母的孝道问题。文学作品或者说社会的这种小视角关注，为大多数民众指引了方向，也警醒了某些不讲孝道的人。对绝大多数普通民众而言，与他人一样平庸的工作及生活

① 百折难回烈女情，一心替父去出征。名垂史册须眉愧，孝感天心神鬼惊。可羡儿家出人意表，最难女子幻影移形。阁中作出千古惊奇的事，叫那有血性的男儿眼倍明。

② 〔法〕孟德斯鸠．论法的精神 [M]. 张雁深译，北京：商务印书馆，1978 年版，第 315 页。

不会获得别人的过多关注或关注，而其对浸透在社会各个范畴内孝道理念的执行情况，却极易获得他人的关注，甚至是官府乃至最高掌权者的关注。如此，除一些个人品行确实有问题的人，广大层面中的人非常注重自己的“孝”行为，尽管有些时候可能是表面上的。故在诗篇中，也多见表彰个人孝顺父母的篇章。

《痴诉》诗篇叙述了萧惜芬为了让出征在外的父亲了解他们所遭受的冤屈，从而流落街头备受欺凌的事。落难时，她心中虽有很多愁和恨，甚至想结束自己的生命，但为了孝道，为了不让父亲一直蒙在鼓里，所以她装疯卖傻、甚至靠乞讨为生。据正书，她：“每日街前装痴傻，合那些儿童玩耍弄瓦抛砖。白日里长街叫化残羹饭，夜晚时古庙存身枕石眠。皆因是父扫边关人遇害，一家儿骨肉尽凋残。”这样的生活意味着萧惜芬不仅要在生活方式上完成角色的转变，在精神上也要完成角色的转变。物质和精神上的双重挑战，对之前原本不知人间疾苦，安静地待在闺房内的她而言，无疑是很难的，但令人讶异的是，她却很好地坚持了下来。那么，她所凭恃的力量是什么呢？自然是孝道赋予她的坚韧和勇气。既然“身之发福，受之父母”，所以，在父亲得知真相之前，她必须勇敢面对并适应所有的一切，如此才能实现孝道。正书的结尾证明，萧惜芬的坚持是对的，作者给予了她一个美好的结局。从文学创作的目的看，这个美好的结局与其说是作者给予萧惜芬的奖励，不如说是作者给予那些身处逆境仍然坚持孝道之人的鼓励和信心。作者如此做，自然是因为萧惜芬身上所呈现出的孝道思想正是那个时代所提倡的，最为关键的是她身上还带有了一种身处逆境也不放弃孝道的气质。通常意义上，逆境是习以为常的贫苦生活与其他磨难的结合体，很多时候，它是贫苦大众生活的真实写照，而基于他们面对逆境的力量、遵守基本家庭伦理道德的精神支持正是来自文学作品及其他渠道的同类人所获得的“奖励”。这也是此类主题不断以不同艺术形式出现，人们仍然喜欢它的原因。

当孝道成为全社会提倡和追求的准则，将其神化为一种至高无上、阴阳两界[①]都应遵循的准则，就成为全社会未经约定却不同而约提倡且相信的准则。这意味着，子弟书作者将孝道与鬼神思想联系起来，是一件很正常的事。

---

① 这里提及“阴阳两界”并不是因为我们相信鬼神文化，仅是为了说明孝道思想在封建社会的至高无上性。

《商郎回煞》讲的是秦雪梅不毁婚约，秉持“一女不嫁二男”的思想，在商郎死后，依然嫁到商家替商郎尽孝的故事。已死的商郎备受感动，于是在回煞之日专门回家探望秦雪梅。这个故事是披着唯心主义外衣的常见孝道故事，正如上文我们在分析《痴诉》中萧惜芬的结局时所言，作者总要给那些坚持社会正统思想的人一个褒奖。这个褒奖有时是现实的，如萧惜芬历经磨难终于等到了自己父亲归来并报仇雪恨的美好结局；它有时又是虚幻的，如秦雪梅坚持孝道的褒奖就是死后的商郎会因此而探望她。无疑，人死后并无魂灵可言，作者虚构出回煞一事，无非是为了安慰秦雪梅们，让其觉得自己的行为受到了肯定，能够凭此而度过自己此后漫长孤独的生活。秦雪梅的行为成全了孝道以及所谓的贞节，达到了社会所要求的规范，《商郎回煞》在诗篇[①]中表达了这一观点。从中可以清晰地看出，作者虽然觉得秦雪梅年纪轻轻、主动进入商家守寡的行为有所遗憾，对其也有一定的同情，但是由于受封建礼教影响，他的这点同情最终让位于了“孝慕公婆心似火”。甚至在他看来，正是因为心中有对公婆的孝道存在，所以秦雪梅个人的情感、生理等需求已经是可有可无的东西。另外，在作者看来，秦雪梅的苦是值得的，因为她能够青史留名。这反映出，封建社会对女性的孝道要求是超出了个人利益范畴的，一定程度上是对女性的“歧视”和“摧残”。之所以如此说，是因在封建社会，孝道对男女有着两套标准。对女性，只要与对方定过亲，就要从一而终，终身不得再嫁他人；而对男性，却并无此要求，因为在男权的封建社会，男性承载的是传宗接代的责任。所以，他不必从一而终，只要财力允许，自己又乐意，他就可以有很多配偶。然而，这样不公平的双重标准，却成为几千年来社会公认的合理的社会规则。究其原因，也不过是女性没有话语权，社会地位低下而已。

抛开作者加在孝道之上的唯心主义外衣，可以看到，诗篇中反映的孝道，都表明作者对儒家提倡和推崇的孝道持有肯定的态度，这种肯定甚至让他们接受了一个人只要真正的孝顺父母，那么他的孝行就会感动天地，甚至会得到天地的恩赐，如《鍾生》诗篇[②]所言。鍾生因为孝顺，不但自己得到了天地的恩赐，

① 千古伤心今恨谁，谁将笔墨写蛾眉。虽标节烈存青史，怎把凄凉画绣闺。孝慕公婆心似火，生疏风月意如灰。欲闻小姐芳名苦，这就是吊孝的佳人秦雪梅。

② 二月春光淡荡风，幽窗雨洒寄闲情。孝感天和增母寿，德佩科名一榜中。避难联姻原未料，焉拟闹后镜台倾。

得以科举高中，就连他的母亲，也因为鍾生这份感天动地的孝而获得了额外的寿命。此时的鍾生，与他之前的落魄遭遇形成了鲜明的对比，充分说明了一个人恪守孝道的重要性。正因此，将孝道归结为一个人科举高中的根本原因，在诗篇中是较为常见的事，如《双官诰》作者用两首诗篇表达了这个观点。他在第六首诗篇[①]中指出主人公高中探花，从此名扬天下，但他能完成自己光宗耀祖使命的原因，却是他“节孝”双全的缘故，至于他是不是经过了十年寒窗的苦读，并不在作者的考虑范围内。作者的这种做法，无形中拔高了孝道在一个人的事业、生活中的地位。为了让受众更好地相信恪守孝道就会得到回报，作者在第一首诗篇[②]中又特别叙述了一番主人公的以往生活。主人公得志前的生活是悲惨的、但也是幸运的，因为父亲的侍妾及忠仆真心实意抚养他。得志后的他自然也不忘自己生命中这两个最重要的人，由此，作者就将孝和忠联系在了一起，提升了正书的思想内涵。那么作者说的就是现实吗？文学来源于现实，类似于《双官诰》的故事，虽然有作者的艺术性加工，但必定是有一定真实性的，否则受众是不会接受的，因为完全脱离现实生活的文学作品是欠缺生命力和感染力的。当然，不是每一个恪守孝道的人都会高中科举或者因此而获得富贵的生活，以及其他美好待遇的。所以，文学创作者们必须给那些在现实中没有得到“报酬”的孝子们一个期望，即我们上文所说的为孝道披上一件唯心主义的外衣。如《鍾生》诗篇[③]中的思想其实就是中国传统文化中“善有善报恶有恶报”“人行好事莫问前程”等理念的具体呈现，因为经常受到这种理念的熏陶，大众们就对未来有了一种莫名的信心，进而使得社会所提倡的孝道等秩序得到了维护。

其实，无论孝道的具体表现形式是什么，历朝历代提倡它的原因是什么，都不能抹杀孝道在维护家庭成员关系、伦理关系及血缘延续关系中的重要作用，因为儒家所提倡的孝道，并不仅是简单的赡养父母的问题，更多的是出自对父

① 玉堂金马探花郎，一举成名得意扬。独步花砖真学士，高标蕊榜近春坊。泥金帖报亲颜喜，彤管旌荣帝德昌。真乃是节孝双全少年科第，从此后光宗耀祖史册辉煌。

② 人生苦乐等浮沤，富贵荣华不自由。生离不久妻先嫁，死别谁怜子未收。侍妾多情将孤志守，老仆仗义把主恩酬。直等到衣锦归来重聚首，双官诰昭垂今古节孝名留。

③ 天地何曾负善人，须知德孝鬼神闻。妻该少寡身先殒，夫应横夭返长春。又遇道人知定数，指明趋避使遵循。抄往事小子虽然游戏笔，愿诸公细玩篇中警世文。

母的敬重，如孔子就认为孝顺自己的父母，是连动物都能做到的事。所以如果人在孝顺父母的时候没有敬重之心，那么和动物是没有区别的。孔子的这种思想被以儒家思想为核心的宋明理学所继承，如朱熹、王守仁等曾就这个问题进行过阐释。朱熹指出虎狼、蜂蚁、豺獭、雎鸠等都知道孝义、忠诚，王守仁则将其进一步拓展为世间万物都具有这种孝义的思想。他们的这种观点，虽然其主要目的是为了强调人性，强调自然万物皆有自己存在的理，但对孝道的提倡和民众遵行孝道也提供了帮助。

简言之，孝道的要义在于敬重，不敬重父母的孝顺是最下层的孝。换句话说，含有敬重之义的孝道才是中华民族文化的重要构成因素，只有先具备了这种孝道精神，我们才能去与家庭之外的社会成员真诚和谐交往。故而在分析传统文学作品如诗篇中的孝道思想时，我们应理性地看待作者掺杂其中的唯心主义成分，将更多的关注点投诸在作者为什么要提倡孝道，其具有的积极意义是什么？由此，才能从传统文学作品中发掘中优秀的文化因子，进而让其为今所用。

第四节 忠义思想

忠与孝关系密切，孝是家庭范围内的人际行为，忠是家庭范围外的人际行为，可以说孝是忠的基础，即“其为人也孝弟，而好犯上者，鲜矣。不好犯上，而好作乱者，未之有也。君子务本，本立而道生。孝弟也者，其为仁之本与！”[①]从这个意义上说，父母是孝的对象，国君或者说是上级是忠的对象，前者有血缘关系，后者没有血缘关系。孝和忠的对象在身份上都要比行为主体高，与之不同的是，义则不存在身份高低的不同，它是基于交际双方的平等关系而生。但鉴于义与忠都是家庭范围外的为广大社会个体所认同的交际特质，所以人们常常将两者合在一起使用，如《后汉书·桓典传》：“献帝即位，三公奏典前与何进谋诛阉官，功虽不遂，忠义炳着。”[②]社会功能是文学艺术的重要功能之一，即任何文学艺术都应该具有为社会服务的积极功能，子弟书自然也须遵循这一要求。顾琳在《书词绪论》立品一条就强调了劝诫是子弟书应有的社会功能之一，他说：“兹就说书论，如古人歌词，原寓一段劝善惩恶隐衷。言忠言孝，悲痛淋漓，说之者既足以理性情，而听之者忠孝之心，油然而生，亦可为身心之小补。”[③]综上，就导致了有大量的子弟书的主旨与忠孝、忠义有关。

一、忠君忠国思想

在封建社会，忠君在一定程度上就是忠国，虽然从古到今，忠君思想中有很多消极因素，但严格来讲，忠君忠国思想也不全是消极的，它可分为两类：为民着想的忠君忠国思想和为己着想的忠君忠国思想。显然，在封建时代，前

① （宋）朱熹著《四书章句集注·论语集注》[M]. 朱杰人等编《朱子全书》第六册 [Z]. 上海：上海古籍出版社，安徽：安徽教育出版社，2002 年版，第 68 页。

② （宋）范晔撰，（唐）李贤等注 . 后汉书 [M]. 北京：中华书局，1965 年版，第 1258 页。

③ 顾琳 . 书词绪论 [M]. 关德栋，周中明 . 子弟书丛钞 . 上海：上海古籍出版社，1984 年版，第 822 页。

者是值得提倡也是世人所肯定的优秀思想；而后者则是应该谴责的伪忠君忠国思想。

不能否认，这些思想中的优秀因素对维护和保证封建社会的健康持续发展作出了一定的作用。所以，剔除封建时代的忠君忠国思想中的糟粕，那些优秀的为国为民的忠君忠国思想是值得肯定的，如《草诏敲牙》表现的就是方孝孺优秀的忠君忠国思想。

作者在诗篇[①]中将方孝孺忠君忠国的思想归结为他读了很多书，其实就是暗指方孝孺是受儒家思想的影响才有该思想，而此思想也是他能直面燕王朱棣的原因。正书中，他斥责朱棣："知忠义满口里还说深知忠义，似这般篡位夺权是忠乎是义乎？"他被朱棣下令敲掉牙后，形容凄惨，作者在诗篇中对其作了详细描述："面如白纸眼如灯，一团须发乱蓬蓬。鬼哭金殿牙抛玉，日冷瑶阶血溅红。"然而此时，方孝孺仍没有屈服，他慷慨陈词："我方孝孺此头可断此话难更，别说灭九族便灭我十族尤为大妙，喜方门乡族亲友虽死如生！干净净冰魂自去朝先帝，血淋淋热胆还应昭故明，断不肯猪狗同眠与降臣并立，玷辱我世代书香忠孝的名！"不难看出，支持方孝孺能够承受如此折磨而不屈服的精神，正是儒家的忠义思想，他也因此成为中国历史上唯一一个被灭十族的人，随其被诛杀族人及师生等共 873 人。

方孝孺忠于的是建文帝朱允炆，而燕王朱棣同样是朱元璋的后代，表面上看，方孝孺即便忠于朱棣，也改变不了其忠于朱元璋家族的事实，他大可不必反抗朱棣，并因此而牺牲自己及学生、族人的性命。事实上，如果朱棣是正常即位的话，方孝孺自然会忠于他，但是他恰恰是篡位夺权者，而儒家所秉持的是"君使臣以礼，臣事君以忠"[②]的思想，朱棣为臣子篡位则不讲礼，对建文帝也不忠，如此在敬奉儒家思想的方孝孺那里，自然将其归为乱臣一类。所以，他才会作出了如此大的牺牲。

《草诏敲牙》作者没有将方孝孺的行为归为愚忠一类，也并没有谴责方孝孺的行为，甚至在他看来，那些因方孝孺而死的 873 人也死得其所。

① 凛凛须眉一丈夫，慷慨从容盖世无。果然不愧千鍾禄，只为曾读几句书。铮铮铁骨亡国难，耿耿丹心照帝都。

② 杨伯峻．论语译注 [M]. 北京：中华书局，1962 年版，第 30 页。

究其原因，在于清代统治者作为从关外而来的民族，一开始就为如何统治关内民族而殚精竭虑，而从思想上钳制汉族文人是其中很重要的一个举措，所以在清朝二百多年的统治期间，文字狱一直存在，仅是程度的差别而已。在一直或紧或松的语言文化钳制下，文人们在创作内容和主题上必定会受到一定的限制，为保全自己，在作品中宣扬忠君爱国思想成为不可避免的潮流，这也是作者强调方孝孺忠君忠国思想的重要原因。如果说方孝孺具有的忠君忠国思想只是限于同一个民族、同一个帝王之家的话，那么岳飞忠君忠国思想的范畴则要宽泛得多，也要悲壮得多。虽然就现在的观点看，宋朝和金国之间的矛盾，属于中华民族内部的矛盾。岳飞母亲为让岳飞记住要忠君忠国，特地在其背上刻上了“精忠报国”四个字，岳飞也的确做到了精忠报国，然而受奸臣秦桧的陷害，他最后以莫须有的罪行被杀害，《全扫秦》作者在诗篇[①]中对此发出了感慨。他的看似消极，实则是对岳飞精忠报国反而受冤而死的别样称赞，这可以从《全扫秦》的头回诗篇[②]中看出。的确，在国家面临危难的时候，如果没有精忠报国、敢于为国牺牲自我的岳飞们，国家利益的维护将无从谈起。

对文人而言，其最大的武器就是自己的文笔，他表现自己忠君忠国思想自然也是通过文章，《焚宫落发》子弟书作者先是在诗篇中提到“欲写慈祥仁义君，小窗笔墨也伤神。”隐约表明了自己对建文帝的不满，作为国君，慈祥仁义固然重要，但是治理国家也需要法治以及其他行政手段，如果只有慈祥仁义，那么有可能就会“满眼干戈哭破国，一身云水叹无痕。逐燕歌传今古恨，蜇龙迹渺海天昏。”作者正是通过这种描述展现了自己的忠君忠国情怀，清代承明代，时间相差不远，也是清代能够借鉴的最近朝代。中后期的清代，虽然国力强盛，但也存在着各种问题，尤其是现实条件不能满足满族人的物质及精神需求，让身为满族人的子弟书作者对国家的命运极为担忧，从一个侧面反映出了他的忠君爱国情怀。

子弟书作者在诗篇中表现的忠君爱国思想还体现在他们对国家破败景色的

① 世界忙忙总是空，一场风波在镜中。看破世事是梦醒，为人在世枉用奸。劝君休贪显爵路，精忠报国遇奸雄。

② 大宋衰微国运艰，徽钦二帝陷北番。康王泥马把江渡，恢复旧业坐江南。天蓬大帅临凡世，精忠报国整江山。生在河南汤阴县，秉性刚直忠孝全。

描写及感慨方面，如《五娘哭墓》诗篇。[①]《五娘哭墓》描写的本是个人性的行为，作者却在诗篇中将其上升到国家层面，指出国家的破败、战乱是导致老百姓衣食无着的根本原因。作者这种跳出具体现象，探究其普遍性本质特征的思想，无疑是其忠君爱国思想的表现。他在诗篇中简略回顾了汉代衰败的历史，特地指出了祸国殃民的十常侍。十常侍指汉灵帝时的十二个宦官，其所做作为令人发指："是时让、忠及夏恽、郭胜、孙璋、毕岚、栗嵩、段珪、高望、张恭、韩悝、宋典十二人，皆为中常侍，封侯贵宠，父兄子弟布列州郡，所在贪残，为人蠹害。黄巾既作，盗贼糜沸，郎中中山张钧上书曰：'……宜斩十常侍，县头南郊，以谢百姓。'"[②]可见，十常侍的所作所为对汉王朝的统治是一个重要的打击，以致提到汉献帝的时候，作者只留下了悲叹。至于那些豪迈直爽的作者则直接说"千古兴亡事莫论，誓将微命报君恩"(《十面埋伏》)。身处战乱中的作者则直言国泰民安的社会才是自己所向往的："闲将笔墨诵升平，一统欣逢圣治隆。八方共庆时和验，四海同沾雨露荣。永固山河崇帝泽，瑞现熙朝属大清"(《张格尔造反》)。

据上文，忠君爱国思想固然与今天的爱国思想有着很大差别，但可不否认的是，正是因为它的存在，才使诸多志士仁人前赴后继，为国家的稳定及发展作出了巨大的贡献。

从另外一个方面看，不同的子弟书作者都在自己作品中表达了同样的忠君爱国思想，不仅是表自己的"决心"，或者是宣传儒家思想，也同时对最高统治者提出了要求，即其暗含着只有明君才有资格获得臣民的忠诚。正所谓："规矩，方员之至也。圣人，人伦之至也。欲为君，尽君道；欲为臣，尽臣道。二者皆法尧舜而已矣。不以舜之所以事尧事君，不敬其君者也；不以尧之所以治民治民，贼其民者也。"[③]

二、侠义担当思想

义指社会群体所规定的道德规范，是儒家所强调的个人行为准则之一，《论

---

① 汉国山河半夕阳，断烟残霭色凄凉。蚕食江土十常侍，鹿逐中原一战场。九鼎乾坤悲献帝，千古霸业叹刘邦。今落得处处刀兵遭水旱，独有陈留郡苦死贤良赵五娘。

② （宋）范晔撰，（唐）李贤等注．后汉书 [M]. 北京：中华书局，1965 年版，第 2534 页。

③ 杨伯峻．孟子译注 [M]. 北京：中华书局，1960 年版，第 165 页。

语·述而》“不义而富且贵，于我如浮云”，即在儒家看来，通过不义手段获取的利益或权势都是不正当的，也是不值得提倡的。随着对义认知的深化，儒家对义的重视已经超出了小我范畴，他们将义与社会领域结合在一起，阐释义与国家前途、国家伦理的关系，他们指出：“不仕无义。长幼之节，不可废也；君臣之义，如之何其废之？欲洁其身，而乱大伦。君子之仕也，行其义也。道之不行，已知之矣。”[①] 由此可见，义在儒家这里已经上升为国家层面的行为准则。在国家层面下，个人自然也要遵守并信奉义，儒家代表人物孟子就曾形象地道出了他对义的理解：“鱼，我所欲也，熊掌亦我所欲也；二者不可得兼，舍鱼而取熊掌者也。生亦我所欲也，义亦我所欲也。二者不可得兼，舍生而取义者也。[②]”

随着社会的发展，义已经成为中华民族精神命脉中的构成因子，为全社会的人所尊崇，成为人和人之间确定关系亲疏的重要依据。历史上著名的桃园三结义，就呈现了刘备、关羽及张飞三个出身不同、职业不同的人，因为义气聚在一起结为异姓兄弟。后世在提及刘备等三个人时，义气是必定要涉及的一个元素，如子弟书《白帝城》写的是刘备临终托孤的故事，但是作者在诗篇[③]中还是提及了他们三人桃园结义的事。中国人结义或者叫结拜为异姓兄弟姊妹们，其中有一条很重要的规则是“不求同年同月生，但求同年同月死”。这条规则的前半句显然是为了衬托后半句存在，后半句自然也是一个夸张性的说法，其目的是为了强调互相结拜的人，结拜后就利益相关，甚至会“一荣俱荣，一损俱损”，说白了，就是要互相扶持共同走过结拜之后的日子。所以，作者明明是在写《白帝城》刘备临终之事，却提到了刘备与关羽、张飞在桃园结义的事。之所以提此事，就是因为在刘备打江山的过程中，关羽和张飞两人起了很重要的作用，刘备对他们两人的感情已经远胜于血脉手足。正书中，他说自己“叹寡人连军师的面目都瞧不真切，为恸关张把血泪流干这二目都蒙。”我们知道，刘备是一个心慈且泪腺发达之人，但即便他总是做出这些没有阳刚之气的举动，在关张二人去世后，他因此而痛苦不已以致损伤了自己眼睛的行为，仍然具有感染力。当然，他感染受众的不是他的爱哭特质，而是其中所隐含着的铭记结

① 杨伯峻.论语译注 [M].北京：中华书局，1962 年版，第 196 页。

② 杨伯峻.孟子译注 [M].北京：中华书局，1960 年版，第 265 页。

③ 壮怀无可与天争，泪洒重衾病枕红。江左仇深空切齿，桃园义重苦伤情。几根傲骨支床卧，一点雄心至死明。闲笔墨小窗哭吊刘先主，写临危霜冷秋高在白帝城。

义兄弟之情的行为。他不仅自己难以忘怀关张二人的结义情，临终嘱托刘禅时，甚至说："再者休玷辱你两个叔叔我三人的义气，好和歹把关兴张苞要加倍地疼。"将自己和关张两人的结义之情延续到了下一代身上。

由此可见，作者在诗篇中所言的义是真正的义，也是桃园三结义典故一直能够被世人津津乐道的重要原因。

在历史上，很多人讲求义气，甚至有些时候会超越自己的团体利益，关羽在华容道义释曹操是其中的典型代表，虽然此事有损刘备集团的利益，但是却成为世人都认同的义举，子弟书《挡曹》的作者也对其进行了称赞。他在诗篇中开门见山提出自己写作的环境和原因，"黄昏寂寞晚风高，树静蝉鸣月影摇。把笔闲挥追往事，慢将古曲细推敲。"点出了自己黄昏独处一室，潜心思考历史。接着，他指出了关羽在华容道义释曹操的社会背景"汉室衰微无力整，奸臣叠见乱国朝"。毫无疑问，在这样的社会背景下，关羽释放曹操的行为恰好是儒家义的思想对社会影响巨大的写照，所以作者才说"煦园氏挑灯无事闲泼墨，写一段华容道上义释奸曹。"

从刘、关、张三人结义及其之后的言行，可以看出，关羽义释曹操的行为绝不是一时兴起，在他的心里"义"字当头，也是支持他无论在什么情势下都能义无反顾地支持刘备的重要原因。但这不能成为他释放曹操的理由，因他不能把个人凌驾于自己所在群体的利益至上。然而奇怪的是，人民将目光完全投注于他的义之上，却有意无意地忽视了他在完成个人对义的诠释同时侵害了群体利益的事实。这也反映出，在中华民族传统文化中，忠义固然一体，但当两者发生矛盾时，人民就会着重刻画其中的一个，甚至以不惜牺牲另外一个为代价。

诗篇还反映了基于个人复仇或快意恩仇的侠义思想，具有这种思想的人，其行为往往能够为小范围内的人带来好处，《侠女传》中的侠女即是此类。其诗篇[①]的核心句是"天下难容不平事，囊中常有恶人头"。封建宗法制度下，"侠以武乱禁"是经常发生的事，也是让执政者感到头疼的事。观其存在的原因，多是出于社会中有侠义精神、又具有一定能力的人，利用自己的力量涤除社会中的不良因子。如《侠女传》中的侠女，因知"崔生娈童是狐妖变化"，先是"冷

① 艳如桃李冷如秋，匕首光寒射斗牛。天下难容不平事，囊中常有恶人头。隐娘剑术人争羡，红娘奇踪世罕留。演一回《聊斋》传内惊人女，他姓氏无须问马牛。

森森手挥飞剑斩去了狐头”。后来又手刃仇人，充分诠释了旧时人们眼中的侠义。就连作者也极为认同侠女的这种行为，认为女性也可以根据实际情况，选择自己的道路，而不必局于框架内，即“从权处《内则》《女经》全搁起”。在最后更是对蒲松龄的书写功力作了夸赞：“羡留仙何处编来《侠女传》，真果是掷地金声铁笔头。”

从整篇内容而言，侠女是为了个人仇恨才去杀死仇人，因其行为受惠的人群仅是她个人，与其关系密切的崔生一家除了得到一个孩子外，并没有从中得到其他好处。但由于受中国侠义思想的影响，人们并不在意谁从侠义之举中获得了好处，从中获得好处的人又有多少，只是单纯地欣赏具有侠义精神的行为。这种认同其实是旧社会中的人们，无法通过正常渠道为自己求得公平，不得不转而求之于个人行为的反映。客观来讲，这种行为显然是扰乱社会秩序的，所以历朝历代侠义人物虽然不少，但其行为在一定程度上都是相对隐秘的，只是事后才会在社会领域内得到一些传播。

子弟书中描写的侠义思想，除了《侠女传》中为自己利益将侠义思想变为现实的侠女外，《红拂女私奔》诗篇[①]及其正书内容则诠释了一种比其较为宽泛化的侠义思想，它可以让较大范围内的人从中获取益处。红拂女即张出尘，是唐代小说《虬髯客传》中的主人公，与李靖、虬髯客两人被称为当时的“风尘三侠”，其所作所为，称得上是奇女子。从《红拂女私奔》正书中所见，她担得起世人对她的高度评价。她本是杨素府中的侍女，但她却常有忧国忧民之思：“更何堪帝道荒淫人民失望，臣心离散政治难行。纷纷寇盗纵横起，落落黎民怨恨生。感兆得处处灾殃遭水旱，年年斗战起刀兵。苍生无辜遭涂炭，四海何时享太平。安得个英雄大展经纶手，日月复明参赞功。”在封建时代，男子都鲜有此见识，但身处大宅内院身为侍女的红拂女却有，如此就更加让人钦佩她所具有的侠义精神。面对混乱的社会，红拂女感慨自己：“一身怎奈是裙钗女，心有余而力不能。只落得花前月下怜薄命，池边镜里叹形容。还未知何时是妾出头日，扬眉吐气遂心胸。……怎能够一扫风尘三尺剑，顿消烽火万方兵。哎妾身不是

---

① 虚空渺茫叹浮生，日月笼中鸟乾坤水上萍。浩劫只为无终始，世事何尝有定踪。图王霸业临明月，惜玉怜香半夜灯。寂静松窗闲遣性，写一代娥眉领袖女英雄。《红拂女私奔》头回诗篇

池中物，暂修鳞甲自飞腾，天哪既生红拂终必用，何日奴家把宝剑横。”可见，无论是忧国忧民的感慨，还是对自己无用武之地的感慨，红拂女都不是无根据的感慨，她本人确实有能力为社会的安定做一番贡献。而她之所以能够不顾自身安危，一切从国家层面出发考虑问题，是受了儒家的深刻影响。正书中，她劝李靖时说：“我夫子欲明明德于天下，继往开来万古功。颜子虽死三十二，浩然气仍塞虚空天地中。曾子三八闻一贯，子思十六作《中庸》。这都是圣贤学问昭明宇宙，我儿夫何事区区向那小处行！”由此可知，她的侠义思想正是来源于儒家思想。

毫无疑问，在封建社会，中下层大众的权利基本上得不到尊重，非但如此，很多时候，他们的身家安全还要受到威胁，甚至会因强权等失去自己的性命。是以很多时候民众将希望寄托在了具有侠义精神的人身上，即便是希望微不可见，也好过他们完全的绝望。基于此，子弟书受众自然也是对描写侠义精神的篇章颇为喜爱，尽管这是一种类似于幻想式的宣泄。

第五节 天命思想

天命观指的是儒家将天命和现实人生结合在一起，用天命解释或规范人的言语及行为。这种理论对人们的影响很大，尤其在生产水平不高、科学理念有所欠缺的时代，民众可以从中获得精神安慰，甚至将其当作是坚持面对困苦生活的精神支柱。天命思想的这种特殊效用，被儒家发扬光大，将其上升到了国家统治的层次，如把自然界的正常灾异现象与国家政治行为联系在一起，力图以天道制衡君主行为，显示出儒家具有积极入世、致力为民的特点，同时也表明用神秘的天命观制衡“一言堂”的君主制，是儒家所能想象出的最为有效的方式。正如唐元所言：“儒家学说的初始建构起，儒生对自己掌握天道、解释天意从来就怀有信念和信心。后来，儒学史建立了谶纬，又遗弃了谶纬，却并没有脱离灾异，灾异阐释一直没有离开过儒家思想的大本营。因为一旦消解了天象的道德倾向和谴告作用，天对君权的制衡性也就坍塌了，学者就再没有凭借可以制衡君权。①”封建君主制时代，以儒家学派为代表的学者看似有发言权，也能参与到政府机构中去，当然，他们有的也仅仅是在国家机器允许范围内的发言权、参与权而已，最后的决定权还是在统治者那里。

就文献资料而言，早在周代，就已经有天命观的思想，“呜呼！我生不有命在天”“王其疾敬德！王其德之用，祈天永命”②。孔子继承了这一观点，在《论语·泰伯》中大为称赞了尧顺应天道治理天下的行为：“大哉，尧之为君也！巍巍乎，唯天唯大，唯尧则之。荡荡乎，民无能名焉。巍巍乎，其有成功也，焕乎其有文章。③”可以看出，天道内涵遵循着从天地运行的规律到具有人文主义

① 唐元．《白虎通义》中灾异阐释对儒家天命观建构的作用 [J]. 中国文化研究，2018（03），第 69—73 页。

② 李学勤主编．十三经注疏·尚书正义 [Z]. 北京：北京大学出版社，1999 年版，第 260 页，第 401 页。

③ 李学勤主编．十三经注疏·论语注疏 [Z]. 北京：北京大学出版社，1999 年版，第 106 页。

色彩、神秘色彩的变化，充分显示了儒家利用世间万事万物为自己思想服务的特征。如果用儒家思想阐释，天道即为顺应自然规律、社会发展规律及民心的规则，所以孔子说“天何言哉？四时行焉，百物生焉。天何言哉！”“不怨天，不尤人，下学而下达，知我者其天乎！”[①] 正是因为孔子既关注纯粹的自然又将自然和人文联系在一起，所以学界历来对以其为代表的儒家天命观颇有争议，但“仅仅机械地将孔子的天解剖为自然之天、义理之天、命运之天和主宰之天而忽视其内在的统一性，则会导致对于孔子天的观念的人为肢解，孔子信仰的真精神则会在这种肢解的过程中遗失殆尽。”[②] 所以，看待孔子的天命观时，应该以综合性的视角去看，不应只关注其理论中符合那个时代的因素，我们要从其所产生的社会背景及其所起的社会实际作用出发分析。我们知道，对人文文献资料或是思想的研究，焦点应该放在它的产生根源及时代语境上，而不是用今天的理论、今天的思想去套、去苛责几千年前的一切。所以，我们要去探究的是孔子为什么尊崇天道？他尊崇天道的作用是什么？

尽管孔子的天道观有一定的唯心主义成分，但其出发点却是为了让世人顺应自然规律，这种提倡自然是有益于自然和社会发展的。基于此，孔子在尊崇天道的基础上，将自己的学说和思想不仅冠以了天道的出身，还将其能否在社会中得以实施归结为天道，他认为“道之将行也与？命也。道之将废也与？命也。公伯寮其如命何！”[③] 这种想法显然不科学，因为一种思想能否被当权者接受，或者说能否被大众接受或推广，受很多因素的影响，并不是由虚无的天道决定的。由此，也可以看出以孔子为代表的儒家学派在理论上的确具有前瞻性、普世性，不过，同时也欠缺将其推广实施的能力，甚至一旦受挫，他们不仅不从自己的理论出发，分析其和现实的关系，而且将其简单粗暴地归结为是天道、是命中注定的事。针对儒家的天道观以及这种行事风格，钱穆指出：“孔子临危，每发信天知命之言。盖孔子自信极深，认为己之道，即天所欲行于世之道。自谦又甚笃，认为己之得明于此道，非由己之知力，乃天意使之明”[④]。其实，我们可以认为孔子只是为了自己的理论找个令人信服的“靠山”，不代表他什么也不

① 钱穆．论语新解 [M]. 北京：九州出版社，2011 年版，第 438 页。
② 赵法生．论孔子的信仰 [J]. 世界宗教研究，2010（04），第 154—163 页。
③ 李学勤主编．十三经注疏·论语注疏 [Z]. 北京：北京大学出版社，1999 年版，第 199 页。
④ 钱穆．论语新解 [M]. 上海：三联书店，2002 年版，第 184 页。

做，理论就会从天而降，即他所提倡的绝不是“等靠”的思想，所以他在为自己思想找到“强硬靠山”的同时，又提倡个人的后天努力，钱穆分析孔子的这种思想时指出：“德由修养，然非具此天性，则修养无所施。孔子具圣德，虽由修养，亦是天赋，不曰圣德由我，故曰天生……此乃孔子知命之学之实见于行事处，学者其深玩之”。[①]从这个角度看，孔子的天命观其实强调了先天和后天的协同作用。用教育学的观点看，先天因素和后天因素都在孔子的考虑范围内，故具有一定的科学性。但随着时代的变化，孔子在思想中附以的先天因素，被不同人出于不同的目的附以了更多的东西，甚至成为别有用心之人用来攻击儒家思想的论据。不过，无论论说者为其天命观披上了什么样的理论外衣，都没有超出孔子的天命观核心范畴，差异仅在于所用理论、具体阐释及其提倡的目的不同而已。如子弟书作者在诗篇中应用儒家天命观思想时，其目的主要是教化、劝导，所以他们所展现出来的儒家天命观主要是在民众间流传较广，符合清代中后期民众对儒家天命观认知水平的观点。

子弟书作者利用儒家天命观作为自己作品的理论支撑，分析阐释具体的故事，并把自己对当时社会的观念融合进去，具有一定的社会现实意义，能对当时的受众造成一定的影响。

一、命运天定

如上文所言，以孔子为代表的儒家之所以那么重视天命，正是抓住了大众对自然界及对神秘、虚无的不能解释之事畏惧的心理。据资料显示，命运天定是绝大多数中下层人们所持有的观点，他们相信人的富贵与祸患等人生际遇是天命或天意早就决定的，不由自己做主，《荷花记》诗篇[②]就表达了这个观点。实际上，命运天定的观点有时会给予人面对困难的一定精神支持，但如果像《荷花记》作者这样将国家的战乱也归咎到是因为上天不眷顾的原因，却又“百害而无一利”。国家之所以出现战乱，是因为当权者的不作为、横征暴敛，及贪欲所引发，并不是上天不眷顾的原因，即战乱完全属于人祸，与命运天定或者儒

① 钱穆．论语新解 [M]. 上海：三联书店，2002 年版，第 224 页。

② 人生福祸是前缘，离合悲欢总在天。一旦吉星不映户，霎时平地起狼烟。雕梁画阁戏灰烬，彩绸宫衣被火燃。鸟鹊无依各自去，徒留明月在空悬。

家所言的天道没有任何关系。另外，常言的“死生有命，富贵在天”的观点实则是断章取义的。这句话在《论语·颜渊》中是有语境的，原文为“司马牛忧曰：‘人皆有兄弟，我独亡。’子夏曰：‘商闻之矣：死生有命，富贵在天。君子敬而无失，与人恭而有礼，四海之内，皆兄弟也。君子何患乎无兄弟也？’”[①]司马牛因自己没有兄弟而忧愁，子夏开解他说虽然生命中有些东西是自己不能决定的，但如果自己后天谨遵礼义、人际交往时恪守礼义，那么天下都是他的兄弟，所以根本不用忧愁。从中可以看出，在天命和后天的个体努力之间，子夏是强调后者的。但天命观在现实社会中的运用却并非如此，它成为许多人为个体或整体一些行为所寻找的理由，由此古往今来有很多人如《荷花记》作者，只强调天命、天意，而忽视了个体努力的重要性。魏晋时代的李康在《运命论》中尤其推崇天命观，他说：“子夏曰：‘死生有命，富贵在天’，故道之将行也，命之将贵也，则伊尹吕尚之兴于商周，百里子房之用于秦汉，不求而自得，不徼而自遇矣。道之将废也，命之将贱也，岂独君子耻之而弗为乎？盖亦知为之而弗得矣。”[②]事实上，他所举的例子是从有关两方的其中一方出发，只强调商周、秦汉等国家获得人才的容易，而没有指出伊尹、百里子房等为实现自己的理想、为进入仕途所付出的努力。这样的观点在古代很普遍，如墨家学派代表者墨子认为：“顺天意者，兼相爱，交相利，必得赏；反天意者，别相恶，交相贼，必得罚。”[③]由此，将天道和人与人之间的关系联系在了一起，他的这种天道决定论，对民众有一定的警示作用，也推动了天道观、天命观的流行。总而言之，天道观或天命观的建设、推广并得到持续性的发展，不是儒家学派一派之力，而是诸多学派共同努力的结果。

综上可见，命运天定的天命观有两种，一种是逆来顺受型的，这种类型的天命观一般为两种人所持有：一种是一生顺遂的人，一种是身处社会底层，连基本温饱都解决不了的人。这两种人是天命观中的两个极端。在他们中间，还有一种想抗争天命、却又无力抗争的天命观，子弟书《孟子见梁惠王》的作者

---

① 李学勤主编．十三经注疏·论语注疏 [Z]. 北京：北京大学出版社，1999 年版，第 159 页。

② http://www.360doc.com/content/12/1208/16/7593597_252876673.shtml

③ 王焕镳．墨子校释 [M]. 杭州：浙江人民出版社，1984 年版，第 212 页。

鹤侣氏可以归为这类。据他在诗篇[①]中所言，各国诸侯起兵反对周王室的根本原因是周王室的国运已结束，所以在谴责了一番诸侯起兵给社会带来的灾难后，最后消极地说："天命如斯只好能说不能行。"但与正书对比之后就会发现，尽管鹤侣氏在诗篇中表达了自己坚定的天命观，在具体叙述孟子见梁惠王一事时，他还是实事求是地描写了孟子为推行自己治国理念而做的努力。在大段描写了孟子所认为的治国理念后，鹤侣氏对自己的生活进行了概说，他说自己："只为连朝寒甚飘朔雪，鹤侣氏柴湿灶冷粟瓶空。致使慕热的心全冷，自慰强呵砚池冰。"鹤侣氏身为做过侍卫的旗人，生活却如此困苦，由此就表现出清朝统治者不体察民情的一面，这与儒家所强调的为政者要体察民情的观念显然是相悖。而身为旗人且当过侍卫的鹤侣氏尚且如此，其他子弟书作者自然也好不到哪里去，即鹤侣氏的生活境遇，基本上代表了大多数子弟书作者的生活境遇。由此，处于鹤侣氏这种生活境遇下的大多数子弟书作者，在观察社会现实、描写社会现实，或者是改编以往的文献时，都具有了来自社会第一线的视角。但是，子弟书作者身为旗人，他们自然不能质疑清朝统治者及清朝政策，在他们看来，自己所经历的一切只不过是鹤侣氏在诗篇中所言的"天命如斯"，所以他们并没去想自己的命运为什么会如此，而只是假借孟子见梁惠王一事表达自己希望当政者多体察一下民情的愿望，进而通过"天命在身"的当政者改变命运。毫无疑问，这是一种"乌托邦"式的幻想。反映出在一潭死水样式的清代中后期，像鹤侣氏一样的文人们，面对糟糕的社会状况时，除了用天命观麻醉自己，找不到更好的方法解释社会现实及自己所面对的一切。由此也能看出，在天命观下，人们很少将改变命运的事寄托在自己身上，而都是将其寄托在了当政者的身上。殊不知，造成他们命运的正是当政者领导下的国家机器所制定、实施的一些政策。

与鹤侣氏天命观类似的还有《分宫》的作者。他在《分宫》头回诗篇[②]中指出明朝灭亡是由于其运势衰微。就历史事实而言，无论是东周末期，还是明代末期，之所以会出现不同身份的人反对朝廷的行为，根本原因在于朝廷内部腐

① 周室国运已将终，列国诸侯各起兵。自立节旄僭王礼，私专征伐誓血盟。到处只讲割城地，那管生灵涂炭中。为我孟夫子口述唐虞三代之德业，天命如斯只好能说不能行。

② ［皇］明国运数将终，烟尘四起太不宁。南北灾殃生疫历（疠），东西水火起刀兵。破碎江山杜太监，涂炭生灵张献忠。告急本章如雪片，杜勋卖国把君蒙。

朽，民众不堪其苦。如明代中后期宦官专权，民不聊生，才是造成张献忠等人起兵的根本原因。换句话，所谓的国运结束不是因为所谓的天定，而是由于当政者的不作为而引起的。上行下效，当政者不作为，官员自然也不作为。《分宫》正书指出在张献忠将要攻打居庸关时，崇祯帝上朝希望大臣能够带兵去抗击张献忠："流贼直犯居庸口，报马星飞紫禁城。皇爷览本龙心乱，说哪位卿家去领兵。两班文武如泥塑，面面相观似哑聋。"最后崇祯帝回到后宫，在皇后的劝说下，去往皇后娘家求助，然后他却吃了个闭门羹，无奈与王承恩"哭上午朝城。金钟撞得连声响，来了那襄成伯单身独带一支兵。……天子说卿家忠心朕已见，但只是大厦焉能独木擎。"根据历史事实，尽管有李国祯的出兵，但亦未能挽救明朝灭亡的命运。深刻证明了作者在诗篇中所言的"明国运数将终"，是谁都挽救不了的天命。

婚姻天定也是儒家天命观的一个重要表现，《诗·大雅·大明》："文王初载，天作之合。"毛传："合，配也。"即文王和大姒之间的婚姻是上天赐予的，由此开始，后世常用天作之合形容一段美好的婚姻。在儒家看来，"有天地，然后有夫妇；有夫妇，然后有父子；有父子，然后有君臣；有君臣，然后有上下；有上下，然后礼义有所错"。[①] 为实现婚姻的这一功能，儒家不仅制定了诸多的婚姻礼仪，还特别强调婚姻天定，在涉及有关婚姻的子弟书中，我们也能看到相同的观点。如《何必西厢》讲述了张灵与崔公之女历尽波折终成眷属的故事，作者在诗篇[②]中对此作了简述。诗篇前两句为张灵两人的婚姻奠定了基调，即因为婚姻是天定的，所以无论他俩在结婚之前经过多少波折，最后必定会在一起。我们也要看到，能够进入文学作品的且被作家所肯定的婚姻，其主人公都必定是优秀的，且优秀不只是内在的，还有外在的。如诗篇的后几句就描写了女主人公崔素琼宛若神仙的外貌，而这一点也是吸引张灵爱上她的原因。他第一次所见的崔素琼是："看他不瘦不肥香影儿俏，宜嗔宜喜粉团儿圆。媚时入骨餐还饱，韵里生情妒亦怜。红白合宜嫌脂粉，分寸何能再减添。"即是说，张灵最初是由于崔素琼的相貌进而喜欢上她的。基于这种原因而产生的情感自然是浅

---

① 李学勤主编．十三经注疏·周易正义 [Z]. 北京：北京大学出版社，1999 年版，第 336—337 页。

② 五百年前彩线拴，骤然相见便相怜。闪闪夺眸还似电，飘飘结霭又如烟。定是汉宫神女降，鬟翠飞来远岫尖。世间难找双尤物，多应是蛟人绡挂练条悬。

薄的，所以作者为了给张灵和崔素琼之间构设一份完美的爱情，让俩人的结合之路一波三折，其经历堪比传奇。他们之间充满磨难的情感之路，激发了受众对女主人公在磨难中的同情，以及期待她与张灵能够结婚的心理。以上是作者为了满足大众的需求而为张灵和崔素琼之间感情设置的表层故事。其故事的实质内涵却是由于张灵、崔素琼违背了“父母之命，媒妁之言”的婚姻观。挖其实质可以看出，所谓的“父母之命，媒妁之言”不过是天命婚姻观在社会中的具体呈现形式而已，即父母、媒妁是它的代言人。张灵与崔素琼的第一次见面，并无父母在场，张灵对崔素琼一见钟情，进而唐突到她的船上拜见。再看崔素琼没有将张灵撵下船，先是在内心对张灵进行了评估：“看此人身虽褴褛不似乞儿相，斯文大雅异尘凡。气概轩昂多福气，是乞儿跪向船头又不要钱。莫非是文人游戏乔妆玩世，即便是何苦来今朝偏与我歪缠！”接着，又让张灵以“梦梅”二字当场写一首诗。而在张灵之前的介绍中，已经说明自己叫张梦晋。此时，崔素琼提出“梦梅”二字，无疑给予了张灵自己也钟情于他的信号。所以，“张梦晋接题观看腹内欢，说梦梅二字新奇的狠，我的卿啊你不枉了外貌聪明腹内渊源。”这就意味着，两者在未曾有“父母之命，媒妁之言”的情况下，互相产生了好感，甚至如果不是崔父突然回来的话，两人就有私订终身之举。既然违背了婚姻观，他们受到“惩罚”自然也在情理之中。如张灵受到的惩罚首先是来自己的母亲。得到崔素琼的绣像及招亲的信息后，张灵准备好了一切准备亲到崔父求亲，然而却在自己的母亲那里受到了阻碍，其母曰：“小冤家此事行来礼不该，不孝儿你忍心远离七旬的母！好色徒你亲赴江西为一女孩。小冤家速将痴心打退休妄想，欲赴江西路除非老身先你赴泉台。”因为受阻，所以才有之后他与崔素琼之间的一系列故事。所以，即便是天定的婚姻，如果没有父母、媒人的参与，当事人也不能私下接触、互生情愫，否则即便是最后能在一起，中间也必定是磨难诸多。

《路林（露泪）缘》第八回诗篇[①]也将婚姻的成功与否归结为月老是否成全。其所言婚姻是月老决定的观点，只不过是林黛玉自己内心的美好期望而已，因为无论是她还是贾宝玉，甚或是大观园中的任何一个人，在婚姻上都没有自主

---

① 中秋十五月轮高，月下人圆乐更饶。金茎玉露空中落，桂子天香云外飘。嫦娥应悔偷灵药，弄玉低吹引凤箫。怕只怕龙鍾月老将人误，两下里错系红丝惹根苗。

权，尽管曹雪芹在书中提到林黛玉和贾宝玉前生就有缘，林黛玉是为了报恩而来，但在封建宗法制面前，他们根本改变不了自己的命运。所以，很多时候，婚姻天定，只不过是旧社会人们为自己或为他人的婚姻寻找的借口，这种借口可以让身处婚姻中的人，坦然接受其或好或不好的婚姻。从一定程度上看，婚姻天定的观念可以说是统治者为了维护自己的宗法制度而扯上的让民众听从的观念。

二、天命可改

与天命不可改的观念不同，也有一部分子弟书作者认为虽然人的命运的确和先天即天道有关，但是如果自己能够清晰明白天道不是自己命运的唯一决定要素，利用自己现有的条件、剖析事理、做事做人符合个人及社会发展规律的话，那么一切都会有所改变，如《东吴记》诗篇①指出如果能清醒地分析形势，不仅能打破天命对自己的限制，还能让天命听从自己的愿望。为证明这一观点，作者在正书中详细描写了刘备娶孙权妹妹一事的前因后果。正书提及，刘备娶了孙权的妹妹之后，为将其留在东吴，孙权听从了周瑜的建议，“大兴土木广置园林。命玄德夫妇同移居住，骨肉之情形容得必真。多用那绮绣金珠迷其志，又将那淫色美声惑其心。”一番下来，“果然玄德堕其术”。然而在诸葛亮、赵子龙及刘备夫人的劝说或者说是帮助下，刘备还是回到了自己的地盘。说明作为社会群体中的一员，一个人不可能身处真空中完全由自己决定自己的命运，换句话说，只要身处社会群体中，他的言行及命运就必定会受到他人的影响。

在婚姻天定观之外，也有一部分子弟书作者相信尽管婚姻天定，但也可通过人的后天努力获得自己想要的婚姻，如《荷花记》诗篇②所言。它的这种婚姻观与《何必西厢》的不同，作者虽然指出婚姻是天定，但最后到底能不能成，还要受现实社会中其他因素的影响，充分体现了儒家持有天命观，但又重视个

① 天时人事看分明，人愿天心亦必从。吉兆占来催跨凤，锦囊授去护乘龙。皇叔推辞成霜鬓，月翁撮合牵赤绳。难为了都督合舅子，却全亏国太鍾于幼女情。

② 从来佳偶是前缘，世上娇娥配少年。不有冰人成美事，怎能丹凤会青鸾。风吹柳絮来花径，春促桃花绽柳前。匹配固然天预定，成全仍自待人言。

人努力的观点。《麟儿报》作者在第三回诗篇[①]中也表达了同样的观点。

综上所述，天命观起源心理基础复杂，既与初民的认知有关，也与后期执政者和名人的提倡有关。如果说前期的天命观是基于初民对自然界的未知及敬畏而生，那么后期的天命观则主要是基于提倡者为了维护自己的利益而生。从本质上讲，这两种天命观之所以能持久的存在，甚至到今天仍有些包含天命观的观念存在，是在于人们内心深处愿意为一切不可解释、不可抗拒的事求得一个解释。其实，早在先秦时期，人们就已经质疑天命观，如秦朝末年，陈胜就发出了“王侯将相宁有种乎？”的呐喊。他这种呐喊，对当时长期安于天命观却生活困苦、备受压迫的人起到了振聋发聩的作用，这也是他短时间内迅速召集到诸多同道者的原因。

天命观其实也是后来著名的先天观和后天观两种观念的雏形，从这个角度看，它启迪了人们对自我命运的关照，尽管所关照的效果并不理想，甚至是大多倾向于先天论即天命观，但不如如何，正是因为它的存在，才会有了之后的后天观，才有人去思考后天努力和所谓的先天之间的关系。

① 千里姻缘若线穿，半由人事半由天。小姐卖身因葬父，元普立志定希贤。夫人为购偏房妾，月老别牵一段缘。裴兰孙自为葬父将身卖，也是那天作之合才得到元普府间。

第六节　鬼神思想[①]

鬼神思想源于初民对大自然的崇拜及恐惧，人总是习于将抽象的意识外化于具体的物象，于是，在初民的幻想中，无数以现实为模型的鬼、神等形象被虚拟出来，同时被赋予了符合人们需求的类型各异的鬼格及神格，协助初民解释世间一切不可解释之事之物等，甚至到了后代，即便经济、文化等物质生活和精神生活获得了巨大的发展，源自初民的鬼神思想也继续存在，如近些年流行的穿越小说、重生小说、修真小说等就是鬼神思想在当代的具体表现形式之一。当然，不论其形式如何变化，鬼神思想在本质上都是一种迷信思想，历来也多受批判，如徐珂指出："不辨事理之是非而妄信，曰迷信。国人鲜明科学，诞妄不经之言自易入耳。且借口于晚近西人之研究灵魂学，哲学家亦颇加以思索，乃不敢直斥其谬，更有引为谈助而资以消遣者。男子且然，何论妇女。特妇女之笃信左道者为尤多，以至遗毒子孙耳。"[②]

通过徐珂的描述可以看出，尽管人们觉得鬼神是不存在的，相信鬼神存在是一种迷信思想，但是就连哲学家也借着西方科学家对灵魂学的研究而不敢妄言鬼神的有无，在这种情况下，有关鬼神的故事成为大众津津乐道的谈资，自然不是一件奇怪的事，就连徐珂本人也不否认这种思想在很多时候也会给人们带来一定的帮助，如他在下一条"迷信足补生计"中说："徐新华曰：'比户之门，上巳插荠菜花，清明插杨柳枝，端午插菖蒲。此虽社会之迷信，无足称道，然贫民之负贩为生者，即此数日间，于其生计亦小有补助，不必故为屏弃以绝其生计也。盖教养之道未至，一旦悬为厉禁，则强者流为盗贼，弱者转于沟壑

① 这里我们主要所言的仅是鬼神思想中的正面部分，至于它所具有的迷信思想并不在我们这里的讨论范畴内。即是说，我们主要讨论在生产力落后、科学观落后的时代，鬼神思想在现实社会中所起的积极作用及消极作用，而不是提倡鬼神思想。

② （清）徐珂编撰．清稗类钞 [M]. 北京：中华书局，1984 年版，第 4657 页。

矣。'" [①]

在徐珂看来，因鬼神思想而形成的民俗，对某些贫民的生活有所帮助。即在相关的节日到来之时，贫民可以贩卖节日所用的物品，从而为自己家增加一点收入。虽然收获不多，但总好过没有。由此可推知，鬼神思想的存在原因复杂，不是简单地否定它或者禁止它，就能将其从人民的思想中剔除出去的。其实，即便是在圣人那里，到底有没有鬼神，人死后到底有没有灵魂，也是一件非常难以决断的事，正如朱熹所言"鬼神有无，圣人未尝决言之"。[②] 所以，在面对鬼神思想时，与其堵之塞之，不如引之导之，使之朝着健康科学的方向发展。

一、节日中的鬼神思想

鬼神思想是儒家天命观的具体表现形式之一，"君子有三畏：畏天命，畏大人，畏圣人之言。"[③] 儒家将畏天命放在君子三畏的首位，说明在儒家看来，天道包括衍生自天道的鬼神是其应该敬畏的东西，但实际上，儒家敬畏的从不是具体的鬼神形象，他们敬畏的是人类加在鬼神身上的各种抽象的文化内涵，正如柯小刚所言："鬼神之义乃是文之义、礼之义、德之义，是文德对于实质存在意义上的鬼神的解构与虚化，是礼义对鬼神之不存在实质的纯粹增补和附加。"[④] 即是说，儒家将自己所要弘扬的各种"义"具体化到了鬼神身上，以便利于其道义的传播，所以儒家是"敬鬼神而远之"的。[⑤]

"夫礼之初，始诸饮食，其燔黍捭豚，污尊而抔饮，蒉桴而土鼓，犹若可以致其敬於鬼神"，[⑥] 应该说，鬼神只是人们实现自己梦想或愿望的一个媒介。梦想或愿望的实现很多时候人类并不能把控，所以他们只好将希望放诸虚无缥缈的鬼神身上，希望它们能帮助自己实现梦想或愿望，但"鬼神，造化之迹，虽非

① （清）徐珂编撰．清稗类钞 [M]. 北京：中华书局，1984 年版，第 4657 页。

② （宋）黎靖德．朱子语类 [M]. 王星贤点校．北京：中华书局，1986 年版，第 1549 页。

③ 李学勤主编．十三经注疏·论语注疏 [Z]. 北京：北京大学出版社，1999 年版，第 228 页。

④ 柯小刚．在兹：错位中的天命发生 [M]. 上海：上海书店出版社，2007 年版，第 192 页。

⑤ 李学勤主编．十三经注疏·论语注疏 [Z]. 北京：北京大学出版社，1999 年版，第 79 页。

⑥ （汉）郑玄注，孔颖达正义．礼记正义 [M]. 上海：上海古籍出版社，2008 年版，第 887 页。

不正，然非穷理之至，有未易明者，故亦不轻以语人也”。[①] 所以，在谈及儒家的鬼神思想时，主要涉及的是儒家的敬与施加于其上的文化内涵。子弟书所描写的内容大多是与普通民众有关的内容，所以作者虽然在子弟书中也涉及了鬼神思想，但大多是流行于民间的鬼神思想，与儒家的敬鬼神思想有着层次上的差异。儒家敬鬼神，其目的在于宣传其理念；子弟书中的敬鬼神思想，则重在教化。毫无疑问，后者是对前者的一种更为细化的、生活化的应用，我们可以在诗篇中看到这一点。如《路林（露泪）缘》第七回诗篇中的“乞巧”、第十二回诗篇中的“祭灶”，就是和神仙有关的习俗。而其第十回诗篇[②] 中提及的下元节，则和鬼魂有关。

为祭祀祖先而设置的下元节，其目的在于让人们记住祖先，记住家族的血脉传承。在有家庙的时代，同一家族的人聚在一起共同祭祀祖先，追根溯源，既纪念了祖先，又是家族成员联络感情的时机，充分展现了隐藏在该节日后的家族观。所以，为祭祀祖先设置节日，不代表人们就承认鬼的存在。至于诗篇中所言“下元节令鬼思家”不过是尘世众人的臆断，也是他们的鬼神观。这与儒家的鬼神观一致，鬼神仅仅是其寄托情感的一个媒介。从这个角度看，这种衍生自鬼神思想利于家族成员联络感情及家庭团结的祭祀行为，是值得提倡的。尤其在快节奏的当代，一个家庭中的成员本身就已不多，且为了工作大多分居各地，有的甚至是身处国外，平时很难有机会将其聚在一起，但是祭祖性的节日，在很大程度上是可以将他们聚在一起的。此时的祭祀行为已然成为家族成员联络感情的一个纽带，寄托了他们的家族血脉观。所以，对子弟书中反映出来的下元节这种和鬼神有关的节日，我们应从重点关注它积极的一面，看能否以其为基础，创造出一种新的符合当下时代要求的能维系亲属关系的习俗。

二、个体鬼魂形象中的鬼神思想

子弟书作者有时也赋予鬼魂情感，使死者和生者之间的情感牵绊以及生死

① 任继愈．儒教问题争论集 [M]. 北京：宗教文化出版社，2000 年版，第 98 页。

② 孟冬万卉敛光华，冷淡斜阳映落霞。小阳春气风犹暖，下元节令鬼思家。哪里寻桃花似火春天景，只剩下霜叶红于二月花。潇湘馆重翻千古苍梧案，吊湘妃竹节成斑泪点杂。

两茫茫的痛苦更为真实、形象，如《俏东风》诗篇。[①] 作为一首叙事诗，它描述了已经去世的女主人公，因为思念自己的父母以及结婚两月的丈夫，以鬼魂形式入丈夫梦哭诉的故事。就整篇故事看，女主人公与其丈夫本是两情相悦，奈何丈夫结婚后沉溺于闺房之乐，不思进取，女主人公不得不劝他，结果男主人公听后从害羞变为愤怒，说"如何像你大贞节？"女主人公因此"怨气难消憋作病"，兼以其病后丈夫并未及时探望她，于是她郁郁而终。这个看似难以置信的故事，却是古代很多女子生活的缩影。古代女子大多以夫为天，以丈夫的喜怒为自己的喜怒，活得没有自我，所以一旦丈夫表现出自己的稍不如意，就如天塌下来一样，甚至如《俏东风》中的女主人公一样，因此而丢失自己的性命。但即便是没有自我的女子，也是有父母的，所以她死后，最难过的其实是自己的父母，而不是丈夫。这是作者在诗篇中为什么着意提女主人公思念父母的原因，从中也能看出女主人公对自己郁郁而终一事的后悔，由此也能给予受众一定的启发，人在考虑自己的感受时，应该多方面综合斟酌分析，而不是一意孤行，最后落得后悔无用的下场。

诗篇中，有的描写了生前作恶的人逝后受罪的情形，《望乡》诗篇[②] 描写了刘安人因生前罪孽深重，死后自己独在泉台哭泣的事。刘安人的哭泣应该有很多原因，但根据上下文其中必定有后悔的原因。然而，此时后悔已无用，她必须接受作者或者传统观给予的惩罚。所以，尽管她在阴间遇见阴差时，"慌张魂胆裂，战兢兢伤心恐惧泪盈腮。暗思量说吾今已入阴曹也，细想当初狠不该。"但也没有任何用。世间没有鬼神，这本是大家都心知肚明的事，然而受域内及域外诸多鬼神文化观念的影响，很多人又相信有死后世界并因此而充满了畏惧和期待。教化者或者子弟书作者们正是抓住了大众的这一心理特征，利用鬼神文化对其进行一定的教化。对文化水平不高的大众而言，是有一定教化效果的。这也是不同子弟书作者都喜欢将自己的为人处世理念披上鬼神外衣的一个原因。如《全扫秦》作者虽然对岳飞的遭遇万分同情，但其在文末诗篇[③] 中所呈现的

① 谁把长眠妾唤回，一声秋夜雁南飞。可叹应还思故里，怎教奴不想亲帏。空望孩儿成半子，怕挑绣女入宫闱。

② 鬼路茫茫甚可哀，幽魂空自泣泉台。生前任作人间孽，死后难逃地狱灾。慢道循环无报应，须知造化有安排。刘安人开斋破戒一朝错，哪晓得罪人沉沦后悔不来。

③ 劝人不必苦结冤，留下英名万古传。善恶自有神知道，弃开忿恨镜花缘。

主旨依然是劝导世人要多行善事，为达到这一目的，除了鬼神，附加的筹码还有青史留名。后者对一个普通人而言，固然是遥不可及的东西，但仍有一定的吸引力。不过，也因为它的吸引力、威慑力要弱于鬼神思想，所以传统文化特别强调鬼神在现实生活中的作用，如“善恶到头终有报”的思想，还有中国著名的清官包拯白天判阳间事、晚上判阴间事的故事，无一不说明当人们面对现实中自己无法解决的冤屈、面对现实中的恶人恶事时，善于将审判权交给鬼神，认为“抬头三尺有神灵”，世间一切事瞒不过鬼神。殊不知，这种思想在一定程度上其实就是一种自我麻醉的思想，是弱者的思想。恰好世间大多数人都是弱者，所以儒家虽然“敬鬼神而远之”，虽然有没有鬼神是圣人都无法决断的事，但儒家一直在利用鬼神观、圣人也没有极力反驳鬼神观，因为他们需要一个媒介和弱者交流、沟通，需要一个媒介将自己的思想传递给弱者。当全社会持有他们的思想时，无论强者和弱者的比例为多少，社会思想的统一性都可以让社会稳定并获得发展的良好社会环境。

因为鬼神虚无缥缈且充满了神秘感，所以在现实社会或在文学艺术世界，只要是和鬼神有关的谈资，都会激起人们的兴趣，如中国著名的关于鬼神妖狐故事的文言短篇小说集《聊斋志异》就广为人们所喜爱，子弟书中也有不少改编自它的篇目，《秋容》就是其中的一篇。在作者眼中，不计较鬼与人的不同，与其产生感情是风流倜傥的事，所以当他一个人“凄风苦雨夜窗幽，坐对残篇拭倦眸”的时候，想起了《聊斋志异》中《秋容》的故事，并在诗篇[①]中发出了羡慕万分的感慨。既表现了作者的真性情，也表明了汉族的鬼神故事被其完全接受，[②]并从中解读出了自己想要的文化意蕴。

“儒家作为华夏固有的价值系统的一种表现，并不是通常意义上的学术或是学派，实际上，儒家是中华法系的法理基础，它对中国甚至是东方文明产生过重大影响且同时还有持续到今天的意识形态，作为东亚地区的基本文化信仰的儒家思想，它在最初的时候指的其实是冠婚丧祭时的司仪，从春秋开始就指由

① 畸士背人能古道，名媛作鬼亦风流。拈来戏语都成趣，话到前因鬼也愁。我笑陶生真倜傥，谈经夜与鬼淹留。

② 这里所说子弟书作者对汉族鬼神故事的接受，并不是意味着子弟书作者就相信鬼神的存在，如《疯僧治病》作者鹤侣氏说“亘古来既生嘉禾即有莠草，这如今虽多良善亦有奸讹。愚民崇奉是风俗的习染，仕宦倾心未免无术失学。劝世人但能事事循规矩，何必朝朝拜神佛。”

孔子创立的后来又逐步发展为以仁为核心的一种思想体系。”[①] 所以，它的任何一种观点，都必定内含着仁，仅是具体表现形式不同而已，不用质疑，作为“一种以人为文明核心、主体的一种思想”，[②] 即便是它的天命观思想、鬼神思想，也是在劝说人们要向善、为仁而行。所以，从这个角度看，子弟书中儒家思想表现形式的多样性，为儒家思想的广泛传播提供了基础，也为清代中后期人们了解儒家思想提供了新的艺术形式，体现了儒家思想的多容性、可表性等特征。

① 涂振旗编著．北大讲堂·北大国学课 [Z]. 北京：中国经济出版社，2014 年版，第 1 页。
② 涂振旗编著．北大讲堂·北大国学课 [Z]. 北京：中国经济出版社，2014 年版，第 1 页。

第三章　子弟书诗篇对儒家思想的多元诠释

任何一种想法或思想的产生都是基于一定的文化生活环境。根据一个人居住地域的改变，文化生活环境可分为原生文化生活环境和客生文化生活环境两种。前者是一个人文化的出发点和基点，它的某一特征甚至能成为一个人终生的文化内核，并排斥其他文化的进入；后者因生活工作地点的改变而随之产生的一种生活环境，它能否对人产生影响，需要看该人在此的生活时间以及他的文化接受度。

就清代满族人而言，虽然入关之前他们的文化与汉族文化差别巨大，但是由于满族统治者一直注意学习并提倡汉族文化，因此当时的满族中上层对汉族文化有一定的理解，所以入关之后，虽然他们面对的是与之前数量、质量不同的汉族文化，但并不陌生；而对于满族底层人们而言，在关外居住时，就和同样层次的汉族人们在生活上有所接触，所以入关之后，也能完全适应汉族文化。“从民族特质层面出发，满族本身就是一个民族集合体，包括蒙古、女真、汉族等民族，其文化必定也是这些民族文化的一个共同体。也就是说，即便满族这个民族共同体有着悠久的发展历史和独特的文化发展路径及特点，如在中后期吸收了多个民族的文化因子，由此其文化必定是同时吸收其他民族的文化。反映出满族文化的多元性以及很强的吸纳性。个体心理层面及民族文化的特质，促使投入汉族文化洪流中的满族文人在略微挣扎之后迅速地全方位地接纳了汉族文化”。[①] 即是说，满族作为一个民族，具有较强的文化接受能力和融合能力，兼以入关之前的清代满族人对汉族文化有着先验感，所以在某种程度上，从关外到关内的迁徙，对大多数满族人而言，只是地点的变化。甚至在入关初期阶段面对完全的汉族文化，他们是兴奋的，充满了好奇感，并且努力去接受并实

① 王美雨．语言文化视域下的子弟书研究 [M]. 北京：九州出版社，2016 年版，第 13 页。

施，这为当时的社会稳定作出了很大的贡献。然而时间久了，他们的这种兴奋就会逐渐减退，毕竟以汉族文化为代表的关内文化与关外文化有着很大的差异，无论气候还是饮食、生活方式，都考验着他们的心理承受能力。这种时候，他们就需要寻找情感的宣泄媒介，此时戏曲就成了他们的一个必要选择，如老舍就指出“戏曲和曲艺成为满人生活中不可缺少的东西，他们不但爱去听，而且喜欢自己粉墨登场。他们也创作，大量地创作岔曲、快书、鼓词等等”。①

清代满族人喜欢戏曲合曲艺的形式固然是一个重要原因，但更重要的是它能寄托他们的情感、思想等，说唱文学子弟书即是他们选择的一种文艺形式。

一种文艺形式得以产生并被广大群体所接受、喜爱，其艺术形式是一个原因，其形式下所承载的内容及文化内涵也是非常重要的原因，像子弟书虽为韵文，但其语言和内容很多是趋向于俚俗性的，有的甚至还有新闻性、时尚性、现实性的特征。在这样的特征背后，蕴含着作者对儒家思想的理解和诠释。

就现有子弟书而言，它们的诗篇和正书内容都体现了子弟书作者对以儒家文化为代表的汉族文化的接受与阐释，但正书的核心在讲述故事而不是作者的个人情感，而诗篇的内容自由度就较为宽广，在不影响正书内容的前提下，作者借自己高超的语言艺术表达能力，对自己所理解的儒家思想文化做了多样化的呈现。

子弟书对儒家思想文化的阐释，可统分为显性诠释和隐性诠释，两者又各有具体诠释方式，进而形成了多元阐释模式，表现出作者对儒家思想文化的能动接受和继承。具体如下图（诗篇对儒家思想的多元诠释）所示：

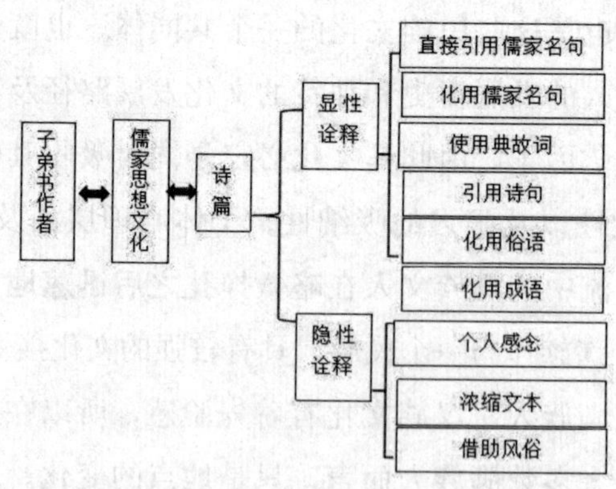

① 老舍．老舍全集（第8卷）[M]. 北京：人民文学出版社，1999年版，第465页。

第一节　显性诠释

显性诠释指的是子弟书作者在表达与儒家有关的思想时，直接引用儒家名句、化用儒家名句或是引用与之有关的俗语。即是说，显性诠释带有明显的话语标记，对于熟悉儒家经典著作或思想的人来说，很容易就能理解子弟书作者在表达什么。如《赤壁赋》诗篇[①]就使用了“儒道”一词，表达了作者对儒家思想的尊崇。在作者看来，因为有儒家思想，宋代的文学水平才会如此之高，而其中的代表人物三苏因为注重对儒家思想的学习，所以他们的文学作品才会因才华冠世，成为历代学习的楷模。作者的这种观点虽是片面的，[②]但很好地反映出了当时社会对儒家思想的推崇。《打面缸》作者在诗篇[③]中特地表扬了以孔子为代表的儒家在培养人才方面的重要作用，其所描述的内容在极力肯定儒家思想和教育效果之外还具有极大的吸引力，据作者所言，只要作为儒家的弟子，经过一番学习，就会青云直上，最差的前途也是个七品县令。这样的宣传口号，在以官本位为主的旧时代，既让普通民众产生了了解、学习儒家思想的念头，也为儒家思想的宣传作出了贡献。《杨妃醉酒》作者则在诗篇[④]中强调了儒家思想在治理国家中所起的重要作用。结合诗篇的前后部分，可以看出，作者在点出儒家思想治国效用的同时，也“神化”了儒家思想。之所以如此说，是因为作者在倒数第二句指出天地是有灵的，它们会辅佐唐明皇，但前提是唐明皇能

---

① 宋室文明儒道昌，眉山秀气降夔墙。学优翰苑惊冠盖，才压词林慼朔方。一世三苏声誉重，两朝政治姓名香。先生志节高千古，一点丹诚仰圣王。

② 说其片面，是指作者的观点为“思想决定能力”，但实际上能力也会反作用于思想。且思想和能力还受到外界多种因素的影响，因此单纯地认为“思想决定能力”，是不科学的。

③ 士农工商士最尊，孔圣门墙育贵人。博古通今一生学问，致君泽民满腹经纶。黄卷青灯独尝勤苦，秋闱春试直上青云。翰苑登瀛玉堂金马，最小的前程也是个知县衙门。

④ 明皇即位改天年，凤历新颁号开元。剑斩三思诛武后，雄威重整旧江山。尊贤礼士仿高祖，纳谏崇儒效贞观。天地有灵扶社稷，圣主英明治料全。

够尊崇儒家并能施行儒家思想。《单刀会》诗篇[①]则从为人处世的角度，宣扬儒家思想。它所提及的“三纲五常”是宗法制度下的封建社会所奉行的主要道德规范，“三纲”与“五常”两者原本是分开的。“三纲”最早出现于汉代班固的《白虎通·三纲六纪》:“三纲者，何谓也？君臣、父子、夫妇也。”[②]这种观点脱胎于《礼记·乐记》，其曰：“然后圣人作，为父子君臣，以为纪纲。纪纲既定，天下大定。”[③]据孔颖达，纪纲即臣纲、父纲、夫纲等三纲。“五常”则出自《书·泰誓下》：“今商王受，狎侮五常，荒怠弗敬。”孔颖达疏：“五常即五典，谓父义、母慈、兄友、弟恭、子孝，五者人之常行。”[④]实际上，班固做的只不过是将“三纲”的名称具体化、明确化，因为“三纲五常”在夏代时就已经被作为人们所必须遵循的道德规范，只是此时其名为“夏礼”，如《论语·为政》“周因于夏礼。……马融曰：‘所因，谓三纲五常。’”[⑤]因此，三纲五常实际上是儒家的主要道德规范。《单刀会》作者在诗篇中重点探讨三纲五常的理念，并试图让受众接受自己的观点，证明当时，人们已经承担起了自觉传播儒家思想的责任，凸显了儒家思想对清代社会的影响极深。

子弟书作者对儒家思想不仅自觉宣传，还使用了显性诠释这种手段，说明他们熟读儒家经典，对儒家的经典论断能随心使用，并能精确地阐释其内核。具体而言，子弟书作者在诗篇中显性诠释儒家思想的方式主要如下：

一、直接引用儒家名句

直接化用儒家名句指从儒家经典著作中摘取典型短语，这种方式与诗篇类似于律诗的特征相适应，但由于诗篇篇幅较短，故作者引用儒家名句时主要是在正书中引用，在诗篇中的引用较少，据笔者目前的检索，仅有“贤贤易色”

---

① 三纲五常立人间，五伦事事要周全。皇王水土难答报，父母恩德天地宽。三教九流士为首，朋友相交信在先。弟兄们情肠好换好，就是那儿女夫妻冤怨缘。

② （清）陈立撰，吴则虞点校．白虎通疏证 [M]. 北京：中华书局，1994 年版，第 373 页。

③ 李学勤主编．十三经注疏·礼记正义 [Z]. 北京：北京大学出版社，1999 年版，第 1123 页。

④ 李学勤主编．十三经注疏·尚书正义 [Z]. 北京：北京大学出版社，1999 年版，第 279 页。

⑤ 李学勤主编．十三经注疏·论语注疏 [Z]. 北京：北京大学出版社，1999 年版，第 23 页。

一个，出自《葡萄架》诗篇。[①]

“贤贤易色”出自《论语·学而》：“贤贤易色；事父母，能竭其力；事君，能致其身；与朋友交，言而有信。虽曰未学，吾必谓之学矣。”[②]对其意义的理解，历来有所争议，一是认为男性在选择配偶或者对待自己的妻子时，应该注重她的品德而不是外貌，根据《葡萄架》的内容，显然其作者使用的就是意义。学界关于“贤贤易色”的另外一种观点是“对待人的态度”，此时断句为“贤贤易色：事父母，能竭其力；事君，能致其身；与朋友交，言而有信。虽曰未学，吾必谓之学矣。”王念孙认为“‘易’者，如也。贤贤易色，犹言‘好德如好色’也”。[③]南怀瑾的观点与之类似，他说：“两个贤字，第一个贤字作动词用，因为中国文字有时候是假借的。第二个贤字是名词，指贤人——学问修养好的人。易，改变。在春秋的时候，易的改变暗含着持续的，不间断的改变。色：态度，对人对事对社会的态度。贤贤易色换个说法就是：见贤思齐。”[④]从表面上看，这两种观点有所区别，前者强调男子应该重视配偶的德行，而不是容貌，后者则强调一个人对待德的态度，实质上，两种观点一样，都在强调人应该重视德行。

《葡萄架》作者在诗篇中利用佛教的“色色皆空”、儒家的“贤贤易色”两种类似的观点，强调自古到今凡是痴情之人，都是孽缘。即他意在奉劝男性不要将精力用在男女之情上、更不应该贪恋女性的美貌。为了劝化，他甚至将男女之情看作是“妖魔债”，从这个层面看，他所强调的德行已经超出了人性的范畴，到达了不食人间烟火的神的范畴，显然有些夸大了。不过，却从侧面反映出，在他创作《葡萄架》时，清代的社会状况及社会风气并不好，尤其是男性对待男女之情的态度，可以用“乌烟瘴气”来形容，甚至很多子弟书也以描写风月故事为主要内容，这一点遭到了时人顾琳的批判，他指出：“今见人每喜说淫邪之书，不惟不能劝善直欲引人恶念；虽其中不无警戒，然为儆戒则不足，

---

① 自古鍾情系孽缘，奈人生无不被这一个字儿牵缠。哪知道怜香惜玉风流苦，倚翠偎红是欢喜冤。所以才色色皆空释氏语，贤贤易色圣人言。劝君早脱这妖魔债，总不如流水无心是自在禅。

② 李学勤主编．十三经注疏·论语注疏 [Z]. 北京：北京大学出版社，1999 年版，第 8 页。

③ 刘宝楠．论语正义 [M]. 北京：中华书局，1990 年版。

④ 南怀瑾．论语别裁 [M]. 上海：复旦大学出版社，2005 年版。

为引诱则有余。”[①] 然而，文学艺术作品中描写男女情欲早已有惯例，如清朝初期的张缵孙就指出：“近来文字之祸，百怪俱兴，往往创为荒唐诡僻之事，附以淫乱秽亵之词，谓为艺苑熊谈，风流佳话；甚至曲笔写生，规模逼肖，俾观者魂摇色夺，毁性易心，其义不过取蝇头耳”。[②] 由此，像《葡萄架》正书中的内容，显然会给受众带来不良影响，“以暨黄童红女，幼弱无知，血气未定，一读此等词说，必致凿破混沌，邪欲横生，抛弃躯命，小则灭身，大且灭家。”[③] 可见，这样内容的文学作品对那些还未形成正确伦理道德观念、人生观等的未成年人的影响是很可怕的。

因此，《葡萄架》作者在诗篇中的观点看似“矫枉过正”，但结合其在正书中对情色的大尺度描写，可见他身处当时社会环境下的矛盾、挣扎却又不得不妥协的痛苦。

二、化用儒家名句

化用儒家名句指的是子弟书作者在诗篇中或是使用摘取儒家著作中经典语句的部分内容，或是利用其经典语句中的某个词语和意义，表达自己的意思。可以说，化用儒家著作者中的经典语句，既可以让诗篇内容更富有文化意蕴，同时也可以让已经习惯于儒家文化的受众，更好地接受自己的创作理念。

【肥马轻裘】

《禄寿堂》诗篇[④] 使用了“肥马轻裘”，其出自《论语·雍也》：“赤之适齐也，乘肥马，衣轻裘。”[⑤] 指一个人骑着骏马，穿着轻盈又温暖的裘衣，后来用其形容豪华的生活。《禄寿堂》作者此处用肥马轻裘，是为了形容无所事事、横行霸道的膏粱子弟的奢华生活。指出他们就像一只“人虫”，不仅甘愿做酒囊饭虫，且违背传统的基本伦理范畴，玩弄同性。可以看出，作者对他们的这种行为持有批判态度。

---

① 顾琳．书词绪论 [M]. 关德栋，周中明．子弟书丛钞．上海：上海古籍出版社，1984 年版，822 页。

② 戴不凡．小说见闻录 [M]. 杭州：浙江人民出版社，1982 年版，第 291 页。

③ 戴不凡．小说见闻录 [M]. 杭州：浙江人民出版社，1982 年版，第 291 页。

④ 肥马轻裘意气扬，膏粱子弟逞酸狂。有生不解艰难况，没齿甘为酒饭囊。日事声歌极所欲，始终服用甚轩昂。近得断袖分桃癖，一曲千金禄寿堂。

⑤ 李学勤主编．十三经注疏·论语注疏 [Z]. 北京：北京大学出版社，1999 年版，第 78 页。

随着社会的稳定，中后期的清代基本上陷入了表面上的稳定期，在虚假的安逸中，无所事事的膏粱子弟不仅追求物质的至善至美，还追求精神上的别样享受。如《禄寿堂》中的膏粱子弟只不过是要出门看戏，结果单是出门时的准备就无比讲究："套车备马速速打点，所用东西一切休忘。就只是近来苏造不堪口，快告诉伙食先去要自带厨房。侍儿传命把管家叫，一面请示包甚么衣裳。大爷说今早觉凉又怕饭后热，侍儿说包套中毛儿再带着草上霜……嗽口盂儿小脸盆儿鼻烟壶儿水烟袋儿与九合儿香。还有鸦片烟全份器具收拾妥，荷包内是落风鲜缩砂豆蔻还有油绉槟榔。"其穿着则是："雪亮脸盘抛松的辫子，得胜马褂裤灰氆氇是大沿大厢。沙狐腿洋呢皮袄藏香紫，拉三水半时半古貂帽轩昂。武备院内造尖靴绷挈（帮）软底，摇玉佩阵阵风送兰麝香。"这样的排场，完全超出了一个普通人出门看戏的正常表现。当然它也不是个案，其代表了以《禄寿堂》男主人公为首的清代中后期经济条件较好的旗人子弟的奢靡生活以及颓废、堕落的精神生活。其实这种风气的盛行，从明代时就已有，所以尽管清初统治者大力推行儒家思想文化，同时制定了各种规章制度，也没能刹住这股奢靡之风，我们可以从顺治九年吏科给事中魏裔介的奏折中看出："今自明季以来，风俗颓靡，僭越无度，浮屠盛行，礼乐崩坏。臣数年来在都门见隶卒倡优之徒，服色艳丽；负贩市侩之伍，舆马赫奕；庶人之妻，珠玉炫耀。虽经禁约，全不遵行。"[①] 可见，奢靡之风一旦形成，就很难纠正，正应了"由俭入奢易，由奢入俭难"。

《禄寿堂》中男主人公这种奢靡的作风，在同样是旗人的子弟书作者看来，不是一件好事，所以他才用肥马轻裘这样化自《论语》的词语作为诗篇的领起词，与诗篇的其他内容在一起，既表达了自己的观点，也是对当政者的一种文学层面的隐晦提醒。

【旷夫怨女】

《红娘寄柬》诗篇[②] 使用了"旷夫怨女"，它出自《孟子·梁惠王下》："内无

① 萧箑父，徐苏民．明清启蒙学术流变 [M]. 沈阳：辽宁教育出版社，1995 年版，第 281—282 页。

② 娇花最怕出墙枝，招惹游蜂浪蝶迷。颠狂柳絮愁风岸，离乱桃花怕雨丝。旷夫怨女朝朝恨，才子佳人事事迟。因不能明媒正娶偕连理，才肯向那星前月下去赴佳期。

怨女，外无旷夫。”[①] 指已到结婚年龄但还没有结婚的女子和男子。儒家非常重视婚姻，认为“饮食男女，人之大欲存焉”，[②] 所以人在应该结婚的年龄就必须结婚，否则一会影响人类后代的自然繁衍，二是那些不能结婚的成年人内心可能会产生怨念，甚至会因此做出违背道德伦理范畴的事。正如上文《红娘寄柬》诗篇所言，因为崔莺莺在应该婚配的年龄没有婚配，“才能向那花前月下赴佳期”。

儒家认为：“有天地，然后有夫妇；有夫妇，然后有父子；有父子，然后有君臣；有君臣，然后有上下；有上下，然后礼义有所措。”[③] 可见，在儒家那里，天地是人类赖以生存的自然基础，而婚姻则是人类社会得以正常存在和发展的社会基础。这就意味着，儒家不仅重视婚姻中的“父母之命，媒妁之言”，还强调身为一个社会的人，为了社会的正常存在和发展，结婚是他的义务。所以，尽管他们强调“父母之命，媒妁之言”，但同时又给青年男女提供了自由恋爱的机会，如《周礼·媒氏》指出：“仲春二月，令会男女，于是时也，奔者不禁”。[④] 证明在当时未婚的适婚男女比较多，以致当政者不得不做出如此规定，来维系社会正常的婚姻数量，以便维持社会的稳定及后代的正常繁衍。

【一生富贵似浮云】

《假老斗叹》头回诗篇[⑤] 使用了“一生富贵似浮云”，其通常写作“富贵浮云”，出自《论语·述而》：“不义而富且贵，于我如浮云。”[⑥] 其中的富贵浮云指的是一个人通过不正当手段得来的钱财就像浮云，而后世的富贵浮云则指看淡所有的钱财、权势，上文《假老斗叹》中的富贵浮云正是这种含义。在作者看来，人生最难的就是面对艰难困苦生活时，依然能保持乐观的精神，而在繁华的尘世间，那些即便富裕也能保持自己原有生活态度的人，才是真正的名士。反映出作者深受儒家理念影响，对精神的追求大于对物质的追求。

---

① 李学勤主编．十三经注疏·孟子注疏 [Z]. 北京：北京大学出版社，1999 年版，第 46 页。
② 李学勤主编．十三经注疏·礼记正义 [Z]. 北京：北京大学出版社，1999 年版，第 689 页。
③ 李学勤主编．十三经注疏·周易正义 [Z]. 北京：北京大学出版社，1999 年版，第 334 页。
④ 李学勤主编．十三经注疏·周礼注疏 [Z]. 北京：北京大学出版社，1999 年版，第 364 页
⑤ 世态炎凉莫动心，一生富贵似浮云。最难困苦贫而乐，堪笑繁华富好文。惟大英雄能本色，是真名士自精神。新出来的朋友起心里爱，学吃学穿的不怕人。
⑥ 李学勤主编．十三经注疏·论语注疏 [Z]. 北京：北京大学出版社，1999 年版，第 91 页。

不同的子弟书作者在诗篇中也多次表达了同样的意思，如《遣春梅》诗篇，[①]与《假老斗叹》不一样，《遣春梅》作者想要表达的是人追求富贵不要紧，但是不要以不符合道德伦理范畴的形式追求，也不要凭借自己的财富做不该做之事，尤其是伤天害理之事，否则必定会受到惩罚，西门庆的结局就是作者给出的警示。还有的作者用不同的诗句表达了相同的意思，如《会玉摔玉》作者在头回诗篇[②]中将富贵一词用兴衰成败来代替，更能凸显人一生的不同变化，也更能激发受众感同身受的情绪。其实，兴衰成败原本就是人生不同阶段的状态，属于人发展的常态，作者将其与变化不定、最后归空的浮云联系在一起，无形中能削弱人们奋斗的意志。《寄信》第二回诗篇[③]与上面的诗篇不同，它强调的是人与人之间情感的变幻不定，甚至夫妻之间的情意有时都是假的。从这一点看，作者虽然是就事论事，但也反映出了他在看待人际关系方面的消极观点。《梦中梦》“热梦”一回的诗篇[④]直接点出了由于富贵就像浮云，所以“人生何必苦经营”。客观来看，人生经营有两种，一种是符合道德伦理范畴、正常健康地为自己谋取幸福；一种是违反道德伦理范畴、侵害他人利益以实现自己的利益。根据作者在诗篇后半部分所言，他强调的是后者。其隐含的意思其实与《假老斗叹》诗篇所言一样，就是人应该安分守己，循规蹈矩地努力，打造属于自己的亮丽人生。

统而言之，“不义而富且贵，于我如浮云”，虽被子弟书作者做了多种解读，但万变不离其宗，都是在感慨人生变幻不定，人不应该为汲汲谋求个人的利益而做出不合规矩的事，而应该守住本心，踏踏实实前行。

三、使用典故词

典故来源于具体的故事，它所代表的故事内容具有典型性特征，后人往往

① 金谷繁华眼里尘，人生富贵似浮云。登场傀儡千年恨，落华书词万古文。大藏经中空是色，庄周梦里梦非真。独有这贪淫废命的西门庆，可怜谁是坠楼人。

② 人世从来梦幻身，兴衰成败等浮云。可怜绣户深闺女，也是红尘偿债人。渺渺桑榆零落后，茕茕玉树倚朱门。《露泪缘》多少悲伤嗟叹句，怕凄凉反写当初艳热文。

③ 事有荣枯两样分，情怀冷暖恰浮云。皆从爱恶生幻变，纵是夫妻也假真。榻上夜叉倾烈胆，女中美艳丧侠心。英雄壮志频磨剑，欲惊鸳鸯梦里人。

④ 富贵浮云转眼中，人生何必苦经营。塞翁得马安知福，郑子复蕉总属空。倚翠偎红虚伉俪，绶黄衣紫假簪缨。看明世事炎凉态，自可以悲悯化而为和中。

将整个故事浓缩为简短的语言形式，如亡羊补牢、望梅止渴、韦编三绝、脱颖而出、吕刀等，或是从中截取关键性词语作为整个典故的代表，如千金报德、问津、无外、义形于色、不绝若线等。这些内容丰富、文化意蕴深厚的语言形式被称作典故词。

典故词具有独特的表达作用，启功先生就认为“文章、诗歌里边，常常用一些信号，增加表达的效力，这就是用典的来历。特别是诗歌，它不像散文，篇章句子长短不受限制。它又要表达得丰富、完整，用典是压缩语义的必然结果，因为它能传达许多信息”。[①] 子弟书作者在诗篇中也善于使用典故词，使诗篇在简短的篇幅内具有了深厚的文化意蕴，让作者所要传递表达的内容具有了更强的说服力。如《雷峰塔》第五回诗篇[②]中就使用了典故词“三生石”。“三生石”是一个比较有名的典故词，据《汉语大词典》，它源自唐代李源与僧人圆观。两个人在游玩三峡的时候，看到一群妇女在取水用，圆观对李源说：“其中那个怀孕的姓王的就是我将来的母亲。”两个人约定了十二年后的中秋夜在杭州天竺寺外见面，那天晚上，圆观果然死去，而王姓孕妇也同时产下了一名婴儿。由此，后人常用三生石表示姻缘前世已定。

这个故事是否真实，其实不重要，其关键之处在于“三生石”中所隐含的人们对现世婚姻的态度，即应以何种态度面对现世的一切，是相信它们都是前世注定的、个人只能按照既定的轨迹走，还是在面对不如人意的婚姻时，能够做出应该有的反抗。

正是由于它的常用性，所以在诗篇中多次出现。《鸨儿训妓》诗篇“两道眉头新恨色，三生石上旧冤家”。《鸨儿训妓》讲的是老鸨教导一名青楼女子如何讨得客人欢心、从客人那里获取钱财的故事。三生石典故讲的是婚姻，本不该用在这里，因为青楼女子和客人之间显然是没有什么姻缘关系可言的，所以诗篇说姻缘中的双方是冤家，并不是指常规意义上的婚姻。其他提及三生石的还有《范蠡归湖》诗篇“三生石上抛金印，一片冰心在玉壶”；《灵官庙》诗篇“哪是冤家哪是恩，三生石畔注前因”等。

---

① 启功．汉语诗歌的构成及发展 [J]. 文学遗产，2000（01）。

② 终日昏昏醉梦间，我佛慈悲度世难。只拜庙中泥塑像，不知市上地行仙。万善丛中思正果，三生石上有姻缘。当前谁把迷途指，放下屠刀便悟禅。

男女之间的婚姻，本是基于现世，或因物质，或因情感，或因其他因素，只是人们总是喜欢为现世的一切寻找存在的依据，而在这些依据中，不能被世人去验证真伪的依据最好的莫过于前世决定论。由此，“三生石”就成为人们在提及婚姻时常用的典故词。由此可见，一个典故词是否流行，是否能够成为不同时代人们共同习用的词语，与其是否蕴含着符合人类普遍审美认知和需求的因素。

【春秋笔】【无字碑】【殃及池鱼】

《哭城》的诗篇[①]使用典故词较多，计有春秋笔、无字碑及殃及池鱼三个，究其原因，是为了迎合正书内容。

“春秋笔”是与孔子有关的典故词，相传孔子在修撰《春秋》时，实事求是，寓褒贬于字里行间。后世用“春秋笔”代指根据历史事实，实事求是撰写文章的史书之笔，以及客观公正书写文章的笔法。作者在诗篇中使用“春秋笔”，彰显了其提倡儒家所言的中正观。

由于没有确凿的证据，故泰山无字碑到底为何人所立，历来有所争议。一种观点认为“无字碑”是与秦始皇有关的典故。相传秦始皇登泰山时，想把自己的是非功过留待后世评价，所以没有在碑上写字。但在《史记·秦始皇本纪》中，司马迁说秦始皇第二次出巡时，“乃遂上泰山，立石封，祠祀。……刻所立石，其辞曰：‘皇帝临位，作制明法，臣下修饬。二十有六年，初并天下，罔不宾服。亲巡远方黎民，登兹泰山，周览东极。从臣思迹，本原事业，祗诵功德……”。[②]然从《哭城》诗篇前两句来看，作者认为无字碑是秦始皇所立的，他的这一观点代表了明清时期的观点。如明代王在晋[③]认为是由于秦朝实施焚书坑儒政策，才导致秦始皇所立的碑上也没有字。细究，可见王在晋其实并没有说明秦碑上之前有没有文字。清代时，乾隆直接明示泰山无字碑是秦碑，他说：“本意欲焚书，立碑故无字。”我国当代著名的工具书《汉语大词典》也持同样的观点。另

---

① 万古羞名吕不韦，为贪富贵献蛾眉。贪心罪犯春秋笔，乱种讹喧无字碑。殃及池鱼留后患，祸胎坑穴作余煨。

② （汉）司马迁．史记 [M]. 北京：中华书局，1963 年版，第 242—243 页。

③ 作晋曾作诗“东海长流石未枯，山灵爱宝隐元符。纵教烈焰焚经史，致使秦碑字也无。”

外一种观点认为无字碑是汉武帝所立，如巴晓峰、邬震男等人[①]。据《史记·封禅书》，汉武帝曾在公元前110年前“东上泰山，泰山之草木叶未生，乃令人上石立之泰山颠。”[②]可见，汉武帝的确在泰山立过石碑，但是其到底有没有在上面刻字，由于司马迁没有明说，所以无字碑到底是不是汉武帝所立，也不是一件证据确凿之事。由此，泰山无字碑到底是谁立的，是一件比较难以有结果的公案。

作者在诗篇中所言“乱种讥喧无字碑”是为了驳斥、谴责吕不韦的不臣行为，就历史事实看，作者的观点是正确的，符合儒家的忠君思想。

“殃及池鱼”指人无端得祸，其典故出自《吕氏春秋·必己》：“宋桓司马有宝珠，抵罪出亡。王使人问珠之所在，曰：‘投之池中。’于是竭池而求之，无得，鱼死焉。此言祸福之相及也。”[③]《哭城》中的“殃及池鱼”指的是范杞梁、孟姜女深受秦王朝修建长城所苦，纷纷因此而丧命。作者在诗篇中将这一切都归为吕不韦之过，他在正书开篇提出：“吕不韦妻怀贪种贪秦业，贪根子生出贪种作贪贼。孟子说固国不以山溪为险，秦始皇修筑长城白骨成堆。害尽苍生天下惨，毒流四海鬼神悲。邦分国乱灭裂纲维。”

【千金报德】

《大力将军》诗篇[④]使用了千金报德，它与伍子胥有关。公元前522年，伍子胥的父亲和哥哥被楚平王杀害，伍子胥在逃亡到楚国的路上，向在水边浣纱的一位年轻女子讨饭吃。给了他食物后，女子突然想起来，男女授受不亲，更不能私下接触，不得已抱着水边的一块石头跳水自尽。看到女子因自己而死，伍子胥很难受，于是就咬破手指，用鲜血在石头上写了“尔浣纱，我行乞；我腹饱，尔身溺。十年之后，千金报德！”公元前506年，伍子胥协助吴王打败楚国后，因为找不到当年那个女子的家人，于是，他就回到当年遇到年轻女子的地方，往水里放了千金，实现了自己当初说要千金报德的夙愿。千金报德虽然化自伍子胥的典故，但也体现了儒家的报德思想。

---

① 巴晓峰，邬震男编著.后宫·历史上不可不知的65位女性·增订本[M].北京：中国纺织出版社，2015年版，第201页。

② （汉）司马迁.史记[M].北京：中华书局，1963年版，第1398页。

③ 张玉春等.吕氏春秋译注[M].哈尔滨：黑龙江人民出版社，2003年版，第394页。

④ 身如山岳气如虹，自笑途穷志不穷。积雪堆中埋壮士，卑田院内识英雄。千金报德非难事，双眼看人羡此情。演一回大力将军奇士传，他二人的雅意高怀迥不同。

孔子在《论语·宪问》中探讨了报德的思想，“或曰：‘以德报怨，何如？’子曰：'何以报德？以直报怨，以德报德。'”[①] 孔子没有正面回答“以德报怨”的观点，因为这不是一种良好的处世方式，“以德报怨”最早是老子提出的，他说“和大怨，必有余怨；报怨以德，安可以为善？是以圣人执左契，而不责于人。有德司契，无德司彻。天道无亲，常与善人。”[②] 也就是说，老子认为面对一个伤害或怨恨自己的人，最好的方法就是不去计较，而孔子则认为应该用一种公正的态度去面对这样的人，既不挟怨去报复对方，也不以德待对方。因为在他看来，用一种公正的态度对待对方，就已经是有德的表现。对待有德行的人，则要以德对之，充分体现了儒家思想追求德行但并不滥施德行的行为准则。至于像《北史·韩褒传》所言的“所获贼众，不足为多，俘而辱之，但益其忿耳。请一切放还，以德报怨”，[③] 则是特殊情势下的行为，并不具有普适性观点。

《大力将军》作者在诗篇中认为千金报德是很容易，是从物质层面而言的。大力将军原本已沦为乞丐，受查公的资助才能从军并最终身为将军，出人头地的他用物质报答查公是一件很容易的事，但是在用物质报答查公后，大力将军后来还帮查公一家解决了祸端等，此时大力将军的报恩已经脱离了物质层面进入了情感层面、精神层面，所以作者说“双眼看人羡此情”。显然，相较物质层面的千金报德，大力将军之后在精神层面的报德行为，是儒家真正要提倡的报德思想，所以作者才会在诗篇中说世人都羡慕大力将军和查公之间的这种因德而生的报德故事。

【一枕邯郸】

《醉卧怡红院》诗篇[④] 中有“一枕邯郸”，它是“一枕黄粱”的另一种表达形式，形容虚幻的梦想。一枕黄粱出自唐代沈既的《枕中记》，卢生在邯郸一家旅店内，白天睡觉的时候做了一个梦，梦中的自己富贵发达，结果醒来时，却发现仅仅是一个短暂的梦，这个梦短到他睡觉前店家开始蒸的黄粱米饭都还没好。因为故事发生在邯郸，所以后人也称其为一枕邯郸。

---

① 李学勤主编．十三经注疏·论语注疏 [Z]. 北京：北京大学出版社，1999 年版，第 198 页。

② 崔仲平．老子《道德经》译注 [M]. 哈尔滨：黑龙江人民出版社，2003 年版，第 81 页。

③ https://bkrs.info/slovo.php?ch=%E4%BB%A5%E5%BE%B7%E6%8A%A5%E6%80%A8

④ 老眼模糊看不真，更兼多酒乱神魂。千觞酝酿休辞醉，一枕邯郸已睡沉。锦绣场添村妇梦，温柔乡乐野人心。酒余饭饱何妨睡，可羡他是随遇而安的爽快人。

一枕邯郸表达的是梦中的东西从来的都不是自己的，人要踏踏实实地立足现实，靠自己的奋进才能得到自己想要的东西。这种观点与儒家积极修身的观点是一致的。儒家特别强调学习的重要性，在他们看来修身是“齐家、治国、平天下”的根本，如果不能修身，那么也只能像卢生那样在梦中虚假地实现自己的梦想。学习是一个人提升自我智慧的重要保障，也是一个人能够知道耻辱、荣誉的基础，更是他入世的根本。说到底，一枕邯郸反映的其实就是《论语》中所说的“思而不学则殆”的现象，一个人不知道学习，只会空想，显然是无法获得成功的。

【生离死别】

《晴雯赍恨》诗篇[①]中使用了生离死别这个典故词，出自汉代无名氏的《为焦仲卿妻作》。其原文为“生人作死别，恨恨那可论”一句，描述了焦仲卿和妻子刘兰芝相爱却被生生分开、最后双双殒命的悲惨故事，后人将这个典故凝练为典故词语“生离死别”，用来表示亲人、爱人或其他关系亲密的人在分离时，好像和死者诀别一样，此生再难见到。

晴雯作为贾宝玉的丫鬟，身份地位看似比其他丫鬟要高一些，但无论如何，也不能改变其身为丫鬟的命运，更无法主宰自己的命运，所以晴雯最后怀恨凄惨而死。她的遭遇，引起了很多子弟书作者的关注，不仅为晴雯专门写了子弟书，且点出了自己对晴雯之事的看法，深刻地表明了他们悲天悯人的精神。像在《晴雯赍恨》作者眼里，晴雯的丫鬟身份已经被忽视，他所关注的只是一个青年女子的悲惨遭遇，所以他说“生离死别最难堪，别到晴雯更可怜”，显示出了其所具有的仁义思想。

儒家所具有的仁义思想，体现了人与其他生物的不同，也是人与人之间、国与国之间具有和谐关系的重要前提。儒家所提倡的仁义，并不是滥爱，而是身为上天之子的最高统治者对臣民的仁义，是上层对下层的眷顾，是人与人之间的友善。不过，在封建社会想要真正的仁义不仅是一件非常困难的事，且往往被统治阶级拿来大做文章，使其变成欺诈臣民的无形手段。然而，这不代表仁义思想不正确，只是在其提出的最初时代或者在之后实施的阶段，没有理念

① 春色无边到上林，御园桃李斗芬芳。生离死别最难堪，别到晴雯更可怜。

先进的执政者真正地理解它、真正地想要实施它，久而久之，儒家的仁义思想就被披上了一层人为的“虚伪”外衣，成为其他流派攻击儒家的借口之一。实际上，无论学者们如何批判儒家，批判儒家思想，都无法抹杀仁义其实是人类应该具备的特征之一，只是在不同的时代其呈现的形式不同而已，如《晴雯赍恨》作者对晴雯表达的是一种友善之爱，体现了清代满族文学家从儒家那里借鉴、继承来的仁义思想。

除于儒家思想有关的典故外，诗篇中也有其他典故，如与道家有关的“忘机”“身化蝶”：

【忘机】

《椿龄画蔷》诗篇[①]中有忘机一词，它本指此在某种境遇下，人消除了技巧之心，后世常用来指甘于淡泊、与世无争的道家思想。《椿龄画蔷》诗篇中的忘机则不是此义，它与“当局者迷”有同工异曲之妙。“当局者迷”指的是人身处某件事中，无法看清事实的真相，诗篇中椿龄痴迷于贾蔷正是“当局者迷”的写照，作为一个丫鬟，爱上主人，绝对不是一件值得高兴的事，所以椿龄只能蹲在雨中悄悄画一个“蔷”字寄托自己的爱。这本与身为旁观者的贾宝玉无关，但多情的贾宝玉看见椿龄在雨中用小木棍在地上画“蔷”字的痴心样，自己也融入了椿龄的痴情中，忘记了椿龄和贾蔷身份的不同，充分显示出了贾宝玉对大观园中女子的怜爱。《椿龄画蔷》的作者对《红楼梦》中所描写的这一幕评价很高，他在正书中称赞道“羡《红楼》何处得来生花妙笔，似这般花样，他越写越奇”。

可见，作者在这里借用忘机一词，强调的并不是贾宝玉甘于淡泊、与世无争的思想，而是其容易被外物所影响并积极参与的性格特征，当然，作为多情之人，能让贾宝玉忘记自己身份并能积极参与的自然是和感情有关的事。应该说，这是儒家入世思想的一个侧面表现，只是儒家的主要是世俗方面的，而贾宝玉的是情感方面的。其实，虽然儒家思想的入世主要指世俗方面，但其所提倡的是“学而优则仕”，所以起步点其实也是思想，只是最后将其投注到现实中而已。由此可以说，尽管忘机这个典故词产生于道家，但随着历史的发展，它

① 情重失神便似痴，哪知局外也忘机。女伶魄走何时也，公子魂消却为伊。两下迷离一样景，一番风雨两不知。好一幅难描难画的痴人小像，全在那彼此交呼猛省时。

也逐渐与其他流派的思想有了一定的关系，或是它吸收了其他流派的相关因素，或是其他流派吸收了它的内涵。

【身化蝶】

《何必西厢》头回诗篇[①]使用了典故词身化蝶，它是庄周梦蝶的典故，典出《庄子·齐物论》："昔者庄周梦为胡蝶，栩栩然胡蝶也。自喻适志与！不知周也。俄然觉，则蘧蘧然周也。不知周之梦为胡蝶与？胡蝶之梦为周与？"[②]后世常常用来形容人进入浑然忘我的境地。

另外，诗篇中还有与历史事件有关的典故词，《八郎探母》头回诗篇中有"陈桥兵变"。[③]

由于受表达内容的限制，诗篇中的典故词数量较少，但在正书中典故词则非常多，这些典故词涵盖面广，文化内涵丰富，具有较强的应用性。就诗篇中所用典故词看，产生于先秦时代的儒家思想和道家思想，存有一定的共性。

四、引用诗句

子弟书作者无论在诗篇还是正书中，都喜欢直接引用或化用前人的诗句，直接引用的如《意中缘》第三回诗篇："竹子为墙石作阶，萧条秋色冷苍苔。花径不曾缘客扫，蓬门今始为君开。天素深嫌多打扮，家常不好巧安排。预备下数盏香茶一坛美酒，平头报说昨日那江公拜姐姐来。"诗篇中的"花径不曾缘客扫，蓬门今始为君开"即是引自杜甫的《客至》。改用诗句，即用了原诗句的意思，作者根据自己创作的内容，对其个别字词等作了微改，如"劝君莫羡封侯事，一将成功万命残"（《花木兰》）两句即改自唐代曹松的《己亥岁》中的"凭君莫话封侯事，一将功成万骨枯"。有的子弟书作者在诗篇中是直接引用诗句和改用诗句两种手法同用，如"塞外从亡第一勋，加官进爵主恩醇。万里黄河埋白骨，三春绿柳吊青坟。田园寥落干戈后，妻妾流离道路分。归来捧出红泥诰，疑是相逢梦里人"（《双官诰·五回》），其中"田园寥落干戈后"是直接引用自白

① 纸窗梅影月初升，半榻残篇一灯青。此际浑疑身化蝶，阎浮沤寄羽毛轻。稗史观来惟节义，新词填去尽多情。鹤侣氏闲笔重描梅花梦，且看张梦晋他能体温柔意方是大英雄。

② 孟庆祥，关德民等．庄子译注 [M]. 哈尔滨：黑龙江人民出版社，2003 年版，第 57 页。

③ 太祖英明今古传，雄心创业治中原。纵英雄一柄风尘三尺剑，成大宋万里河山数百年。兵变陈桥总有愧，臣如赵普怎称贤。夺天下夺于寡妇孤儿手，失天下失在孤儿寡妇前。

居易的《望月有感》，“妻妾流离道路分”则是改用了它的下一句“骨肉流离道路中”。作者的改用是基于《双官诰》的内容而起，所以并不突兀。

“霜叶红于二月花”出自杜牧的《山行》，本只是表达一个正常的自然现象，但是在《路林（露泪）缘》第十回诗篇[①]中，却被作者赋予了悲伤、萧瑟的情感。诗篇前半部分被作者赋予了凄凉、忧伤的基调，接下来作者将“霜叶红于二月花”与“桃花似火春天景”对比，使得前者不由自主地带有了其原本没有的情感色彩。林黛玉是《红楼梦》诸多女性人物中身体最不好、最多愁善感，身份也比较特殊的女性，所以，韩小窗在《路林（露泪）缘》时，自然而然地就带有了感伤的笔意，其感伤的程度甚至使其所引用的诗句、所用每字每句都带有了感伤的情绪。

综上，尽管子弟书作者在诗篇中所引用的很多都是已有的诗句，但因其很多时候与原作者隐含在这些诗句中的情感、自然景色并不同，所以这些诗句就具有了别样的内涵，焕发出了新的色彩。通过研究，可以发现作者在诗篇中所引用的诗句，除了一些如“霜叶红于二月花”这样常规性的诗句后，还有一些隐含儒家思想的诗句。之所以如此，是因为儒家思想对后世影响很大，就读书人而言，无论身处哪个朝代，儒家经典著作都是其必读的书目，儒家在这些经典著作中的思想理论自然为其所吸收并借鉴。从诗篇可以看出，子弟书作者在接受和借鉴这些有关儒家思想的诗句时，充满了主观能动性，往往根据自己的理解，对其做了新的表达。

【书中原自有黄金】

《颜如玉》诗篇[②]使用了“书中原自有黄金”，它化自“书中自有黄金屋”，出自宋真宗赵恒的《励学篇》，其诗曰：“富家不用买良田，书中自有千钟粟。安居不用架高堂，书中自有黄金屋。”[③]后世多用“书中有黄金”表示。《凤仙》作者也在诗篇[④]中表达了同样的意思。究其根源，书中有黄金的观点脱胎于儒家的

① 孟冬万卉敛光华，冷淡斜阳映落霞。小阳春气风犹暖，下元节令鬼思家。哪里寻桃花似火春天景，只剩下霜叶红于二月花。潇湘馆重翻千古苍梧案，吊湘妃竹节成斑泪点杂。

② 书中原自有黄金，未必黄金长疗贫。幻出瑶编真色相，演成酸子傻精神。偶从经史存痴想，真个瑯嬛拜玉人。莫笑书痴奇遇假，如非假怎见聊斋绝世文。

③ https://so.gushiwen.org/mingju/juv_ffea49c9f56b.aspx

④ 阿紫英侠俏胆雄，能激鳅鳝化成龙。不因二子分贫富，何缘白眼觑酸丁。娇女争持非为果，《破窑》一唱泣寒穷。常言道黄金自向书中觅，真果是一举高捷便不同。

“学而优则仕”观点，在传统观念中，一个人只要成为官员，就意味着收入有了保障，整个家庭甚至家族都会因其而发生巨大的改变，如《金印记》诗篇明言“一举成名天下闻，寒窗不负读书人。腰金衣紫尊苏相，附势趋炎笑三亲”。我们知道，儒家所言的“学而优则仕”其根本目的是为了入世，是为了参与政治，借此把自己的为政思想付诸实施。但任何行为无论是个人还是集体行为，一旦发生，依附在其过程或结果中的因素绝不是单一性的，而是具有综合化特征，即一旦当行为主体实施某种行为，该行为的核心要素或许是他可控的，但是其行为的附加要素却不一定是他可控的。所以一个人“入仕”后，无论其目的为何，都会带来很多附加要素，如物质条件的改善。但“入仕”的毕竟少，所以后世不再强调读书入仕，而重在强调书中有黄金屋。看似后者比前者俗，但却是最实在的话，故成为古代很多贫穷家庭支持孩子读书的动力。最关键的是，中国传统文化认为，一个人只有多读书，才能明事理、懂仁义，才知报效国家，如《草诏敲牙》诗篇[①]就把方孝孺具有忠君报国的品性归结为他曾经读万卷书。这种说法虽然有所夸大，但却真实地点出了读书的好处，能够广为流传被万世奉为经典的书，无论提倡者目的是什么，但书中所蕴含的大抵是劝人向善、引人明经纶以及开阔人视野等的知识。《打面缸》也强调了读书的好处：“士农工商士最尊，孔圣门墙育贵人。博古通今一生学问，致君泽民满腹经纶。黄卷青灯独尝勤苦，秋闱春试直上青云。翰苑登瀛玉堂金马，最小的前程也是个知县衙门”。一个人如果能够对所学知识活学活用的话，是可以作为武器的，如《舌战群儒》诗篇[②]就指出诸葛亮能凭一己之力辩倒诸多的读书人，正在于他读了很多儒家的经典著作，有着渊博的知识储备。

总而言之，“书中有黄金”体现了以儒家为代表的古代人对知识的重视，这种理念在中国发展历史中起到了重要的作用。

【人生七十古来稀】【酒债寻常行处有】【朝回日日典春衣】

---

① 凛凛须眉一丈夫，慷慨从容盖世无。果然不愧千锺禄，只为曾读几句书。铮铮铁骨亡国难，耿耿丹心照帝都。

② 从来儒子最精微，满腹诗书义气魁。舞文弄墨皆无用，论黄数黑又何为。堪羡当年诸葛亮，言如利刃逞雄威。舌剑斩来不见血，唇枪刺去可扶危。

《老侍卫叹》是比较著名的一篇原创类子弟书，但其诗篇[①]的原创性并不高，甚至可以说它是作者利用了前人的诗句拼凑而成的。“人生七十古来稀”“酒债寻常行处有”出自杜甫《曲江二首》其二，其正常语序为“朝回日日典春衣，每日江头尽醉归。酒债寻常行处有，人生七十古来稀。”[②]杜甫一生际遇不顺，晚年更是穷困。仕途不得意，走到哪里喝到哪里，典当完春衣就到处赊酒。在他看来，人生所剩时日无多，既然人生不得意，不如醉中求真意。《老侍卫叹》中的老侍卫与其生活境况基本相同，但是心境却不同，为表示其区别，作者鹤侣氏将这几句诗颠倒了顺序。如果说杜甫的行为中还带有一种洒脱，那么老侍卫则完全是好吃懒做，或者说其是没有自我精神追求的，所以他的日子自然是不顺畅的，甚至要靠妻子到坟场乞讨祭品果腹。鹤侣氏对这种行为是批判的，作为同样当过侍卫的他而言，他很了解侍卫的俸禄、工作及日常生活，当然也知道他们的不良习惯，所以他这篇《老侍卫叹》看似是打趣，实则是对以侍卫为代表的清代官员的警醒，体现了他具有一定的批判现实的精神。

孔子说：“吾十有五而志于学，三十而立，四十而不惑，五十而知天命，六十而耳顺，七十而从心所欲不逾矩。”[③]由此，一个人一生应该不断地追求、提升自我，才能在不同的年龄做出属于该年龄段的事以及具有相应的精神感受。《老侍卫叹》中的老侍卫凭着自己的旗人身份获得了侍卫一职，却不思进取，一意吃喝，不以妻子在坟场乞讨祭品为耻，不以改善家庭条件为己任，毫不客气地说，他可以称得上空有人形的寄生虫。但是作为同样当过侍卫的旗人，鹤侣氏自然不能犀利地指出这一点，于是借用了杜甫的诗句，婉转地表达了自己的观点。

五、化用俗语

有诗篇很多使用了俗语，如《雪梅吊孝》诗篇[④]中的“红颜多薄命”即化自

---

① 人生七十古来稀，笑我时乖寿偏齐。酒债寻常行处有，朝回日日典春衣。当票子朝朝三五个，帐主儿门前闹泼皮。老妻自是多贤慧，挎竹篮每向坟边乞祭余。

② 程树德撰，程俊英、蒋见元点校．论语集释 [M]. 北京：中华书局，1990 年版，第 70—76 页。

③ 李学勤主编．十三经注疏·论语注疏 [Z]. 北京：北京大学出版社，1999 年版，第 15 页。

④ 小姐针黹绣芝兰，忽闻夫丧泪如泉。恨道红颜多薄命，谁想绿鬓叹终年。千载名节从此注，万古贤德永远传。雪梅二字成嗟叹，惹得文人笔不闲。

俗语“自古红颜多薄命”。其他诗篇中也有的将其写作“红颜薄命”，如《红梅阁》头回诗篇为“欲问佳人芳氏谱，这就是那红颜薄命的李慧”；《阳告》诗篇“红颜薄命事堪伤，千古鍾情惹断肠”。“红颜”指长得漂亮的年轻女子，其薄命的根本原因是封建社会男尊女卑、女性社会地位低下，在这样的社会背景下，自然极少有女性能具有自己的独立人格。换言之，在很多男性眼中，女性有时等同于“玩物”，而女性又易于动情，心思又重，在男性将其抛弃或者是移情别恋后，郁郁成病，最终死亡。通过不同作者的叙述，可以发现，他们对女性地位低下持有一定的同情。毕竟，满族在入关之前，出嫁后的女性在娘家的地位非常高，这一点从《老侍卫叹》《螃蟹段》《鸳鸯扣》等子弟书，可以看出。

所以，从诗篇所用俗语中，我们能解读出其中所隐含的儒家思想，具体而言，诗篇所用俗语还有以下这些：

【人穷志不穷】

《渔家乐》诗篇[①]使用了“人穷志不穷”这个俗语，它指的是一个人尽管物质上贫穷，但是精神上不能贫穷，这一点正是儒家倡导的。《礼记·檀弓下》中所记录的不食嗟来之食的故事可作为它的具化形式。“齐大饥，黔敖为食于路，以待饿者而食之。有饿者蒙袂辑屦，贸贸然来。默敖左奉食，右执饮，曰：‘嗟！来食！’扬其目而视之曰：‘予唯不食嗟来之食，以至于斯也！’从而谢焉，终不食而死。”[②]其所隐含的“人穷志不穷”的气节，正是儒家始终追崇和坚持的。在儒家经典中，不止一次地出现了这种理念，如“贤哉回也！一箪食，一瓢饮，在陋巷。人不堪其忧，回也不改其乐。”[③]如“富贵不能淫，贫贱不能移，威武不能屈，此之谓大丈夫。”[④]

《渔家乐》是《藏舟》的续篇，描写了邬飞霞为报杀父之仇，扮成歌女马瑶草混入太师府，刺杀太师梁冀，并在相师万家春帮助下逃出太师府的故事。作者借助这个故事重点表达的是一个人只要坚定信念，提升自身的能力，就有可能战胜强权，最终实现自己的目的。在他看来，志向不是任何一个人都拥有的，

---

① 相自心生善恶中，果然善恶相分明。小人气短行应短，君子人穷志不穷。玉带难围奸肺腑，锦袍怎掩歹心胸。一朝数到难推却，总悔前非用不行。

② 李学勤主编．十三经注疏·礼记正义 [Z]. 北京：北京大学出版社，1999 年版，第 317 页。

③ 李学勤主编．十三经注疏·论语注疏 [Z]. 北京：北京大学出版社，1999 年版，第 75 页。

④ 李学勤主编．十三经注疏·孟子注疏 [Z]. 北京：北京大学出版社，1999 年版，第 162 页。

“小人气短行应短”，平庸的人没有志向，所以其所言所行也没有可取之处；而“君子人穷志不穷”，君子本身就是素质较高的人，对人生有自己的追求，所以最后才能成就事业。

【钱能使鬼】

《雷峰塔》第三回诗篇[①]使用了俗语“钱能使鬼”，它出自晋代鲁褒的《钱神论》，其文曰：“有钱可使鬼，而况人乎。”这点观点，不论放置哪个时代，都是一种不正常的价值观，然而与其他不正常的价值观一样，它却成为历代中下层尤其是下层民众所坚信的观点。之所以如此，根本原因就在于无论是奴隶制社会还是封建社会，都是以官本位为主的社会，中下层尤其是下层民众没有任何话语权，除非他们有足够的财富，在这样的社会环境下，类似于“钱能使鬼”的观点就逐渐深入人心，其寓意就是如果没有权，但如果有钱，是可以让权为其服务的。正是由于人们对这种观点的信奉，所以后来它又逐渐演化成了“钱能使鬼推磨”。

作者在诗篇中使用这个俗语，其意在揭露当时社会贪腐严重、底层人民有冤无处声张的社会现象。他在诗篇中所言的“居家谁不贪小利，作官哪个肯清廉”，就是对这种现象的最好总结。但鉴于作者本人身份不高，故空有一番看不惯社会现实的激愤之情，也只能将其隐含在人人熟知的故事中，假托故事人物之言行宣泄自己的情绪。

儒家一向强调以“仁”治天下，即“仁者人也，亲亲为人。”然而在阶级社会，这种治国理念无疑是理想化的，也就是说，孔子的这种治国理念在阶级社会的存在。但不能否认的是，在其提出这个理念之前或之后，当政者在治理国家中总是会或多或少实施仁政的，民众也因此总是期盼着当政者还有更多的仁义之举。民众们的这种期盼，为其接受统治者的统治提供了心理接受的基础。然而，正如、《雷峰塔》作者在诗篇中所言，社会现实总是令人失望。可以说，这些正是儒家“仁”的理念与社会现实之间存在的矛盾。

① 五福之中富最难，人生财与命相连。居家谁不贪小利，作官哪个肯清廉。钱能使鬼真堪怪，钱可通神大有权。你只看点石成金黄布地，就是作佛成仙也为的是钱。

【善恶到头有昭彰】

《全扫秦》文末诗篇[①]使用了俗语“善恶到头有昭彰”,其目的在于劝人向善,并将其与神灵结合在一起，如《尚书·汤诰》认为“天道福善祸淫”，即天道会降福给行善之人，施加灾祸给行恶之人。《全扫秦》另一首诗篇为“劝人不必苦结冤，留下英名万古传。善恶自有神知道，弃开忿恨镜花缘”，也充分体现了利用神灵之说劝说人向善、行善的观点在清代依然流行的情形。相较先秦时期，清代的生产力已经很高，利用神灵劝人向善、行善的观点仍然广受欢迎，说明一种观点一旦被大多数人接受，其生命力就非常强韧，甚至不因时间的改变而改变。

当然，在生产力落后的时代，神灵是人们的重要精神寄托，所以这种将善恶与神灵结合在一起的观点，极易被人们接受和推崇，也是它成为人们在面对一些自己看不惯却又无法解决之事或者总结一些事时常用的理念。《渔家乐》第三回诗篇[②]同样宣传了这个理念。可以说，当这种观点被人们接受之后，提倡者的语句中即便不出现神灵也会有同样的效果，《周易》指出“积善之家必有余庆,积不善之家必有余殃”。[③]随着社会的发展，善恶不再是个体与具体的事，而是关系到整体利益的事。所以，历代都重视善恶的问题，如宋代智圆认为“夫儒、释者，言异而理贯也，莫不化民，俾迁善远恶也。儒者饰身之教，故谓之外典也；释者修心之教，故谓之内典也”。[④]显然，智圆认为“善”的观念是佛教和儒家共同拥有的理念，只是具体的教化形式不一样。

【使碎心机】

《淤泥河》诗篇[⑤]使用了使碎心机。使碎心机即费尽心机，指为了达到目的，绞尽脑汁，想尽了办法。诗篇中所言使碎心机的原因在于追求名利，名与利代表了物质和精神两个层面，作者用使碎心机四个字形容人追求名与利时的行为，

---

① 宋室江山未应常，天佑泥马渡康王。既生岳某安社稷，又降秦桧害忠良。世人不测苍穹意，善恶到头有昭彰。一生动坐如幻梦，明公追忆细参详。

② 总理朝纲社稷臣，空怀日月袖乾坤。想移神器违天命，欲窃山河灭汉根。自谓民情俱在我，哪知天意不随心。满盈恶贯犹行恶，请问循环绕过几人?

③ 李学勤主编 . 十三经注疏·论语注疏 [M]. 北京：北京大学出版社，1999 年版，第 24 页。

④ 智圆 . 闲居篇卷 19，卍续藏经第 101 册，台湾新文丰出版公司，1994 年版，第 110 页。

⑤ 堪叹人生天地中，使碎心机为利名。人生恰似花间露，好勇争强火花冰。三寸气在千般用，一日无常万事空。任君使尽千般巧，只落得临死回头被土来蒙。

说明他并不赞成人不择手段去追求名与利，这一点无疑与儒家是一致的。

在儒家看来，追求名利是一个人正常的需求，但使碎心机追求利名的行为却欠妥。孔子说“君子喻以义，小人喻以利”，[①]强调统治者和贵族男性应该以精神追求为主，尤其应关注精神层面中的道义层面，而对普通百姓而言，则应追求物质利益为主。显然，孔子看到了社会阶层在物质层面和精神层面的差异，故而认为人的追求目标应该与自己现有的条件一致，所以孔子说“富与贵，是人之所欲也，不以其道得之，不处也。”。[②]也就说，孔子不反对一个人追求物质层面的东西，其后继者孟子甚至将百姓的物质生活状况和国家安稳联系在一起，他说“民之为道也，有恒产者有恒心，无恒产者无恒心。苟无恒心，放辟邪侈，无不为已。”[③]荀子也说“饥而欲食，寒而欲暖，劳而欲息，好利而恶言，是人之所生而有也，是无待而然者也，是禹桀之所同也。”[④]当然，儒家强调物质，更强调精神、道德层面的追求，“志士仁人，无求生以害人，有杀身以成人”，[⑤]“生，我所欲也；义，亦我所欲也。二者不可得兼，舍生而取义者也”。[⑥]儒家甚至认为，真正的君子是不会受物质影响的，“君子食无求饱，居无求安，敏于事而慎于言，就有道而正焉，可谓好学也已”，[⑦]“饭疏食饮水，曲肱而枕之，乐亦在其中矣。不义而富且贵，于我如浮云”。[⑧]以上都是儒家为理想中的君子构设的品质，虽在现实中出现的概率不是百分百，但至少是一种充满正能量的倡导，对社会的风气能起到一定的引导作用。其实，很多子弟书作者也在自觉传播这种思想，如《一疋布》作者在头回诗篇中写道：“财非义取必由欺，造物权衡暗主持。趋利不无失利日，安贫终有不贫时。任教狡狯谋偏巧，试看循环报更奇。但愿贪夫达此义，不便宜处是便宜。这俚语只因看演《一疋布》，慨世路欲醒财迷写借妻。”

总而言之，名利即“义利关系是儒学和中国传统文化讨论的一个重要问题。

① 李学勤主编．十三经注疏·论语注疏 [Z]. 北京：北京大学出版社，1999 年版，第 51 页。
② 李学勤主编．十三经注疏·论语注疏 [Z]. 北京：北京大学出版社，1999 年版，第 48 页。
③ 郑明璋．《孟子章句》今解 [M]. 北京：九州出版社，2016 年版，第 119 页。
④ 高长山．荀子译注 [M]. 哈尔滨：黑龙江人民出版社，2003 年版，第 56 页。
⑤ 李学勤主编．十三经注疏·论语注疏 [Z]. 北京：北京大学出版社，1999 年版，第 210 页。
⑥ 郑明璋．《孟子章句》今解 [M]. 北京：九州出版社，2016 年版，第 279 页。
⑦ 李学勤主编．十三经注疏·论语注疏 [Z]. 北京：北京大学出版社，1999 年版，第 11 页。
⑧ 李学勤主编．十三经注疏·论语注疏 [Z]. 北京：北京大学出版社，1999 年版，第 91 页。

利和义，反映了人生的物质生活和精神生活这两个方面。利，是指个人的物质利益，是物质的、自然的方面；义，是指反映社会整体利益要求的规范和个人的社会责任，是人文的、精神的方面。孔子肯定人都希望富贵，厌恶贫贱，同时又要求按照义的标准来决定对富贵贫贱的取舍，不用不合道义的手段求富贵，也不以不合道义的手段摆脱贫贱。这也就是要求人们自觉地把道义放在第一位，以道义的标准约束自己对物质利益的追求”。[①]

【识时务者为俊杰】

《范蠡归湖》第五回诗篇[②]中有“识时务者为俊杰”，它出自《晏子春秋》，其文曰：“识时务者为俊杰，通机变者为英豪。”后演变成为俗语，用来强调一个人要处世立身时，要看清形势，根据实际情况决定自己的言行，这样的人才有可能脱颖而出，成为卓越的人物。因此，常被用来夸赞一个优秀的人，如裴松之注《三国志·蜀志·诸葛亮传》时，引用晋代习凿齿的《襄阳记》说：“儒生俗士，岂识时务？识时务者在乎俊杰。此间自有伏龙、凤雏。”[③]

从其内涵而言，体现了儒家因时而变、不迂腐的观点。儒家一直强调天地万物的变化没有规则可循，想要成功，就要根据应势而动，如“天施地生，其益无方。凡益之道，与时偕行。”[④]并且要做到“时止则止，时行则行，动静不失其时”。[⑤]在2015年的第二届世界互联网大会开幕式上，习近平主席第四次引用“凡益之道，与时偕行”，来说明与时俱进的重要性。与时俱进的观点是儒家一脉相承的重要观点，“可与共学，未可与适道；可与适道，未可与立；可与立，未可与权。”[⑥]这里的“权”指的就是要因时而变，在儒家看来，如果不能应时而变，那么一个人的学问无论多高，其志向无论多大，都不能获得成功，所以儒家在实践中一直强调身体力行，如《盐铁论》中就记述了孔子应时而变的事，其文曰：“明者因时而变，知者随事而制。孔子曰：‘麻冕，礼也，今也纯，俭，吾从众。’故圣人上贤不离古，顺俗而不偏宜。鲁定公序昭穆，顺祖祢，昭公废

① 钱逊.《论语》读本[M].北京：中华书局，2007年版，第47页。

② 浩然正气塞苍穹，激湍清流一色清。心地犹堪明月印，性天直与万源通。身存飘叶何曾小，迹远浮尘自在中。货殖何防宗子贡，称得起识时务者俊杰名。

③ （晋）陈寿撰，（宋）裴松之注.三国志[M].北京：中华书局，1959年版，第913页。

④ 李学勤主编.十三经注疏·论语注疏[Z].北京：北京大学出版社，1999年版，第116页。

⑤ 李学勤主编.十三经注疏·周易正义[Z].北京：北京大学出版社，1999年版，第177页。

⑥ 李学勤主编.十三经注疏·周易正义[Z].北京：北京大学出版社，1999年版，第176页。

卿士，以省事节用，不可谓变祖之所为而改父之道也？二世充大阿房以崇绪，赵高增累秦法以广威，而未可谓忠臣孝子也。”[①]

【赌博场中无胜客】

《为赌嗷（傲）夫》诗篇[②]中有“赌博场中无胜客”，它有多种表达方式，如“赌场不见长胜将”“十赌九输”“赌场无长胜者”等，他们的存在就是为了劝诫人们不要赌博。赌博是一种主要以钱为注比赛输赢的不正当的娱乐活动，其多源于人们内心的贪婪，如明代刘若愚《明宫史·十月》“内臣读书安贫者少，贪婪成俗者多，是以性好赌博。”[③]清代学者尤侗指出“赌虽百族，恶实一类。天理已绝，人事复废。盖以大灭小者不仁，以私害公者不义，式号式呼者无礼，佹得佹失者非智。分无贵贱，四座定位。上攀缙绅，下接皂隶。父子摩肩，弟兄紾臂。闲无内外，男女杂次。……四端丧矣，五伦亡矣。”[④]即赌博是违背儒家理念的，兼以赌博有害无益，所以历朝历代都有禁赌一说。

战国魏国李悝在《法经·杂律》明确指出“博戏，罚金三币。太子博戏则笞。不止，则特笞；不止，则更立，曰嬉禁”。[⑤]诸多律法条款因具体的社会现象而定，也就是说，《法经》中有针对赌博的律法，且特地指出太子如果赌博是必须要受到刑罚的，说明战国时期赌博已经成为一种影响社会稳定的不良行为。然而律法在很多时候并不能制止一种普遍性的尤其和娱乐沾边、又符合人们投机心理的社会行为，所以历朝历代都禁赌，赌博却依然存在。尤其清代时，赌博之风尤为盛行，《打十湖》就反映了当时旗人痴迷赌博的现象。正书中说：“有一个纨绔人家泼天之富，真堪敌国埒王侯。寻花问柳难怡性，斗叶游湖可快眸。百廿纸牌爱如至宝，万金事业弃若东流。镇日价呼朋引类在头家里，一赌千金意气投。”这段描写非常形象地写出了当时富贵旗人不再满足于一般的娱乐消遣活动，而是将视线纷纷转向了更为刺激的赌博活动。俗语“十赌九输”自然不是假的，赌博之人都有一种赌徒心理，无论其赢还是输，所得到的心理感受都会

① 王利器校注．盐铁论校注 [M]. 北京：中华书局，1992 年版，第 162-163 页。

② 尘俗扰扰事纷纭，哀乐悲欢各自寻。贪杯应道多迷性，花柳从来最断魂。赌博场中无胜客，心思淘尽好精神。财产倾家伤身体，坑害了多少迷途不悟的人。

③ http://www.wjszx.com.cn/bairijinengdubo-s.html

④ （清）徐珂编撰．清稗类钞 [M]. 北京：中华书局，1984 年版，第 4885 页。

⑤ http://www.360doc.com/content/14/0226/10/537626_355788044.shtml

诱使其继续赌下去。像《打十湖》中的这位主人公，“自从陷入十湖阵，中牌迷场场全输总未赢。展眼间画栋雕梁归异姓，田连阡陌属他名。奴仆车马别寻主，玩物铺陈入典中。只贫得食不充饥衣不蔽体，方悟道产业非如蜀道铜。”显示出赌博对人的精神危害丝毫不亚于毒品，其在赌博中所获得的精神刺激及对一下局无限的期待，让其欲罢不能，甚至因此如《打十湖》中主人公一样败尽家产。清人王士禛对此困惑不已，他说：“余常不解吴俗好尚有三：斗马吊牌、吃河豚鱼、敬畏五通邪神，虽士大夫不能免”。[①] 清代的赌博花样很多，如“叉麻雀”。“麻雀亦叶子之一，以之为博，曰叉麻雀。凡一百三十六，曰筒，曰索，曰万，曰东南西北，曰龙凤白，亦作中发白。始于浙之宁波，其后不胫而走，遂遍南北。”[②] 一种地域性的赌博行为能够迅速在全国流行，可见当时赌博已经处于不可控的地步，徐珂明言“光、宣间，麻雀盛行，逮乎诸侯士大夫及士庶人，名之曰看竹，其意者何可一日无此君也。其穷泰极奢者，有五万金一底者矣”。[③] 针对这种情况，潘洪钢指出“清代是中国历史上赌博最为繁盛的时代，既有传统的赌博项目，也有新创的和从国外传来的赌博方式，参与赌博的人群更是广泛包括了社会各个阶层。同时，清代也是禁赌法律规定最为严厉的一个时代，律例中对于各类人员参与赌博及开设赌场、生产和制造赌具，均有严格的惩处规定。这样一种矛盾的社会历史现象，表现出法律与社会生活实际的严重脱节”[④]。面对这样的社会事实，《为赌嗷（傲）夫》作者很清楚自己在诗篇中发出的“赌博场中无胜客”等劝诫语，不一定有用，但至少说明在当时社会还是有一部分像他一样能够在几乎全民皆赌博的情况下，保持理智的人。

然而，在整个社会都令人担忧的语境下，即便有一些如《为赌嗷（傲）夫》一样的人，所起的作用范围是较小的，甚至是暂时的，这就更凸显了赌博对人的精神腐蚀之严重，这也是不同作者在自己的作品中多次强调赌博危害的原因。

① （清）王士禛 . 分甘余话 [M] 北京：中华书局，1989 年版，第 21 页。
② （清）徐珂编撰 . 清稗类钞 [M]. 北京：中华书局，1984 年版，第 4905 页。
③ （清）徐珂编撰 . 清稗类钞 [M]. 北京：中华书局，1984 年版，第 4906 页。
④ 潘洪钢 . 清代的赌博与禁赌 [J]. 江汉论坛，2008（09），第 61—66 页。

【一还一报】

《范蠡归湖》第二回诗篇[①]中的"一还一报"指的是"恶有恶报"，它是中国"报"观念的一个体现。"报"是中国重要的社会理念，是不同学派如儒家、道家、墨家等都重视的，它包括很多内涵，如报天报地、报君报亲、报朋友等等，采取的形式也各种各样，但总而言之，本质都是强调人与天地、人与他人相处及来往时都要注意回报，这个报既有可能是善报，也有可能是恶报，毫无疑问，诸多学派所提倡的都是前者。

世间之人，无论是善人还是恶人，都期盼好运能够眷顾到自己，但好运眷顾到谁，却不以人的意志为转移，不过儒家等学派始终相信行善之人一定能获得好运，而行恶之人也一定会得到报应，所以他们认为"积善之家必有余庆，积恶之家必有余殃。"[②]"为善者天报之以福,为不善者天报之以祸。"[③]甚至认为"天道无亲，常与善人"。[④]毋庸置疑，这些观点的提出有利于世人积极向善，进而有利于维护社会稳定。

在儒家等学派之人看来，因个人行为所受到的"报"很多时候不只是施加于个体，还会影响到其所在的社会区域，如《庄子·列御寇》指出："夫造物者之报人也，不报其人而报其人之天。"[⑤]《范蠡归湖》作者在诗篇中所言"自古玩人把德丧，这才成一还一报不相饶"，正是这种思想的反映。这种将个人行为和社会集体联系在一起的行为，使得同一集体中的成员有一种自觉"监视"、规劝其他个体成员不当行为的意识。

六、化用成语

子弟书诗篇中有很多成语，如《范蠡归湖》第四回诗篇[⑥]就使用了"推己及

---

① 情如羽箭欲如刀，情欲相攻似火烧。脂粉骷髅明不见，衣衫拖架暗相招。只因美色常陪寝，不许忠臣屡入朝。自古玩人把德丧，这才成一还一报不相饶。

② 李学勤主编．十三经注疏·周易正义 [Z]. 北京：北京大学出版社，1999 年版，第 24 页。

③ 高长山．荀子译注 [M]. 哈尔滨：黑龙江人民出版社，2003 年版，第 567 页。

④ 崔仲平．老子《道德经》译注 [M]. 哈尔滨：黑龙江人民出版社，2003 年版，第 81 页。

⑤ 孟庆祥，关德民等．庄子译注 [M]. 哈尔滨：黑龙江人民出版社，2003 年版，第 518 页。

⑥ 一叶扁舟遍五湖，贩兴至宝与明珠。三生石上抛金印，一片冰心在玉壶。推己及人言逆耳，见机而作计先图。保全身命聪明客，果然是急流勇退隐姓埋名的玉在璞。

人”“忠言逆耳”[①]“见机而作”“激流勇进”“隐姓埋名”等成语，这些成语在体现作者高超的汉语语言能力同时，也呈现了他们想要借助这些成语表达的思想。

诗篇中有很多作者直接使用的成语，如《东吴记》第一回诗篇[②]中的“弄巧成拙”；《荷花记》第三回诗篇[③]中的“萍水相逢”。

另外，其他直接使用的成语还有“奇珍异宝”（《范蠡归湖》）、“倾国倾城”（《范蠡归湖》）、“四大皆空”“乐天知命”“明眸皓齿”“点石成金”（《雷峰塔》）、“仙风道骨”“月貌花容”（《绪（续）俏东风》）、“千方百计”（《渔家乐》）、“出人意表”（《花木兰》）、“狭路相逢”“一举成名”（《双官诰》）、“残山剩水”“断梗飘蓬”（《舵（藏）舟》）、“半途而废”（《青楼遗恨》）、“五风十雨”（《渭水河》）、“殃及池鱼“（《哭城》）、“天荒地老”（《要账该账大战脱空》）、“好事多磨”（《三难新郎》）、“管中窥豹”（《伤春葬花》），等等。

化用成语指的是作者在使用成语时稍微作了改变，如顺序、截取等，改变顺序如“法轮转处妖星灭，棒喝当头觉性圆”（《雷峰塔》第六回诗篇）中的“棒喝当头”，即“当头棒喝”。“寡欲清心多长寿，乐天知命是金丹”（《雷峰塔》第四回诗篇）中的“寡欲清心”即“清心寡欲”。有的是在成语中间加了其他的字，如“叹不急流学勇退”（《渔家乐》）中的“急流学勇退”即“急流勇退”；“八戒何能拴意马，唐僧久已锁心猿”（《撞天婚》）这两句化用了成语“心猿意马”。

【光宗耀祖】

《双官诰》第六回诗篇[④]中有光宗耀祖，它指的是用自己的成功为宗族争光，让祖宗显耀。而在中国人的传统认知中，最为世人肯定的光宗耀祖之法自然是进入仕途。在官本位社会，这种为家族争光的途径是有可取性的。儒家强调“修身、齐家、治国、平天下”，也就是说，在儒家看来，一个人想要治理好自己的家庭、使自己的家庭和睦，首要的一条就是加强自身建设，尤其是德行的提升，

① 诗篇中的“言逆耳”即“忠言逆耳”，作者在此使用的是古代汉语中常见的名为藏词的修辞手法。

② 安排香饵设金钩，欲钓真龙展一筹。半为荆州半全子敬，半为东吴半报仲谋。谁知弄巧成拙也，哪晓将计就计由。叹周郎一条妙计安天下，偏有对头冤家是武侯。

③ 人间好事隐机关，看是无因会有缘。春在花林春蝶至，翠生柳中晓莺迁。鸳鸯适遇非人引，萍水相逢似线牵。来是路兮归是径，却添魂梦日留连。

④ 玉堂金马探花郎，一举成名得意扬。独步花砖真学士，高标蕊榜近春坊。泥金帖报亲颜喜，彤管旌荣帝德昌。真乃是节孝双全少年科第，从此后光宗耀祖史册辉煌。

正如《礼记·大学》所言:“欲齐其家者，先修其身。”[①] 在这个基础上进入仕途的人，既能光宗耀祖，也能为社会做出切实的贡献。

当然，对很多人而言，光宗耀祖的目的只是为了自己家庭、自己家族谋取利益，基于这种目的而生的光宗耀祖观，在获取个人利益的同时，必定会损害他人利益、损害集体利益，所以他是我们应该摒弃的一种价值观。

总而言之，光宗耀祖这种观念应该一分为二地去看。首先，应该界定它的范畴，是仅指个体家庭、个体家族还是整个国家；其次，界定它的目的是什么；再次，应该按照时代特性分析其内涵的不同及延展性。

【避凶趋吉】

《荷花记》第九回诗篇[②] 中有避凶趋吉，它指的是避开对自己不利的因素，选择对自己有利的因素，明代沈鲸指出“趋吉避凶，儒者之事”。儒者指的是崇尚儒家理念及儒家经典的人，据此，可以认为儒家善于具体问题具体分析，强调外界对自己的影响，重在根据外界的情况调整或选择自己的行为。

儒家最初的避凶趋吉指的是人应该避开不合礼仪的事物、人等，如《后汉书·钟离意传》记载“孔子忍渴于盗泉之水，曾参回车于胜母之间。”[③] 泉水和巷子本身并无道德品质上的好坏，但是因为其名不符合孔子、曾子等为代表的儒家观点，因此他们宁肯让自己继续受苦，也不想与之有任何关系。随之，这个典故演化为品质高洁之人所应遵守的准则，《后汉书·列女传》:“羊子尝行路，得遗金一饼，还以与妻。妻曰:‘妾闻志士不饮盗泉之水，廉者不受嗟来之食，况拾遗求利以污其行乎！”[④] 宋代王观国在《学林·祠卜》中将避凶趋吉首次和这个典故联系在了一起:“以此知曾参不入胜母，汉祖不留柏人，避凶趋吉，所不可废。”[⑤]

由此观之，儒家所尊守的礼不是纯理论层面的东西，还体现在生活中的方方面面，换言之，儒家之人以身作则实施礼，对儒家礼的观念及思想的贯彻实

① 李学勤主编 . 十三经注疏·礼记正义 [Z]. 北京：北京大学出版社，1999 年版，第 1592 页。

② 避凶趋吉要从权，唯有离人心不然。满腹幽情难自解，一腔愁绪向谁言。去留只好遵慈命，可否不由我擅专。百丈忧思千里恨，蛾眉频锁太平园。

③ （宋）范晔撰，（唐）李贤等注 . 后汉书 [M]. 北京：中华书局，1965 年版，第 1407 页。

④ （宋）范晔撰，（唐）李贤等注 . 后汉书 [M]. 北京：中华书局，1965 年版，第 2792 页。

⑤ https://baike.baidu.com/item

施有着重大的意义。

【衣锦还乡】

《范蠡归湖》第七回诗篇[①]中的衣锦还乡一般指的是一个人富贵后，尤其是科举成功后回到家里，追根溯源的话，它和儒家是有关系的。就科举而言，四书五经是科举的必考内容，考生在阅读这些书的时候，必定或多或少接受了其中的儒家思想，尤其是那些才华出众、在殿试中获得前三名的人。他们必定是在全盘接受了儒家思想的基础上，作了自己的创新。这样的人，表面的衣锦还乡后是对儒家思想“入仕”思想的传播与宣传。

《范蠡归湖》这首诗篇中的衣锦还乡与其下句中的腰缠万贯相对，虽然是对文，但其仍偏向我们在上文中所言意义，凸显出科举成功或者从仕途退隐后，人所具有的荣誉之情。

【海晏河清】【风调雨顺】【招贤纳士】

《投店连三不从》诗篇[②]中的“海晏河清”“风调雨顺”“招贤纳士”三个成语，都是有关国家的，表现了主人公赴考时良好的社会状态。海晏河清和招贤纳士属于人文领域，前者用来形容天下太平，后者则说明在位者开明，能够从天下招纳贤能之人为自己服务。风调雨顺属于自然领域，形容四时丰足。三个成语所代表的社会状态，是战国末期到西汉初期的如今爱所倡导、追求的理想化的社会“大同”。

儒家最终目的正是为了建立这种充满仁义、平等、团结的社会，《礼记·礼运》:“大道之行也，天下为公，选贤与能，讲信脩睦，故人不独亲其亲，不独子其子，使老有所终，壮有所用，幼有所长，矜寡孤独废疾者皆有所养，男有分，女有归，货恶其弃于地也，不必藏于己，力恶其不出于身也，不必为己，是故谋闭而不与，盗窃乱贼而不作，故外户而不闭，是谓大同。”[③]儒家所设想的这种理想社会，在阶级社会虽只能是一种空想，但毫无疑问，正是因为它的“不

① 思家之切是情常，此地风光不可当。衣锦还乡骢赴楚，腰缠万贯鹤归扬。况经历载风波险，幸为亲承斧钺伤。携取旧书归旧隐，不知何处是虞唐。

② 海晏河清八方静，风调雨顺处处宁。有道君王兴文运，招贤纳士选才能。设立科场开大比，圣旨颁行天下闻。

③ 李学勤主编．十三经注疏·礼记正义 [Z]. 北京：北京大学出版社，1999 年版，第 658—659 页。

可实现”性，才成为历代儒家的恒定的追求目标，历代儒家也才有奋斗的动力，并因此目标而不断地根据时代的变化修正自己的理论及实践方式等。

【岁寒三友】

《路林（露泪）缘》第十二回诗篇[①]中有岁寒三友，它一般指松竹梅三种事物，因其在寒冬季节仍能保持高洁的姿态、生意盎然，故一般用来形容人品质高洁、不畏严寒与艰苦。岁寒三友具体内容不同，明代无名氏在《渔樵闲话》第四折认为它们是松、竹、梅花，清代俞樾认为它们是梅、竹、石。尽管岁寒三友包含的事物虽然不同，但其含义一样，都代表了人所具有的高洁品质。对高洁品质的坚持和追求也是儒家的一大特色之一，如我们上文提到的孔子和曾子，他们仅仅因为盗泉、胜母的名称不合“礼”，就不饮用盗泉的水、不到胜母闾里住宿。

作者在诗篇中极为肯定松竹梅三种事物，认为它们不是人间凡品，是仙界之物，表明作者极为推崇岁寒三友的高洁品质，并由此迁移到林黛玉身上，实现了物与人物的高度统一。

【镜花水月】

《晴雯撕扇》诗篇[②]中的“影内情郎终是幻，镜中爱宠总成空”化用自成语“镜花水月”，多用来指虚幻的景象。“影内情郎终是幻，镜中爱宠总成空”表现的即是这种寂寥、虚无的观点。它是对儒家入世思想的反面阐释，它提醒人应该注重的是与自己身份相符合的现实生活，而不是脱离自己身份的没有意义的追求。这种追求在讲究感情或婚姻需要门当户对的中国古代，更是镜中花水中月。如果硬要违反门当户对而结成婚姻，那么处在婚姻中的弱势一方必定不是幸福的，如《乡城骂》诗篇坦言：“世间婚配命中生，岂容人力不非轻。两家娶聘应门对，一生荣辱在心凭。屯女配旗原贪富，旗户迎村总因穷。此所谓不慎前思忘本分，致有这探女烦难一段苦情”。

---

① 季冬万物尽凋零，腊月流传节令同。东厨祭灶香烟盛，除日辞年酒味浓。百草新芽还未吐，万花春意已潜生。松竹梅岁寒三友非凡品，须向那三岛蓬莱问姓名。

② 佳人难得态憨生，弱质娇柔貌娉婷。俏语频频含妒意，娇嗔脉脉露风情。影内情郎终是幻，镜中爱宠总成空。莫笑晴雯言最利，侍儿妙处是机灵。

【夫荣妻贵】

《阔大奶奶听善会戏》诗篇[①]中的夫荣妻贵出自《仪礼·丧服》："夫尊于朝，妻贵于室矣。"[②]指如果丈夫显贵，妻子也会跟着显贵。在女性地位低下的封建社会，大多数女性需要靠男性生存。如此，男性是家庭顶梁柱的观点就深入了人心，这让男权主义者看到了契机，借此制订了限制女性的各种条条框框。《仪礼·丧服》："女子子适人者，为其父母、昆弟之为父后者。《传》曰：为父何以期也？妇人不贰斩也。妇人不贰斩者，何也？妇人有三从之义，无专用之道。故未嫁从父，既嫁从夫，夫死从子。故父者子之天也，夫者妻之天也。妇人不贰斩者，犹曰不贰天也，妇人不能贰尊也。"[③]古代对女性提出了各种要求，如针对女性的"四德"："教以妇德、妇言、妇容、妇功"。妇德指女性应该具有忠贞顺从的德行，妇言指妇女的言辞，妇容指妇女端庄柔顺的容态，《周礼·天官·九嫔》："九嫔掌妇学之法，以教九御。妇德、妇言、妇容、妇功。各帅其属，而以时御叙于王所。凡祭祀，赞玉齍，赞后荐，彻豆笾。若有宾客，则从后。大丧，帅叙哭者亦如之。郑玄注曰：'妇德谓贞顺，妇言为辞令，妇容谓婉娩，妇功谓丝枲'"。[④]《女诫·妇行》记载："女有四行，一曰妇德，二曰妇言，三曰妇容，四曰妇功。……此四者，女人之大德，而不可乏之者也。然为之甚易，唯在存心耳。古人有言：'仁远乎哉？我欲仁，而斯仁至矣。'"[⑤]子弟书《阔大奶奶逛二闸》也表现了同样的内容，作者在诗篇中写道："闺中少妇不知愁，凝妆爱上看花楼。条条杨柳含烟绿，朵朵桃花艳色浮。粉黛也知适雅兴，红裙却喜是遨游。芳心儿选胜寻幽无限乐，悔教夫婿觅封侯。"

实际上，满族女性在家庭中的地位一直比男性高，燕北老人指出"满洲自佛库伦以私淫生子，无可自解，遂神其说曰：'食朱果使然。'又托为仙去。厥

① 堪羡闺门乐事浓，夫荣妻贵古今同。不将墨阵传遗史，暂借毫端写娥红。粉黛繁华归富室，绣帏斗胜大家风。忽想起昨日庵中请善会，她说是娘娘圣诞小衲恭迎。

② 李学勤主编．十三经注疏·礼记正义 [Z]. 北京：北京大学出版社，1999 年版，第 1621 页。

③ 李学勤主编．十三经注疏·礼记正义 [Z]. 北京：北京大学出版社，1999 年版，第 1622 页。

④ 李学勤主编．十三经注疏·周礼注疏 [Z]. 北京：北京大学出版社，1999 年版，第 192 页。

⑤ （宋）范晔撰，（唐）李贤等注．后汉书 [M]. 北京：中华书局，1965 年版，2784 页。

后开国，即以是为家法，故妇女之骄纵，至不可言，于太祖时尤甚。”[①] 但其地位再高，也是依附于男性，如《老侍卫叹》中的妻子。当然，这种事实我们也能从其他作者描写的女性形象中看出，如《女侍卫叹》中的女侍卫、《花别妻》及《打围回围》中的妻子，无论其家庭环境如何，丈夫对其如何，她们都深深地依赖着丈夫。《打围回围》诗篇[②] 指出丈夫仅仅是陪皇帝去围场，时间不过几个月，但妻子却感觉“度日如年整六年”，这句话虽有夸张手法，但却不是无的放矢，因为《打围回围》是原创类子弟书，那么作者在其中描写的情节及表达的思想，就必须要控制在受众认为合理的、可接受的范围内。

即是说，子弟书作者在表达女性依赖男性的社会现实时，虽然夸张，但却符合事实，是对“夫荣妻贵”的另类阐释。而从这一点也能看出，子弟书作者深受儒家思想影响。正如李大钊所言：“孔子的学说所以能支配中国人心二千余年的缘故，不是他的学说本身有绝大的权威，永久不变的真理，配作中国人的‘万世师表’，因它是适应中国二千余年未曾变动的经济组织反映出来的产物，因它是大家族制度上的表层构造，因为经济上有它的基础”。[③] 女性之所以要依赖男性，是由其先天性的生理结构及社会生产模式决定的。早在先秦时期，男女一出生时，人们就用不同的事物表示了其所承担的社会分工，如《礼记·内则》：“子生，男子设弧于门左，女子设帨于门右。”[④] 无疑，这种习俗是“男主外，女主内”思想的具化表现，也是社会普遍认为女性应该依赖男性思想形成的基础。

【运转时来】

《荷花记》第十五回诗篇[⑤] 中的“运转时来”指时机到了，运气也就到了。“运转时来”即“时来运转”，但无论它写作“运转时来”，还是“时转运来”，都强调了一个人在身处逆境时，不要放弃希望，坚持不懈的努力，总有一天会等到属于自己的时机，这和孟子所言“天将降大任于斯人也，必先苦其心志，

---

① 燕北老人．满清十三朝宫闱秘史 [M]. 上海：上海春明书店，1946 年版，第 1 页。

② 冷雨敲窗不可闻，闺中少妇倍伤神。闲凭绣榻愁无限，独对寒灯夜已深。隔院砧声惊俏梦，透帘花气醉芳心。行围谁晓家中苦，度日如年整六旬。

③ 李大钊．由经济上解释中国近代思想变动的原因 [A]. 五四时期妇女问题文选 [Z]. 北京：三联书店，1981 年版，第 97 页。

④ 李学勤主编．十三经注疏·礼记正义 [Z]. 北京：北京大学出版社，1999 年版，第 860 页。

⑤ 运转时来景色鲜，一团淑气合祥烟。风云龙虎今朝会，富贵荣华几世传。指日高升虽在命，连科及第半由天。人生若不（能）行仁义，福禄何愁不两全。

劳其筋骨，饿其体肤，空乏其身，行拂乱其所为，所以动心忍性，曾益其所不能”，[①] 有同工异曲之妙。

在物质生活条件极为落后的时代，抗挫折能力、守得住努力过程中的困苦是一个人能否最终成功的重要条件，这一点对读书人尤为重要。《荷花记》中的男主人公十年寒窗，最终一朝得第，脱离了之前的困苦生活，在普通的世人眼中，这是运转时来，是一个人交了好运；但在以儒家为代表的读书人看来，这是一个人长期努力奋斗的结果。所以孔子强调一个人在读书时，一定要“博学之，审问之，慎思之，明辨之，笃行之。”[②] 实际上，这种读书观强调的已经不再是单纯的读书方法，而是高于读书之上的修身方法。以这种态度去读书，自然能够坚守十年寒窗，能够等到“运转时来”的那一天。换句话说，所谓的“运转时来”不是偶然的，它是对一个人长期努力的肯定。

要想做到“运转时来”，重要的一点还需要在整个努力过程中，始终沿着自己选定的方向坚定不移地走下去，正如孔子所言“譬如为山，未成一篑，止，吾止也。譬如平地，虽覆一篑，进，吾往也”。[③] 这也是儒家强调修身是一个人能够成就事业的最根本保障，《大学》有言“古之欲明明德于天下者，先治其国；欲治其国者，先齐其家；欲齐其家者，先修其身”。[④]

【扬眉吐气】

《官衔叹》诗篇[⑤] 中的“扬眉吐气”指一个人脱离困境或者有一定收获后，心情或生活变得舒畅起来。诗篇中是指主人公因为身为章京，所以扬眉吐气，显示出他对自己现有官职的满意。章京即参领，是来自汉语“将军”的音译词，但其意义不等于将军，如这里指的是有职守的官员。古代中国是一个官本位社会，一个人如果能够踏入仕途，改变的不仅是他个人的命运，更是其家庭乃至其家族的命运，所以古代有“一人得道鸡犬升天”之说，更有“官大一级压死

① 李学勤主编．十三经注疏·孟子注疏 [Z]. 北京：北京大学出版社，1999 年版，第 346 页。

② 李学勤主编．十三经注疏·礼记正义 [Z]. 北京：北京大学出版社，1999 年版，第 116 页。

③ 李学勤主编．十三经注疏·论语注疏 [Z]. 北京：北京大学出版社，1999 年版，第 1447 页。

④ 李学勤主编．十三经注疏·礼记正义 [Z]. 北京：北京大学出版社，1999 年版，第 1592 页。

⑤ 赫赫荣华戴顶翎，春风俏摆雀开屏。衣冠时样花争美，面貌娇娆玉比容。尽瘁鞠躬当侍卫，扬眉吐气作章京。佩刀鹄立禁门里，夏热冬寒苦万重。

人”之说，所以古人认为只要当官就比不当官强，正如《官衔叹》作者在正书中所言“最气人得一点儿乌布如同拜了相，直果是平步升天鱼化龙”。

就《官衔叹》中所提及的侍卫、章京而言，他们当值时的工作状况混乱，以混日子为主，其日常的工作情形主要是：“圆明园里外该班八天倒，老专打作底分贿把盘缠混行。推转牌可巧今朝该用印，差验病催要朝衣把头都闹疼。派旗差转换个查拨求了个窝左，放官料明谋暗算大斗小升。跟阿哥呀噜密代毒指茶拿马，论该班闹个三四十天乐无穷。大小围阿尔哈章京专管伊拨密，无帐房朝天仰面数星星。”不同官员的待遇差别很大，如“銮仪卫绰拉气绰般狗和鹰，内务府七司三院郎中最美，活财神银库仓差税钞工”。待遇不同，决定了日常生活不同，职位低的侍卫、章京们日常生活是：“抓褂子少皮没毛凭命去闯，定托宵减少添多也看情。论得项二百汉扎如何能够，外面光脱了貂鼠就换海龙。遇着那军政的年头跟着净扰，到临时馅儿饼刷油未记名。”即清代中晚期时，对大多数中下层官员而言，无论是工作环境还是生活境遇都不顺畅，但他们却不愿放弃现有官职，其他未进入仕途的也拼命想进入仕途。其原因正如上文所言，进入仕途在一定程度上是身份的象征，它远比钱财重要，所以进入仕途人就可以扬眉吐气。当初，孔子周游列国宣传自己的思想，虽然其学问高深，其思想即便是今日看来也有很多可取之处，但因其没有官职，故在宣传自己思想时，终究是受到了限制。可以想象，孔子都如此，一般人就更是如此，所以要想更好地施展自己的抱负、宣传自己的思想，对古人而言，进入仕途是一条比较好的路，自然，自己乃至整个家族扬眉吐气只不过是进入仕途的附加收获而已。

【新婚燕尔】

《女侍卫叹》诗篇[①]中的“新婚燕尔”指新婚的快乐和浓情蜜意，此时如果分离，夫妻俩必定很痛苦，作者用其形容新婚的女侍卫要和当值的丈夫不得不暂时分离的痛苦。虽然作者有些夸张，但却是新婚夫妻心情的真实写照，“谁想冤家今日该班去，天哪日头待落眼看着黑。奴虽自信无怨恨，不由人想到其间把魂都唬飞。”女主人公仅仅因为该班的丈夫日落时还没有回门就开始胡思乱想，认为“又谁知人间至苦是侍卫妻”，甚至因此埋怨丈夫的上司“那有这既当章京

① 人生最苦是别离，况是新婚燕尔时。初尝风月真滋味，乍领交合老规矩。只说今生同此乐，焉知又有暂别时。在家受尽凄凉况，却不相（想）今朝是另一个样儿的迷。

不体贴人情物理，老东西人家越有事偏往死里逼。务必的飞签火票传了去，全不想谁家没有一夫一妻。”非但如此，她还怀疑自己丈夫出门不是为该班，“又听说时兴的爷们好走邪道，莫不苑庭禁地也有混账东西。不然他如何去心似箭全无留恋，不由我心内不生疑。”她这种患得患失、怀疑这怀疑那的心态充分表现了一个新婚女性初为人妇的甜蜜又忐忑的心情。鹤侣氏之所以将她的心理表现得如此惟妙惟肖，在于他本身就曾为侍卫，了解侍卫的工作及生活常态，在他看来，侍卫并不是一个多么好的官职，所以最后他说“写一段闺阃小照为唤醒痴迷”。这句话一语双关，既有对那些想要跻身侍卫一行的人的劝诫，也有对那些身为侍卫配偶之人的安慰。

综上分析，可以看出鹤侣氏对不适应“新婚燕尔”丈夫就该班的女主人公是带有批判态度的，是儒家婚姻观的一种表现。《礼记·昏义》指出“昏礼者，将合二姓之好，上以事宗庙，下以继后世也。”① 《礼记·哀公问》也指出“大昏，万世之嗣也。”② 著名哲学家冯友兰据此指出:“男女会合，其真正目的，即在于生殖。至于由此而发生之爱情与快感，乃系一种附带的心理情形。自生物学的眼光观之，实无关重要，故儒家亦不重视之。儒者论夫妇关系时，但言夫妇有别，从未言夫妇有爱也。”③ 儒家的这种婚姻观之所以能够流行，并不意味着它有多么正确，只是表明它恰好适应了时代的需求。在生产力及医疗条件落后的时代，新生命的诞生及顺利成长并不是一件容易的事，所以儒家特别强调传宗接代是婚姻的第一要义，甚至认为“不孝有三，无后为大”。而《女侍卫叹》中妻子发出的种种感慨已经超出了儒家对婚姻的要求，所以鹤侣氏在正书末的时候委婉地指出她已经忘记了婚姻的这一要义，却只是痴迷于与丈夫的情爱。

【吉日良辰】

《厨子叹》诗篇④ 中的“吉日良辰”指吉利的日子、美好的时光，诗篇中所言“吉日良辰”也是此义。“吉日良辰”也作“良辰吉日”，人们常用来表示适

① 李学勤主编．十三经注疏·礼记正义 [Z]. 北京：北京大学出版社，1999 年版，第 1617 页。

② 李学勤主编．十三经注疏·礼记正义 [Z]. 北京：北京大学出版社，1999 年版，第 1376 页。

③ 冯友兰．中国哲学史（上册）[M]. 北京：中华书局，1983 年版，第 432 页。

④ 自古庖人赞易牙，到而今传留行次有厨茶。饭庄食店非他不可，吉日良辰不可少他。活计的忙闲在人自做，当行的伙伴仗艺业压。铺面的劳金好些吊，日夜的工钱数百镘。

合于结婚的日子。

中国历法不但产生时间早且水平很高，先是有单纯地记录时间的农历，后来又在此基础上产生了黄历、皇历，这里所说的“吉日良辰”正是基于黄历而定的日期。与农历相比，黄历中每天每个时辰都被人们赋予了不同的文化内涵，除二十四节气外，还有每天的干支、值日星神、宜忌、星宿、月相及凶煞等。从这些内容可以看出，人们赋予黄历的文化内容属于玄学，其根本目的不是为了宣传迷信，而是出于趋利避害的心理，虽然历朝历代从未官方声明提倡黄历，太平天国及清朝宣统时甚至删去了黄历中的大部分内容，但这并不妨碍黄历一直在民间的流行。当下，它已经属于民俗学的范畴，被赋予了更多内容，除古代黄历中所有内容外，另有方位、太岁、玄空九星等，显然，人们对黄历的尊崇行为与当前信息时代、科技时代是不匹配的，其主要原因还是我们上文所言的趋利避害思想。人们的物质生活水平越高，就越患得患失，而此时黄历上的吉日良辰就成为他们心理上的一个保障。

表面上看，这种观念与儒家的时间观是不一致的，儒家认为时间是永恒流逝的，《论语·子罕》有“逝者如斯夫！不舍昼夜。”朱熹注为“天地之化，往者过，来者续，无一息之停，乃道体之本然也。然其可指而易见者，莫如川流，故于此发以示人。”[①] 由此，我们可以看出，儒家的时间观里没有丝毫的吉凶观，他们注重的是面对流逝的时间，人应该如何努力，才能有所作为。但这不代表儒家做事不讲究吉日良辰。《礼记·昏义》记载了当时婚礼的程式和时间，“昏礼者，将合二姓之好。上以事宗庙，而下以继后世也，故君子重之。是以昏礼、纳采、问名、纳吉、纳征、请期，皆主人筵几于庙，而拜迎于门外。入揖让而升，听命于庙，所以敬慎重正昏礼也。”[②] 古人取“阳往阴来”之义，婚礼在黄昏举行，也就是说黄昏这个时间点是一定的，但选择哪天的黄昏却需要经过“问名”“纳吉”“请期”等决定，这与今日看黄历决定吉日良辰的做法实则是有同工异曲之妙，差别在于前者更为高深，而后者只要有相应文化水平的人对着黄历书都可以确定吉日良辰。

① 朱熹．论语集注，四书五经（上册）[M]. 天津：天津市古籍书店，1988 年版，第 38 页。

② 李学勤主编．十三经注疏·礼记正义 [Z]. 北京：北京大学出版社，1999 年版，第 1617 页。

中华民族对日期的重视源远流长，且基本为其不同时代的成员所认可，那么身处这种文化洪流中的儒家，虽强调时间的自然性，自然也接受了时间所具有的人文性。

【拾人牙慧】

《柳敬亭》诗篇[①]中的“拾人牙慧”指的是把别人的一半话语当作自己的话，通俗点说，就是一个人自己不善于思考，只是去窃取别人的部分言论观点并把其当成自己的话。但《柳敬亭》作者说自己“拾人牙慧”却是一种谦虚，因为《柳敬亭》是一篇语言艺术水平很高的原创类子弟书。所以，他在这种谦虚背后想要表达的其实是儒家所提倡的学习重在思考的观点。

“学而不思则罔，思而不学则殆”，[②]这是孔子的学习观。细讲的话，就是“博学之，审问之，慎思之，明辨之，笃行之。有弗学，学之弗能弗措也；有弗问，问之弗知弗措也；有弗思，思之弗得弗措也；有弗辩，辩之弗明弗措也；有弗行，行之弗笃弗措也”，[③]可以看出，儒家所提倡的学习观环环相扣，离开哪一环，一个人通过读书获取知识的成就都不会太大。既然儒家如此强调思考在读书中的重要作用，自然不会赞同“拾人牙慧”，当然，这也是有风骨的读书人或其他人所共同遵循的原则。

【狗尾续挥毫】

《为票嗽（傲）夫》诗篇[④]中的“狗尾续挥毫”是作者恒兰谷对“狗尾续貂”的活学活用，既体现了作者具有高超的汉语水平，又具有儒家的谦虚精神。“狗尾续貂”本来指古代封官加爵没有标准、数量太多，如《晋书·赵王伦传》“每朝会，貂蝉盈坐，时人为之谚曰：‘貂不足，狗尾续。’”[⑤]后来指用不好的东西去接本来很好的东西。但《为票嗽（傲）夫》作者说自己是狗尾续貂，却不符合

---

① 梧桐叶落扫窗棂，夜深微雨醉初醒。挑灯欲写秋声赋，奈予天性欠聪明。且排俚语成新调，拾人牙慧谱歌声。拙人自得拙中趣，一任那骚客提毫费品评。

② 李学勤主编．十三经注疏·论语注疏 [Z]. 北京：北京大学出版社，1999 年版，第 20 页。

③ 李学勤主编．十三经注疏·礼记正义 [Z]. 北京：北京大学出版社，1999 年版，第 1447 页。

④ 朔风凛冽助松涛，待月寒窗竹影摇。猛听得邻人又演高腔戏，真讨厌嗓子好似燥劈了的箫。勾起我无限牢骚欲消永夜，写几句为票把夫嗽（傲）。恒兰谷笔墨无知非刻苦，也皆因是实在难受故狗尾续挥毫。

⑤ （唐）房玄龄等撰．晋书（M). 北京：中华书局，1974 年版，第 1602 页。

实际情况。

首先，《为票嗷（儆）夫》是作者的原创，不是续写；其次，《为票嗷（儆）夫》的语言及人物形象都颇具特色，其内容是对当时社会现实生活的描写，所以绝对不是狗尾续貂，而是水平高超的具有现实意义的文学作品。作者说“狗尾续貂”是其谦虚精神的一种体现，也是儒家谦虚精神的体现。谦虚是中华民族文化中一个很重要的特质，“满招损，谦受益”“见贤思齐焉，见不贤而内自省也”等儒家经典名句能世代流传，并被奉为经典的原因正在于它们切中了中华民族文化的这一特质。

【安贫乐富】

《穷鬼自叹》诗篇[①]中的“安贫乐富”是“贫富分途自古然，全凭心地各修缘。安贫本是哲人事，当富何须算计全”这四句诗所展现的思想，其字面的意思为无论在贫穷还是富裕的环境中都要保持安乐的心情，内在的意思是人要安于现状，不要去干和自己处境无关的事。从渊源看，它来自“安贫乐道”，出自《后汉书·韦彪传》：“安贫乐道；恬于进趣；三辅诸儒莫不慕仰之。”[②]如果说差异，那么就是“安贫乐富”是对下层大众的要求，“安贫乐道”是对中上层的要求，这是儒家所提倡的立身处世之道，在儒家看来，能够安贫是一个人能够提升自身素质、追求圣贤之道的重要前提，如孔子喜欢颜回、后人称道颜回的一个重要原因就在于他能安贫。《论语·雍也》中说：“贤哉回也！一箪食，一瓢饮，在陋巷。人不堪其忧，回也不改其乐。”[③]作为说唱文学，子弟书在一定程度上就是当时的流行文学，其演出地点大多在茶馆、酒楼等，受众自然也多是中下层大众，因此如果作者在诗篇中并没有直言“安贫乐道”，而是用了浅显的诗句“贫富分途自古然，全凭心地各修缘。安贫本是哲人事，当富何须算计全”表达了他所提倡的“安贫乐富”思想，至于更深层次的“安贫乐道”思想则没有提及，这是完全符合子弟书的性质和其受众特征的。

诗篇诠释儒家思想时，所用的显性手法，并不是单一性的，即在同一首诗篇中，可能有多种显性诠释手法的运用，如《花木兰》第二回诗篇：

---

① 贫富分途自古然，全凭心地各修缘。安贫本是哲人事，当富何须算计全。多少迷人滋鬼诈，欺人哪晓是欺天。吉人鬼话浑何益，为晓天心总好还。

② （宋）范晔撰，（唐）李贤等注. 后汉书 [M]. 北京：中华书局，1965 年版，第 917 页。

③ 李学勤主编. 十三经注疏·论语注疏 [Z]. 北京：北京大学出版社，1999 年版，第 75 页。

千古伤心石壕村，迫呼长有逾垣人。身甘虎口悲苛政，地远天高叹细民。谁念衰残逍遥役，堪怜老病迫从军。恨鱼郎当年不指真仙境，留取桃源自避秦。

前六句化自杜甫的《石壕吏》，属于典故类；第四句“地远天高”调整了成语“天高地远”① 的顺序；最后两句是化自了陶渊明的《桃花源记》。这些不同显性诠释手法的运用，将儒家那种想积极入世又觉世事艰难，甚至想避世的处世态度。

据上文，可以看出子弟书作者在采用显性方式诠释儒家思想时，手法多样。每种手法中所用语言形式，基本都是稍微具备点语言文化水平的人就能理解的，如“十赌九输”“千金报德”“书中自有颜如玉”“贤贤易色”等等。子弟书作者在语言上的这种运用，充分说明清代中后期，几乎所有的满族人至少在子弟书创作并流行的地域及时期，不仅已经熟练掌握了汉语，而且对富有文化内涵的汉语也是非常的熟悉。我们知道，语言和文化是息息相关的，在所有能表现汉民族语言文化的语言中，汉语自然是表达最为透彻、最为精准的。所以子弟书作者选用汉语诠释儒家思想是上乘之选，这一点恐怕也是子弟书语言模式从满语到汉语演变的一个重要原因。总而言之，子弟书作者在诗篇中用显性手法诠释儒家思想是成功的。

---

① 有观点认为“天高地远”不是成语，但因其已经固定化，且有鲜明的出处，存在历史也相当长，因此这里将其看作是成语。

第二节　隐性诠释

隐性诠释指的是子弟书作者在阐释自己的理念时，没有直接通过引用名言名句、典故词或其他为众所知的故事，而是通过对正书内容的叙述或者是社会背景的描述以及个人生活状况的展示，隐秘地展现自己的理念。与显性诠释相比，隐性诠释更具有隐蔽性，对受众的理解水平要求相对较高。

"儒学是中国传统文化的主体，在两千多年的封建社会里，一直处于正统的地位，对传统文化的各个层面起主导和支配的作用。儒学以其强大的生命力，影响到社会生活的各个领域，渗透到人们的思想行为、思维方式、情感状态、风俗习惯之中，在整个中华民族的文化心理结构上留下了深厚的积淀。从某种意义上说，儒学代表了中华民族的民族精神，是中华民族文化热弄的主要标志"。①身处中华民族文化中的个体，在阐释或者表现已经融入中华民族文化心理结构的儒家文化时，很多时候已经不需要再去引经据典，儒家的各种理念就自然而然地融入了他们的话语中。纵观诗篇，作者对儒家思想的隐性诠释，主要通过浓缩文本和个人感念的形式呈现，其所隐含的内容丰富多彩，从中可以窥见儒家对以子弟书作者为代表的清代满族人及社会大众的影响。

一、浓缩文本

所谓浓缩文本，指诗篇内容是对正书内容的简练概括，此时诗篇相当于楔子，作者在诗篇中不直言自己的观念，而是将其融入诗篇内容中，让受众自行体会其观点。从一定程度上讲，此时诗篇中呈现的作者理念是开放性的，即不同的受众从中体悟的作者的理念是不同的。

诗篇内容丰富，浓缩文本类的诗篇在内容上又可以分为描写社会现象的、

① 何成轩．儒学南传史 [M]. 北京：北京大学出版社，2000 年版，第 1 页。

单纯描写正书内容。因后者内容前文已涉及，故而这里我们只论述前者。

这里所说的社会现象指的是原创类子弟书所涉及的内容，它们又分为一般性的社会现象和特殊性的社会现象。

一般性的社会现象主要指寻常的社会现实，特殊性的社会现象主要指战争等不常见的社会现象。

（一）一般性的社会现象

不同的人聚集在一起，逐渐形成了具有各种复杂关系的社会。身处社会中的成员因自身地位及交际目的不同，与周边人所形成的人际关系具有不同性。纵观诸多社会关系，与大众息息相关的就是一般性的社会关系，如出于生存需求而形成的基本社会关系。围绕着这些基本关系会形成一般性的社会现象，如买卖、供需等，对这些社会现象进行研究，能够以一斑窥全貌，可梳理出其所发生时代的一些社会风貌概况。

就子弟书而言，作者不仅在正书中描写当时常见的社会现象，在诗篇中也往往以叙事性的手法简要描写与正书内容有关的社会现象，当然，这些社会现象大多相当于对正书内容的简要概括。

如《路旁花》诗篇①就描述了当时的花鼓生意。花鼓是指“流行于湖北、湖南、江西、安徽等省的一种民间歌舞。一般由男女两人对舞，一人敲小锣，一人打小鼓，边敲打，边歌舞”，②但其表演者有时都为男性者，如清代李斗《扬州画舫录·小秦淮录》:“扬州花鼓。扮昭君 、渔婆之类，皆男子为之。”③另外，《清稗类钞·戏剧类》“打花鼓戏”详细地介绍了花鼓的起源及当时花鼓的情况。

《路旁花》中的花鼓是夫妻俩共同表演，他们没有固定的演出地点，走街串巷或到主人家去演出。在这个过程中，有时会受到骚扰或者更严重的伤害，正书就反映了这一点。虽然这对夫妻有半推半就之嫌，但对于处于社会底层、生计尚成问题的他们而言，很多时候妥协无疑是最好的选择。当他们遇到花公子的

① 身背花鼓上长街，滚滚红尘惹绣鞋。囊中无钱休买笑，腰间有货要求财。金资不惜多多付，云雨何难夜夜谐。开眼乌龟高举步，铜锣敲响一齐来。

② 罗竹风主编 . 汉语大词典（第九册）[Z]. 上海：汉语大词典出版社，1994 年版，第 300 页。

③ （清）李斗 . 扬州画舫录 [M]. 汪北平、涂雨公点校，北京：中华书局，1960 年版，第 98 页。

时候，“浪子说二佰文钱一套罢，要唱随吾家里来。”此时丈夫不愿去，但是为了挣钱，妻子却想去，“风流种瞧上了雌儿多美貌，俏花娘看出了浪子有钱财”，可谓是各有所取，所以才一个愿打一个愿挨。到了浪子家后，“花公子带跑连颠把椅子抬。放院中大模大样压着腿坐，说有什么新曲新腔唱上来。男子敲锣丑容毕露，妇手打鼓玉腕轻抬。耳边厢莺声呖呖娇音好，凤（阳）秧歌风流靡漫可人的怀”。这段描述呈现了夫妻俩也是当时花鼓演出时的基本场景，甚至可以说这段描写是《路旁花》中这篇子弟书中最有价值的内容。因为它反映了花鼓演员的演出地点、方式以及演出者演出时给人的感觉。然而，演出水平高不代表这夫妻俩的素质就高，所以演出后妻子和浪子云雨一番，结束后，“汉子说你和那冤家将何事干？妇人说奴同那公子把话包开。汉子说半日的工夫把何话讲？分明时咂舌亲嘴要会阳台。你把我一世的英雄辱没尽，等回家休你这个贱奴才。”结果，“俏花娘取出银子说睁眼，大胡子接过资财说妙哉！有此物略略接唇何碍事，再添些天天同宿也应该。可事（是）说有钱就好须睄破，就便是忘了何妨要看开。”反映出在金钱面前，当时很多类似的演出者目的不纯，甚至素质相当低下，以致最后“俩口儿笑笑说说锣鼓打，勾引那游花子弟趁钱财”。

显然，作者看不惯这对夫妻以及花公子的行为，所以他在诗篇最后两句说“开眼乌龟高举步，铜锣敲响一齐来”。作者的这种看法与儒家思想是相契合的。在儒家那里，“富贵不能淫，贫贱不能移，威武不能屈，此之谓大丈夫也”。[①] 就实际情况而言，不是每个信奉儒家理念的人都能做到这一点，所以那些能做到这一点的人往往成为世人所尊崇的对象，如颜回。当然，颜回身处贫困之境“不改其乐”、坚守操行的行为，若一般的读书人做不到，普通的民众就更困难，但这并不意味着人们在看到与儒家理念相悖的社会现象时，不去指责，所以，违背了儒家以上理念的《路旁花》中三个主人公都受到了作者的指责。如花公子是：“人物儿风流心性儿歪，闺门中盗狗偷猫调侍女，书房内将男当女耍奴才。墙外路柳桩桩好，野鹜家鸡件件来。他本是豪富儿郎轻薄子弟，只少那潘安容貌子建文采。”从这段描述中可以看出，花公子是不学无术的富家子弟，他不懂的儒家所提倡的做人准则在情理之中，所以这段描写既为下文他的行为作了铺

① 李学勤主编．十三经注疏·孟子注疏 [Z]. 北京：北京大学出版社，1999 年版，第 162 页。

垫，也在间接提醒受众如果想要自己或后代能有正确的做人理念，那么就一定不要像花公子那样不学无术，一定要用心读书，因为读书是其明忠明义的重要前提，这也是古人强调读书的重要原因。另外，正书中花鼓夫妻在花公子眼中的形象外表反差巨大，丈夫是“肮脏胡子”，妻子是：“身背着一面花鼓笑盈腮，布衫儿刚遮膝盖偏觉俏，水纂儿巧绾乌云略露歪。系一条扎花长穗香罗帕，别一枝贴翠衔珠金凤钗。穿一条甩裆大衩红绸裤，裤脚儿堆垒在脚面衬弓鞋。又见他体态轻盈姣带着媚，面目姣娆红透着白。柳叶儿眉翠黛浓描长又细，杏核儿眼秋波流动俏还乖。嘴唇儿边红如鹃血胭脂点，脸蛋儿上白似鹅毛香粉拍。两只手鼓槌儿一对频频的拈，露出了春笋一般的十指来。”作者如此细致地描写妻子服饰和外貌，并将其描写为美女，其意在说明花鼓夫妻俩并不想单靠自己的花鼓才艺谋生，而是想借妻子的美貌赢得客户的青睐，进而达到自己赚钱的目的。说白了，这就是作者在诗篇中所言的“开眼乌龟高举步”，即为了钱，花鼓夫妻俩无论是丈夫还是妻子为了钱，都违背了“贫贱不能移”的做人准则。

正如上文所言，一种社会现象或一种人物形象能够成为作家笔下的文学意象，在于它不是个案，而是社会中的普遍现象或普遍人物。具体而言，《路旁花》中的花公子是一类人，花鼓夫妻也是一类人，只是他们自认为的骗取钱财与一般意义上的骗取钱财不同，靠出卖身体获取而已。

（二）特殊性的社会现象

特殊性的社会现象指的是不常见的社会现象，如军事、特定时间的民俗文化活动等等，这些社会现象大多是纪实性的，具有重要的社会学价值。

如《张格尔造反》诗篇[①]就简略地叙述了张格尔造反给社会和人们带来的灾难，是对正书内容的一种简要说明。“边外回疆起战争，黎民涂炭苦生灵”的内容在正书中为“得了志的□回将喀伦抢，纵横任意乱边庭。杀害黎民残百姓，户户家家一抢空，悲声载道逢劫数，怨气冲空红日蒙。”“血染黄沙金鼓振，尸抛山谷画角鸣”对应的正书内容是“又有那布鲁特的□回把张格尔助，庆公爷追贼被困入牢笼。副参游守伤无数，还有喀伦守御兵。只杀得衣甲如山天惨淡，血水横流土变红。庆公爷情急无奈将忠尽，损躯报主赴幽冥。”诗篇的后四句则

① 边外回疆起战争，黎民涂炭苦生灵。血染黄沙金鼓振，尸抛山谷画角鸣。旌旗隐隐迷郊甸，队伍纷纷满路程。都只为雄师数万把新疆定，逆匪□回恶贯盈。

是对正书第二回内容的整体概括。

不难看出，《张格尔造反》作者在诗篇中没有表达自己的理念，而是采用白描化的手法叙述了现实。从其效果来言，这种叙述比作者直接表达自己的观念要好，因为最能引起受众共鸣的无疑是让其直接参与其中。作者采用的就是直陈对社会及人们生活造成巨大影响的张格尔造反事件，受“宁为太平犬，不做乱世人”传统思想的影响，受众自然与作者站到了一起。作者的叙事角度反映了他的思想与观念，即受众接受了作者对张格尔造反一事的描写，并产生了一定的共鸣，说明作者从民众角度出发描写此事，呈现儒家思想中所具有的民本思想获得了成功。

民本思想是儒家的重要观念，早在《尚书·五子之歌》就有“民惟邦本，本固邦宁”的观点，这可以看作是儒家民本思想的起源。当然，在教育具有阶级性、贫苦民众不能接受教育的时代，这个民本观点自然是受过教育的具有一定社会地位的人，他们在提出任何观点时都是基于自己的团体利益或者阶级利益的，但不妨碍他们的某些观点有时也会给其他阶级带来利益，如儒家的民本思想，虽然是为统治阶级服务，但民众也会从中获得一定的好处。儒家认为圣贤治之君应该“其养民也惠，其使民也义”，[①] 所以，如果统治者在施政时，能够考虑到民众的利益，那么民众就会从中受益。孔子在《论语·季氏》再次提出“有国有家者不患寡而患不均，不患贫而患不安”，[②] 也就是说，在儒家那里，社会稳定、分配均衡是一件很重要的事，这也是《张格尔造反》作者在诗篇中强调“边外回疆起战争，黎民涂炭苦生灵”的原因。任何战争只要爆发，首当其冲受害的自然是百姓，“白骨露于野”“千里无鸡鸣”的现象也不少见，所以但凡是渴望安定生活的人都会厌恶战争，《赤壁鏖兵》作者在诗篇中就指出了吴国、蜀国将士为了早点结束战乱情况，协力共同对抗魏国的事，他说“纷纷天下刀兵动，三国何日得安定。吴蜀同心破奸曹，因此三军皆用命”。从大的层面看，它反映出的愿望其实就是从古到今将士的愿望，更是儒家所提倡的民本思想及国家社会层面的“大一统”思想。

孟子认为“民为贵，社稷次之，君为轻。是故得乎丘民而为天子，得乎天

① 李学勤主编．十三经注疏·论语注疏 [Z]. 北京：北京大学出版社，1999 年版，第 62 页。
② 李学勤主编．十三经注疏·论语注疏 [Z]. 北京：北京大学出版社，1999 年版，第 221 页。

子为诸侯，得乎诸侯为大夫”。[①] 客观看，这个观点放置今日也不落后，只是其所在时代为封建时代，当政者不可能真正实施它。不过，它的实施也带来了很多积极的影响，如很多文学家主动在文学作品中探讨、表现这个思想，思想家、哲学家甚至是教育家等也纷纷关注这个观点。也就是说，虽然当政者在为政时没有实施这个思想，但是从其提出来后，就或多或少地影响着不同时代的社会思想文化，这也是历代学者肯定儒家思想的重要原因，《汉书·艺文志·诸子略》：“儒家者流……游文于六经之中，留意于仁义之际，祖述尧舜，宪章文武……”[②]

子弟书作者虽然对水深火热之中的民众万分同情，对当政者有所不满，但身为文人，他们无法改变什么，只能是将自己的这种情绪寄诸笔端，《孟子见梁惠王》作者在诗篇[③] 中就直白地指出了这一点。由此可见，以子弟书作者为代表的文人面对社会动荡时，精神上所具有的痛苦。

二、发表人生感念

任何作家在创作时，都是基于一定的目的，其目的决定创作内容的精神内涵及价值观表现。当然，很多时候作者不会在作品中直白地阐释他们的观点，所以需要读者通过对作品的分析才能看出来。但有时作者也会在作品中明确阐释自己的创作目的，如《浪子叹》作者在文末所说“无奈何著称唱本去出售”，就可以让读者更好地了解其作品。另外，很多子弟书作者在创作时，喜欢在诗篇中发表自己的人生感念，并将自己的人生观念与作品内容结合在一起，在阐释自己人生挂念的同时，也为受众提供了较多的当时社会的有关信息。

根据诗篇内容，子弟书作者的人生感念，可分为普世性和特指性两种。

（一）普世性的人生感念

普世性的人生感念指的是流传于社会，为广大社会民众所掌握且信奉的人生感念，这种感念往往是劝人接受现世，坦然面对既有的生活，不要为了名利枉费心机。这种观念在子弟书诗篇中不在少数，如子弟书《永福寺》的作者就

① 李学勤主编．十三经注疏·孟子注疏 [Z]．北京：北京大学出版社，1999 年版，第 388—389 页。

② （汉）班固撰．汉书 [M]．北京：中华书局，1964 年版，第 1728 页。

③ 周室国运已将终，列国诸侯各起兵。自立节旄僭王礼，私专征伐誓血盟。到处只讲割城地，那管生灵涂炭中。惟我孟夫子口述唐虞三代之德业，天命如斯只好能说不能行。

借四首诗篇表达了自己的这种普世性人生观念。

《永福寺》描写了为西门庆上坟的吴月娘巧遇庞玉梅的故事。西门庆去世后，吴月娘带着孝哥儿为他上坟时，进永福寺歇息，碰见了已经为守备夫人的春梅，前后生活际遇的巨大差异，不但是吴月娘她们，就连作者也是颇有感慨："繁华转眼一场空，成败兴亡似梦同。适见名花迎晓日，忽看落叶舞秋风。此日凄凉悲水逝，当年声势映天红。早知道循环道理都如此，使甚么心机逞甚么英雄。"无疑，作者在头回诗篇中表达的虽是一种看透人生的态度，但他最后提及的却又是让人珍惜眼前生活。所谓珍惜眼前的生活指的是不要在生活中用什么心机，而应该踏踏实实生活。子弟书《哭官哥》诗篇[①]和《游泥河》诗篇[②]表达了同样的观点，以上三首诗篇所表达的思想都符合儒家所提倡的"恭则不侮，宽则得众，信则人任焉，敏则有功，惠泽足以使人"。[③]西门庆虽然家财万贯。享尽富贵，但因其为富不仁，作恶诸多，所以他在中年时以一种不体面的方式死去。换个角度看，如果西门庆遵循儒家所提倡的做人准则，或许他会有美好的人生结局。

当然，《永福寺》作者所提倡的踏踏实实生活，并不是让人甘于平庸，而是指在遵循儒家为人处事基本准则的基础上，应该有所志向，积极入世，所以他在第二回诗篇中指出："丈夫无志最堪惭，有志娥眉胜过男。青衣队内偏拔萃，红粉群中独占先。当日尘埋香阁里，今朝吐气花堂前。劝世人放开眼界从常看，莫将这一时贱贵就定愚贤。"我们知道，清代中后期大多数的旗人生活境遇不如从前，像老舍在《正红旗下》描写的以自己家为代表的旗人生活。面对这样的社会，《永福寺》作者借其所写内容指出，旗人不应该继续平庸下去，而应该用自己的努力去改变命运。从这里不难看出，《永福寺》作者写作时的心境并不平静，其生活境遇也不尽如人意，所以他才会借此来抒发自己的感慨。但是人生之事或关于未来的创想，不是发发感慨就能解决的，所以他又在第三回诗篇中说："故主相逢情意亲，感旧伤今最断魂。说不了别离凄凉事，诉不尽从前挂念心。几阵松风风惊昨梦，一声幽磬醒前因。世间多少兴衰败，只到了佛地虚空

① 小窗春日览残篇，闲阅金瓶忆旧缘。离合悲欢循环理，荣华富贵眼前欢。财过北斗中何用，富比陶朱尽枉然。打开旧卷添新笔，慢把西门故事言。

② 堪叹人生天地中，使碎心机为利名。人生恰似花间露，好勇争强火花冰。三寸气在千般用，一旦无常万事空。任君使尽千般巧，只落得临死回头被土来蒙。

③ 李学勤主编．十三经注疏·论语注疏 [Z]. 北京：北京大学出版社，1999 年版，第 235 页。

都化作尘。”这里借吴月娘与春梅相逢之事，说明人与人交往时，最重应在真情，因为人生一切到最后都将成为虚空，这也是他创作第四回诗篇①的原因。

从《永福寺》的这四首诗篇可以看出，作者具有儒家现实主义思想。儒家所强调的仁义思想、忠义思想，如果投诸民众的话，即是安然于世，过好今世，不要将希望寄托于虚幻的来世。在他看来，现实生活中，情感比物质更重要，真正的情感不因贫富的变化而改变。应该说，这种观念是儒家“为政以德”理念的民间化表现。但子弟书作者并不是生活在脱离现实的纯情感世界中，注重情感的同时，他们也注重物质。《得钞嗷（傲）妻》作者就在诗篇②中明确赞同物质是情感的基础，人之所以具有争名夺利心，是因为受到了物质影响，在日常生活中感受到了物质贫富会带给自己截然不同的精神经历。这些子弟书作者在诗篇中发出的对物质和精神两者之间关系的这种感悟，既和其所创作的子弟书内容有关系，也和其现实生活有关系，因为作家创作时，唯有和其作品发生共鸣，其作品才具有灵魂。但不论怎样，这些子弟书作者都是强调物质即现实主义的。

在诗篇的普世性人生观念中，还有一种比较特殊的人生观念。这种人生观念特殊之处在于它所支持的行为不是一种普遍性社会行为，如《醉打山门》作者就在诗篇③中支持只要一入佛门就可以逃脱现实法律惩罚的观点。鲁智深的故事家喻户晓，属于以暴制暴的典范，他入佛门其目的就是为了逃脱自己以暴制暴所带来的法律惩罚，单纯从法律角度看，这种做法显然不可取。但是在法律法规不健全的封建时代，无论是鲁智深以暴制暴的行为，还是之后出家暂避祸的行为，却为大众所接受，甚至欣赏。反映出当一种社会行为符合了大多数人的需求时，它就可以成为人民意识中的“正常”行为。

（二）特指性人生观念

特指性人生观念指的是其内容在表达方式及内涵上要高于普世性人生观念，

① 从来儿女最情长，幽冥路隔渺茫茫。青冢有灵娘怜我，红颜无命我怜娘。伴香阁如形不离影，坟墓门地老又天荒。世间惟有情难尽，就到了万劫千轮永不忘。

② 因何地产雪花银，天意分明鼓励人。不经爱富嫌贫事，怎长争名夺利心。英雄气短为钱财气短，儿女情深是柴米情深。

③ 智勇功名本自佳，英雄何故作僧伽？削发披缁空弃世，参禅拜忏总虚花。灯火埋藏真面目，精神磨砺碎袈裟。古今来佛子有一件千秋快事，五台山醉打山门美鲁达。

即其较易为一些受过教育的人所理解和接受。换言之，普世性人生感念适用于全社会，特指性人生观念虽然也能为大众所理解接受，但更适用于受过一定教育的人。诗篇中所表达的特指性人生观念主要是儒家所提倡的更高层次的为人处世观。这种为人处世观已经超越了大众的基本物质、精神需求，如伦理观及三纲五常观等。

毋庸讳言，封建社会的伦理观除孝道外，涉及男女关系方面的主要是针对女性的要求，是男权社会下女性不自由及受压迫地位的反映，《蝴蝶梦》就反映了这一点。庄子因偶遇为早日改嫁在丈夫坟前用扇子扇坟的少妇，于是回家和妻子说起此事，虽然妻子保证自己不会在庄子死后改嫁，但庄子并不相信，于是不仅假死且还化身为年轻俊俏的王孙上门检验自己的妻子是否忠贞。这种明显不尊重女性的行为在封建时代却被认为是正常的，就连《蝴蝶梦》作者惠亭也在诗篇中说："何者为仇何者恩，事分邪正辨贞淫。整纲常从容就义惊天地，维风化慷慨捐生泣鬼神。铁铮铮捐躯烈妇千年恨，香馥馥守义贞魂万载馨。叹庄生修成羽化登仙客，为着这情丝儿未断半世沉沦。"惠亭赞颂烈妇是为了讽刺庄子妻子在丈夫尸骨未寒时就打算改嫁的行为。传统封建伦理观认为女性应该从一而终，只要女性定亲，哪怕是成婚之前男方去世，女方也要为其守身如玉，至于那些出嫁后丈夫去世的女性，更不能改嫁。这也是分辨女性是否忠贞的重要标志，也是封建统治者极力提倡的，所以才有贞节牌坊一说。

封建伦理对女性的主要要求是忠烈，其首要的一点就是要遵守三纲五常，如《糜氏托孤》就赞扬了糜氏的忠烈。作者在诗篇中说："是否关头死共生，赤心烈胆两相逢。将军救主乾坤鉴，烈妇捐身天地明。"① 也就是说，在作者眼里，一个人是否遵守三纲五常，是否是忠烈之人，天地都看在眼里，会对其做相应的奖惩。这种借天地劝导人遵循三纲五常的行为，是封建社会常用的手段，俗语"人在做天在看""抬头三尺有神灵""苍天绕过谁"等都是这种思想的映射。如《子胥救孤》作者在诗篇中指出："灭裂三纲坏五常，人伦丧尽楚平王。太子

① 《长坂坡》与《糜氏托孤》两篇正文字相同，只是诗篇不同，《长坂坡》第一回诗篇为"古道荒山苦相争，黎民涂炭血飞红。灯照黄沙天地暗，尘迷星斗鬼哭声。忠义名标千古重，壮哉身死一毛轻。长坂坡有（前）滴血汗，使坏将军赵子龙。"《糜氏托孤》第二回诗篇为"是否关头死共生，赤心烈胆两相逢。将军救主乾坤鉴，烈妇捐身天地明。"《长坂坡》第二回诗篇为"宝剑神枪带血腥，素铠银袍被土蒙。放开两眼乾坤窄，一点丹心天地明。"

何辜瓜下死，昭阳无奈井中亡。屠戮功臣烹武尚，公奸儿妇纳吴香。马氏昭仪因避难，鱼（禅）禅（宇）古寺去潜藏。”楚平王身为帝王，却败坏纲纪，所作所为天理难容，司马迁评价其“弃疾以乱立，嬖淫秦女，甚乎哉，几再亡国”。楚平王最后也落得了死后被伍子胥挖坟鞭尸的下场，虽然伍子胥的行为很过分，但如果楚平王是一代明君的话，想必也不会有此下场。而那些为国家着想，甚至不惜献出生命的忠烈之士，则成为子弟书作者称颂的对象，如《刺梁》作者在诗篇①中就高度称赞了邬飞霞。

从历史视角看，三纲五常是封建社会伦理秩序甚至是统治秩序得以健康运转的基础，在长久的传承和当政者的提倡下，它已经成为封建社会的基本行为准则。其影响深广，不管是社会政治、经济、文化，还有人们的日常生活等都受到了它的影响，像子弟书作为满族说唱文学，其中也有多位作家强调三纲五常。除上文提及的子弟书外，另如《单刀会》诗篇②更为直白，直接明确三纲五常是人成为人的首要前提，由此可见，虽然三纲五常有很多缺点，但也有很多优点，至少它能让很多人能够讲孝义、重诚信。

三、借助风俗

风俗指的是为一个地区或民族所接受的习俗、风气等。任何风俗都是从个体性的习俗或风气开始，当它逐渐为更大范围内的社会成员所接受，它就具有了群体性，并会逐渐固定下来，成为相应的社会群体所遵守的风俗。风俗的优点之一在于它具有固定性，但不排斥时代性，即随着时代的变化，其所在社会群体会对其作相应的修改，如《诗·大序》所言“先王以是经夫妇，成孝敬，厚人伦，美教化，移风俗。”③

严格来讲，风俗是凝结一个地区或民族的重要纽带，所以，任何风俗其实都蕴含了一定的礼俗性，蕴含着人们对其所共同遵守、信奉的风俗的维护之情。

① 汉室颠危气未终，储君避难脱牢笼。苍穹不欲终炎汉，天使飞霞凤配龙。兰心惟知孝和义，蕙性独存烈与忠。移花接木假托瑶草，刺奸雄全仗着圣母的金针玄妙灵。

② 三纲五常立人间，五伦事事要周全。皇王水土难答报，父母恩德天地宽。三教九流士为首，朋友相交信在先。弟兄们情肠好换好，就是那儿女夫妻冤怨缘。

③ （汉）郑玄注，（唐）孔颖达疏．毛诗注疏·卷一·周南·关雎．（清）阮元．十三经注疏 [M]. 北京：中华书局影印本，1980 年版，第 272 页。

正是因为风俗的这种特性，所以很多作家将其作为自己的描写意象，如多篇子弟书都有所提及，诗篇中也有所反映，《路林（露泪）缘》诗篇可以称得上其中的典型代表。

它的第十二回诗篇[①]所提祭灶是中国传统的习俗，包括两步，第一步是辞灶，一般在腊月二十三或二十四进行；第二步是接灶，一般在春节前一天举行。祭灶是为了祭祀灶王爷，传其为玉皇大帝敕封的“九天东厨司命灶王府君”，所以诗篇中说“东厨祭灶”。灶王爷在中国民间具有深厚的群众基础，在农村，几乎每家的厨房都贴灶王神像，在祭灶这一天会摆放贡品，以祈求灶王在新的一年为保佑自己家远离祸患、并降福给自己家。正是因为这种心理，所以很多贫穷的人家，即便生活困苦，祭灶这一天也会想方设法弄到祭祀灶王的供品，如《薄命辞灶》中主人公家境生计艰难，但在家家都辞灶的日子里，她也希望通过辞灶，能够改善自己家在新一年的生活条件。为了自己的这一愿望，她虽然做不到像“普天下安排盛馔将灶祭，骡马鸡犬用草编”，但她用自己最大的能力“上大街去买一股高香糖二两，一对红烛供果全。”她的这种行为反映了祭灶民俗在民间的普遍性及“根深蒂固性”。

“民以食为天”，灶神与其他神相比，最大的优点就在于人们认为他能够决定自己家的饮食状况，甚至将其奉为一家之主，就连孔子都指出“与其媚于奥，宁媚于灶”，[②]可见灶神的影响力之大。人们相信世间有神的存在，认为上苍了解自己家情形的媒介就是灶神。这种心理的存在，使得人们非常注重祭灶时的祭品及流程，以致即便同是宋代，但北宋和南宋的祭灶习俗却有所不同。从祭灶习俗的变化[③]可以看出，民众对灶神的敬奉热情一直未减，甚至有逐渐增强的趋势，所以在清代的时候，将其列为当时十二种重要的祭祀之一，如《百丈丛林清规证义记》凡例中，仪润说“第二报恩章，有十二种事：‘国忌、供天、护日护月、（附）中秋祀月、祈晴，祈雨、（附）祈雪、遣蝗、祈祷韦驮、（附）韦天

① 季冬万物尽凋零，腊月流传节令同。东厨祭灶香烟盛，除日辞年酒味浓。百草新芽还未吐，万花春意已潜生。松竹梅岁寒三友非凡品，须向那三岛蓬莱问姓名。

② 李学勤主编．十三经注疏·论语注疏 [Z]. 北京：北京大学出版社，1999 年版，第 36 页。

③ 孟元老《东京梦华录》中记载北宋的祭灶风俗是“都人至除夜，备酒果送神，以酒糟涂灶门上，谓之醉司命。”范成大《祭灶词》记录南宋的祭灶风俗为：“云车风马小留连，家中杯盘丰典祀。猪头烂熟双鱼鲜，豆沙甘松粉饵团。男儿酌献女儿避，酹酒烧钱灶君喜。”

圣诞、（附）伽蓝诞、祭灶。”[①]

《路林（露泪）缘》第十回诗篇[②]中的“下元节”即农历十月十五，是清明节、中元节、上巳节及寒衣节等四大鬼节之外与鬼神有关的第五节。与其他四大鬼节不同，下元节是为祭祀祖先而设。一种文化或一种思想产生后，一旦进入社会，它有被民众原盘接受的特点，但更有被民众改造的特点，下元节自然也不例外。即是说，它虽然是为祭祀祖先而设，但其展现的具体形式以及社会作用，已经深受其他文化尤其是社会主流文化的影响，并因此而发生了变化，但不论如何变化，都与儒家所强调的血缘、孝悌思想有关。

《托梦》诗白[③]中的门神是古代贴在门上用来驱逐妖狐鬼怪、保护家宅安宁的神仙画像，《礼记·丧服大记》有：“君至，主人迎，先入门右，巫止于门外，君释菜。”汉郑玄注：“释菜，礼门神也。”[④]可见，贴门神的习俗已经持续了几千年。追其源，门神最初是古人神化出的两个神仙，据郭璞：“《论衡·订鬼篇》引《山海经》（今本无）云：‘沧海之中，有度朔之山，上有大桃木，其屈蟠三千里，其枝闲东北曰鬼门，万鬼所出入也。上有二神人，一曰神荼，一曰郁垒，主阅领万鬼。恶害之鬼，执以苇索，而以食虎。于是黄帝乃作礼，以时驱之，立大桃人，门户画神荼郁垒与虎，悬苇索以御凶。’”[⑤]由此可见，门神最初是名为神荼、郁垒的两个神仙，且其所守之门并不是现实世界中的门，而是传说中的鬼门，即是说，此时的门神神荼和郁垒负责的是整个现实世界的安危，后世则将其画像贴于自己家的门上，期望二神的保护离自己更近．随着人们需求的变化，门神也不再在仅是神荼、郁垒。清代富察敦崇在《燕京岁时记》中指出：“门神皆甲胄执戈，悬弧佩剑，或谓为神荼、郁垒，或谓为秦琼、敬德，其实皆非也。但谓之门神可矣。夫门为五祀之首，并非邪神，都人神之而不祀之，失其旨

① 《中国佛学》编委会编．中国佛学 [Z]. 北京：社会科学文献出版社，2013 年版，第 126 页。

② 孟冬万卉敛光华，冷淡斜阳映落霞。小阳春气风犹暖，下元节令鬼思家。哪里寻桃花似火春天景，只剩下霜叶红于二月花。潇湘馆重翻千古苍梧案，吊湘妃竹节成斑泪点杂。

③ 屈死英雄凝眸望，不幸青春他乡丧。今日回家遇门神，说明才把他来放。

④ 李学勤主编．十三经注疏·礼记正义 [Z]. 北京：北京大学出版社，1999 年版，第 1263 页。

⑤ （晋）郭璞注，袁珂点校．山海经校注 [M]. 上海：上海古籍出版社，1980 年版。

矣。”① 他又说：“每至端阳，市肆间用尺幅黄纸盖以朱印，或绘天师钟馗之像，或绘五毒符咒之形，悬而售之，都人士争相购买，粘之中门以避祟恶。”② 可见，后世的门神已经成为一个概念化的人物，人们可以根据自己的需求让不同的人物充当门神。但不论哪种需求，其最终目的都是为了自己家庭的安宁与富裕。

鬼神文化是中华民族文化中无法回避的一个重要因素，面对人们出于各种目的创造出来的鬼神形象或者鬼神文化，就连儒家都不能完全否定，而是将其转化为一种信仰，正如孔子所言“祭神如神在”，既然无法消除鬼神文化，那么不如因势利导，将民众对鬼神文化的态度引导至对其他文化的信仰。

① （清）富察敦崇．燕京岁时记 [M]. 北京：北京出版社，2018 年版，第 116 页。
② （清）富察敦崇．燕京岁时记 [M]. 北京：北京出版社，2018 年版，第 87 页。

第三节 综合诠释

从诠释方式的角度出发，作者在使用显性诠释时，同一首诗篇有时并不是只用了一种显性诠释方式，而是使用了好几种。隐性诠释形式也是同样的情形，由此，诗篇在诠释儒家思想时，所采用的显性诠释形式、隐性诠释形式也不是单一的。另外，纵观诗篇对儒家思想的诠释，显性诠释和隐性诠释只是其中的两个方式，在诗篇中作者还采用了显性诠释和隐性诠释相结合的方式。显性诠释和隐性诠释之间不可能泾渭分明，所以，除区别较为明显的显性诠释和隐性诠释外，诗篇中还有综合运用两者的诗篇。

除综合性的诠释手法外，从诠释思想的角度出发，可见很多诗篇在诠释儒家思想时，并不是通篇只诠释了一种儒家思想，有的是诠释了两种或两种以上的儒家思想，诗篇在儒家思想方面的这种综合展现，可以让受众在很少的篇幅内获得最大程度上的思想文化知识。

一、综合性的诠释手法

子弟书作者在诗篇中或以白描的形式叙事，或采用叙议结合的手法。恰当的叙事手法和妥帖的语言及内容结合在一起，在短短的篇幅内为受众诠释了丰富的思想。同样，在作者展现儒家思想时，也有这一手法的存在。

（一）综合性的显性诠释手法

综合性显性诠释手法只一首诗篇中用了不止一种显性诠释手法，至少用了两种或两种以上，如《疑媒》第一回诗篇[①]就使用了化用儒家名句、化用成语、使用典故词等三种显性诠释手法。“恤刑”指的是作为执法者要谨慎地使用刑法，

① 自古恤刑是帝王，下民清问费衷肠。施恩心慎三章法，被泽情深九月霜。狱折纵能知李代，冤含谁复思桃僵。我今奉劝为官事，共效皋陶姓字香。

出自《尚书·舜典》:“钦哉钦哉，惟刑之恤哉。”[①]《尚书》是儒家的核心著作之一，被尊为儒家经典。即是说，《尚书》中的观点在很大程度上就是儒家的观点。《疑媒》作者在诗篇中使用“恤刑”一词的手法，究其源，属于显性诠释中的化自儒家名句。其后的“施恩心慎三章法”，则是显性诠释和隐性诠释两者的结合。“三章法”表示法律之义，可将其视作是引自文献的显性诠释手法。诗句中的“施恩心”则代指法律实施者，整句诗合在一起表示法律实施者在实施法律时，要慎重而行。“狱折纵能知李代，冤含谁复思桃僵”两句则使用了化用成语的显性诠释手法，作者将成语“李代桃僵”分开，与其他词语搭配，形成了前后句对应的关系，将其意义表达得更为鲜明。“皋陶”是虞舜时期的司法官，其主管法律公平公正。作者在这里使用“皋陶”一次，属于显性诠释中的使用典故词。

《范蠡归湖》第四回诗篇[②]中的“三生石”是典故词，[③]“一片冰心在玉壶”为引用诗句，“推己及人”“急流勇退”“隐姓埋名”是成语，“人言逆耳”是对成语“忠言逆耳”的改用，由此可见，这首诗篇中使用典故词、引用诗句及使用成语三种显性诠释手法，如此多的固定短语，被作者以巧妙的形式串联在一起，构成了一首内容与意境并佳的诗篇。

《雷峰塔》第四回诗篇[④]中的“寡欲清心”为改用成语“清心寡欲”。“乐天知命”为成语，出自《易·系辞上》:“乐天知命，故不忧。”同为使用成语，但是所用手法不一样，一是改用，而是直接使用。

《双官诰》第五回诗篇[⑤]中的“加官进爵”为成语，“田园寥落干戈后”为引用诗句，引自唐代白居易的《望月有感》，“妻妾流离道路分”则是对“田园寥落干戈后”下一句“骨肉流离道路中”的改用。简言之，这首诗篇使用了成语和引用诗句、化用诗句三种显性诠释手法。

---

① 李学勤主编．十三经注疏·尚书正义 [Z]. 北京：北京大学出版社，1999 年版，第 93 页。

② 一叶扁舟遍五湖，贩兴至宝与明珠。三生石上抛金印，一片冰心在玉壶。推己及人言逆耳，见机而作计先图。保全身命聪明客，果然是急流勇退隐姓埋名的玉在璞。

③ 对上文已经详细阐释过内容的诗篇，此处只讲其所用的诠释方法，对那些上文没有阐释过内容的诗篇，此处会阐释相关的内容。

④ 堪叹人心痴又贪，妄想长生千万年。声色货利桩桩爱，妻妾儿孙个个怜。寡欲清心多长寿，乐天知命是金丹。秦皇不悟长生诀，又向那方丈蓬莱采药丸。

⑤ 塞外从亡第一勋，加官进爵主恩醇。万里黄河埋白骨，三春绿柳吊青坟。田园寥落干戈后，妻妾流离道路分。归来捧出红泥诰，疑是相逢梦里人。

诗篇中对诸如此类的综合性显性诠释手法的使用还有很多，充分体现了子弟书作者在诠释儒家思想时，非常注意对语言的精选和提炼，从一个侧面反映出子弟书语言的可观性、可赏性。

（二）综合性的隐性诠释手法

与综合性显性诠释手法一样，综合性的隐性诠释手法指的是作者在诗篇中用了不止一种隐性诠释手法，或是将正书内容和个人感念结合在一起，或是将鬼神文化和个人感念结合在一起等等。

如《东吴记》第六回诗篇[①]采用的是正书内容和个人感念相结合的方式，这也是子弟书作者常用的手法。通过诗篇前半部分对刘备成婚当晚情形的描写，可以看出他对这段婚姻非常满意。作者这样描写的目的正是为下文刘备乐不思蜀的心理和行为做准备，即用一种明面的故事情节隐性地表达了作者对身为君王的刘备贪恋男女之情的谴责。我们知道，儒家对女性的基本界定是相夫教子，在地位上从属于男子，而刘备却因为女子差点误了自己的大业，显然是与儒家思想相悖的。所以作者在最后用感慨的形式直接指出刘备应该为国家大事考虑，而不是只贪欢闺房之乐。它表现了除非是遇到极为特殊即是非观特别明显的内容，子弟书作者很少就其所描写的故事内容做出激烈的评判。

谁见冰心妾见怜，母子孤单节孝全。可钦可敬从一志，最毒最狠再醮难。老奴报主非虚也，幼子含悲是枉然。只因为廉耻天良都丧尽，任凭你苦口哀求总不借一钱。《双官诰》第二回诗篇

就表象看，整首诗篇是在描述《双官诰》的内容，实质上，作者将自己的思想融入其中，形成了叙议结合的手法。在这种手法中，体现了作者将描写一般社会现象和发表个人感念两种隐性诠释手法相结合的做法。作者将发表人生感念隐含于对正书故事所描写的一般社会现象中，可为其增加内涵。从内容看，《双官诰》描写的故事出自明代的传奇《断机记》及《双官诰》，后被改编成豫剧、晋剧、秦腔、河北梆子等多种艺术形式。但不论如何改编，其故事情节都基本一致，只是人物姓名及身份稍有变化而已。这个故事之所以如此流行，在于它反映了常见的社会现象。子弟书版本《双官诰》描写的故事梗概如下：男

① 良宵月上渐黄昏，天喜红鸾齐除临。宝鼎香焚云霭霭，绣帘风静夜沉沉。声声雅乐应秦辇，对对宫灯引汉臣。志在山河成大业，偏教他也作鸳鸯梦里人。

主人公冯生入京“入幕府辅佐于公作参谋”，委托张近桥帮他把此消息告诉家人并带五百两白银给家人，但张近桥却谎称冯生已经身亡。于是，冯生一家从此发生了天翻地覆的变化。罗惠娘和莫贞娘改嫁，其中莫贞娘更是扔下了自己的儿子冯雄，惟有婢女碧莲和仆人冯仁两个人坚守冯家，抚育冯雄。期间自然是艰辛万分，冯雄也是各种反叛，但最后冯雄科举成功，冯生也终于回家，罗惠娘和莫贞娘自然也得到了应有的下场。这个故事背后反映的是儒家所强调的“威武不能屈，贫贱不能移”“从一而终”及忠义思想。也反映了古往今来各个时代所倡导的为人处世之准则，所以才会如此流行。《双官诰》作者在诗篇中为正书内容开篇奠定了基调：“谁见冰心妾见怜，母子孤单节孝全。”在封建时代，一个女性带着一个孩子生存，特别是家境困苦的女性，其中艰辛不难想象。而碧莲和冯雄并无血缘关系，她不仅抚养冯雄长大，更是让其读书并求取功名，由此更能反映出碧莲具有高洁的品质。“可钦可敬从一志，最毒最狠再醮难”则反映出作者所强调的忠贞思想，从其将原著中抚养冯雄之人从冯生之侍妾换成婢女可以看出，在他那里，忠贞不仅指的是妻子对丈夫，也指仆人对主人的忠贞。至于那些不忠贞之人必定受到惩罚，如“罗惠娘自从改嫁又把空房守，可叹他使尽了心机天不饶。恰似那斑鸠跌子咕嘟嘴，妄想着喜鹊登枝再结雀巢。无奈何收拾衣衫到河边去洗，等待那断七之后再续鸾胶。”莫贞娘自然也逃脱不了改嫁后干粗活的命运，像她的日常生活就是“水桶儿边斜放着扁担一条”。她们所受到的这种惩罚，在作者先期所设定和强调的忠贞思想下，自是天经地义之事，受众在潜移默化中自然也结合了作者所倡导和诠释的这种儒家思想理念。

子弟书作者所使用的隐性诠释手法，有时隐含在正书内容即其所描写的特殊社会现象之前或之后，如《千金一笑》第四回诗篇[①]前两句先说明了就历朝历代的存在时间看，周朝的历史较为悠久。中间两句则陈述正书内容，隐含了周朝灭亡的原因。五六句则既描写正书内容又发表自己的感慨，七八句则只描写正书内容。全篇看似没有作者的人生概念，实则是全篇都是。前两句隐藏的是作者对周朝历史长久的无限感慨，接下来两句中的“妖妃”一词，显示出他对周幽王为博妃子一笑烽火戏诸侯一事的谴责，其隐含的是为君者必须遵循正确

① 今古皇图帝祚昌，惟有周朝寿绵长。君王欲使妖妃笑，骊山良夜奏笙簧。太平世界烟墩戏，自绝诸侯甚可伤。止博开口一声笑，幽王孤身死战场。

的治国理念观点。五六句则说明周朝的国运不是败在别人手中，正是败在周幽王为了博妃子一笑的事情上。当然，周幽王烽火戏诸侯只不过是周王朝灭亡的一个导火索，即便没有这件事，也会有其他的事成为当时进入衰亡期的周王朝的导火索。从作者的感慨及其对正书内容的描写中可以看出，任何一个朝代走向衰败甚至灭亡都不是一件偶然的事，在长期的社会问题堆积下，整个社会越来越难以负重前行，兼以帝王的不作为与不合礼义行为，王朝灭亡自然成为符合历史发展潮流的事。统而言之，诗篇所述，表明作者认为帝王应遵循帝王之礼，以德治国。

（三）显性诠释和隐性诠释并用

有一些诗篇，显性诠释和隐性诠释两种手法并用，用语言和内容两种媒介共同诠释作者在诗篇及正书中所表现的思想理念，如《寄信》第一回诗篇[①]首先使用了化用俗语的显性诠释手法，“日月犹如过隙驹”，即“日月如白驹过隙”，出自《庄子·知北游》:“人生天地之间，若白驹之过隙，忽然而已。”[②]后世常用之表示时间过得非常快，转瞬即逝。三四句“看人情总然冷暖全同梦，观世态虽分成败亦如棋”则说明了世间人情冷暖不过是一场梦的挂念，属于显性诠释手法中的发表人生感念。将其与诗篇中的其他诗句合在一起，从道家层面看，整首诗篇表达了一种建立在人生苦短、世事变化无常基础上的洒脱人生观。从儒家层面看，人生苦短也是其所认可的，代表性论断即“‘逝者如斯夫，不舍昼夜。”[③]建立在此观点基础上的儒家主张积极入世，属于典型的现世观。道家虽然讲“为无为，则无不治”，[④]但同时又说“是以圣人后其身而身先，外其身而身存。非以其无私邪？故能成其私”。[⑤]故从这个角度看，道家也是主张入世的，只是其治世的方法与儒家不一样。《寄信》这首诗篇体现了先秦时期虽有诸子百家，各有各的思想和政治主张等，但在很多问题上都有相同之处，比如对时间的看法，对社会的看法，以及如何为人处事的看法，如非要讲差别的话，那就是各

---

① 谚有曰日月犹如过隙驹，劝世人莫将幻变认为实。看人情总然冷暖全同梦，观世态虽分成败亦如棋。到头来一声撒手哈哈笑，回首看彼岸难寻再世庐。如不信但从烂柯山头看，犹有那当日王樵旧奕局。

② 孟庆祥，关德民等．庄子译注 [M]. 哈尔滨：黑龙江人民出版社，2003 年版，第 352 页。

③ 李学勤主编．十三经注疏·论语注疏 [Z]. 北京：北京大学出版社，1999 年版，第 119 页。

④ 崔仲平．老子《道德经》译注 [M]. 哈尔滨：黑龙江人民出版社，2003 年版，第 5 页。

⑤ 崔仲平．老子《道德经》译注 [M]. 哈尔滨：黑龙江人民出版社，2003 年版，第 9 页。

家所使用的词句、例证及实施方法不同。

显性诠释手法和隐形手法在一首诗篇中同时出现，其最大的优势在于能从形式上保证完全展现作者的创作理念，可让受众更好地从语言形式层面接受和了解其后所隐含的思想文化内涵。

二、综合性的思想诠释

如上文所言，综合性的思想诠释指的是一首诗篇中不止出现了一种儒家思想，作者利用巧妙的词语搭配和表现手法，将其融合在一起作了诠释。通过分析可以发现，作者一般采用两种方式进行综合性的思想诠释：一是将其所要诠释的儒家思想隐含在具体的故事情节后面，二是通篇运用抽象的语言形式。

（一）隐含在具体情节后

有一部分作者在诗篇中只描述正书中的具体故事情节，却不作任何的点评、感慨。然而，通过分析可以发现，作者在诗篇中所陈述的故事情节，并不是随意截取的，其背后隐含着作者的思想理念。如《侍卫论》诗篇[①]后就隐含了儒家的官本位和遵礼思想。

官本位作为一个概念虽然近代才提出，但其所包含的思想早在先秦时期就已经存在，主要体现为儒家所提倡的“学而优则仕”观。该观点出自《论语·子张》：“子夏曰：‘仕而优则学，学而优则仕。’”[②]孔子也赞同此观点：“耕者，馁在其中矣；学者，禄在其中矣。”[③]儒家的这种观点虽是惟官论，但客观来讲，儒家所认为的“学而优则仕”“学者，禄在其中矣”并无错误。前者而言，其实质是强调只有那些学问优秀的人才可以去当官，当官干什么？自然是为了推行儒家所提倡的以仁治国理念，孔子周游列国十多年就是不用质疑的明证。后者而言，强调的是虽然当官是为国为民，但自身也会从中获得报酬。这一点无可厚非，人活着，就要衣食住行，每一样都需要钱财；人活着，也不只是只有自己，还有自己的父母妻子儿女，甚至兄弟姊妹，也需要自己一定的钱财帮助。只是随着时代的发展，人们把这两种观念无限扩大成为官论，把为官者从中获取个

---

① 平明执戟侍金门，也是随龙护驾的臣。翠羽加冠多荣耀，章服披体位清尊。腰悬宝剑威风凛，手把门环气象森。问尊兄荣任是在何衙署？鞠躬道小弟当辖在大门。

② 李学勤主编．十三经注疏·论语注疏 [Z]. 北京：北京大学出版社，1999 年版，第 259 页。

③ 李学勤主编．十三经注疏·论语注疏 [Z]. 北京：北京大学出版社，1999 年版，第 216 页。

人利益放在了首位。所以，其责不在儒家，而在后世曲解者。《侍卫论》诗篇中所涉及的主人公仅是一个普通门卫，但其却是宫廷门卫，兼以民间有“当官就比不当官强”的观念，所以该侍卫是非常自豪的。从诗篇的描述可见，即便他只是一个门卫，但也有“随龙护驾”的时候，所以在他或者在世人眼里，他并不是一个普通的士兵，而是一个官，这也是他威风凛凛的原因，充分体现出了后世被曲解的官本位思想。诗篇中体现的礼义思想是有人问该门卫事情时，该门卫是鞠躬回礼，充分显示出作者深谙人与人之间交往时所应遵循的基本礼节。在儒家传统观念中，世间任何人都应遵循自己所在位置的礼义要求，如《论语·颜渊》：“齐景公问政于孔子。孔子对曰：君君，臣臣，父父，子子。公曰：善哉！信如君不君，臣不臣，父不父，子不子，虽有粟，吾得而食诸？”[①]再次佐证了儒家所提倡的官本位或者是为人处世时所应遵循的礼义原则，是没有问题的，只是后人根据自己的需求对其进行了主观意识上的解读。

（二）隐含在抽象词句后

有些诗篇不涉及正书具体的故事情节，通篇是抽象性的语言，即每句都表达了作者的思想理论观，与这种诗篇对应的正书内容往往是一种令作者较为反感或赞同的故事，如《别善恶》。

作者在正书开篇就指出“末儒流看透了世态炎凉薄如纸”，可以想见，只有经历过很多次炎凉之境的人才会发出如此消沉、悲哀的人生感念，甚至对人生已经到了极度怀疑的地步，他在正书中对世间万象发出了很多感慨：“问诸公河内鲫鱼犯了什么罪，刮净了鲜鳞还加上油煎。山鸡野兔也不敢惹祸，剁成的酱先把毛搴。狸猫专吃□食它在炕头上卧，老牛耕种不得饱食却肚儿蔫。……”对自然界事物的遭遇发出疑问后，他又从人与人之间的角度发出了疑问：“古今来忠臣义士竟作孽，普天下贪官污吏乐非凡。正直人修好行善瞎胡闹，拐孤货损人利己福寿绵。……”这些问题反映出作者对人与自然的关系、人与人之间的关系万分困惑，所以与之相适应的是，其在诗篇[②]中同样使用了理论性的词句，集中性的表达了自己在正书中所表达的思想。第一句说明同一件事物，从不同

① 李学勤主编．十三经注疏·论语注疏 [Z]. 北京：北京大学出版社，1999 年版，第 163 页。

② 巧似多劳拙似闲，善嫌懦弱恶嫌顽。富招嫉妒贫招贱，勤曰贪婪俭曰悭。与世无争反笑蠢，见机而作又言奸。可是哪般才如意，为人难作作人难。

的角度看会有不同的结论。那些心灵手巧的人与拙笨的人一起干同样数量的活，前者看起来做得多，后者看起来做得少。反映出在日常生活中，我们看问题不能先入为主地判定一件事情，而应该根据事情的结果作出自己的判断，这与儒家所提倡的"诚者，天之道"[①]是一致的。诚实不仅指的是人与他人相处时的态度，也指的是人看待万物的观点。如不能像第一句所言，看问题只看表象，而应该看表象背后所反映的真实的情况。第二句则表明如果一个人太善良那么就会被人认为是懦弱，如果一个人作恶就会被人看作是顽劣。善的观念在儒家思想中占有重要的地位，从《易经》到今天，儒家之人从不同的角度纷纷对善作了阐释，如孟子将善比喻成水，论述了性与善的关系。他指出："水信无分于东西，无分于上下乎？人性之善也，犹水之就下也；人无有不善，水无有不下。今夫水，搏而跃之，可使过颡；激而行之，可使在山。是岂水之性哉，其势则然也。人之可使为不善，其性亦犹是也。"[②]与儒家一样，在《别善恶》作者看来，善是人必须具备的品质，但是如果人太过善，以致失去为人处事基本原则的话，那么这种善则过犹不及，成为一种太过极端的善，等同于懦弱，是不可取的。同样，恶也是不可取的一种品质，但是在荀子看来，"人之性恶，其善者，伪也。"[③]所以恶是人的先天品质，善是人的后天品质，即是说，通过后天的学习，恶是有可能转为善的。除这两句外，《别善恶》诗篇中的其他诗句，都在反复论述一二句诗句中所体现的另外一种儒家观点，即"过犹不及"。过犹不及出自《论语·先进》："子贡问：'师与商也孰贤？'子曰：'师也过，商也不及。'曰：'然则师愈与？'子曰：'过犹不及。'"[④]后世遂用"过犹不及"表示人不论做什么事情都应该讲究一个度，如果超过限定的度的话，反倒不美。

《别善恶》诗篇中诗句所反映出的多种儒家思想，即我们所言的隐含在抽象词句后的综合性儒家思想。

据上述分析，子弟书作者在诗篇中诠释儒家思想时，采取的形式灵活多样，就其形式而言，有显性诠释、隐性诠释及综合性诠释几种；就诠释思想的数量

---

① 李学勤主编．十三经注疏·礼记正义 [Z]. 北京：北京大学出版社，1999 年版，第 1446 页。

② 李学勤主编．十三经注疏·孟子注疏 [Z]. 北京：北京大学出版社，1999 年版，第 295 页。

③ 高长山．荀子译注 [M]. 哈尔滨：黑龙江人民出版社，2003 年版，第 455 页。

④ 李学勤主编．十三经注疏·论语注疏 [Z]. 北京：北京大学出版社，1999 年版，第 148 页。

特点而言，不同的诗篇诠释的儒家思想可一致，同一首诗篇中所诠释的儒家思想又可有好几种。

第四章　子弟书诗篇传播儒家思想的轨迹

世间任何思想的传播都需要借助一定媒介，然后再由媒介通过一定的渠道传播出去，最终产生或大或小的社会效应。值得注意的是，在这种传播过程中，受众的接受度决定了其传播的广度和深度，甚至是持续度。无疑，这一切都来源于该思想的内涵以及其所依附的媒介。我们研究所涉及的儒家思想和子弟书及其诗篇自然也具有自己的独特之处。

在整个中华民族的发展历程中，无论是长度、广度还是深度，儒家思想都占有极其重要的地位，无法为其他思想文化所取代。我们知道，儒家思想并不是由哪个人制定，它是不同时代的持有相同理论的人共同完善而成的。当然，如果与中国历史相联系的话，儒家思想形成的主要时代背景是封建社会，所以它必定具有与时代背景相适应的特点，且随着具体时代政治、经济的变化而发生相应的变化，在微调中逐渐具有了新的元素，接近其最近时代的人的思想。当其与不同时代的接近它的民族与文化接触后，它的被阐释与被传播就带有了该民族的特点，如清代满族对其的接受与传播。

就历史而言，我们能看到的大多是史料和文学作品或者是非物质文化遗产，社会具体的行为方式、生活方式及文化思想等大多是我们从中推测而知，通过子弟书，我们则可以综合分析相关的各种史料，甚至是文学作品中的有关内容，进而分析出其传播轨迹与方式。

子弟书能够从家庭走向社会，与创作者或说唱者有很大的关系。顾琳指出："更有一等，以说书为奇技，不肯轻易示人。甚至说之之际，目空一切，以亲友皆非知音。说之有不屑者，使亲人恶之如鸱鸮，嫉之如仇敌。书以遣兴，今反召尤，总由品之不正，以致此耳，可不慎哉！”[①] 无论是子弟书的作者还是说唱者，参与进子弟书的创作或说唱，其目的并不是为了自我欣赏，而是为了得到别人的认同，进而获得一定的知名度。但若只在亲人面前展示的话，由于亲友对其已经极其熟悉，就创作者而言，无论其在子弟书中展现什么样的思想内容或者文学创作才华，亲友都会将其与之现实生活联系，无形中大大削弱了作者的目的；对子弟书说唱者而言，自然也是如此，只不过是一群熟悉的人在看一个熟悉的人表演而已。随着子弟书创作能力的提升，以及社会对子弟书熟悉度的提高，子弟书创作者和说唱者想走向社会自然不难理解。总而言之，子弟书走向市场，是多种因素综合作用的结果。

子弟书在发展演变过程中的演出地点、演出者及受众的变化，使子弟书及诗篇在语言、内容等方面，相应地受到了复杂的社会行为和社会心理因素的双重影响，呈现出多向与轨迹式循环传播的特点，而诗篇所蕴含的儒家思想自然也遵循该传播途径。具体而言，子弟书的传播轨迹大致如下图所示：

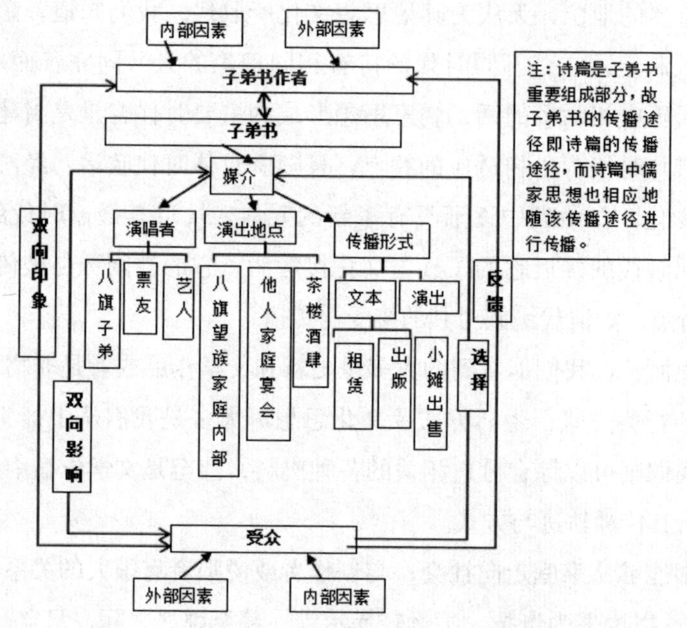

① 顾琳．书词绪论 [M]. 关德栋，周中明．子弟书丛钞．上海：上海古籍出版社，1984 年版，第 822 页。

第一节　传播的内外因

任何一种艺术形式通过传播媒介进入传播渠道，为社会大众所了解，不是一种力量所能决定的，都需要内外因的协力作用，惟其如此，该艺术形式才有可能进入社会流通领域，并有可能获得大众的认可。一种艺术形式在内外因的综合作用下，得以进入社会流通领域并为大众所承受，它所承载的思想是否符合当时社会大众的需求，是很重要的一个因素。具体到子弟书而言，它传播和推广符合当时社会大众认可的儒家思想，是其能够作为一种曲艺形式流行于世的重要原因。

一、传播的内因

要想阐明子弟书作者借助诗篇传播儒家思想的原因，首先要回到子弟书本身。子弟书作为一种新的艺术形式，刚一面世，听者“皆羡慕别致新奇字真韵稳，悠扬顿挫气贯神足。真令人耳目一新并且直捷痛快，强如听昆弋因腔混字多半的含糊。因此上处处传说，人人爱好”（《子弟图》）。对爱好文学创作的创作者而言，自然不会放过子弟书这种新兴的艺术形式。

就儒家思想本身而言，诗篇能够传播儒家思想的内容是其作者对儒家思想的接受和认同，甚至儒家思想已经成为其个人思想文化世界中的自觉部分，即无论现实世界中的一言一行，还是文学创作中的话语及思想，都是其所拥有的儒家思想的外化形式。身为满族文学家，子弟书作者传播儒家思想固然有时代背景的原因，但更多是出于自身的意愿。

从子弟书内容可以看出，无论在诗篇还是正书中，作者所呈现出来的都是中规中矩的符合大众思想需求的儒家思想。如《荷花记》作者在十七回诗篇中所言“从来佳偶是前缘，世上娇娥配少年。不有冰人成美事，怎能丹凤会青鸾。风吹柳絮来花径，春促桃花绽柳前。匹配固然天预定，成全仍自待人言”。显然，他在这里秉持的就是婚姻中所言的“媒妁之言”。《续钞借银》作者在诗篇中表现的则是对人与人之间基于物质而生、而灭的炎凉关系的批判：“世态炎凉最警人，闲将笔墨点迷魂。趋炎须尽逢迎态，附势岂无谄佞心。友义朋情浑似假，夫恩妻爱也非真。无端冒昧把前文续，欲写出猫鼠同眠一类人。”毫无疑问，只要有人类存在，诗篇中所言的这种关系就必然存在，作者既然将其写出来，就证明他其实是明白这一点的，那他为什么还要以文学的形式将其呈现出来呢？或许是因为作者在生活中见过或经历过很多这种的关系，所以他觉得不吐不快，而《续钞借银》的故事给了他借机倾诉的机会。他的倾诉和批判，其实就是对儒家所提倡的人与人之间要诚信交往观念的提倡。据此，我们可以看出，子弟书作者之所以自觉地宣传儒家思想文化，其原因是多方面的。

一是想要自己的作品得到世人的认可。在封建伦理道德为主要思想秩序的时代，无论子弟书作者接受的思想是什么，他想要自己的作品得到社会的承认，作品中所蕴含的思想文化观念就必须符合当时人们的需求。所以，子弟书中所呈现的思想文化内容是符合当时社会要求的，其根本原因在于作者想要自己的作品得到世人承认，并能获得最大范围内的传播。为了传播自己的理念或者作品，作者在诗篇中和正书中展现的内容有时是矛盾的。如上文分析的《葡萄架》的诗篇，作者所要表达的是劝人们远离情欲的观点，但是其正书内容仍然没有脱离《金瓶梅》色情描写的一面，所以在现有的整理本中，其正书内容都被删掉，只保留了诗篇内容。那么，作者为什么一方面反对情欲，一方面又细致去描写具体的情欲行为呢？原因就在于这种内容在一定程度上满足了受众的需求。清代丁耀亢对民众的这种心理进行了到位的分析，“看到‘翡翠轩’‘葡萄架’一折，就要动火。看到加官生子、烟火楼台、花攒锦簇、歌舞淫奢也就不顾那髓竭肾裂、油尽灯枯之病，反说是及时行乐，把那寡妇哭新坟、春梅游故馆一段炎凉光景看作平常”。[①]《金瓶梅》并不是一本仅描写男女风月故事的书，但据清代刘廷玑指出，当时的读者“多肯读七十九回以前，少肯读七十九回以后，岂非禽兽哉？”[②]子弟书创作和流行时代恰恰在清代中后期，即是说《葡萄

① （清）丁耀亢．续《金瓶梅》，载《金瓶梅续书三种》，济南：齐鲁书社，1988 年版，第 5 页。

② （清）刘廷玑撰，张守谦点校．在园杂志卷二，北京：中华书局，2005 年版，第 84 页。

架》的作者正处于丁耀亢和刘廷玑描写的读者阅读兴趣重在男女风月故事的时代，在这样的时代背景下，为了能让自己的思想和作品得到传播，他不得不采用了诗篇和正书内容截然不同的内容，尽管他在正书中也提到了西门庆“暗地里调风弄月害理伤天”。他的这种做法，在一定程度上反映出大众阅读趋向对作者创作具有重要的影响。

二是想借宣传儒家思想文化的时机，释放个人情绪。根据研究，子弟书作者多为旗人，这就决定了生活在清代中后期的他们至少在精神方面并没有达到他们的要求，而通过子弟书释放个人情绪就成为很多子弟书作者采取的方式之一。但是，作为文学作品，子弟书不能是他们释放个人情绪的完整阵地，这就意味着他们在释放或倾诉个人情绪时，必须以所描写子弟书内容和思想为依托。如《探雯换袄》描写的是贾宝玉探望被驱逐出贾府后病重的晴雯，在贾宝玉多情的外衣下，是作者所赞同和宣传的儒家阶级观念，即贵族阶级对其他阶级的同情不能成为其他阶级与贵族阶级地位相等的理由。作者在诗篇中写道：“云田氏长夏无聊消午闷，写一段宝玉晴雯的苦态形。”作者写作的原因真的是“长夏无聊”吗？贾宝玉探望晴雯并换袄的情节并不美好，或者可以说是悲惨的生离死别情节。按照常理，一个人在炎热的夏日中午深感无聊，如果想要解闷，选取的不应该是《探雯换袄》中这种让人心情更加沉闷的内容，但作者却还是选了，为什么？恐怕“无聊”“午闷”是假，生活境遇不佳、心情不舒畅才是真实原因。所以他在诗篇中的前几句写道：“冷雨凄风不可听，乍分离处最伤情。钏松怎忍重添病，腰瘦何堪再减容。怕别无端成两地，寻芳除是卜他生。”而在《探雯换袄》正书中并没有“冷雨凄风”的自然环境，作者使用它一是为了衬托晴雯的凄惨场景，二是为了衬托自己创作《探雯换袄》时的心情。所以，作者的个人情绪必须依托诗篇和正书内容呈现，且不能与诗篇和正书的思想相悖。再如熙园氏在《荣华梦》诗篇中说自己写作的原因是“叙一回睡里心欢醒后烦”。《荣华梦》正书是写现实中旗人穷困潦倒、梦中荣华一时的事，它与作者的心情一致，即他写《荣华梦》中旗人的现实与梦境截然相反的情景，目的是借此写自己对现实失望、唯有将理想寄托于虚幻中的无奈。

三是为了宣传自己秉持的儒家思想文化理念。儒家思想文化类型很多，所以子弟书作者在子弟书中，呈现的往往是自己秉持的儒家思想文化，如《马介甫》诗篇[①]反映出作者所秉持的儒家思想文化就是一个家庭应该以男人为主，否则即便婚姻中的男性本来是讲孝道之人，也会因此让自己的父母受辱。由此可以看出，《马介甫》作者虽然是满族人，但已经深受儒家思想文化影响，完全接受了其“夫纲”理念。

四是借子弟书揭露社会现实。鹤侣氏在《借靴》[②]第二回开篇说“物非其类不相得，家家观世音处处弥陀佛，休怪人情常反复，只因风气渐苛薄。”正书末说自己创作的目的是“这就是世途相交的真样子，人情变换的恶形容，鹤侣氏自惭才数无妙句，闲消遣有愧书称子弟名。”他又在《刘高手治病》中写道“几净窗明小院中，鹤侣氏新书一段又编成，非敢讥刺时医辈，借题写意识者休憎。论时医自我观来如狼虎，病者遭之似夺命星。”[③]这是他对当时社会上医疗水平不高、专以谋取钱财为目的的庸医们的谴责。然而可怕的是，恰是这种庸医，却在世人的推崇下，竟然获得了一定的社会知名度，如《疯僧治病》正文中说道：“数日来疯僧的声名渐渐大，招的那奉信的愚人日日多。闻听他治病原无符与水，或用足踹或用手摸。多年沉疴应手而愈。”按照常理，鹤侣氏所描写的这种治疗手法显然手法低劣，换句话说，疯僧连装都不用，因为“京师的风俗本好造言生事，意欣欣千百成群叩拜活佛。纷纷过耳传来的语，件件说的活跳活脱。”所以，疯僧之类的庸医之所以能获得一定的市场，全因世人以讹传讹以及不可言说的微妙心理。这种心理及现象产生的根本原因在于社会本身存在的问题，如还是鹤侣，他在《疯僧治病》第一回正书中指出：“世态而今难寓目，纨袴高梁尚虚华。肥马轻裘旁人侧目，高亲贵友自己常夸。胸中无有些星儿墨，巨笔如椽螳臂难拿。果真是盛酒的皮囊装饭的布袋，托衣的架子楦世的艾猳。”[④]这样不堪的社会环境孕育出疯僧之类的“名医”不是一件奇怪的事。在整个社会都“病”

① 阃威大振甚难堪，狮吼床头胆欲寒。天下应无再造散，闺中难觅洗心丸。丈夫气短成俘虏，娘子权高据将坛。杨万石本是聊斋诚心骂世，人人看去怒把胸填。

② 引自《子弟书选》，《清蒙古车王府藏子弟书》只收其第三回内容，称之为《赶靴》。

③ 鹤侣氏在不同子弟书中对自己生活环境的描写有所矛盾，此处说自己“窗明几净”，在《孟子见梁惠王》中，则说自己“只为连朝寒甚飘朔雪，鹤侣氏柴温灶冷粟瓶空，致使慕热的心全冷，自慰强呵砚池冰”。根据鹤侣氏所写其他子弟书内容，可见《孟子见梁惠王》中的生活境遇虽有夸张，但却比较符合他的实际生活情况。

④ 《子弟书选》把《疯僧治病》第一回的单独编成一回，称作《鹤侣自叹》，两者内容一样，差别仅在于个别字句上，如“托衣的架子楦世的艾猳”，《子弟书选》为“驼衣的架子寅世的艾段。”

了的现状下，即便是能保持自省自醒，不与社会同流，但以鹤侣氏为代表的作家们也只能是在受众可接受的范围内揭露，而不能淋漓尽致地去批判、去揭露。不过，他们的揭露却足以引起一部分世人的注意，这好比是星星燎原，必定会逐渐影响更大范围的人。

正如上文所言，子弟书作者有时为了表达自己的思想，尤其是对世人的劝诫、警醒等，导致诗篇和正书内容完全无关。如《华容道》（快书）其诗篇[①]与正书内容并不相符，作者纯粹是想借助诗篇表达对世人的劝诫，他秉持的是消极的现世主义观，认为人一生忙忙碌碌最后都是空，因此应该及时享乐。儒家讲究入世思想，但却并不提倡这种近乎极端的及时行乐主义思想。《华容道》作者之所以在诗篇中表达与正书内容完全无关且与正统儒家思想有差别的观点，根本原因就在于当时整个社会处于一种安逸状态，且程朱理学所拥有的"言不合朱子，率鸣鼓而攻之"地位已经被打破，所以，作者在《华容道》中生生插进这样的一首主题思想与正书完全不同的诗篇，既符合当时民众的心理需求，也与当时的文化思想潮流有关。

从子弟书作者传播儒家思想的以上内因中，可看出蕴含着他们淡淡的无奈，或是说他们能够写入子弟书的社会现实已经被"美化""艺术化"了。与这类传播儒家思想的内因不同，有的作者直接点出自己是看不惯社会现实、认为其已经严重违反了儒家思想。如《别善恶》作者在诗篇中直言自己写作的原因是"末儒流看透了世态炎凉薄如纸，闲笔墨照猫画虎要扯一回大蓝。本欲待咬文嚼字其奈无有，不过是含里含糊信口儿编。亦不晓平上去入一百有零单六韵，更不通之乎者也矣哉焉。……少头无尾写成一段别善恶，与市井助兴消愁解闷烦。"字里行间透露着深深的无奈与挫折感，由此可见当时社会文化趋向不端的严重性。

总而言之，子弟书作者的创作原因虽多种多样，但其宣传儒家思想的原因基本一致，都是为了让人们遵守正统思想，以便于社会更好的发展。

---

① 朝走西来暮走东，人生好似采花蜂。采的花来缺百寿，黄金难买永长生。阎王若叫三更死，谁敢多留到五更？劝君有钱便使用，莫等临危落场空。

二、传播的外因

子弟书创作时期处于清代中后期，此时满族虽已经入关一百多年，但八旗制度“自始至终地把世代的旗人（特别是满洲旗人），严格地框定在当兵吃粮饷的惟一人生轨道上，禁止旗人们从事任何除去当兵之外的职业，断不许他们去做工、务农和经商，不允许他们从事一切与职业军人身份不相称的营生”。[①] 对清政府而言，八旗制度的划分虽然是为了便于统治，但实际上却是满族内部阶级划分的一个标志，即旗人的阶级地位要高于一般的满族人，所以，他们能够生下来就享受俸禄、成年后只要时机合适，就可以进入仕途。

实际上，清代中后期社会已经相当稳定，即便旗人进入仕途成为官兵，也极少有机会能够参与实战，其民族原有的善射、善武的属性基本消失殆尽，《射鹄子》就描写了当时旗人射箭时丑态百出的情形。作者先是写了一个“学行练步”的旗人，“他弓箭整齐桩桩儿可爱，又见他衣衫时样件件儿新鲜。只见他晃脑摇头俗尘五斗，他只是咬文咂字大话三千。他怎知如抱婴儿如托泰山。他倒说养叔的风流荒唐太甚，他倒说陶公的事业巧妙非凡。”如果说只是新学射箭的八旗子弟这样倒也无所谓，关键是连朝廷官员也是如此，《射鹄子》中描写了一位排场很大的官员。“进棚来仆从如云众星捧月，你看他甩着个挖行儿扭的腰酸。跟来的来升咧进喜咧背弓持箭，将那马褥儿公然就放在了上边。……这位爷翎管儿顶托儿难分品位，皂靴貂褂才下朝班。只见他眼端鼻正盘膝坐，叫声来呀放下褡裢装袋烟。他自尊自贵大模大样，想来是金阶玉陛的一位官员。”射鹄子是当时的一种赌博，如果说新学箭的旗人是因为家里有钱让他挥霍、又无官职，不值得谴责的话，那么这位身份尊贵的官员以声势浩大的排场公然进入赌场的行为，则说明当时官员不仅无视朝廷禁赌政策，甚至有公然和朝廷“叫板”之嫌。抛开这两者不言，再看其他参与射鹄子的旗人们，更是洋相百出。“走出位衣冠人物世俗的英贤。只见他迈步蹲身先抬后脚，张弓递箭又努前肩。后手扎煞前拳乱晃，弓梢拄地箭扣子朝天。本就是弓软箭沉从空高掉，怎禁得一推一徕箭奔了东南。忽听得打箭的哎哟说着了我的腿，这位爷眼似滴鸡脸都吓

---

① 关纪新．老舍评传（增补本）[M]. 北京：北京出版社，2019 年版，第 5 页。

蓝。”“也有那右膀儿不着把左膀儿改，也由那小撒儿出病把大撒儿添。也由那真了真央眼尔忙跟了一钻，也有那找了找模箍儿栖俫（揪）了半天。也有那末了末后拳就秃噜了箭扣，也有那拧了拧扳指就克断了弓弦。而今是箭品全无只夸箭弟，许多的央眼儿似火内着盐。”应该说，《射鹄子》中所反映的只是当时的一个缩影，毕竟“清朝皇帝家首重骑射，乾隆以后渐成虚文”。[①]《射鹄子》中描写的虽然只是射鹄子这一件事，但射箭却是满族的民族特征之一，由此可以推定，作为其主要民族特征的特质在很多旗人身上都已经看不到，何况是其他的。

虽然不是所有的旗人都可以像《射鹄子》中的旗人有钱参与赌博，但毋庸置疑，大多旗人面对当时繁荣的商业、文化等社会现象，不可能真的清心寡欲，一生只为等待在合适的时机进入仕途，所以私下里，他们也是会寻求消遣娱乐的方式，而戏剧是其中的重要方式之一。

旗人爱好听戏，很大一部分是受到上层建筑的影响，如清“高宗邃于音律，凡乐工进御钧天法曲，时换新声，每盼晴，则令奏月殿云开之曲。”[②]高宗精于音律必定就喜欢音律，其臣民必定效仿他的爱好，即后世所谓的“明星效应”，只是这里的明星是最高统治者而已。最高统治者对戏剧的推动不仅表现在引导社会潮流上，还表现在其实际行动上。徐珂指出：“颐和园之戏台，穷极奢侈，袍笏甲胄，皆世所未有。……内廷或颐和园之演剧，名优均须进内当差，若辈因自称曰供奉。传差一次，赏银二十两，若谭鑫培、罗百岁等，岁且食俸米二十石。惟内廷门禁至严，须有腰牌，乃可出入。又如于午前见太监，必道老爷吉祥，午后则道老爷辛苦，亦惯例也。”[③]清朝当政者近乎狂热地推崇戏剧的行为，正是旗人以及其他人喜欢戏剧的主要外力，在这样强大的外力面前，兼以现实生活的不尽人意，将自己投放于虚拟的戏剧、文学等，无疑是时人的最好选择。所以说，旗人沉溺于唱戏、听戏，的确与清政府有着很大的关系，甚至可以说，无论是戏剧的兴盛还是子弟书的产生及流行，都离不开清政府的推动，齐如山指出：“清朝入关之初，恐怕人民不服，设法造就了一帮说大鼓书之人，所唱的

---

① （清）崇彝．道咸以来朝野杂记 [M]. 北京：北京古籍出版社，1982 年版，第 2 页。
② （清）徐珂编撰．清稗类钞 [M]. 北京：中华书局，1984 年版，第 248 页。
③ （清）徐珂编撰．清稗类钞 [M]. 北京：中华书局，1984 年版，第 5042 页。

词句，当然都是替清朝说话，北平尚有存着的这种鼓词。……又设法安设机构，造就这种人才，一面命人编制唱本，一面教人学唱，学好之后，经官场考试及格，每月发给薪水，派往京外各地去唱，凡派出去的之后，每人一张龙票，说明人到各县中见知县，将该票呈上，验明确实后，必要很客气的招待，吃住一切，都由县中供给，并即帮助他，设场说唱，任人来听，听者也不用花钱。又把教练人的机构扩大，立了几处专门教练所，这几处最初也是官立的，后来会说书的人都看着这里边还有利可图，乃商请官家，归他们包办，他们自己招收徒弟，教好之后，代写向官场报名，考验合格，每月支给薪水……”①

清政府这种本来是为加强自己统治的行为，当其逐渐浸入社会后，它的影响面及大众对它的接受度，已经远远超出了清政府的可控范围。在当政者看来，他们这种行为拟针对的对象是满族人尤其是旗人之外的关内民众，然而对一种进入社会传播领域的艺术形式而言，即便是实施者预设好了受众范围，但实际上的受众范围必定会大大超出这个范围，甚至会蔓延到全社会。至于“道光年间清政府为了防止旗籍士兵进民间戏院看戏，因这类娱乐场所所系专供旗籍士兵娱乐之用，因此，凡旗籍士兵均发给免费入场券一张……”，②这种行为也只不过是免费给旗人士兵提供了一张免费券而已，在执政者看不到的地方，旗人士兵完全可以自己花钱买票看戏。

正是由于清政府初期对戏剧的大力推行，清代中后期的旗人不仅创作戏，甚至还登台演出，大大推动了当时戏剧的发展，全国尤其京城戏剧兴盛一时，单是京师能数得上名的戏园数量就很可观。《清稗类钞·戏剧类》“京师戏园”条：“京师戏园，惟太平园、四宜园最久，名亦佳，查家楼、月明楼其次也。雍正时，以方壶斋、蓬莱轩、升平轩为最着。查家楼者，人简称之曰查楼，在肉市，为明巨室查氏所建，戏楼巷口有小木坊，书‘查楼’二字。乾隆庚子，燬于火，仅存木坊。后重建，改名广和。”③

毫无疑问，戏园的数量是戏剧业是否兴盛的一个重要反映，而戏剧业的兴盛离不开大众的支持，旗人则是其中很重要的一个群体。徐珂指出“晚近士大

① 齐如山．戏界小掌故·票友的来源，齐如山全集（第四册）[M]. 台北：齐如山先生遗著编印委员会，1964 年版，第 191—192 页。

② 苏移．京剧百年概观 [M]. 北京：燕山出版社，1995 年版，第 60 页。

③ （清）徐珂编撰．清稗类钞 [M]. 北京：中华书局，1984 年版，第 5043 页。

夫习于声色，群以酒食征逐为乐，而京师尤甚。有好事者赋诗以纪之曰：'六街如砥电灯红，彻夜轮蹄西复东。天乐听完听庆乐，惠丰吃罢吃同丰。衔头尽是郎员主，谈助无非白发中。除却早衙迟画到，闲来只是逛胡同。'盖天乐、庆乐为戏园名，惠丰、同丰京馆名，而胡同又为妓馆所在地也。"①

清政府意识到旗人对戏剧的爱好已经成为一种影响自己民族属性的行为，开始制定政策及采取各种措施拟将旗人从这种近乎病态的爱好中拉出来时，已为时已晚。《清稗类钞·戏剧类》"禁内城演戏"条："光绪辛巳闰七月初七日，丁鹤年请禁内城茶园演戏。李莼客云，十刹海演剧，恭王之子贝勒载澂为之，以媚其外妇者。大丧甫过百日，即设之，男女杂坐。内城效之者五六处，皆设女座，采饰爨演，一无顾忌。澂与所眷日微服往观，惇邸欲掩执之，故恭邸谕指鹤年疏上，即日毁之。外城甫开茶园，一日亦罢。"②

自顺治四年，旗民分居、分治后，内城居住的就都是旗人，在这种严格的居住环境下，清政府还担心旗人受戏曲中文化思想的影响，甚至禁止在内城演戏，可见此时的旗人不是统治者所能掌控的。从另外一个侧面，也反映了一种集体社会爱好一旦形成，就很难消除。然而，子弟书作为一种艺术形式能够存在且为大众喜欢并效仿，必定有其深刻的社会原因并已在社会上扎根，所以，清政府的禁令仅是得到了表面上的实施，实质上并没有杜绝掉旗人创作子弟书、表演子弟书的行为，因为相关的旗人采取了变通的方式。如创作子弟书时，除鹤侣氏、恒兰谷等作者外，其他子弟书作者很少署名，甚至笔名也不署，③这就

① （清）徐珂编撰.清稗类钞[M].北京：中华书局，1984年版，第2196页。

② （清）徐珂编撰.清稗类钞[M].北京：中华书局，1984年版，第5040页。

③ 有的作者将自己的嵌在诗篇或正书中，如《何必西厢》头回诗篇末尾两句为"鹤侣氏闲笔重描梅花梦，且看张梦晋他能体温柔意方是大英雄"，其中鹤侣氏即为其作者。有的作者在诗篇中署名时，同时又提及了其他作者创作的子弟书，如韩小窗在《周西坡》头回诗篇中写道："周西坡下雪纷纷，明关城外夜沉沉。将军血洒西川冷，史册名标忠烈臣。黄土无情埋傲骨，青天有恨纳英魂。闲笔墨小窗窃拟松窗意，降香后写罗成乱箭一段缺文。"然而，子弟书中与降香有关的《庄氏降香》《秦王降香》两种，均未见罗松窗之名。傅惜华认为是后者是罗松窗所作，而关德栋则认为前者是罗松窗所作，在其《曲艺论集》125页《庄氏降香六回条辩证》中，根据某一清钞本《庄氏降香》正书最后两句"闲时偶拈松窗笔，写一段庄氏烧香拜月"。《清蒙古车王府藏子弟书》所收《庄氏降香》正书最后两句则为"因陶情庄氏降香权暂演，闲来时再纂罗成托梦文"。据此，可知考证子弟书作者的难度之大。如关德栋、周中明指出，在四百多种一千多部子弟书中，能考察出作者的仅有三十多人，能确定为是他们作品的也仅不到一百篇。（关德栋，周中明.子弟书丛钞.上海：上海古籍出版社，1984年版，第4页。）

使得大多数子弟书的作者无从考证。既然无从考证作者，清政府自然也就无法确知旗人是否参与，惩戒也就无从谈起。当然，在这种相对严峻的社会背景下，作者不署名仅仅是子弟书因此而生的一个小特征，作者在诗篇和正书中所要展现的思想内容才是基于此社会背景而生的主要特征。子弟书不署名的另外一个重要原因是由于子弟书本身，傅惜华指出“在清代的封建制度社会里，这种‘子弟书’的曲艺，当然认为是‘不登大雅’，‘卑不足道’的一种玩意儿”，[①] 无疑，子弟书作者深知子弟书的这种特点，甚至在子弟书中纷纷吐槽它的这种特点，如《狐狸思春》作者在文末说“思春小段不精巧，字句粗俗太不堪。公务余暇闲戏笔，留与知音散闷玩。”《狐狸戏春》作者的这种行为，充分说明很多子弟书作者也认为从事子弟书创作及演出是一件不体面的事。

在大环境的影响下，子弟书虽然兴起，但不代表作者可以随心所欲地架构子弟书的内容。也就是说，作者在子弟书所呈现的思想和故事必须符合当时的社会环境。思想上，要与当时政府所提倡、宣传的主流思想一致；在内容方面，要满足受众的兴趣点。否则，即便子弟书的艺术形式再怎么与众不同，再怎么受大众欢迎，也不可能在社会上流行。

据上文，大众关注的现实主要体现在原创类子弟书中，而子弟书与社会主流思想一致的特征，则主要体现在改编类子弟书中。但两者并不是泾渭分明，仅是侧重度的不同而已。

子弟书《碧玉将军》描写的是道光年间真实的历史事件，碧玉将军即爱新觉罗·奕经，为满洲镶红旗人，是当时比较有名的一个人物，其人生经历颇为丰富，据《清史稿》：“宗室奕经，成亲王永瑆孙，贝勒緜懿子，承继循郡王允璋后，隶镶红旗。授干清门侍衞，历奉宸院卿、内阁学士，兼副都统、护军统领。道光三年，坐失察惇亲王肩舆擅入神武中门，褫兼职，留内阁学士任。五年，迁兵部侍郎。十年，从征喀什噶尔回匪，事平回京，历吏部、户部侍郎。十四年，出为黑龙江将军。十六年，召授吏部尚书，兼步军统领。二十一年，协办大学士。”[②] 就他的宦途生涯看，奕经应该是一个很有才能的人，但实际上却并非如此，《清史稿》同样对此做了客观公正的描述：“奕经分属懿亲，素谨厚，为

① 傅惜华．子弟书总目 [M]. 上海：上海文艺联合出版社，1954 年版，第 6 页。

② 赵尔巽．清史稿·卷三七三·太祖本纪 [M]. 北京：中华书局，1977 年版，第 11540 页。

上所倚重，奉命专征，颇欲有为而不更事，尤昧兵略。奏调陕甘、川、黔兵一万人，请拨部饷一万两，仓猝未集，驻苏州以待。上以诸将少可恃者，命凡文武员弁及士民商贾有奇材异能一艺可取者，许诣军前投效。奕经渡江后，于营门设木匭，纳名即延见，且许密陈得失。于是献策者四百余人，投效者一百四十余人，而军中所辟僚佐，多闒冗京员，投效者亦无异才。惟宿迁举人臧纡青自负气节，为言议抚徒损国威，始决主战；又劝劾斩失律提督余步云以立威望，疏具而旋寝。以浙兵屡溃，不堪临阵，召募山东、河南、安徽义勇。”[①]

奕经辉煌的宦途生涯，与其出身有着很大关系，所以尽管他“颇欲有为而不更事，尤昧兵略”，但仍然被任命为扬威将军，到杭州抗击英军。然其正如正书中所言，本是“无知贪暴纨绔儿郎”，因此他在杭州遇到事只会到庙中求佛，战事被他拖延了两个多月，由此给国家造成了巨大的损失。但是作者除了在头回正书开篇[②]表达了自己的愤慨之情外，他在之后的内容中并没有明确批判碧玉将军，更没有对清廷提出批判。不过，二酉氏在这段话中虽只是表达他对奕经的不满，没有对朝廷提出谴责，但任命奕经为扬威将军的却是朝廷，所以他谴责碧玉将军的言辞，实际上也是在谴责清廷不会选拔人才。但由于当时“忠君”思想占据社会主流，所以作者即便对当政者不满，也只能是隐晦地表明，而不是公开指摘。另外，他这样做，还因为奕经最后受到了朝廷的惩罚：“及和议成，撤师，诏布奕经等劳师糜饷、误国殃民罪状，逮京论大辟。圈禁踰年，与琦善同起用，予四等侍卫，充叶尔羌帮办大臣。为御史陈庆镛论劾，仍褫职。未几，复予二等侍卫，充叶尔羌参赞大臣，调伊犁领队大臣。坐审鞫英吉沙尔领队大臣斋清额诬捕良回狱不当，褫职发黑龙江。三十年，释回。咸丰初，历伊犁、英吉沙尔领队大臣。二年，召授工部侍郎，调刑部，兼副都统。三年，命率密云驻防赴山东防粤匪，卒于徐州军次，依侍郎例赐卹。”[③]

当然，从奕经被惩罚后的人生经历也可以看出，由于其宗亲身份的影响，虽然之后的生活是起起伏伏的，但综合来看，此时他的宦途虽不如受罚前好，但却是一般旗人所不能比的。在儒家忠君思想占据主流的时代，在“一言堂”

① 赵尔巽. 清史稿·卷三七三·太祖本纪 [M]. 北京：中华书局，1977 年版，第 11541 页。

② 致果克敌除祸乱，倒将肝胆谢君王。争奈那妻子家园萦怀在虑，因而就天威国宪泯而不彰。二酉氏笔端怒震雷霆力，写一段翡翠将军感慨长。

③ 赵尔巽. 清史稿·卷三七三·太祖本纪 [M]. 北京：中华书局，1977 年版，第 11543 页。

时代，二酉氏们想要获得正常的社会生活，即能获得生存权的话，就必须持有儒家的忠君思想。所以，尽管他们或许知道奕经受罚之后重新进入了宦途，也不能指摘朝廷，而是感激朝廷的那一点点在他们看来的“公平”。所以，如果抛弃这一点，他们基于忠君思想写出的作品，如果不是单纯维护朝廷的话，是有一定进步意义的。[①]

受外界影响，子弟书作者在改编一些为大众所熟悉的名著时，特别是它们所体现出来的已被大众公认的儒家思想，如在改编三国故事时，不同的作者遵循的是大众认可的“尊刘贬曹”观点，如《白帝城》诗篇[②]就表达了作者的这种态度。其实，“尊刘贬曹”的思想早在北宋时期就已非常流行，《东坡志林》记载了一个与之有关的故事：“巷中小儿薄劣，其家所厌苦，辄与钱，令聚坐听说古话。至说三国事，闻刘玄德败，颦蹙有出涕者；闻曹操败，喜唱快。”[③]连调皮的小孩子都能“尊刘贬曹”，成人自然更是秉持这样的观点。可以说，“尊刘贬曹”的观点一直是为社会大众所接受的普遍性观点，所以不但《白帝城》，其他相关的子弟书也都表达了同样的观点。因为不这样做的话，相关的子弟书就不会得到大众的承认，它们自然也不会在社会上传播开来。

子弟书传播的内因和外因自然不只是上面几点，还有更多的原因，如无论是原创类子弟书还是改编类子弟书，作者都赋予了全新的主观能动性，以改编类子弟书为例，作者虽参照原著故事情节，但在艺术形式、语言、具体故事架构方面及思想方面又跳出了原著，且受其时代影响，在传播方面也比原著所处时代更占优势，如孙越在《〈金瓶梅〉子弟书研究》中指出除了案头化特征外，与其他的说唱类《金瓶梅》作品相比，《金瓶梅》子弟书在传播方面更具有优势。其“版本种类丰富，不乏精钞本与精刻本，适合案头阅读。……编订过程中，

① 快书《炮打轮船》诗篇也表达了同样的爱国思想，它描写的是法国进攻越南，刘永传设计抗法的故事。作者在诗篇中说：“法逆专权起波翻，率领雄兵犯中原。明欺大清缺良将，逢州府县把教传。纯良军民受涂炭，另有他人我不必言。苍天不忍多怜念，送遣魁元降越南。”诗篇中，作者对法国入侵中国并且随处在中国传教的事非常愤慨。快书《日俄交兵》诗篇：“列国纷纷割据忙，虎踞龙盘逞豪强。北方独霸俄罗斯，日本雄势在东阳。德法分把欧洲占，英美由来称富强。大清独占中央地，一统华夷永无疆。”

② 壮怀无可与天争，泪洒重衾病枕红。江左仇深空切齿，桃园义重苦伤情。几根傲骨支床卧，一点雄心至死明。闲笔墨小窗哭吊刘先主，写临危霜冷秋高在白帝城。

③ 苏轼 . 东坡志林 [M]. 北京：中华书局，2007 年版，第 17 页。

文本拆分、组合方便，利于传播。……书价依照市场需求而制定。……消遣性、寄寓性的创作意图。”[①] 孙越在这里提及的《金瓶梅》子弟书在传播方面所具有的优势，并不是个案，几乎所有的子弟书都具有这样的特征。“凡所改定，就其序例可见，约举大端，则一曰改，二曰增，三则削，四者增删琐事，五者改换诗文而已”，[②] 显然，改编类子弟书重在改和增两个方面，诗文则重在新创，这三者的结合，使改编类子弟书在诗篇和正书两个方面都具备了这种特征，这可以看作是子弟书的另外一个传播优势。

但不论如何，在封建伦理社会，一种文学艺术形式无论其具有怎样的传播优势，无论人们的思想如何发展，或者表现的如何新潮，抽丝剥茧，都能发现其思想的核心其实是与封建社会所提倡的正统思想[③] 是一致的，即是说，子弟书作者在有意无意中都做了有利于封建统治的儒家思想的传播者，但从上文中分析可以看出，子弟书所传播的儒家思想虽然也有不可取之处，但更多的是劝诫类的思想，从这个角度看，在有利于维护封建统治秩序的同时，对民众也有着一定的良好影响。

① 孙越 .《金瓶梅》子弟书研究 [D]. 河北师范大学，2015 年版，65—68 页。
② 鲁迅 . 中国小说史略 [M]. 北京：中华书局，2010 年版，第 80 页。
③ 其重要部分认为是儒家思想。

第二节　传播者类型

子弟书由作者创作出来之后，要想进入传播渠道并在社会中获得广泛性的传播，单靠作者显然是不行的，也就是说，哪怕子弟书的艺术性及其内容再完美，也必须借助他人才有可能使自己的作品获得广泛性的传播。在子弟书的传播过程中，起到重要作用的传播者有八旗子弟、票友、演出者及受众。不能否认，这几者之间在身份上有重合之处，但这丝毫不能抹杀子弟书传播者身份的多样性。

子弟书的传播者可以分为源传播者及直接传播者几类。所谓源传播者指的是子弟书作者。没有作者，就没有子弟书，所以子弟书作者是子弟书进入传播领域之前的制造者。直接传播者指的是演唱者、书坊、受众等等。

一、源传播者

据现有资料及研究所见，子弟书作者主要为旗人，如《子弟图》指出其源传播者是“曾听说子弟二字因书起，创自名门与巨族”。它隐含着以下信息：首先，“子弟”二字原本与文学艺术形式没有关系，只是因为子弟书而从此与文学艺术形式联系在了一起。其次，子弟书的初期创作者及其家世处于社会上流，这就意味着子弟书初期以雅为主。从子弟书作者在子弟书中所留的信息中可以看出，他们中有的是仕途中的一员或曾是仕途中的一员，如《狐狸思春》作者说自己创作子弟书是“公务余暇闲戏笔，留与知音散闷玩”。顾琳在《书词绪论·自序》指出，自己创作及演唱子弟书，也是在公务之暇：“赋性拙，平生无他好，该值之暇，惟以说书为消遣计。无寒与暑，吟哦不辍，虽梦寐不能忘，虽非笑不暇顾。噫！此则余酷好成癖，亦不自解其何意也。然余之癖好，实非贸贸然一无所得。此中本有况味，凡局中之好余之好者，自必深悉，不更仆数；

而局外之非余之好者，有告知而不及备述。”[①]《侍卫论》作者鹤侣氏则是“非是我口齿无德言词峻险，我鹤侣氏也是其中过来人”。

综上，可见创作目的如《侍卫论》的子弟书更富有史料价值、现实意义，因为它大致相当于作者对自己人生中某个片段的回忆。

当然，也有大量的子弟书作者没有具名但却点明了创作原因，如《射鹄子》诗篇。[②]也有的作者既不点明自己的身份也不点明创作原因，如《罗刹鬼国》《晴雯撕扇》《晴雯赍恨》《湘云醉酒》等。这两部分子弟书的作者虽然不可考，却丝毫不影响我们对子弟书作者主要是旗人子弟的判断。

与其他艺术形式一样，子弟书有一些领军性的作者，如韩小窗、鹤侣氏、恒兰谷、霭堂氏等，这些作者往往会被其他作者在子弟书中提及，如《拐棒楼》就提及了韩小窗、霭堂氏。“自从那小窗故后缺会末，霭堂氏接仕袭职把大道传。教众人演鼓排书为名扬四海，也是我们祖父的德行修积非止一年。”从中也可看出，子弟书作者创作完子弟书后，很多时候还要教唱子弟书，这就使得其身份具有了创作和教唱的双重性，使子弟书的传播从源头上得到了保证。

二、直接传播者

与源传播者相比，直接传播者对子弟书的影响更大。因为源传播者只是创作出来子弟书，而直接传播者却将其推到了形形色色的受众面前。就子弟书而言，其直接传播者主要有票友、专职演唱者、书社、诗社及书坊等，这些传播者的身份虽然不同，但在子弟书的传播中都起了很重要的作用。

（一）票友

在诸多直接传播者中，票友的地位相当重要。据《清稗类钞》“串客”条：“凡非优伶而演戏者，即以串客称之，即谓之曰清串客，曰顽儿票、曰票班、曰票友。日本之所谓素人者是也。然其戏剧之知识，恒突过于伶工，及其技艺，亦在寻常伶工之上。伶工妒之而无如何，遂斥之为外行，时则外行之能力，故

① 顾琳 . 书词绪论 [M]. 关德栋，周中明 . 子弟书丛钞 . 上海：上海古籍出版社，1984 年版，第 819 页。

② 谁将射礼问周官，蓬矢桑弧久不悬。鹿的熊侯空有制，驺虞狸首已无传。聊从别野邀名士，差胜深闺戏俏鬟。寒夜雪窗哈冻笔，闲评射艺品媸妍。

非科班所及也。”[①] 显然，徐珂极为肯定票友的能力，而票友之所以具有某些科班出身之人也不具备的能力，主要原因在于他们演出不为钱财，纯粹出于个人爱好。就子弟书而言，相较于那些靠演出子弟书维持生计的人，票友更能用心诠释子弟书。据《为票夫》，[②] 有些票友对曲艺已经到了痴迷不已的程度，[③] 甚至因此而影响了正常的生活。其实，《为票嗷（傲）夫》所描写的主人公对曲艺的痴迷程度并不是个案，还有比其更为痴迷子弟书的旗人，如《子弟谱》：“想当初唱曲原为自消遣，岂望他年人羡慕。又谁说某人曲儿某人书，玩票声名传各处。但遇见亲友们游春玩景诞辰佳节公会贺喜嫁女与娶妇，辗转相邀交情相靠也难支吾，少不得把官差私事我全耽误。”[④] 正是由于票友的这种爱好，很多时候他们在子弟书的传播中起了很重要的作用，如杨静亭《都门杂咏》“玩票”条：“名班总仗票帮扶，全胜新兴甚可虞。不见印轩不上座，果然子弟胜江湖。”[⑤]《票巴儿上台》则描写了票友上台演唱子弟书书时广受受众欢迎的场景：“择日开排邀请票友，祭喜神人人恭敬把驾参。早有那走场铺毯调桌椅，挂下了台帐与台帘。本苗头后台忙把水牌写，派定了许多的戏目在上面。催着那鼓师傅来将嗵儿打，一霎时游人如蚁拥挤台前。”无疑，受众的这种反映是对票友的最好肯定，同时生动地说明了票友在子弟书传播中所起的重要作用。

票友因为不以演唱子弟书为生，是属于个人爱好性的兼职演出，且由于其往往具有一定的社会地位，所以他们在出场时的作派及演唱，都不同于一般的专职子弟书艺人，如子弟书《拐棒楼》记载了身在仕途的子弟书票友出场及演

---

① （清）徐珂编撰 . 清稗类钞 [M]. 北京：中华书局，1984 年版，第 5057 页。

② 《子弟书选》篇目名称为《劝票嗷夫》。

③ 《为票嗷（傲）夫》作者对身为票友的男主人公痴迷唱戏的事作了详细描写，虽然有所夸张，却不过分，具体如下：“且说那阿哥带酒归家后，取出那新买的戏本子对着灯瞧，分清了音律拿腔调，记准了牌名用板凿，昆弋口风凭吞吐，尖团字眼细推敲。……难道说庙内一天还未乐够，务必的来至家中把骂话儿招。新添的放上饭不吃晾一个冰冷，手拿着筷子抡圆把桌面子敲，满嘴里嘟哝连帮带唱，也不知把菜回了几次杓？好容易扒拉了一口放下碗，你还说分不清四鼓与什么过桥？耐着烦盼爷用毕了膳，你还要拉拉排场把食水消，擀面杖当金鞭把灵官跳，镲床子当牙笏唱打朝。拄着掸子学什么刘高手，瞅着那送煤的就把沙四学。在炕上蹲着唱奇闻三矮，拿着本子宪书唱扣窑。好德行妆男扮女性哭行笑……”

④ 子弟书谱 [Z]. 国家图书馆藏。

⑤ 张次溪编 . 北平梨园竹枝词汇编 . 载清代燕都梨园史料正续编 [Z]. 北京：中国戏剧，1988 年版，第 1174 页。

出时的详细情形，[①] 该票友虽是年轻人，但受众丝毫不怠慢他，深刻反映出了票友在子弟书传播中的重要地位。值得注意的是，票友每次演唱完毕后，都会点明自己不要报酬，“场上说明朝准演聊斋段，真是子弟全不要，只要车前钱”(《拐棒楼》)。我们可以从以下角度看票友的这种行为：

首先，子弟书票友具有一定的经济基础，不需要通过演出获得生活费用。由此可知，他们一般经济充足，所以演出子弟书纯粹是属于个人兴趣而已。

其次，我们知道，任何艺术活动的参与者，只是为了兴趣而参与表演的话，那么其必定注意演出的质量，这也是子弟书票友自觉比专职子弟书演出者高贵的原因。

（二）专职演唱者

与票友相比，专职演唱者也有自己的优势，如不用遮掩的身份、演唱子弟书的数量等。提及专职演唱者，就不得不提及子弟书的语言模式及风格的变化。

子弟书进入传播领域后，无论是内容还是外在形式，必定会随着受众的需求及社会的发展而处于逐渐修正、创新的过程，从它的语言模式上可以看到这一点。由“满语——满夹汉——汉夹满——汉语”的语言模式，让越来越多的人能够自行阅读子弟书文本。就语言风格而言，是从雅到俗的变化，这种变化让子弟书变得亲民的同时，也让很多人发出了像子弟书《柳敬亭》中的感慨：“我本是堂堂世胄须眉男子，反学这胁肩谄笑下贱营生，并非苟延残喘无廉耻，也是妄想待时而发恢复大明。”但尽管他们不愿意，却也阻挡不住子弟书语言风格的变化，正如很多作者在写作时一边排斥俚语却又热衷于用俚语写作一样。

与子弟书形式变化相适应的是作者范围的扩大，这两者结合在一起，子弟书后期传播者身份多样，“无论搢绅先生，乐此不疲，即庸夫俗子，亦喜撮口而

① 不多时那子弟陆续全来至，茶座内有那相识的亲友把他烦。少年郎故意的捏酸恐人轻贱，作足道连日该班两夜无眠。在内廷巡更传筹精神耗尽，跟大人查城拜客手脚不闲。今日个目眩头晕喉咙哑，怕的是气短书长说不完。那求书的带笑作揖忙央告，说好兄弟赏一回罢不必闹谦。一面说亲捧香茗于桌上，那轻薄子上场端坐气象森严。弦响处气概从容排东韵，说的是遇吉别母的宁武关。真果是铿锵顿挫谁能比，韵雅音清讲尖团。听书之人谁不赞，一个个点头闭目手连圈。少年郎见许多人赞美他十分得色，故作出悲惨的境况令人心内伤残。书演完亲朋拱手把劳音道，接场的也是个说书的美少年。还有几个风流子弟也把书曲演，看他们岁数儿子弟也把书曲演。

效”。[①]“表演者也由皇族贵胄，发展至旗人中游手好闲之无事‘子弟’，至票友，至专业演员，至瞽艺人”。[②]不同身份的演唱者所擅长的子弟书并不同，如震钧《天咫偶闻》指出：“内城士夫，多擅场，而瞽人其次也。然瞽人擅此者，如王心远，赵德璧之属，声价极昂，今已顿绝。”[③]

当子弟书成为一种流行的曲艺形式时，它逐渐成为很多人的谋生手段，由此就出现了越来越多的专职子弟书演唱者。有的专职演唱者的确凭此获得了不错的经济收益，但也有些专职演唱者仅能糊口而已，如《弦杖图》诗篇[④]简要描述了一个盲人子弟书演唱者的艰辛生活。我们在发现他生活不易的同时，也能发现身为专职子弟书演唱者的他，其实内心深处是瞧不起子弟书的，子弟书仅仅是他生存不下去才选择的一条路。他的这种心态实际上和《柳敬亭》反映的心态一致，虽然鄙视子弟书，但为了谋生，他们又不得不去努力学习如何演唱子弟书。但实际上，子弟书演唱者的身份在当时很高，《陪读杂述》“杂艺”类：“说书人有四等，最上者为子弟书，次平词，次漫西城调，又其次为大鼓梅花调，既荒唐，词句又多。”[⑤]所以，虽然柳敬亭及《弦杖图》中的主人公觉得演唱子弟书有损自己的身份，但是专意子弟书。为了学习子弟书，甚至不辞辛苦，如《弦杖图》中主人公为了学习子弟书，他“寻师觅友学弹唱，无明晓夜下工夫。三冬二夏非容易，千辛万苦自支梧（吾）。曲词儿腔调急迟休错乱，弦点儿工尺高矮莫生疏。字眼儿尖团平仄须清楚，指法儿粘（拈）扳揉扣要纯熟。说话儿蹈矩循规恭而且敬，凑趣儿应变随机雅而不俗。全仗着心性聪明一团和气，方可以以此为生把事业图。”“有一等三五成群俗呼一串，车辙内拉马弹弦道儿很熟。”

专职子弟书演唱者的待遇差别很大，像《弦杖图》中的盲人，“到冬来半夜三更下了买卖，小胡同崎岖背巷影儿孤。朔风儿倒海移山天旋地转，一阵阵臭土如烟往脸上扑。不由人心内一迷方寸乱，顷刻间南北东西辨不出。这时候草

① 顾琳．书词绪论 [M]. 关德栋，周中明．子弟书丛钞．上海：上海古籍出版社，1984 年版，第 821 页。

② 李芳．子弟书演出考论 [J]. 民族文学研究，2014（06），第 156—166 页。

③ （清）震钧．天咫偶闻 [M]. 北京：北京古籍出版社，1982 年版，第 175 页。

④ 百里辞家入帝都，风流乞丐走江湖。朝夕冷暖三弦伴，道路崎岖一杖扶。高歌南北名公曲，雅韵东西子弟书。谒华堂布衣也作朱门客，一生托戴贵人福。

⑤ （清）缪东霖．陪都杂述，光绪刊本，沈云龙主编．近代中国史料丛刊台北：文海出版社，1969 年版，第 640 页。

木皆兵心惊胆落，怕得是恶人相遇受荼毒。好容易盼到家中乌鸦乱叫，破屋儿比冰井儿还寒暖气儿无。”而说书水平高的艺人，其说书时的待遇和生活境遇可谓相当高“有一等技艺清高超群出众，也是他财星照命贵人扶。走门子车去车来衣裳洁净，人接人送举止安舒。”作为说书艺人，能够获得如此高的待遇，说书水平高自然是关键所在，但能够逢迎听书者的需求，满足他们的心理需求，也是很重要的原因，即能“遇喜事叩祝华堂清歌吉曲，逢宴会叨陪末座畅饮欢呼。若遇着求财望喜占灵课，赌东儿十拿八稳不能输。称得起入幕之宾内堂的清客，也全仗着语言不粗鄙心地不糊涂。弹了些弦索筝琶声细细，吹了些笙箫笛管韵呜呜。讲了些旺相生扶天造命，添了些关煞刑冲鬼画符。虽然说一味胡诌也要原原本本，说唱外记问之学不可无。”

与作者一样，子弟书也有一些著名的演唱者，如傅惜华先生在《子弟书总目》中总结了子弟书著名的演唱者，他指出：“著名‘子弟书’艺人王心远，赵德璧两人以后，有一个名号不传，人称‘水浒王’的民间艺人，他是最长于带腔转词，而专门以演唱《水浒》故事的‘子弟书’曲而享名的。后来到了同治光绪年间——‘子弟书’的末期，人才还是不少，著名艺人有石玉昆，是擅于巧腔的，世称‘石先生’。王庆文，时称‘王先生’。郭栋，人呼‘醉郭’。以上诸人，都是演唱‘子弟书’最著名的民间艺人。”①

这些子弟书演唱者之所以出名，在于其各有自己的特点，或是唱腔方面，或是内容方面。《郭栋儿》在指出子弟书特点的同时，同时点明了当时比较著名的子弟书艺人及其特点：

生意应分雅与俗，雅俗同赏趣方足。尖团清楚斯为正，韵调悠扬乃是书。水浒里的歪枝儿旁岔儿生情趣，石玉昆的巧腔儿妙句儿有工夫。近来有郭栋儿整本的毛包传，他算是顽笑中的另一途。乐春芳是个说书的督会处，几年来或评或唱有多少江湖。安静亭虽没嗓子批评（劈哑）的有味，任广顺总有腔儿文理上不足。厉闪的汪太和一晃儿不见，或者他重上学房里又念书。关七和尚今安在，也不知王庆文先生有与无。

不难看出，在子弟书的专职演唱者中，能够有名气的都是因为具有自己的

① 傅惜华．子弟书总目 [M]. 上海：上海文艺联合出版社，1954 年版，第 8 页。

特征，而这种带有个人特征的演出特点使子弟书的表演形式具有了程式内的变化性，显示出子弟书的演唱形式并不是不可创新。

（三）书社及诗社

就社会发展规律而言，社会上的某一职业、某一类人等形成一定规模后，为了更好的发展，极有可能从个体走向集体，即结成一定的聚集体。这样的做法，可以让个体有所归属，并依据一定的团体规则从事自己的职业，如此就能使其职业获得良性发展。子弟书的发展过程中也出现了从个体走向集体的现象，即书社的出现。

严格意义上讲，子弟书是可以演唱的叙事诗，又是当时曲艺界的“显学”，由此，子弟书创作者及爱好者们集结一起，建立书社及诗社，创作、演唱子弟书就成为一件很自然的事。据顾琳，“社者，以文会友之意也。古者有文社，有诗社，有灯社，以为考证得失，亦如春秋社之赛神饮酒之义。书虽小技，亦不妨立社”。[①]可见，顾琳认为子弟书虽不像诗歌、灯谜那样影响大，但社会上亦有不少志同道合的人对子弟书感兴趣，所以在他看来，“立社不过借说书一节，以联朋友之情，并非耑以说书为事。”[②]书社平时的活动自然是与该立社目的是一致的，“既以立社通朋友之情，必平日气味相投，彼此相喻，毫无参商态。”[③]除此之外，书社更重要的作用在于“一朝立社，高谈雄辩，兴会淋漓，或为劝勉之言，或设惩戒之论，总使箇中朋友，各知警省。”[④]另外，顾琳所言的诗社，有的学者也将其称为票房。[⑤]

书社或诗社建立的初衷虽仅是为了共同爱好子弟书的几个朋友之间联系方便，但其也有严格的社规。同样是顾琳，在《书词绪论》中详细地阐明了书社的规则、活动的主要方式，他指出：“社规不可不严，仅择知好五六人，或八九

① 顾琳．书词绪论 [M]. 关德栋，周中明．子弟书丛钞．上海：上海古籍出版社，1984 年版，第 829 页。

② 顾琳．书词绪论 [M]. 关德栋，周中明．子弟书丛钞．上海：上海古籍出版社，1984 年版，第 829 页。

③ 顾琳．书词绪论 [M]. 关德栋，周中明．子弟书丛钞．上海：上海古籍出版社，1984 年版，第 829 页。

④ 顾琳．书词绪论 [M]. 关德栋，周中明．子弟书丛钞．上海：上海古籍出版社，1984 年版，第 829 页。

⑤ 余钊．北京旧事 [M]. 北京：学苑出版社，2000 年版，第 487 页。

人，余有情面莫却者，均为附社。择清净禅房，每月一社，或一岁八社。其社长按人伦推，至期，同人各解杖头若干，凑交社长，以为壶酒盘蔬之费。喜说者说之，不喜说者听之。其说者之工妙与否，不许讥评。饮酒寂寞，即行一二小令，未为不可。如此整肃，庶社中人可以有益身心；即社外人观之，亦不失为雅道。”[①]

可见，书社发起人的共同特点是爱好子弟书的知己好友，规模很小，他们建立书社的初衷是为了凑在一起演唱、品评子弟书，并不勉强其他人加入，对那些积极来参与的人也不排斥。除书社外，盲人说书艺人也有一定的组织，《弦杖图》就记载了“三皇会条律森严岂容轻犯，百家门规模整肃焉敢疏忽”。

在子弟书传播中起过重要作用的诗社还有芝兰诗社和荟兰诗社，与书社不同，这两个诗社其目的是为了更好地创作和研究子弟书，如荟兰诗社中的韩小窗、喜晓峰等都是著名的子弟书作者及表演者。诗社很有活动规律，如荟兰诗社“每月逢三、六、九日，在会文山房以南、东华门外一家清茶馆的墙上，把他们新创作的子弟书、对联、灯虎、会帖诗等发榜公布（不具名），让公众品评。往观者塞巷盈门。”[②]可见，在子弟书的传播中，诗社的作用要大于书社。

（四）书坊

书坊是子弟书文本得以流传于世的重要力量，据姚颖考察，“清末民初，以南柳巷及打磨厂一代之小型书坊所发行者为多，其在南柳巷者，有聚魁堂、经义堂、四宝斋、起升山房、绿野山房、文盛堂、得月山房、文名堂、文萃堂、松月堂等。其在打磨厂的，有锦文堂、致文堂、宝文堂、泰山堂、保文堂、老二酉堂等。另外还有刻本书坊：三盛堂、裕文斋、风云山房、文元堂、财盛堂、文德堂、经义堂等。[③]”可见当时书坊行业的兴盛。据资料，与子弟书传播有关的书坊主要有乐善堂、百本张、别野堂等，在这三个书坊传世的书目中，可以发现它们收录的子弟书在数量和内容上都有所不同，《乐善堂子弟书目录》残本

---

① 顾琳．书词绪论 [M]. 关德栋，周中明．子弟书丛钞．上海：上海古籍出版社，1984 年版，第 830 页。

② 任光伟．子弟书的产生及其在东北的发展 [A]. 中国曲艺论集（二）[C]. 北京：中国曲艺出版社，1990 年版，第 416 页。

③ 姚颖．清代中晚期北京说唱文学与伎艺研究：以子弟书、岔曲为中心 [M]. 北京：北京燕山出版社，2008 年版，第 79 页。

中有177种子弟书，快书《打登州》1种，并附有22种石派书。《百本张子弟书目录》收有292种子弟书，附有石派书21种。《别野堂子弟书目录》收录子弟书167种，附石派书3种。根据这些数据，可以看出百本张对子弟书的传播尤为重要。

百本张即书坊百本堂，因其主人姓张，且其刊刻、抄录出版的书记较多、质量也比较好，其业务范围为“专抄各班昆、弋、二簧、梆子、西皮；子弟书、岔曲、赶板、翠岔、代牌子、琴腔、小曲、马头调、大鼓书词、莲花落、工尺字、东西两韵子弟书、石派大本书词。”[①] 如子弟书《逛护国寺》就提到了百本张：“至东碑亭见百本张摆着书戏本，他翻扯了多时望着张大把话云。我定抄一部施公案，还抄一部绿牡丹亚赛石玉昆。”这虽然是一句打落的话，却反映出百本张出版的戏本获得了大众的广泛认可，所以在社会上非常流行，同时也反映出百本张书坊的销售方式多样，在不同地方的销售地点具有同质性，如寺庙：“逢七、八日在西城护国寺的碑亭出售；逢九、十在东边隆福寺的西角门祖师殿出售。”[②] 这种销售方式的多样性及销售地点、销售时间的固定性，能够让大众以最便利的方式获得自己的出版物。

除在选择戏本、销售方式等方面的新颖化、大众化及多样化外，百本张所编制的唱本目录也很有特点，如著名的藏书家傅惜华指出：“关于百本张发行钞写各种戏曲的唱本，原来都是编有出品目录，详细记载着名目，标注着每种曲本的价目”。[③] 反映出作为一个书坊，百本张内部管理体系严明，对其所抄录、刊刻出版的每一本书都有详细的记载和独特的编撰体例，然而令人遗憾的是，由于各种原因，版本张书坊所编纂的各种书目基本流失不见，在傅惜华收录的关于百本张的目录中，关于子弟书的也仅有《子弟书目录》（甲本）、《子弟书目录》（乙本）两种。

别野堂的主人姓宝，但它却没有被冠上主人的姓氏。究其原因，大致有二：一是受它的经营规模以及刊刻出版的唱本数量及内容，二是因为其书坊名字的限制。前者可以从百本张和它所收录的子弟书目录看出，百本张为292种，而

① 百本张．二簧戏目录，首都图书馆，吴晓玲绥中吴氏藏书。
② 百本张．二簧戏目录，首都图书馆，吴晓玲绥中吴氏藏书。
③ 傅惜华．傅惜华戏曲论丛[M].北京：文化艺术出版社，2007年版，第347页。

别野堂仅为167种，在数量上比百本张少了近一半，这种差异是对百本张和别野堂各自经营规模的最好说明。从书坊名称来看，百本堂的书坊标识明显，把最后的“堂”字换成“张”字，既没有改变它的书坊性质，同时还朗朗上口。而别野堂作为一个书坊名，行业标识不明显，把“别”换成“宝”后为“宝野堂”，有悖书坊主人打算自己书坊区别于一般乡野书坊的本意，把“堂”换成“宝”字，名为“别野宝”则不伦不类。但不论出于何种原因，别野堂比百本张逊色是显而易见的事。

除正规书坊外，还有一些人看到了子弟书市场中蕴含的巨大经济利益，于是出现了造假现象，如比较著名的子弟书《拐棒楼》，当时就被大量地翻抄，市场上流行的多为盗版本，这从一个侧面说明了子弟书在当时的火热。

三、传播者身份的交叉性

子弟书源传播者和直接传播者的身份具有交叉性，主要体现在有些人既是子弟书创作者也是教唱者，或是诗社的组织者等。前者可从子弟书《拐棒楼》获得佐证：“自从那小窗故后缺会末，霭堂氏接仕袭职把大道传。教众人演鼓排书为名扬四海，也是我们祖父的德行修积非止一年。每遇着亲友的喜事必要去作个脸，专能够承教凑趣不讨赏还不手粘。”韩小窗、霭堂氏都是著名的子弟书作者，他们不仅创作子弟书，同时还教人演唱子弟书。子弟书进入受众领域后，会获得受众不同的诠释，有的接近作者创作的原意，有的是脱离作者原意但却又符合情理的解读。即是说，在演唱子弟书时，即便其曲调是一定的，但是由于演唱者对子弟书文本内容理解的不同，其所表现出来的情感也是不一样的。由此，来自子弟书作者的教唱就显得尤为重要，能保证学习者对子弟书内容的诠释最为贴近子弟书创作的原义。

虽然很多子弟书作者说自己创作子弟书的原因是消闲解闷，似乎不在乎自己创作的子弟书是否获得传播，实际上，这些只不过是他们的托词而已，其内心还是希望自己的作品能得到世人承认，并获得良好传播效果的。基于这一点，很多子弟书作者还组织或加入诗社传播子弟书，韩小窗可以看作是其中的代表。胡光平指出：“光绪初年，韩小窗来沈阳。三年，与友人组织诗社（社名不详）于沈阳鼓楼会文山房（后改会文堂）……韩小窗是诗社的主要成员，参加各项文字活动，同时写作子弟书和影卷。……参加诗社的成员流动性很大；诗社活动时断时续；延到光绪十八九年，诗社才无形解体。”①

综上，诗篇的传播者类型诸多，能够保证诗篇在不同层面的传播，为子弟书流行于社会奠定了基础。

① 胡光平．韩小窗生平及作品考查记 [J]. 文学遗产增刊，1963（02），第 90—100 页。

第三节　诗篇的受众

诗篇的受众指的是子弟书流传于社会后，演唱者、观看现场演出或阅读其文本的人。我们知道，没有受众，子弟书形式再新颖、语言和内容再吸引人，进入传播领域后，都不会获得市场，从这个角度看，受众是保证子弟书在传播领域顺利流通的最后一个环节。

一、演唱者

演唱者主要是指上文提过的票友和专职演唱者，这两类人负责把子弟书文本转换成为声音文本，并辅佐以乐器和体语，让受众在视听模式下欣赏到子弟书。但其实，无论是票友还是专职演唱者，他们在成为子弟书传播者之前，首先要成为子弟书的受众。也就是说，子弟书演唱者要先对子弟书文本有一定的了解，能熟记子弟书内容以及其语言表达方式，如此方能登台演出，最终在受众面前展示、诠释他们理解范畴内的子弟书。

对表演水平高的子弟书艺人而言，无论在语言表达还是在体语方面，都能让受众产生一种他与子弟书融为一体的观感，如《拐棒楼》所言子弟上台表演的情形："那轻薄子上场端坐气象森严。弦响处气概从容排东韵，说的是遇吉别母的宁武关。真果是铿锵顿挫谁能比，韵雅音清讲尖团。听书之人谁不赞，一个个点头闭目手连圈。少年郎见许多人赞美他十分得色，故作出悲惨的境况令人心内伤残。"这种让人身临其境的表演，明显能给予受众极大的精神愉悦，但"羊羹虽美，众口难调"，不是所有的受众都喜欢子弟书艺人在台上栩栩如生地表现故事情节及故事人物的行为，甚至因此而发出谴责，如《郭栋儿》作者在正书中指出："双头人儿弦子弹的是南城调，羊叫唤拙气憋得脖子粗。我从来见过说书的人不少，全不似这一个说书的过于脱俗。上了场几句诗篇俗派的狠，粉红字不敢斟酌含里含糊。形容那古人的相貌五官挪位，改变作今人的话语一味的村粗。立目横眉须子派，皮科笑话燕儿孤。本儿咕唧也算书上的话，似这等扎耳朵的言词我真不伏。又见他忽然说到唱篇儿上，冒猛的抬身把座位出。揎拳捋袖蹄儿爪儿乱动，倒像是八根线儿提溜着他的手与足。唱的是一矗腔儿的流水板儿，随手是中把弦子手往下搂。加带着一嘴的嘎什哈，说出来前言后语不相符。而且是嘴脏惯把年（娘）的儿带，书上的话关东字儿满嘟噜。”

这虽是一段批判性的文字，但却形象地描写了子弟书语言特色及艺人表演情形，尽管作者觉得这是一种不登大雅之堂、有损子弟书艺人形象的行为，但这仅是他个人的观点，因为在他的笔下，我们同时也能看到受众对子弟书艺人这种表演方式的喜爱，“最可笑在座听书的多少位，静悄悄鸦雀无声咳嗽也无。……冷不防说一句歇后语，招的那满座听书的笑个足。”然而，其他受众都极为喜爱的子弟书艺人的表演方式，作者却极为反感，以致听完书后，走在路上，“一路儿后想前思生悲叹，不觉的又是欢喜又惨然。喜的是子弟艺业真绝妙，叹的是老少行为太不端。到家时月影儿东升云影儿淡，幽窗下闲捻霜豪写俚言。并非是故意唐突生毁谤，为劝那风流子弟改恶从闲。”甚至最后说“若叫我再费茶资又听一次，嗳呀呀阿弥陀佛我没这一段福。”毫无疑问，这是一种极端的观点，根据子弟书的受欢迎程度可以看出，这种观点在当时并不占主流，仅代表了少数人的观点。

这种观点的产生和“世间皆下品，唯有读书高”的传统观点有关。尽管大众需要有人提供娱乐内容、娱乐形式给他们，他们也从中获得了巨大的精神享受，但其内心却是看不起这些艺人的。最早的时候，艺人甚至都不入流，完全没有社会地位，后来才被列入下九流，但却几乎位于下九流的最末，如刘向在《汉书·艺文志》中将艺人列为下九流的倒数第三位，然而娼妓却位于17位，比艺人高了12个名次。虽然他的这种划分不一定正确，但却从一个侧面说明了艺人在当时地位的低下。更为重要的是，在古代，艺人死后是不能葬入祖坟的。① 上文也曾提及，子弟书虽然只是一种说唱文学，但是毕竟也属于曲艺的一种，受众在看待其演唱者的时候，自然也不会高看，《子弟图》就描写了子弟书落败

① 在《趣话民俗：唱戏的人为什么不能葬入祖坟？》一文中，作者认为艺人不能葬入祖坟的原因有四个，一是“人们普遍热吻内唱戏属于三教九流，属于下等职业，唱戏的人是低贱的”；二是“人们觉得戏子乱了纲常伦理”；三是“人们觉得戏子常常是逢场作戏，毫无真情的人”；四是“认为戏子会败坏了祖坟的风水。”

时，人们学习子弟书时的情形：“这如今，想见其人无觅处，到会过些护军马甲望败残的卒。看他们门户萧条，从小儿就受窄，净跪街，只为家贫自作奴。因习染里巷歌谣，不教儿自会，得钱粮后，把心一畅，练唱学谈就去了正途。专心在贫嘴恶舌，油腔滑调，偏是那满汉文都荒废，马步箭生疎。常亲近吊了牙的蝗虫、逾了岁的恶鬼，为跟着青草茶社要练三伏。评说唱，不带分文便能够醉饱，见谁阔，拉拢贴近混呼。”

二、观众

观众指的是现场听子弟书艺人演唱的人，根据传播的先后顺序看，他们属于二级受众。换句话说，子弟书被创作出来后，子弟书艺人学习，然后将其展示给观众。

子弟书观众的身份比较复杂，各行各界、不同阶层的都有，有的是专意去现场看子弟书艺人演出，《随缘乐》就记载了专意到演出现场观看子弟书艺人演出的观众，他们等待、听书时的情形与《郭栋儿》中所描写的情形类似：“到轩前见车马迎门人烟辐辏，尽都是衣服罗绮文雅的非凡。也有那大员子弟功勋后，也有那老叟尊翁酒肉英贤。到轩前见有多人拥拥挤挤，全都是来听岔曲瞻仰丝弦。我也跟着众公入内在桌头儿后，只觉得拥挤蒸腾苦热得难言。至日西斜方见把磁壶场上摆，适才见子弟在房中把脸洗完。满园中众人呆呆声息不动，一个个如聋似哑犯了陈痰。见一人相貌清奇衣冠时样，有那些讨脸之人都举手抱拳。也有那赶着请安连声的问好，睄着想借些仙气趁势趋炎。”

可见，受众对子弟书的推崇是子弟书得以流行的重要原因。作为一种曲艺形式，无论其唱腔、内容如何，只要有受众推崇，它就有流行的可能。顾琳在《书词绪论》中回忆观众观看自己表演子弟书的反应说：“因回思往日听予之书者，睆笑腹非者，不知几何人；撵看欲逃者，不知几何人；出而哇之者，又不知几何人，而予竟握絃高坐，恬不为怪。”[①] 毫不讳言，对很多人来讲，很多时候他们的重点并不在于子弟书本身，而在于子弟书艺人的表演以及现场的气氛，“那先生满场上发脱，恬不知耻，恰像活猴，丑态难言”（《随缘乐》）。子弟书的演唱

① 顾琳．书词绪论 [M]. 关德栋，周中明．子弟书丛钞．上海：上海古籍出版社，1984 年版，第 818 页。

场景及特殊的唱腔，有成为观众谈资的可能，为其他人了解子弟书提供了途径，也就是说，在当时宣传媒介受限的条件下，口口相传的方式可以说是大多数人的了解、并试图去更深入接触子弟书的重要方式。

在子弟书观众中，也有一部分观众是因为途经子弟书演出现场被吸引从而观看，《柳敬亭》所言："往来游人齐伫目，俱各宁神把书听，也有经商与庄家汉，也有那僧道与书生。"从中可以看出，这种随意性的观众其出现的地点主要是路边没有围墙的茶铺或其他场所，尽管他们不是专门为听子弟书而来，但遇上子弟书演出，就会认真去欣赏和倾听。从听者身份的多样性也可看出，子弟书本身具有很强的艺术感染力，否则不会同时吸引不同身份、不同文化水平的观众。

三、文本阅读者

文本阅读者指的以阅读文本的形式了解子弟书的受众，这部分人主要通过书坊以及庙会、集市中的摊点获得子弟书文本，如《逛护国寺》中的主人公不仅逛了护国寺东碑亭和西碑亭下的书摊，还就西碑亭下的子弟书作出了详细的评价："马六站起忙让坐，说'再请看，这两回新书倒也诙谐。这是鹤侣氏新编的两回《时道人逛护国寺》。'他说'拿来我看看。'坐下将书接过来。看了两篇，摇头晃脑说'成句而已，未必够板，数来保一样，这是何苦来？'论编书的开山大法师还数小窗得三昧，那松窗芸窗亦称老手甚精该。竹轩氏句法详而稳，西园氏每将文意带诙谐。那渔村他自称山左疏狂客，云崖氏西杭氏铺叙景致别出心裁。这些人俱是编书的国主可称元老，亦须要雅俗共赏合辙够板原不是竞论文才。"

这段看似"鸡蛋里挑骨头"的评价，反映出时人对子弟书非常熟悉，包括如何评价一篇子弟书、不同作者的风格等。应该说，类似于《逛护国寺》中的主人公可以称得上是子弟书文本阅读者中的"票友"，对子弟书具有了一定的研究水平，在一定程度上已经超出了一般的文本阅读者，如《须子谱》正书中，人物之一盖天旗对当时唱戏人的特征做了详细的描述："祭姬观容让霍六，不第盘丁数白三。李三打御罗卜路，石兴儿的发配奏作欢。财官儿的别母和蜈蚣岭，蜡头儿的踢球圆对圆。李八耕田辞丞相，赏军醉打大头官。元王话白字儿准，永增成亲唱的甜。张庆儿的奇逢是胡赞调，请兵通识数三元。彩楼梦榜玉石李，庆王的跑报真真强下河南。红脸王与韩四胖，戴七的小晏诉功全。柯三赏军信嘴唱，玉九入府巧姻缘。蒋三唱的不够板，翟碑丑婆斗笑欢。关套宋大合那吴三饼，郭套恩龄笑三元。马二扫松回回路，卢灰拿手是打番。宋七抓会双钉记，骂女搜杯秃王三。官福入院寄信好，曹三训子做的干。三锁晋阳徽州炮，嫁妹的鐘馗是马年。全李骂阎龙恩报，关安子八殿滑油山。恒子骂城黄金印，玉顺女诈摔凤冠。朱二斩香河梁会，杠子春秋青石山。虎张偷鸡腿脚快，赵五扣当学他难。连喜戏叔义侠记，胡二追信带观山。开太出箱全得好，王四琼林宴可观。图大汉的眼前报，唐套大鬼甚威严。陈丑子的探病干咧嘴，杨六的红门寺演烦。”

这样的评价是建立在盖天旗欣赏了大量子弟书以及其他艺术形式后，才能做出的评价，这些评价说明每个艺人都有自己擅长的内容。这里的擅长自然不是指艺人能够熟记表演的内容，而是指他表演时的腔调、体语等能与表演内容相契合，能让受众获得听觉和视觉上的双重感受。

子弟书的演唱者、观众及文本阅读者三者之间存有密切的关系。文本阅读者是子弟书传播领域中一个很大的受众群体，可以说，他们是潜在的观众，是演唱者越来越多的一个推动者。子弟书演唱者包括票友和专职演唱者两类，如果说前者只是出于对子弟书的热爱而去演唱子弟书的话，受众数量多少对他们影响不大，那么受众数量对专职演唱者是有很大影响的。专职演唱者以演唱子弟书作为谋生手段，茶馆、酒楼、戏院或主家是否邀请他，和受众喜欢他的程度有很大的关系。就文本阅读者而言，他选择子弟书艺人一般有两个因素，一个是因喜欢上子弟书文本内容，想进一步了解它，于是走入茶馆、酒楼、戏院等，去现场欣赏子弟书艺人对该子弟书的演唱。另外一个因素是受其他人的影响，感觉某个子弟书艺人水平高，于是去选择他，类似于今天的“名人效应”、追星行为。那些在家举办堂会的，所邀请的艺人必定是在子弟书表演方面已经具有了一定水平的艺人，他们的邀请，反过来又会提高该艺人的知名度。总而言之，子弟书的受众对子弟书的传播、流行具有重要的推动作用，这些不同的受众群体之间关系密切，在互相影响的同时，也推动了子弟书的创作。

第四节 子弟书的演出场所

清朝统治者对待戏曲的态度极为矛盾，最高掌权者一直喜欢戏曲，在宫廷内设置戏台，邀请名班进宫演出，甚至每个月都给他们所喜欢并选中的戏曲表演者发俸禄。但是当戏曲风靡全国，全国人民尤其旗人痴迷戏曲时，清朝统治者就开始关注戏曲对其统治所起的不良作用，但其已经形成的爱好戏曲的心理，并不会如潮水般退去。将其放置大文化背景下来说的话，“清廷对待戏曲的态度，正是其对待汉族文化矛盾、摇摆心理之个中一斑。”[①] 在这种摇摆中，尽管自己很喜欢戏曲，统治者们还是下了针对旗人的禁戏令，如乾隆二十七年时，“前门外戏园、酒馆倍多于前，八旗当差人等前往游宴者亦复不少。嗣后交八旗大臣、步队统领衙门不时稽察，遇有此等违禁之人，一经拿获，官员参处，兵丁责革。仍令督察院、五城顺天府各衙门出示晓谕，实贴各戏园、酒馆，禁止旗人出入。”[②] 然而它仅仅只是禁止了内城有戏园而已，换句话说，这种做法是把戏园从内城赶到了外城而已，[③] 依据子弟书《须子谱》所言，彼时城外的戏园生意依然兴隆，甚至连《肉蒲团》这样内容不入流的戏曲都有市场。

虽然禁戏政策并没有完全杜绝旗人看戏的爱好，也只是把戏园从内城赶到了外城，但在一定程度上为子弟书、大鼓等曲艺形式的发展、兴盛提供了契机。因为正是统治者的一系列政策，导致“内城无戏园，但设茶社，名曰杂耍馆，唱清音小曲、打八角鼓、十不闲以为笑乐”。[④] 根据现有资料，子弟书的演出场

---

① 李芳．观看与书写：清初、中叶旗人观剧体验与其俗曲创制 [J]．中正大学中文学术年刊，2010（02），第 221—249 页。

② 张次溪辑．北京梨园掌故长编，北京：中国戏剧出版社，1988 年，第 883 页。

③ 子弟书《须子谱》就坦言：“此刻天时至午前，须子出城奔戏园。至彼举目往粉牌上看，见旁边贴着传差的一红签。毛四说恰对鹅脖真凑巧，提起梆子不耐烦。勾四说咱们闹一辆闷子南城去，听戏还数大栅栏。……赶车的紧赶来至大沙腊（栅栏），下车齐把报子观。勾四说这个地方篡不篡，春台四喜三庆和春四大徽班。相公说得赫往广德楼去罢，四喜班今日准演《肉蒲团》。”

④ 蕊珠旧史．梦华琐簿，张次溪编．清代燕都梨园史料正续编．北京：中国戏剧出版社，1988 年版，第 355 页。

所与这一点是相对应的，其演出场所主要是茶馆酒楼、寺庙庵观及个人家中等。演出场所不同，自然是因为观看者的身份及需求不同。显然，演出场所的不同，可以为使子弟书获得更大范围内的传播。

一、茶馆及酒楼

茶馆宋代时叫茶坊，自清朝禁止内城有戏园后，原本就有简单曲艺形式的茶馆就成为子弟书的首选演出场所。如《女觔斗》指出“一自那城中断戏馆子苦，都说是柜上能事会调停。”

在有关子弟书中可以看到，虽然内城没有禁止茶馆，但由于外城有戏园、茶馆等，所以人们还是习于去外城欣赏戏剧、子弟书等曲艺表演。如子弟书《拐棒楼》“芜院何堪消永昼，荒郊聊可解蒸然（炎）。独步关城情怀舒畅，闲游古渡兴致蹁跹。穿松扶柳到东郊外，不期而遇来至拐棒楼前。步入轩门到后院，见一座小小的平台盖在西边。虽设有洁净桌椅不卖座，为的是预备子弟众名贤。花帐儿外是林丰草鸡鸣犬吠，天棚下坐满了喝茶的老者青年。”由此可见，当时，不乏一些像拐棒楼一样拥有戏台的大型茶馆。

与拐棒楼这种高级茶馆不同，还有一部分设在郊外路边档次不高的茶铺，它们也会提供曲艺表演给茶客，如《须子谱》诗篇：“野店茶室演书戏，处处依然弄丝桐。”但能到这里表演的大多都是不出名或落魄的艺人，也是子弟书后期流行度减弱时的表演场所，如《子弟图》中所说“这所言子弟合掺在野茶馆子里排演，再题起走事的，今昔考较大悬殊”。这里的野茶馆子即为设在郊外的不上档次的茶馆，沦落在此地演出的子弟，想起往日的风光、今日的落魄，心中颇为感慨，以往是别人邀请演唱，自己还要挑三拣四。然而，没落时，却是：“盼人邀，为贪管饱的荤食管醉的酒，遇喜庆，也不用车马，也不用衣服。按时令夏天有衫子，冬天是棉袄，靴鞋俱可刷净十足。上场时，高兴一团直忘了困苦，下场后，大咬五味累苦了茶厨。一个个恋席贪杯还不够，全不管招惹得旁人受眼毒。”《子弟图》中描写的这种情景，反映出子弟书的衰落，对不以其为谋生手段但却凭其吃喝的票友们而言，在生活及精神上有很大影响。

二、寺庙庵观

寺庙庵观演出戏曲，古已有之。最初只是和佛家、道教有关的戏曲，后随着社会的发展，其演出体裁及题材越来越宽泛，寺庙庵观也逐渐成为社会大众公认的演出场所。寺庙庵观与其他演出场所的区别在于地点的特殊性及参与人员的层次性。

寺庙庵观演出的戏曲，如果是面向大众的一般在寺前或大众都能去的寺庙内处所进行，而那些比较高端的戏曲主要是为地位较高的客人服务，其演出场所也多在寺庙庵观内院进行。子弟书《阔大奶奶听善会戏》就描述了家庭富裕、身份高贵的阔大奶奶去庵观听戏，并受到热烈欢迎的事。反映出了寺庙庵观是当时比较流行的演戏场所，其演唱的曲目及内容多样，有的内容甚至完全脱离了寺庙庵观不问世间红尘事的本质特征。

三、个人家中

古代富贵人家，如果家中有喜事或其他重大事件时，往往会邀请戏班或著名演员到自己演出，即“堂会”。《鸳鸯扣》描写了旗人结婚时邀请子弟书艺人等在家演唱的环节：“都只为院子不宽难以唱戏，邀下的诸般杂耍尽名流。包牙子张三子弟书甚好，八角楼鼓邀的本是林大头。”对戏班或演员而言，这种演出就叫“出堂会”。

无论是票友还是专职演唱者，都很喜欢出堂会，因为邀请者不但给报酬还会提供饭菜。《为票嗷（傲）夫》中女主人公埋怨男主人公时说：“若遇着谁家堂会应承去作脸，呀敢则是娘儿们的东西你们也用得着，我的那梳头匣子也搬运去，还有那零碎的簪环一大包。”这段描写中男主人公认真准备的态度，即说明出堂会的确是子弟书演唱者[①]非常喜欢的一件事。不过，子弟书演唱者出堂会的目的不一样，如有的出堂会，只是为了给亲友帮忙，《拐棒楼》：“每遇着亲友的喜事必要去作个脸，专能够承教凑趣不讨赏还不手粘。”

子弟书产生与流传的时期，“虽是兵丁，家丰与户足。乐从听，差务余暇，

① 当然，也包括其他曲艺形式的演唱者及表演者。

排书遣兴”(《子弟图》)。且由于“那《俏东风》《降香》《托梦》传遍了京都”，所以才会“渐渐引开喜庆争邀请，仰高明，不亚如三顾茅庐。非容易，方肯临期一赏脸，必然是，衣冠车马随从的奴仆。那请客家闻得相约某老爷至，宾主们忙甩挖杭忙挂珠。那一番恭敬尊崇形容不尽，相见时，拜匣贺礼，来客也不俗。”这种子弟书著名演唱者在当时受到的欢迎程度，以及邀请者的反映，都说明子弟书流行时期，家中有宴会时，邀请子弟书演唱者到家中表演是一种时尚。

根据《子弟图》所言，邀请哪个子弟书演唱者到家中，主要依据的是他的名气，即“昔年游戏是这般体统，大端是先推其品，次重其书。由此论书以人名，并非人因书贵，所以然称胜当年人敬服”。

据上文，子弟书对儒家思想的传播轨迹符合传播学的一般规律，即先点到面，随着面的扩大，内容及形式也逐渐越来越贴近大众的需求，以至在“嘉道年间，上至王公贵族，下至商贩走卒，无不为之沉迷”。[①] 子弟书在受众中获得的欢迎，与它传播方式有着一定的关系。

作为一种演唱强调如“羊叫唤”[②] 的说唱文学，子弟书如果是产自民间，可能就没有后来的发展，然而它恰是出自“名门巨族”。根据接受学的一般心理，人们往往有一种追奉上流社会爱好的心理，以此来表明自己与之具有同样的品位、习惯等。[③] 所以，大众对出自名门巨族且流行自名门巨族的子弟书这种艺术形式很好奇，进而寻找机会去接触并了解它，久而久之，就使得子弟书具有了非常广阔的市场和发展前景。

在不同的研究者[④] 那里，子弟书的发展轨迹虽具体表现不同，但基本都认同子弟书从高端到大众、从点到面的发展轨迹。《逛护国寺》中的一些情节就反映了子弟书在当时为大众所了解的程度。主人公在逛庙会时打落书摊老板的话，

---

① 陈平原主编 . 中国俗文学，北京：北京大学出版社，2011 年版，第 34 页。

② 清代《都门杂咏》中有竹枝词《南城调》专门描写南城调这种“羊叫唤拙气憋得脖子粗”的情形“哑嗓声高胜傻丁，郭东共许犯天星。如今也有南城调，不像山羊不受听”(都门纪略·都门杂咏，台北：文海出版社，1971 年版。)。启功先生也指出：“我幼年听西调，曾说它样徉地像羊叫，虽遭到大人的哂笑和申斥，却也反映了它给人们的直觉印象”[启功 . 创造性的新诗子弟书 .《启功丛稿》(论文卷) 北京中华书局 1999 年第 1 版第 314 页]。

③ 例如历来屡禁不止的模仿高端产品的盗版行为，其根本目的就是为了基于这种追崇心理而生。

④ 关于研究者对子弟书传播轨迹的研究情况，我们在绪论中已经做过详细论述，此处不再赘述。

一是反映出当时子弟书主要以抄本的形式存在，二是说明在当时有不少人通过在庙会或集市的摊点购买子弟书文本，否则就不会有专门售卖子弟书文本的摊点存在。在护国寺摆摊卖子弟书的不止一处，除了东碑亭，还有西碑亭，如“见同乐堂在西碑亭下摆着书戏本，近日他新添小画想发财”。这句话说明书坊也在努力创新，其所出售的子弟书不只是文字形式，还适当地配以插图。

不过我们也看到，出自名门望族是子弟书得以流行发展的一个重要因素，但同样也是其最后退出历史舞台的重要因素。之所以这样说，是因为不管子弟书的内容及语言风格如何改变，都不能改变其始终类似于“羊叫唤”的曲调，所以，清末民初时，它就已经退出了历史舞台，甚至在民国四年的时候就已经不见于世，据昝红宇，“民国四年（1915）年，久已不闻的子弟书诸多版本被选载在天津《社会教育星期报》上。……历时四年三十多期，刊载卫子弟书曲文十四种，以清代子弟书创作者韩小窗的代表作品为主”。[①] 而与之有关的弦子书，也不容乐观，据民国九年时的《北平指南》，当时“除大街两旁外，城外之关厢，时或有之，城内则不多见。”[②] 说明当社会发展到一定程度，人们不再满足于欣赏单一乐器呈现、单人表演的曲艺形式，而更倾向于表演形式更繁复、诸多演出者共同配合的曲艺形式。

综上，子弟书的兴起、发展与消亡，原因很多，有子弟书本身的问题，也有社会的问题，更有其传播模式的问题。但不可否认的是，在所有因素中，曾经是其优点的因素，在其发展的后期有些已经成为制约它发展的因素。因此，在研究到相关问题时，应以辩证的态度对之。

---

① 昝红宇 . 清末民初子弟书的传播记录 [J]. 中北大学学报（社会科学版），2018（06），第38—42页。

② 李家瑞 . 北平俗曲略 [M]. 上海：上海文艺出版社，1990 年影印本，第 9 页。

第五章　子弟书诗篇诠释和传播儒家思想的当代价值

人类的发展，不仅是生理意义上的发展，还包括物质范畴、精神范畴等有形的、无形的意义上的发展，换言之，即便是人类出现了恐龙那样的生理意义上的灭亡，但是其所遗留的有形或无形的东西都会影响之后的人。这也是在科学技术非常发达的今天，我们仍然要借鉴古人的优秀思想的原因。而古人优秀的思想，之所以能被我们看到，正是因为一代一代传承下来的。在中国诸多的思想中，儒家思想从在社会传播的那一天起，几千年来就一直不停地被诟病、被追崇，人们对它的态度是极为矛盾的。这是因为，儒家思想类似于“万金油”，不同的人基于自己的目的，从不同的视角出发解读其而已。因此，儒家思想的对错完全依据不同人施加给它的功能而已。然而，这也从另外一个侧面说明，儒家思想具有中华民族文化甚至世界上其他民族文化所拥有的共性，如儒家思想考虑到了为政者与民众的关系、人与自然的关系、人与社会的关系、人与自身发展之间的关系、教育双方的关系等等，不仅如此，针对这些关系，儒家思想还一一提出了解决的方法，尽管其中有很多方法今天看来具有很大的缺点，但这何尝不是人类思想存在和一直发展的事实呢？

溯上观下，儒家思想在中国思想文化体系中一直占有重要的地位，即便是在当前，我国领导人也非常重视儒家思想，如“2013 年 11 月 26 日，习近平参观儒家圣地曲阜孔府，并在孔子研究院拿起放在桌上的《孔子家语通解》和《论语诠解》这两本书翻阅，说要‘读一读’。这一细节一时成为新闻热点，也反映了习近平对儒家思想的重视”。[①] 习近平的这个动作，并不是偶然为之，确确实实是他充分肯定儒家思想的真实写照，据统计，“自 2012 年 11 月 15 日以来，

① 梳理习近平的 300 余次引用：儒学经典名言最多，http://news.youth.cn/jsxw/201410/t20141030_5939192.htm。

除了在毛泽东、邓小平诞辰纪念座谈会上大量引用两位前领导人的话语，习近平在所有讲话中引用次数最多的是源自儒学经典的名言。其中，他引用《论语》36次、《孟子》10次，引用《礼记》《尚书》《荀子》也均超过5次。”① 这种现象充分说明，优秀的儒家思想并没有过时，只要将其与合适的语境结合，就能让其发挥出符合当前时代的价值。

习近平引用的儒家名句以《论语》中居多，如“使人者器之”（《论语·子路》），“有朋自远方来，不亦乐乎”（《论文·学而》），并且指出“像这样的思想和理念，不论过去还是现在，都有其鲜明的民族特色，都有其永不褪色的时代价值。这些思想和理念，既随着时间推移和时代变迁而不断与时俱进，又有其自身的连续性和稳定性”。② 习近平的论述虽然是针对中华民族优秀的思想和文化在当前社会的应用，但也在提醒我们，任何思想文化我们都不可能跨越时代拿过来就用，即先秦时期产生的儒家思想，我们采纳并应用其优秀的部分时，并不是直接就用，而是要看其在整个中国历史发展中所起的作用，也就是说，我们能够拿来应用的儒家思想，都是经过无数事实验证为合理的对人类有益的思想。所以，我们对诗篇中的儒家思想及其相关因素进行研究，并不是在故纸堆里扒拉资料，就研究而研究，主要目的是为了从中吸取有用因素，为当前传统文化建设和发展做出自己的贡献。

满族说唱文学子弟书中出现儒家思想就不是一件突然及偶然的事，它是满族“表彰经学，尊重儒先”思想文化政策的产物。但无论是子弟书的正书还是诗篇，其所接受、诠释和宣扬的儒家思想都不是作者对传统儒家思想的简单复制，而是结合自己的民族文化和个人认知，做了再创，既具有儒家思想的一般共性，也带有了作者个人的思想印记。如《齐陈相骂》诗篇③ 反映出作者认为人本性是善良的，只是在与其他人的相处中，天性中的良善由于逐渐受到外界不良因素的影响，以致缺点渐生，如《须子谱》中的主人公“自幼儿无从受教训，

① 梳理习近平的300余次引用：儒学经典名言最多，http://news.youth.cn/jsxw/201410/t20141030_5939192.htm。

② 习近平在北大历数中华文化中永不褪色的思想和理念，http://politics.people.com.cn/n/2014/0505/c1024-24975949.html。

③ 良善原从天性发，皆因习染玉生瑕。士尚虚文多迂腐，民学匪气近油滑。酸儒开口无非之乎者也，士包行事不过摔打砸拉。

都只为父母惜子把他疼。文武不学不贸易，好的是在街前毛三勾四搞交情。”品质的不好，不仅反映在个人言行方面，也反映在其服饰方面，如这位相公穿着即为：

戴一顶倭缎镶边仿丝里儿的草帽，穿一件万字牡丹䌷子衫儿鸭蛋青。浅颜色标布袜子包脚面，花儿洋绉油绿套裤贴翘是桃红。穿一双红里儿瘦鞋是蝴蝶梦，天蓝的面子是洒绒三蜂。大花瓣的辫子打着丝线，辫顶儿的周围把锅圈儿拧。脖项儿半露兜兜银锁练，开褉儿半露汗巾是大红。胸坎儿半露数珠十八罗汉，手腕儿半露金镯绕眼明。手摇一把春罗的纱扇，画的是翠帏锦帐的暗春工。并露出菠菜绿的搬指是翡翠，拿着个烟壶儿藕粉地儿套红。

不妨想象一下，一个年轻的旗人，穿着极为名贵却又色彩艳丽的时尚衣服，佩戴着金银首饰，一手拿着一把纱扇，一手拿着鼻烟壶，这样的形象，没有男性应有的阳刚之气，更没有满族远在关外时骁勇善战的气质，作者的这段描述显然是在谴责旗人家庭教育的失败。《须子谱》中旗人学坏的主要原因在于其本身并没有受到良好的为人处世的教育，以致分辨不清对错，在外界不良之人的刻意接近和影响下，他自然就会偏离正道。所以，无论是《齐陈相骂》，还是《须子谱》，其作者强调的都是家庭教育及家庭文化建设等问题。《齐陈相骂》中的缘起正是因为家庭中的一件小事。陈仲子为人固然不好，但从其哥哥的言语中可看出，他为人也不怎样，也就是说，陈仲子之所以“不近人情”，“在乌陵饥受饿妻子续麻”，与他从小接触到的家庭环境并因此而形成的性格有关。

纵观儒家经典著述，家庭教育是他们极为关注的一个问题，也是当代国家领导人极为关注的一个问题。2015 年，习近平指出：“不论时代发生多大变化，不论生活格局发生多大变化，我们都要重视家庭建设，注重家庭、注重家教、注重家风。”[①] 接着，在 2016 年 12 月召开的全国第一届文明家庭表彰大会上，习近平总书记再次强调：“要重视家庭文明建设，努力使千千万万个家庭成为国家发展、民族进步、社会和谐的重要基点，成为人们梦想起航的地方。要动员社会各界广泛参与家庭文明建设，推动形成爱国爱家、相亲相爱、向上向善、共

---

① 习近平．不论时代发生多大变化都要重视家庭建设，http://politics.people.com.cn/n/2015.02.17c70731-26580958.html。

建共享的社会主义家庭文明新风尚。”[①] 所以，诗篇及正书中所阐明的儒家思想很多并没有过时。

综合《须子谱》《齐陈相骂》中的内容，可以看出，子弟书作者很多时候虽没有显性地阐释其所遵循的儒家思想，但其一言一语都在阐释他所遵循并提倡的儒家思想。所以，挖掘其诗篇中的儒家思想，将其与正书内容结合，可以很好地发现清代中后期的文人是如何维护儒家思想，并利用说唱文学传播所提倡的儒家思想的，进而对符合当前时代语境的儒家思想的传播提供借鉴。

子弟书只有唱词没有说词，兼以其独特的演唱腔调，及很多观众不拿文本就听不懂的特点，决定它在语言及内容方面都必须下大功夫，让受众先喜欢其语言和内容，然后产生去观听演出者演出的意愿。

由于是叙事性的说唱文学，所以子弟书作者想要宣传的儒家思想基本隐藏在所塑造的故事中，这一点在诗篇中，也有所呈现，如《胡迪骂阎》诗篇[②] 指出了胡迪骂阎的原因。从文学接受角度看，这样的诗篇极易引起受众对正书内容的兴趣，急欲了解奸臣当道、忠臣被害、人民愤恨的社会现实下，身为秀才的胡迪会如何做？他为什么要去骂阎王？事情是不是在他骂完阎王后就能重新再来？再如《渔樵对答》诗篇，[③] 表面看，它是在描写渔翁悠闲自在的生活，但实际上却是在说所有的人都能抛却名利心，选择他这种生活的。渔翁的生活固然逍遥自在，但却需要耐得住寂寞，况且想要获得他这种生活是需要资本的，即先要能解决自己的衣食住行问题。所以，渔翁的生活对大多数人而言都是不能企及的，虽不能企及，但若通过作者所描写的内容获得一定的虚拟的精神享受，对大多数人而言也是不错的收获。而只要作者愿意，就可以在诗篇中显性或隐性地诠释、传播儒家思想。

---

① 习近平．动员社会各界广泛参与家庭文明建设推动形成社会主义家庭文明新风尚，http://cpc.people.com.cn/nl/2016/1212/c64094-28943655.html。

② 秦桧专权宋世空，东窗定计害了英雄。岳云张宪双双死，在风波亭上丧了精忠。天地含悲乾坤恨，山川震怒鬼神惊。日月无光人民都怨，有我这秀士叫胡迪把铁胆来横。

③ 江湖寄迹一渔翁，懒向人间道姓名。三尺篷开天地小，一竿丝外利名轻。垂纶坐对江心月，移棹闲临水面风。贯酒烹鱼真乐趣，一般清兴倩谁同。

第一节　当代思想与诗篇中儒家思想的同异

人类社会能够持续向前发展的根本原因，在于其构成主体人类的思想在不断进步。思想的不断进步，促使其以更为符合时代需求的能动性、创造性去促进社会的发展。从这个角度讲，人类的思想一直处于动态变化发展中，具有鲜明的时代性，如不同历史时期儒家的定义。这就意味着，不属于这个时代的思想，无论其多么先进，多么朴实，或在本质或在形式或在具体要求等方面，都与这个时代有着一定的差异。所以，我们在研究诗篇中儒家思想的当代价值之前，首先要考虑的就是当代思想与它的相同点和不同点是什么。

一、相同点

所谓相同点，指的是代代相传的思想文化，恰是由于这些可延续下来的思想文化，一种民族文化才有自己的厚重性、延展性、独特性，以及继续发展的能力。儒家思想直到今天还被人提起、被人研究，甚至设立专门的研究所等现象的存在，说明它具有为今天所用的内容，也即是具有符合当下时代语境的内容，这一点正是它与当代思想的相同之处。

习近平指出:“抛弃传统、丢掉根本，就等于割断了自己的精神命脉。博大精深的中华优秀传统文化是我们在世界文化激荡中站稳脚跟的根基。中华文化源远流长，积淀着中华民族最深层的精神追求，代表着中华民族独特的精神标识，为中华民族生生不息、发展壮大提供了丰厚滋养。中华传统美德是中华文化精髓，蕴含着丰富的思想道德资源。不忘本来才能开辟未来，善于继承才能更好创新。对历史文化特别是先人传承下来的价值理念和道德规范，要坚持古为今用、推陈出新，有鉴别地加以对待，有扬弃地予以继承，努力用中华民族创造的一切精神财富来以文化人、以文育人。”[①] 习近平这段论述，其核心是中华文化不仅具有渊远流长的历史，且其具有诸多优秀的可为当代所借鉴的优秀成分。如果我们对其科学合理地加以学习、继承、借鉴，就能为当前社会主义思想文化的建设及中华文化的健康持续发展作出巨大的贡献。

具体到诗篇中儒家思想而言，其所具有的某些类型，在当代思想中也能找到发现它们的踪迹，如重视礼仪。

“文明古国，礼仪之邦”的美誉，说明在悠久的发展过程中，历朝历代一直注重文明、礼仪建设。不中断的内涵一致的建设、坚持，为中华民族所在的这片土地增加了诸多其他地域所没有的文化特质，也保证了中华民族在文化上、精神特质上具有了一脉相承的特点，这也是当下我们仍然重视、坚持礼仪建设的根本原因。

礼仪脱胎于礼义，所以，讲礼仪离不开礼义。礼义最初指的是作为一个人，在穿着、装饰、言语等方面所应具备的基本准则，《礼记·冠义》：“凡人之所以为人者，礼义也。礼义之始，在于正容体，齐颜色，顺辞令。容体正，颜色齐，辞令顺，而后礼义备。”[②] 由此可见，古人很重视自身建设，且其所重视的自身建设，不仅有内在的因素，还有外在的因素。[③] 内在因素而言，指的是一个人自身的素质水平，某些时候，它可能和知识水平没有关系，而只是强调一个人待人接物的合理合度，即“变风发乎情，止乎礼义。发乎情，民之性也；止乎礼义，先王之泽也。”[④] 外在因素而言，则是上面所言穿着、外貌修饰及言行举止等，内外因素如果都符合其所有者所在时代的礼仪要求，那么就可被认定为是讲礼之人。

可见，礼仪是对礼义的实施，礼义是礼仪应遵循的原则，因为两者的密切

---

① 培育和弘扬社会主义核心价值观，http://cpc.people.com.cn/xuexi/n/2015/0720/c397563-27331772.html。

② 李学勤主编．十三经注疏·礼记正义 [Z]. 北京：北京大学出版社，1999 年版，第 1614 页。

③ 其实，正是由于古人的这种重视，我国在长期的发展过程中，才会形成富含文化内涵、与众不同的服饰文化、发髻文化、语言文化等。所以说，一种文化是否能够在历史的前行洪流中一直保持下来，就要看其产生初始阶段，人们赋予了它何种文化内涵，甚至是何种社会地位。

④ （汉）郑玄注，（唐）孔颖达疏．毛诗注疏·卷一·周南·关雎．（清）阮元．十三经注疏 [M]. 北京：中华书局影印本，1980 年版，第 272 页。

关系，所以某些时候，两者是一种等同式的存在，如“凡国之大事，治其礼仪，以佐宗伯。”① 此时，礼仪就等于礼义。此例也表明，礼仪建设不仅是个体问题，它和国家建设也息息相关，甚至关系到国家的稳定发展，所以，习近平指出：“要建立和规范一些礼仪制度，组织开展形式多样的纪念庆典活动，传播主流价值，增强人们的认同感和归属感。”②

据历史，尽管历朝历代一直在强调礼仪建设，如《荀子·修身》指出：“人无礼则不生，事无礼则不成，国无礼则不宁。”③ 历朝历代也始终将其付诸实施，但在整个社会发展中，不乏违背礼仪之举出现，如《惨睹》诗篇④ 描写了燕王朱棣起兵反叛建文帝的事，作者虽然在诗篇中没有明确指出朱棣所举违背了礼仪要求，但由于其举兵所带来的社会灾难，却是最好的说明。除涉及国家层面的违背礼仪之举外，诗篇中还多次涉及了个人层面的违背礼仪之举，如《马介甫》诗篇。⑤ 无疑，其违背了礼仪要求中的孝义原则。《续戏姨》诗篇：“两意将偕情欲私，偏逢兄弟叫门时。姨儿惊颤心无主，姐夫怆惶意似痴。放手慌忙归座位，整衣勉强定神思。小佳人连声答应说来了，忙的他掠鬓摸簪步又迟。”据正书，可知姐夫与其妻子之妹所行不合礼义中的伦理原则，所以两人听到兄弟叫门时，一个“惊颤心无主”，一个“怆惶意似痴”。虽不谴责，但每字每词皆有谴责之义。以上我们虽仅是举了两首诗篇中所阐释的个人层面的违背礼仪之举，但窥一斑而知全豹，其他诗篇还描写了更多类型的违背礼仪之举。而作者写的越多，说明清代中后期时礼仪建设越不尽如人意，也说明诗篇中所违背的礼仪，正是作者所要倡导的。若仔细分析，会发现，这些都是儒家思想中的重要构成因子。作者的重视，说明在当时，也有很多人注意到了社会亟须加强礼仪建设。所以《顶灯》作者在诗篇中直接指出：“男子而今无志多，乾纲不振奈如何。酒楼茶社交朋友，绣帐牙床跪老婆。解嘲几句俗言语，惧内方能跨走骡。人若怕穷贪富贵，因此上十中有九爱沾着。”这首诗篇的核心句是第一句“男子而今无志多”，

① 李学勤主编 . 十三经注疏·周礼注疏 [Z]. 北京：北京大学出版社，1999 年版，第 493 页。

② 习近平：建立礼仪制度、传播主流价值，http://news.163.com/14/0226/07/9M0AD7P00001124J. html.

③ 高长山 . 荀子译注 [M]. 哈尔滨：黑龙江人民出版社，2003 年版，第 33 页。

④ 洪武开基景象昌，天心国运付燕王。封藩北地兵原壮，吊孝南来意不良。可叹建文多阁弱，偏逢广孝太猖狂。从旁怂恿兴人马，燕庶子以靖难为名犯庙堂。

⑤ 上文中已经提及，此处不再标注原文。

作者为了表现当时社会中男子的不阳刚、不奋进的特征，特地举了顶灯这个极端的惧内例子。《望乡》作者在诗篇中则强调了一个人如果生前行恶，死后必将受到惩罚。虽然作者利用了鬼神思想劝诫人们要重视礼仪，在与人相处时要“居善地，心善渊，与善仁，言善信”，① 但却很好地抓住了普通人惧怕鬼神的心理，所以具有一定的劝诫作用。②

当前，我们所处的时代，自然与清代中后期有所不同，物质方面迥异，精神方面也以差异为主。但这不意味着我们不需要加强礼仪建设，以当前存在的“扶不起”“为老不尊”“广场舞冲突”“校园霸凌”等现象来看，我们亟须加强礼仪建设，只是其建设的侧重点与子弟书作者在诗篇中所强调的不一样而已。但礼仪核心都一样，即都要求一个人在言行举止等方面既符合自己的身份，更要符合社会礼仪需求，在社会交往中，能够“己所不欲，勿施于人”，能够多换位思考，替他人考虑。

就我们前几章的论述可以看出，诗篇中所具有的孝义思想、爱国思想等在当代不仅有所体现，也是当代所大力提倡的。因上文已经详细论述过，此处不再赘述。

二、不同点

正如上文所言，无论哪一种思想，都具有时代性，因此尽管诗篇中所具有的儒家思想与当代思想有相似之处，但也有不同之处。我们用“以人为本”的儒家思想佐证这一观点。

“以人为本”的观念古今都有，但具体内涵并不相同。

---

① 崔仲平．老子《道德经》译注 [M]. 哈尔滨：黑龙江人民出版社，2003 年版，第 9 页。

② 客观来看，尽管鬼神思想属于迷信思想，是我们应该谴责、摒弃的封建落后思想，但在实际生活中并不是一无是处，就当前而言，我们可以从以下两个方面分析：一是要尽量摒弃鬼神思想在建设、宣传礼仪制度中的作用。毫无疑问，这种劝诫方法已经不适用于当代，所以我们在进行礼仪建设和宣传时，分析个人因不重视礼仪建设而给自己给他人带来的后果时，不应将其和鬼神结合起来，只需就事论事分析其在现实中会受到什么惩罚即可。二是我们也不得不承认，礼仪在很多方面的要求，仅限于道德范畴内，所以对很多人的约束力较小，甚至有些人游走在道德边缘，那么如何解决这个问题呢？我想，最近十多年一直流行不衰的穿越小说、重生小说或者修真小说或许能提供给我们一定的答案。其实，如果说人们喜欢的是这些小说中所体现的鬼神思想，不如说是敬畏思想。鬼神源自人们对自然界及世界不可解释事物的敬畏，这就决定了人们所虚构的具体的鬼神形象和鬼神故事并不是重点，重点是人们附加在这些形象和故事背后的敬畏思想。所以，面对鬼神思想，我们应该一分为二地看，要合理利用人们对它的敬畏之情。

最早提出这个理念的是管仲，他指出："夫霸王之所始也，以人为本。本理则国固，本乱则国危。"[①]在生产力低下的时代，人力资源是一个国家能够成为强国、能否在战争中取胜的重要保障。这一点可以从国的繁体字写作"國"看出，它是会意字，从口从或，而或的本义是手持武器保卫国家。那么是谁手持武器保卫国家呢？自然是军人。无疑，在冷兵器时代，保卫国家的军人越多越好。但，如果执政者对其臣民不好，臣民虽不敢明言但心中必定有怨。在这种情况下，一旦国家发生动乱或者受到外敌入侵，那么国家的安全很难保证。所以，至于老子所言"国家昏乱，有忠臣"的情况，不会发生在不"以人为本"的国家。从上面的论述可以看出，古代以人文本的根本原因是为了维护国家的统治，是为了利用人民为其国家机器服务。所以，儒家强调要想治理好国家，执政者必须实行德政，即将人民置于其"恩惠"的范围，"为政以德，譬如北辰，居其所，而众星共之。"[②]显然，其隐含的意思是一个国家如果没有人民，那么不会有它的存在；一个执政者如果失去人民的支持，那么他也将孤掌难鸣。当然，现实生活中，在表现"以人文本"的理念时，儒家是将其生活化、细化了的，如"厩焚，子退朝，曰：'伤人乎？'不问马。[③]"说明无论古代所提倡的"以人文本"其目的是什么，对普通人的生活还是有一定积极影响的。

《范蠡归湖》第二回诗篇就指出了吴王夫差不以人为主，荒淫无道只顾自己享乐，结果国家被灭的事："情如羽箭欲如刀，情欲相攻似火烧。脂粉骷髅明不见，衣衫拖架暗相招。只因美色常陪寝，不许忠臣屡入朝。自古玩人把德丧，这才成一还一报不相饶。"

当前我们所提倡和坚持的"以人为本"理念与之不同。古代所说"以人为本"其目的主要是为了维护执政者的统治，而今天我们所言的"以人为本"则主要为了社会的发展，为了人民的利益，执政者是站在服务的角度看待、实施"以人为本"。

① 管子 [M]. 北京：商务印书馆，1936 年版，第 2 册第 8 页。
② 李学勤主编 . 十三经注疏 · 论语注疏 [Z]. 北京：北京大学出版社，1999 年版，第 14 页。
③ 李学勤主编 . 十三经注疏 · 论语注疏 [Z]. 北京：北京大学出版社，1999 年版，第 137 页。

第二节　诗篇传播儒家思想的功用

在2019年5月15日的亚洲文明对话大会开幕式上习近平概括总结了中华文明的四大内核："亲仁善邻、协和万邦是中华文明一贯的处世之道，惠民利民、安民富民是中华文明鲜明的价值导向，革故鼎新、与时俱进是中华文明永恒的精神气质，道法自然、天人合一是中华文明内在的生存理念。"[①] 中华文明是中华民族范畴内的无数先辈们，在几千年的社会实践和思想文化的学习中，逐渐凝练而成的。换句话说，在历代的文学及其他典籍中，中华文明的影子随处可见，诗篇亦如此。之所以如此说，是因为用古已有之且为世人所熟悉的名人名言或思想佐证自己的观点，提升说服力，是古往今来人们常用的一种方法。像上面提及的习近平在亚洲文明对话大会开幕式上的讲话，其所用的亲仁善邻、协和万邦、革故鼎新、与时俱进、道法自然及天人合一就出自古代儒家或道家典籍，而惠民利民、安民富民和提炼自儒家的典籍。这种做法给予我们的启示是，想要理解、诠释厚重的中华文明、中华文学，必须要对古代典籍进行深入研究，且将符合今天时代语境的观点与当代所需巧妙地结合在一起，使古为今用真正落到实处。

其实，不仅是当代，历代先辈们也在通过不同的形式自觉地学习、继承中华民族文化中的这些优秀的思想与其他因素，据资料来看，人们所采用的载体形式多种多样，我们这里所研究的子弟书，就是清代中后期旗人从说唱文学诸多的类别中，选取的作为承载自己思想及理念的载体。

从其类似于"羊叫唤"的演唱特点看，子弟书并不是一种最优的说唱文学形式，但它偏偏就成为清代中后期流行的满族说唱文学。是不是可以说它这种形式恰恰可以最优地表现作者所描写的故事内容呢？如《买刀试刀》中如果用"羊叫唤"一样的腔调呈现牛二的形象，无疑极富表现力。《水浒传》中并没有

① http://www.xinhuanet.com//video/2019-05/15/c_1210134709.htm

详细地描写牛二的穿着和长相，而《卖刀试刀》的作者却把牛二塑造成了一个清代中后期身份低下、穷困潦倒的无赖恶霸形象。其对牛二言行、外貌及服饰的描写，虚构和写实相结合，既具有可读性，也具有可视性。作者之所以能将牛二刻画得如此形象，必定是借鉴了其所处时代中与牛二类似人物的创作及长相，如《须子谱》所刻画的无赖形象就与牛二类似，差别仅在于牛二穷困，《须子谱》中的无赖家境富裕，至于帮闲的两个无赖因为傍上了有钱的无赖，所以其境况也远远好过牛二。

显然，子弟书中刻画的这些无赖形象都具有衣着、长相及行为上的共性，而这种共性是与常人不同的，衣着夸张、个性鲜明，长相怪模怪样，如果用中规中矩的形式演唱，孤寂很难将他们的神韵展现出来，如此就浪费了作者的一番心思，而子弟书特有的演唱曲调及表扬者豁得出去的态度，则可以淋漓地展示他们的神韵，请看《郭栋儿》中郭栋儿表演时的情形是“可怜他挣命一般浑身使劲，抽疯相似热汗直出”。

窥一斑而知全豹，子弟书中其他内容自然也得到了作者和演出者恰当的展现和诠释，由此，作者想借此传递点什么思想，自然毫无困难，难就难在有些思想作者是以事实的形式呈现，需要受众自行体味，但正因如此，才使得不同的受众从中获得了不同的启示。那么，作者通过诗篇想要传递的儒家思想到底有哪些功用呢？

一、利于维护婚姻关系

家庭是社会的个体单位，它稳定与否关系到社会的稳定，因此中国历朝历代都非常注重家庭关系，如果我们抛开其所主张婚姻观中的不良因素，只保留其中健康因素的话，单从家庭层面来看的话，它是有利于家庭团结的，因此，对旧时所倡导的婚姻观我们应该辩证地分析。以子弟书中所描写的婚姻为例，其所阐释的婚姻中的男女关系不全是科学的，如《顶灯》作者在诗篇[①]中强调的是“夫纲”，他将男子在家不得不听从妻子的原因归结为男子没有本事。在正书中他开篇写道“且说那相传已久的名皮瑾，他本是黉门秀士庆字儿是传讹。已

① 男子而今无志多，乾纲不振奈如何。酒楼茶社交朋友，绣帐牙床跪老婆。解嘲几句俗言语，惧内方能跨走骡。人若怕穷贪富贵，因此上十中有九爱沾着。

说他是惧内的都元帅，怕婆榜状元及第他登科。”但他俩人不是没感情，“妻儿郎氏风流女，模样儿活脱儿一个小嫦娥，就只是性格儿如烈火，更可怕声音儿像破锣。这皮瑾是爱让之中挪作怕，那妇人因笑顽里面纵成泼。”皮瑾夫妻俩的相处之道，是两人长期相处后彼此都适应的模式，然而在男权主义社会，丈夫怕妻子，显然是要被人所诟病的，所以作者在正书中又写道：“众人说只可惜朝纲微靡不振。”皮瑾本人其实也是觉得怕妻子是一件丢人的事，所以并不承认自己怕老婆，而是说“大丈夫自期志气岂受折磨”，甚至在梦境中都是自己重振夫纲的事。所以，从这一点来说，很多子弟书作者并不支持妻子当家做主，一旦妻子当家做主，就给其按上妒妇、恶妇或虐待老人的标签。除《顶灯》外的妻子外，《马介甫》中的妻子也是一个典型，上文已详述，此处不再赘述。

有的子弟书作者认为婚姻的实质是夫妻俩“柴米情深”如《得钞嗷（傲）妻》诗篇中所言的柴米情深指的是夫妻俩的感情是建立在一定的物质基础上的，在作者看来，“爱富嫌贫”是人的惯有心理，即便是夫妻俩也不例外。没有银子时，常峙节的妻子是又哭又闹，夹带着对他的人身攻击，而当常峙节借到银子后，她也不管这银子将来是否要还，看到眼前有银子，于是就对常峙节百般夸赞，以致常峙节心思翻转，感慨万分：“想当初我丰衣足食你随手儿转，到而今我家业萧条你改变心。有银子居然又是个贤良妇，将来无银子依旧还是个夜叉神。”从这段话中，明显能看出作者对男性的肯定，对女性的贬斥。我们知道，常峙节本人在《金瓶梅》中虽然是西门庆结义十兄弟之一，但除两次向西门庆借钱的情节外，书中很少有他的故事，这样一个不起眼的没有能力却又下流带有那么一点善良的男性，却成为作者同情的对象，这无疑是男权主义社会下对女性的苛求，即无论丈夫如何，女性都应该无条件依附，不能表示自己的任何一点指责、反对之意。于是看到得了银子之后的常峙节后，“妇人服侍团团转，慢商量买柴籴米置衣巾，说话儿句句瞧着峙节的脸，行事儿条条贴定丈夫的心”。将常峙节妻子刻画为前倨后恭的形象后，作者犹嫌不够，在篇末再次说“小窗是笔端怒震雷霆力，欲唤醒古今鸳鸯梦里人”。

实际上，除了上文中对婚姻中女性的各种贬斥外，子弟书中也有一些值得借鉴的婚姻观。在子弟书标题、正书内容或诗篇中我们都能看到作者对家庭团结理念的支持，如《家园乐》虽然正书内容只是写的一家人之间的琐事，还有女人之间的斗智等，但在男主人公的调停下，其家呈现一幅安乐团结，欣欣向荣的样子。《随缘乐》诗篇也指出“安乐家庭春似海，太平人物寿如山。”显然，作者倡导的是只要家庭团结安乐，那么其家庭氛围就会温暖如春，由此，身处其内的人也必定是心情舒泰。

《老侍卫叹》中的老侍卫一家的生活是当时很多旗人家庭的真实写照，这种写照几乎已经成为当时社会诸多下层旗人等的模式生活，一篇子弟书自然无法改变什么，所以作者在正书末说“虽成句于世道人心毫无补益，也只好置向床头自解颐。”但我们在这里讨论的并不是这个问题，而是作者隐含在其中的家庭观念。老侍卫只知吃喝，以致家无余钱余粮，实在无法维持生计，妻子只好出外乞讨，作者在诗篇中点出：“老妻自是多贤慧，挎竹篮每向坟边乞祭余。”作者所写自有艺术性的夸张在里面，但虽为夸张，他所用“贤惠”一词，却点明了他对老侍卫妻子的肯定。正书中老侍卫妻子也曾埋怨过老侍卫，但老侍卫说“我那荣显时你也曾把风光受，每日三餐拣着贵的吃。戴的是赤金点软翠，穿的俱是蚕吐的丝。出份子总是你去要把长车雇，走亲戚人家略有迁求你就不碴泥”。从他的埋怨以及作者在诗篇中所表达的内容看，这里所体现的就是“夫荣妻荣，夫贵妻贵”的思想，如果用今天的思想来看，那就是夫妻一体。

当下，很多人将“夫妻本是同林鸟，大难临头各自飞”奉为经典，显然这是一种不正常的家庭观念。婚姻是人类社会基本组织单位家庭形成的基础，没有婚姻，就不会有稳定的家庭关系，所以不同的人类社会男女关系在经历了群婚、走婚等形式后，逐渐找到了适应社会的家庭缔结关系，像中国就逐渐形成了因婚姻缔结而成的一夫一妻制。像《吕氏春秋·恃君览》中所言“昔太古常无君矣，其生民聚生群处，无亲戚夫妻男女之别，无上下长幼之道”，[①]这样的家庭及社会关系显然难以推动社会的发展。人比其他生物具有更高层面的心理和精神追求。如果说“丈夫生而愿为之有室，女子生而愿为之有家”[②]是人类与动物相同的自我繁衍意识的基本反映，那么随着社会的发展，其对婚姻所要求的配偶单一及对婚姻忠诚度的要求，就是其更高层面的心理和精神追求在婚姻关系中的反映。虽然很多研究者认为这段话所强调的儒家的“三从四德”之礼，但

① 张玉春等．吕氏春秋译注 [M]. 哈尔滨：黑龙江人民出版社，2003 年版，第 394 页。

② 李学勤主编．十三经注疏·孟子注疏 [Z]. 北京：北京大学出版社，1999 年版，第 164 页。

实际上，如果我们将其眼界放宽，而不是把眼界今局限在封建社会对妇女要求的话，那么这里所强调的就是成功婚姻的最大法宝就是守规则，而规则就是礼，且这个在嫁娶那日就已经开始了。这对今天的我们同样是一个重要的启示。

当然，中国的一夫一妻制是新中国成立以后才完全固定下来的，但这不能否认即便在古代社会，它也是中国婚姻关系的主流，毕竟以人口比例来看的话，中下层人们占绝大多数。所以，家庭关系中的婚姻关系非常重要，从小的层面看，它是一个家庭能够健康、稳定存在的基础；从大的层面看，它是一个国家能够安定、持续发展的重要动力。

每个人都是不同的个体，都有自己独立的思想和癖好，当男女两个人走到一起过日子的时候，这种思想和癖好或是被对方所欣赏，或是被对方放大为巨大的瑕疵，这就导致了温馨和痛苦两种状态下的婚姻。婚姻不能预过，所以在婚姻中最重要的事就是要遵循礼，就今天而言的话，这个礼指的就是尊重彼此，如此方能让一段婚姻长久，才能为社会提供稳定的个体单位。

二、利于家庭团结

普遍意义上的家庭基于婚姻而生，但家庭中的成员绝大多数不只是夫妻两人，还有子女等其他直系亲属的存在，如此就形成了复杂的家庭成员关系，如父母与子女关系，子女与子女关系，子女与祖父母关系等等。这些关系中的成员血缘虽然远近不同，但都在三代以内，所以他们之间关系的好坏，关系到整个家庭的团结与否。子弟书中，也有很多篇章讲述家庭的团结问题。[①]

《鍾馗嫁妹》就讲述鍾馗兄妹俩感情深厚的故事。鍾馗是中国古代民间的鬼神之一，因为貌丑，虽然才华横溢，但最终还是名落孙山，作者在诗篇[②]中充分表达了鍾馗失落、悲伤的心情。鍾馗的遭遇别说是在古代，就是在今天对那些亲身经历的人来说都是一个沉重的打击。但是鍾馗虽然气死，甚至死后抱负得

① 除兄弟姊妹关系外，子弟书中也有讲述孝道的篇章。上文已经详细阐释过，此处不再赘述。

② 终南蕴秀降文星，一举棘国（围）气概雄。自信文章能冠世，哪知仪表误平生。朱衣徒点魁元额，金殿虚传进士名。十载寒窗空抱负，千秋遗恨叹遭逢。

以实现，位列仙班，但他始终惦记着自己在阳间还未出嫁的妹妹。[1]鍾馗在文中说自己“虽然位列仙班内，但只是尚有牵心事一宗。我的那妹子鸾英还未曾聘嫁，可怜她闺门独处不知怎样个情形？”对鍾馗俩说，极度失意下而丧失生命，即便是位列仙班也不能缓解其内心的郁意。最为可贵的是，他位列仙班，既没有沉于失意，也没有陶醉于成功，而满心想着他独自在人世还未出嫁的妹妹。毫无疑问，如非他对自己的妹妹有着深厚的兄妹情，按照中国传统文化中所言人死如灯灭，他是不用再管在人世的妹妹的。所以，鍾馗嫁妹这个故事对普通人而言，所起的最大启示不是它政治层面的东西，而是应该如何对待这种自己家庭也有的人际关系。当然，兄妹情深从来不是一方付出的事，它是两方都能真心对对方的事。像鍾馗一样，妹妹同样在家惦记哥哥：“说念奴薄命何如此，自幼儿双亲早丧家事凋零。可怜我兄妹相依十数载，实指望哥哥发迹早登瀛。叹奴兄空负才华因貌陋，谁知他琼林宴上竟除名。我那兄负气而亡遭不幸……哎天哪这般境界教我兄妹遭逢。”在妹妹的这段话中虽然我们看到的是妹妹原本指望哥哥生存的打算，但在那个很多女子“大门不出，二门不迈”、没有谋生能力的女性来说，这是一种很正常的想法，并不代表她对自己的哥哥没有感情，她所言中的“相依”俩字已经很好地说明了这一点。

毫无疑问，一种理念或故事能成为文学创作的母题，证明它在现实生活中要么具有普遍性意义，要么具有重要性的意义，或两者都具备，而《鍾馗嫁妹》中所反映的兄妹情显然两种都具备。当前，由于社会经济及技术的快速发展，让很多人迷于繁华的社会表象，却忽视了自我建设和修养的提升。对很多家庭而言，现在基本上是身为独生子女的父母在孕育、抚养新的子女，他们的子女或是独生或是两个，但这不影响他们身为独生子女的事实。这样说的意思是身为独生子女的他们本身就没有同胞兄弟姊妹相处的经历，所以同胞情在他们那里是一个没有实施过的抽象的存在，这种存在迁移到他们的子女身上，则是父母和子女相处时的无措及情感的难以把握，以致很多时候引发了家庭教育失败。从这个角度看，像鍾馗这种为民众所熟知且又充满敬畏的人物，他的做法在很

① 当然，我们知道作者在《鍾馗嫁妹》中表面上是写鍾馗兄妹情深的故事，实际上却是写世道的不公，写当政者选取人才的可笑依据。但是，作为研究来讲，我们现在要选用的是作者在表面上呈现出来的东西，而不是其本意要呈现的东西。所以，我们这里只讨论《鍾馗嫁妹》所宣传的兄妹情深的一面。

多时候就会成为人们不自觉的模仿对象。因此，《鍾馗嫁妹》的现实意义正是作者呈现在表层的兄妹情深。①

众所周知，子弟书已经退出了历史舞台，当下还原其曲调或是把《鍾馗嫁妹》的故事原封不动搬上舞台或者使其进入其他宣传领域，已经没有必要。我们要做的就是从这篇子弟书中借鉴经验，如何建构、宣传符合当代人审美诉求和情感需求的故事。

三、利于邻里和睦

人是群居生物，需要和其他个人聚集在一起，组成一个规模不一的群体，并且形成各种政治、经济、文化等关系。群居模式不仅利于人与人之间的交流，更重要的是能将个体智慧聚合为集体智慧，进而促进群体的共同发展，以及提升解决共同发展过程中风险的能力等。

当然，人都是欲望的集合体，就具体不同的人来说，其欲望的主体并不一样。对那些没有是非观念、没有道德观念的人而言，其欲望主体是为己；反之，对那些有是非观念、道德观念正确的人而言，其欲望主体是为公。从大的层面看，在任何时代，后者都是推动社会向前发展的主体；从小的层面看，后者也是维持一个社会团体人际关系和睦、和谐的主体。我们这里所讲的邻里和睦，就是从这个小的层面出发而言的。

几千年的宗法制度，其内核就是重血缘关系，既以家族为本位。每个家族都是利益个体，其家族中的成员也为利益个体，因其多注重家族内部关系的维护，故很多时候会忽略外部关系的维护，即忽视他人的感受、侵害他人的利益等，进而造成邻里关系不睦，人际关系恶化。子弟书也多次提到了这种现象。

《打围回围》作者在诗篇中提到了女主人公深夜受邻居家砧声影响从梦中惊醒的事。女主人公本就因男主人公跟随皇帝去围场，而忧愁不堪。诗篇头两句为“冷雨敲窗不可闻，闺中少妇倍伤神”。“冷雨”两字衬托出了女主人公的孤

① 与《鍾馗嫁妹》不同，子弟书《东吴记》中孙权将妹妹嫁给刘备是基于政治目的而生，并不真的是为了妹妹的幸福考虑，而他的妹妹也很清楚这一点，所以当孙权和刘备之间产生矛盾时，她选择了刘备，并跟从刘备回到了蜀国，作者在诗篇中说道“人情天理本相连，天理人情兼顾难。兄妹情深原似海，夫妻恩重更如山。有情烈女同归去，无义雄兵追不还。”说明任何情感那么是同胞之情，只要附加了政治性的诉求，就已经远离了正常的同胞之情。

寂，“倍伤神”三字则写出了她寂寥、雨夜难眠的情绪。古代大多数已婚女子，都是依附丈夫而活，这就意味着丈夫就是她的全部，所以，一旦丈夫不在家，又无任何娱乐活动可作为消遣的漫漫长夜，就弥漫着女性浓浓的愁思，正如作者在诗篇中接下来所言的：“闲凭绣榻愁无限，独对寒灯夜已深。”女主人公好不容易入眠，却又被“隔院砧声惊俏梦”。虽然作者接下来说被惊醒后的情形是“透帘花气醉芳心”，但却无法抹杀女主人公内心原有的愁苦，所以即便是景色宜人，她依然发出了“行围谁晓家中苦，度日如年整六旬”的感慨。在这首诗篇中，隔壁邻居家的砧声是女主人公夜晚和白昼的分水岭。从整首诗篇中，不难看出，深夜始能成眠的女主人公做了一个好梦，然而这个梦却早早地被邻居家的砧声所破坏。醒来的她，即便面对的景色再好，却难以消除她对丈夫的思念。显然，这首诗篇中既描写了独守空闺的女主人公寂寥的生活与心态，也点出了邻里之间彼此的影响。

纵观古今，邻里之间的彼此影响有很多，有房屋方面的因素，如宅基地、房屋布局、围墙高低等；有声音方面的因素，如噪音、深夜或凌晨的高音等；有为人方面的因素，如邻居的品性、行事作风等等；……其因素之多难以尽诉，不同的人受邻居的影响因素也不同，但就今天人们以楼房为主要居所的时代而言，声音是影响邻里关系的主要因素。如居所附近的广场舞音乐、楼下深夜的汽车鸣笛声、楼上邻居家制造的各种噪音等等，都有可能成为邻里关系恶化的导火索。早在先秦时期，儒家就讲究“推己及人”“己所不欲，勿施于人”等优秀的为人处事理念，然而，时至今日，随着物质水平的高度提升，全方位网络时代的到来，人们更多的是关注自我的感受，自我的所得，而很少关注别人的感受与利益，这就造成了邻里关系的恶劣，甚至出现邻居不相识的现象。《打围回围》作者在诗篇中所言的不合时宜的砧声可以给邻居造成影响的事，从一定程度上能提醒受众，进而避免在日常生活中给邻居带来不必要的影响。

《湘云醉酒》主要是为了刻画史湘云的真性情，其所牵扯到的人物也是贾府中的人物，人物之间的关系，属于以血缘为中心辐射而出的人际关系，虽不是一般意义上的邻里关系，但对我们正确地应对、处理邻里关系仍有一定的意义。作者在诗篇中写道：“风流名士属姣娃，一任园中众口哗。不避腥膻真韵事，偶将烂醉作生涯。”这四句诗蕴含的深层意蕴是每个人都有自己的喜好和观点，要想满足所有人的喜好是不可能的事，所以在人际交往中，无论是血缘关系的人际关系还是非血缘关系的人际关系，如果自己的个性和观点是正确的，人都应该像史湘云那样保持自己的个性，坚定自己的观点。在邻里之间的相处中，这一点自然也很重要，但也要防止自己的个性和观点会伤害到他人。

“远亲不如近邻”，邻居是超脱了血缘关系的另类意义上的“亲人”。正如上文中所言，影响邻里关系的因素太多，换言之，和睦邻里关系的形成，不是靠说教也不是靠自行体味就能形成的，它需要一代又一代人的潜移默化与熏陶而成，即儒家所言的“推己及人”“己所不欲，勿施于人”的为人处世观应该成为一个民族文化血脉中的东西，如此，即便没有强硬的约束、不停地提倡，和睦的邻里关系、和睦的社会关系也能形成。

四、利于诚信待人

2017 年 1 月 25 日，中共中央办公厅、国务院办公厅发布的《关于实施中华优秀传统文化传承发展工程的意见》指出：“传承发展中华优秀传统文化，就要大力弘扬讲仁义、重民本、守诚信、崇正义、尚和合、求大同等核心思想理念。”[①] 多篇子弟书也讲到了诚信待人的问题，如《要账该账大战脱空》就描述了无耻得村中皮厚脸指点寻找脱空老祖，以逃脱债主逼债的故事。在无耻进入脱空教后不久，真人攻打脱空教，将无耻一众全部擒获。真人欲让无耻归己教，并消除其全部罪孽，然而无耻却“不怕来生变牛马，不怕阴司上刀山。不怕现下打与骂，拿定主意不还钱。”可见无耻是世间最不讲信用之人的代表，对这种油盐不进、不知悔改的人，作者自然不能轻饶，所以真人“吩咐三千讨债鬼，将他押赴天齐庙里边。用万斤的石碑将他压住，永世千年不把身翻。叫他伸头露脸活现世，风吹日晒万人观。”无耻最后的结局是作者对世间不讲信用之人的警醒，虽然其带有迷信色彩，却能激发人们内心的敬畏，进而产生自己讲究信用是人之根本的意识。

《论语·为政》中说“人而无信，不知其可。大车无輗，小车无軏，其何以

① 中共中央办公厅 国务院办公厅印发《关于实施中华优秀传统文化传承发展工程的意见》，http://www.gov.cn/zhengce/2017-01/25/content_5163472.htm。

行之哉？"[①]这种在先秦时期早已经被儒家所倡导的为人观，在现实中的实施并不尽如人意。正如上文所言，人是欲望的集合体，在与外界交往时，潜意识中自身利益诉求的满足是很多人的首要选择，基于此就产生了很多问题，如谎言、失信等。人们有时为了实现自己的利益诉求，甚至会违背基本的社会伦理道德，如《一疋布》中的张国栋为了钱财将自己的妻子借给蒋天隆的故事。作者对他的惩罚就是"赔了夫人又折兵"，而故事中的蒋天隆与张国栋妻子不仅没有受到惩罚，反倒是获得了其亡妻父母的认同，并获得了钱财。按理说，这三个人都是骗局的实施者，然而作者却仅惩罚了张国栋，其原因就在于借妻一事是张国栋提出的，作者想要惩罚的不过是始作俑者。作者通过这个故事想要告诉我们的是，人之一生，所遇之事颇多，甚至有千奇百怪之态，而在与他人相处时，人在有意无意中就会有失信于他人甚至欺骗他人的行为，那么作为外人或当事人该如何评判这种行为呢？是像作者这样只惩罚始作俑者，还是惩罚所有的参与者？答案想来就得具体问题具体分析，因人因事而异了。

虽然子弟书中讲述的有关诚信的故事都是古代的，无论故事内容还是人物的行为方式，都与今天有着很大的差异，但是其实质上都是不讲诚信、失信于人。故从这个角度看，子弟书中涉及的有关故事对警醒今天的我们是有一定效用的。

《单刀会》作者在诗篇的后半部分所指出的"三教九流士为首，朋友相交信在先。弟兄们情肠好换好，就是那儿女夫妻冤怨缘。"代表了诚信在人际交往中的重要性。"一个国家、一个民族的强盛，总是以文化兴盛为支撑的，中华民族伟大复兴需要以中华文化发展繁荣为条件。"[②]文化包括物质文化和非物质文化，无疑，诚信属于后者，它在今天的实施程度，对民族文化的兴盛有着重要作用。我们知道，讲诚信的人，无论其文化水平高低、身份高低，对自己所属的文化都有一种维护、崇敬之情。同时，讲诚信，对人际关系的健康发展有着非常重要的作用，而一个社会的人际关系非常健康的话，那么整个社会关系就是健康的。所以，诚信对一个民族文化有着重要的作用，这也是社会主义核心价值观

① 李学勤主编．十三经注疏·论语注疏 [Z]. 北京：北京大学出版社，1999 年版，第 23 页。

② 民族伟大复兴要以中华文化发展繁荣为条件——学习领会习近平总书记在山东考察时重要讲话精神 [N]. 光明日报，2013 年 12 月 4 日。

中有“诚信”一个位置的重要原因。

诗篇或其正书是静态的，其演唱形式甚至已经退出了历史舞台，但其蕴含、阐释的儒家思想或其他思想却是动态的，尤其是那些优秀的具有普世价值观的思想却是动态的，在其产生传播时代，就已经被受众在潜移默化中所接受，进而以一种自觉或不自觉的形式将其传播下去，正如《诗经·大雅·文王》所言：“周虽旧邦，其命维新。”[①] 任何一种思想，只要人们结合时代背景，从新的角度对其进行新的阐释，它必定会焕发出新的生命力，产生新的社会作用。

中共中央办公厅国务院办公厅印发《关于实施中华优秀传统文化传承发展工程的意见》指出弘扬中华优秀传统文化应坚持五条基本原则，其中第二条原则部分内容为“注重文化熏陶和实践养成，把跨越时空的思想理念、价值标准、审美风范转化为人们的精神追求和行为习惯，不断增强人民群众的文化参与感、获得感和认同感，形成向上向善的社会风尚。”[②] 子弟书所处时代虽然已经过去，但其所蕴含的诸多的正面的儒家思想及其他思想，是可以为今天的我们提供参考的。尤其是子弟书中有很多贴近社会现实的故事，很容易激起人民群众的参与感，进而从中获得自己想要的文化诉求。当然，子弟书中有很多思想具有隐性，或者作者为了让当时的受众更好地接受其所倡导的思想，为其披上了今天我们所不认同的“外衣”，针对这一点，我们就应该按照第三条原则。第三条原则为“坚持辩证唯物主义和历史唯物主义，秉持客观、科学、礼敬的态度，取其精华、去其糟粕，扬弃继承、转化创新，不复古泥古，不简单否定，不断赋予新的时代内涵和现代表达形式，不断补充、拓展、完善，使中华民族最基本的文化基因与当代文化相适应、与现代社会相协调。”[③] 换言之，我们阅读古典文献、穿汉服、祭孔等，其最终目的都是要继承、发扬其中的优秀因素。

---

① 褚斌杰注．诗经全注 [Z]. 北京：人民文学出版社，1999 年版，第 328 页。

② 中共中央办公厅 国务院办公厅印发《关于实施中华优秀传统文化传承发展工程的意见》：http://www.gov.cn/zhengce/2017-01/25/content_5163472.htm。

③ 中共中央办公厅 国务院办公厅印发《关于实施中华优秀传统文化传承发展工程的意见》：http://www.gov.cn/zhengce/2017-01/25/content_5163472.htm。

第三节　诗篇传播儒家思想的当代启示

中华民族一直注重对传统文化的学习，近年来更是注重对优秀传统文化的学习，并多次发文强调，2017 年 1 月 25 日，中共中央办公厅、国务院办公厅发布的《关于实施中华优秀传统文化传承发展工程的意见》就指出："在 5000 多年文明发展中孕育的中华优秀传统文化，积淀着中华民族最深沉的精神追求，代表着中华民族独特的精神标识，是中华民族生生不息、发展壮大的丰厚滋养，是中国特色社会主义植根的文化沃土，是当代中国发展的突出优势，对延续和发展中华文明、促进人类文明进步，发挥着重要作用。"[①] 与文化分为物质文化和非物质文化一样，优秀传统文化也分为这两种。优秀的物质文化是明面上都能看得见的，如建筑文化、服饰文化、饮食文化等等，然而由于时代的变化，虽然其蕴含着中华民族优秀的独特文化认知和理念，但很多已经不实用于今天这个时代，所以我们对这部分优秀传统文化的继承只能是学其理念以及先辈们寄寓其中的文化内涵，而不能学其形。[②] 非物质文化尤其是隐形的精神文化，对它的继承和传播显然要难于对物质文化的继承和传播。

优秀的中华民族文化思想属于隐形的精神文化，作为一种不可见的文化形态，很多时候即便是所有的人都在学习它，但这也不意味着所有的人都能接受它，去实施它。首先，如果一个人刻意掩饰，别人是无法察觉其内在本质，由

① 中共中央办公厅 国务院办公厅印发《关于实施中华优秀传统文化传承发展工程的意见》，http://www.gov.cn/zhengce/2017-01/25/content_5163472.htm。

② 当前，我们也要看到在继承传播优秀传统文化的潮流中，也有一些只学其形不明其意，走过场时的"学秀"式行为。如现在所言意义上的汉服，其实是对中华民族过去优秀服饰文化的一个概称，我们要学习的是其"右衽""束发""发饰"等所蕴含的文化内涵，如右衽体现的是一种民族文化自信，束发体现的是"身之发肤，受之父母"的孝道，发饰体现的是人的审美理念以及对已身家庭地位、社会地位的认知。现在很多人很多地方都在举行轰轰烈烈的汉服秀行为，但实际上只是学其形，注重其外在的美丽，并没有学到汉服的神。同样，复古性的建筑行为，也是此类。这就警醒我们，在具体的学习优秀传统文化过程中，一定要避免形式化的东西，而是要身处其中的人真正能理解到其中的文化内涵，并触类旁通，真正做到继承、传播优秀的传统文化。

此，其是否真正地吸收继承了优秀的传统文化，并不是一件容易判断的事。其次，正如笔者之前所言，人是欲望的集合体，而欲望又分为善欲和恶欲，这两者谁占优势，取决于其拥有者是否具有优秀的伦理道德观念和文化理念及其他正确的理念。但很多时候，善欲和学问又不是成正比的，且人生漫长，故我们不能通过一个人的某言某行就判定他的品质高低。虽然评判方式实施的困难并不能成为我们学习、继承及传播优秀民族传统文化的障碍，但这也提醒我们，在学习、传播优秀的中华民族传统文化时，我们不仅要注重形式，更要注意检测效果。如能才能将其落到实处，发挥实效。

因为子弟书是清代中后期的产物，今天的我们无法检测它所传播的儒家思想对当时的民众产生的影响是什么，故我们这里所说的诗篇传播儒家思想的启示，是从形式方面出发挖掘其对我们今天学习、传播优秀的中华民族传统文化的方式的启示。

一、文学艺术形式是传播思想的有利阵地

文学艺术形式是人类精神的产物，也是人类精神释放、精神享受、娱乐消遣等的方式之一。所以，在先民时期，未有文字产生之前，人类就有口语式文学曲艺的存在，它们忠诚地记载着先民最直接的生活方式、经历与感受，《击壤歌》可以算得上其中的一个代表。其歌曰："日出而作，日入而息，凿井而饮，耕田而食。帝力于我何有哉！"[①] 这首歌于简洁、明快中既清晰地描写了人们的生活方式，又表达了他们对当时统治者的不满。虽然《击壤歌》仅是当时文学艺术形式的一个代表，但却充分地说明了文学艺术形式的重要性。秦代的焚书坑儒则从一个侧面说明了书籍的重要性，而有文字记载的文学艺术作品显然也是其中的一部分，故其无形中也说明了文学艺术在传播思想中起着重要作用。

为什么我们说文学艺术形式是传播思想的有力阵地呢？这是因为它们具有受众接受心理的特点，下面我们以子弟书和网络小说为例来探讨这个问题。

子弟书是叙事性的说唱文学，且具有韵文的特征。其所描写的内容丰富多彩、生动有趣，语言活泼生动，所以即便其唱腔不为人所喜，但仍在当时流行

① 逯钦立辑校．先秦汉魏晋南北朝诗 [Z]. 北京：中华书局，1983 年版。

一时，几乎获得了全社会受众的喜爱。从接受学角度看，受众既然喜欢子弟书的形式与内容，自然也不排斥作者在其中所阐释的、所要传播的思想，也就是说，当受众完全沉浸于一篇子弟书中时，他对隐含其中的思想的接受也是自然而然的事。如《旧院池馆》说的是庞春梅在“西门庆忌日孝哥儿生辰”之日到西门庆家的故事，正书中，作者通过人物的言行以及庞春梅的视角，一是表现了其在正书中所言的“人生真是一场梦，这正是好梦荣华恶梦贫”；二是表现了其在诗篇首联所言的“堪叹人生聚散频，荒凉池馆最消魂”；三是表达了正书中所言的“月儿缺时终须满，鲜花儿虽谢又重新。惟有这玉人儿一去无时返，泉路茫茫不可寻！”由于内容原因，大众所见的《金瓶梅》虽为删减本，但大众对书中的人物尤其是其关键性的人物西门庆、潘金莲、李瓶儿及庞春梅等。虽然这些人物身上也有一定的可取之处，但对普通大众而言，其所关注到的则主要是他们所呈现出来的情欲特征。换句话说，这些人物形象在大众那里并不是美好的代名词，作者想要用他们表现符合大众一般审美需求的理念及思想，显然不是一件易事。然而，《旧院池馆》作者在巧妙的构思下，借用庞春梅回探西门庆家的事，把上文我们所总结的三点作了很好的诠释。他的叙述，让人们忘记了庞春梅、吴月娘等人的缺点，只剩下了对人生的无限唏嘘。这种让受众忽视人物缺点、甚至逆转受众对人物看法的力量，充分显示了俗语所言“文人的笔，武将的剑要人命”的特点。所以，习近平总书记在文艺座谈会讲话上，要求文学艺术要接地气，要为人民服务。

当前，不难看到，健康、优秀的思想文化建设亟待建设和加强。如果说，在生产力落后的农业社会，以文学艺术的形势向大众传播思想，相对简单的话，那么，在全媒体时代，思想文化形式的建设与加强并不是一件易事。如对文学艺术作品内容的监管就是一件很麻烦的事。

以最近十几年一直流行不衰且受众面广的网络小说为例，其题材分为玄幻、修真、穿越、架空、重生、耽美、惊悚、军文、言情、都市、悬疑、校园、总裁、豪门等十多类，这些小说固然有优秀的因素在里面，但也有很多不良因素在其中。如修真小说，虽然其主体思想是倡导一个人要不畏艰险，积极向上，但在大部分修真小说的故事中，这个主题思想被赋予了唯我独尊、复仇、暴虐等因素外，其主人公几乎无一例外地最初都为所谓的废材，都处于被各种虐的境地，其最终得到救赎的方法大抵都为重生，或被来自未来的灵魂附体。综合这些因素，不难发现，作者设定的原主人公其实已经死亡，后来的主人公已不是原来意义上的主人公，是具有了先验经验或特殊才能的主人公。所以，从这些角度看，大部分修真小说在一定程度上可以让读者体味到主人公的奋斗精神，但更可怕的是，它在一定程度上也诱导读者相信来生，相信“奇迹”。说白了，这些修真小说就是披上了积极向上外衣宣传封建迷信的小说。那么，我们该如何对待这样的网络小说？如何让其为读者提供真正意义上的精神享受呢？这是一个值得我们深思的问题。

当前，网络小说的人工监管尚不成熟，很多低俗的违规字眼只是被程序员设定的程序自动屏蔽，起到了一定的肃清作用，但更多的低俗情节，却被作者们换了更隐秘的表达方式，从这个角度看，网络监管的效用不大。但是，我们又不能否认，在全媒体时代，网络小说比纸质小说的受众面更广、影响力更大，且其受众主要是中青年、甚至少年。所以，如何有效地利用这个阵地传播优秀的中华民族文化，是亟待解决的问题。

要利用好这个阵地，第一点，就是要严格审查有关豪门、军文、耽美等题材的网络小说。如豪门网络小说，无论其故事情节还是主人公身份如何变化，基本上都是灰姑娘被王子爱上的故事；军文情节也与之类似，而耽美小说所设定的情节和主人公都以唯美为主，很容易诱导青少年去尝试同性之间的爱情。通过流传下来的子弟书我们可以看到，除了《升官图》《葡萄架》等寥寥几篇外，其他很少有内容低俗的篇章。那么为什么子弟书作者能做到，而当今的网络小说作者却做不到呢？究其因，在于它刚出现的时候，形式新颖，吸引了受众的注意力，逐渐地作者又以受众的需求为创作动机，于是就衍生出今天的网络小说大潮，并且出现了很多不健康的现象。所以，作为监管部门，及时剔除网络小说中的不健康因素就成为一件很有必要的事。第二点，要在各级各类学校中开设有关如何选择文学作品的课程，尤其是网络小说，其明显的特征是模式化，故可将其以写作套路告知学生，久而久之，学生自然就会明白哪些小说该读，哪些小说不该读。

二、新闻及其他社会现象可用创新的形式展示

新闻也属于社会现象，它与其他社会现象一样，都具有现实性的特征，唯一差别就是被选为新闻的社会现象大多具有代表性，特别是在主流媒体中，新闻都具有教育性及扬善性特征，所以其固然能起到一定的教育性、引导性作用，但如果属于“换汤不换药”的话，就会出现新闻还未开始讲观众就知道结尾现象。那么如何避免这种现象呢？

我们知道，“中华优秀传统文化蕴含着丰富的道德理念和规范，如天下兴亡、匹夫有责的担当意识，精忠报国、振兴中华的爱国情怀，崇德向善、见贤思齐的社会风尚，孝悌诚信、礼义廉耻的荣辱观念，体现着评判是非曲直的价值标准，潜移默化地影响着中国人的行为方式。传承发展中华优秀传统文化，就要大力弘扬自强不息、敬业乐群、扶危济困、见义勇为、孝老爱亲等中华传统美德”。[①] 无疑，在弘扬传播这些优秀传统文化时，单靠从经典著作中获取案例及理论是不够的，最关键的是要让大众形成一种在社会现实中自觉分析社会现实中的正能量并自觉弘扬传播这些正能量的意识。所谓不破不立，尤其在瞬息万变的信息时代，更应该注意传播形式的新颖性。在这一点上，子弟书是值得借鉴的。

子弟书产自并流行自禁止戏剧在内城演出的清代中后期，有着多方面的原因。

第一，它的形式有所创新。与浓墨重彩、衣饰华丽的戏剧不同，子弟书重在形式的简单，一个人加一把三弦即可。在当前，面对电子媒体日益成为信息传播媒体主体的社会现实，除重大的国际新闻及层面较高的新闻无法在网络上及时出现外，一般性的社会新闻机会都被各种网络媒体或网民以实拍的形式呈现，这就意味着如果广播新闻媒体工作者不注重形式的更新，还以传统的形式展现社会新闻，会与现代的受众产生“代沟”。这里的代沟指的是新闻的展现形式以及编排形式，基于这一点，新闻工作者应该广泛调查当前受众对新闻形式的要求。例如，《碧玉将军》就是讲述当时一无是处的奕经抗英失败的新闻。作

① 中共中央办公厅 国务院办公厅印发《关于实施中华优秀传统文化传承发展工程的意见》，http://www.gov.cn/zhengce/2017-01/25/content_5163472.htm。

者在文章详细地描述奕经抗英时的情况，虽然没有直接指出其失败的原因，但是受众可以自行从他的描述中看出奕经失败的原因。因为作者将这件重大的新闻以子弟书的形式呈现出来，所以不仅当时的民众能了解奕经抗英的情况，也让今天的我们对当时的事件有了详细的了解，为相关研究提供了资料。而反观今天的新闻，尤其那些重大新闻，虽然媒体也会报道，也会采取一定的形式进行宣传，但是面对信息瞬息万变的时代语境，面对全面娱乐化的时代，它们很快就淹没在其他新闻及宣传报道后面，这不能不说是重大新闻的一个损失。所以，我们应该学习子弟书对新闻报道的形式创新，不仅以符合受众接受心理的形式编排新闻，还要因其形式的创新让受众对新闻持有深刻的印象。

第二，它的演出地点具有多样性。从部分子弟书篇章及其他文献资料中，我们可以看到子弟书的演出地点从富贵的旗人家庭内部到亲朋好友家的堂会，再到茶楼酒馆，甚至路边的茶馆等。演出地点的这种变化，使子弟书获得了越来越多的受众。这样同样也可以作为今天新闻媒体工作者的参考。在多媒体时代，电子媒体无处不在，如地铁、公交车、电影院、商场等等，这些区域受众范围广、流动性大，是主流新闻媒体推送新闻的良好阵地。但事实上，这些区域的电子媒体被广告商所占领，主流媒体新闻几乎不存在。虽然，利益的获取是商家存在的最大目的，但在牵扯到文化建设、思想教育的情况下，新闻媒体工作者还是应该考虑一下如何从这些区域获取一些电子媒体播放权的问题。

第三，其作者在诗篇或正书中都会对其所描述的事件作出评价。这一特征对今天的新闻工作也很有启发。新闻报道讲究的是及时性、重要性，在网络媒体兴起之前，广播台及电视台、报纸等的确是民众了解这些新闻的几个渠道，但网络媒体兴起之后，民众了解新闻的渠道不仅多样化，且在时间上甚至比在固定时间段播出的广播及电视新闻更为提前，这就决定了当前民众了解新闻的快餐性特征。尤其值得注意的是，网络时代，民众的心理更趋向于“暴力化”，如人肉搜索、全民声讨等。这种行为，很多时候把一件原本很小的事扩大为一件不可控的，无论对谁都没有好处的事。然而，如果在事情发生的第一件时间，或者即将发酵的时候，主流媒体如果对该新闻进行客观冷静地分析，民众就会站到更高层面去分析这件事，而不是人云亦云，对事件及事件当事人进行暴力化的抨击。

三、学校思想教育形式应多样化

子弟书中蕴含着广泛的儒家思想，换句话说，或许作者并没有下意识地去传播儒家思想，但实际上却是子弟书传播儒家思想获得了成功，且得到了受众的广泛认可。这意味着文学艺术对思想的传播有着重要的作用，当前，我们也可以将思想教育的形式融于文学艺术，或以其他形式进行，尤其对学校教育来讲，更应如此。

思想教育从娃娃时期抓起，主要意味着要从学校教育抓起，传统意义上的学校思想教育主要以思想品德课为主体开展，其效果并不尽如人意，近几年在此基础上，产生了以研学游为主流的思想教育，但往往形式重于内容，实践效果并不突出。根据我们上面子弟书传播儒家思想的特点分析，以及当前学生受教育的特点分析，我们认为当前各级各类学校的思想教育形式都应该跳出单纯的课堂加课本的传授模式，而应该采取各种为学生所真正喜欢的形式。

如上面我们所讲的主流媒体的新闻，其实就是很好的思想教育阵地，但是学校并没有将其纳入思想教育体系的范畴，只是在高考等其他类型的考试中会牵扯到时事政治的考试，这种基于考试目的而接受的思想教育显然对学习者思想水平的提高并没有用。基于此，学校不妨将思想教育课拿出一半的时间让学生观看新闻，并进行头脑风暴式的观后讨论，就事论事，展开思想讨论，如此，不仅能有效提升学生的思想水平，还能有效提升学生的思辨能力。

当前，我们也要看到，在中小学的思想教育中，与传统文化有关的二十四孝的故事，还有从幼儿园起学生就要背诵的《三字经》《弟子规》等，此时的学生虽能背诵，但只是机械的模仿，并不能了解其确切的意思，甚至有时只是为了作秀而作秀。基于此，对于低学龄阶段学生的思想政治教育，不应让他们机械地背诵这些传统经典，而应该在剔除封建糟粕的基础上，将其化为故事或者游戏，让学生在故事中、游戏中，模仿这些优秀的行为，进而将其纳入自己的思想范畴，在此基础上，再去背诵这些传世经典，就具有了意义。

诗篇及正书对儒家思想传播的成功，其内因和外因放置在今天貌似已经脱离了时代语境，但实际上无论时代怎么变化，人们对社会及他人、包括自己的内心诉求在本质上是一致的。一般人求的是衣食住行为代表的物质层面的东西，还有一些素质较高的人追求的是精神层面的东西。这两种追求，其目的都是为了美好，差别仅在于其美好是为个人，还是为集体。因此，我们不应该局限于当前的物质，在学习优秀的中华民族传统文化同时，也要认真学习他们宣传、弘扬自己所倡导的思想文化及思想意识形态的方式。

参考文献

一、语料

1. 胡文彬 . 红楼梦子弟书 [Z]. 沈阳：春风文艺出版社，1983.

2. 关德栋，周中明 . 子弟书丛钞 [Z]. 上海：上海古籍出版社，1984.

3. 北京市民族古籍整理出版规划小组辑校 . 清蒙古车王府藏子弟书（全二册）[Z]. 北京：国际文化出版公司，1994.

4. 张寿崇主编，北京市民族古籍整理出版规划小组辑校 . 满族说唱文学：子弟书珍本百种 [Z]. 北京：民族出版社，2000.

5. 黄仕忠，李芳，关瑾华 . 子弟书全集 [Z]. 北京：社会科学文献出版社，2012.

二、学术著作及论文

1.（清）崇彝 . 道咸以来朝野杂记 [M]. 北京：北京古籍出版社，1982.

2. 李泽厚 . 中国古代思想史论 [M]. 北京：人民出版社，1985.

3. 朱诚如 . 皇太极处理满汉民族关系的政策 [J]. 文史哲，1987（02）.

4. 赵海 . 儒学与中华民族的凝聚力 [J]. 唐都学刊，1994（04）.

5. 山东孔子学会编 . 鲁文化与儒家思想 [M]. 山东友谊出版社，1996.

6. 苗润田 . 中国儒家思想史·明清卷 [M]. 广东教育出版社，1998.

7. 商国君 . 先秦儒家仁学文化研究 [M]. 西安：陕西师范大学出版社，1998.

8. 刘正寅 . 试论中华民族整体观念的形成与发展 [J]. 民族研究，2000（06）.

9. 王杰 . 儒家文化的人学视野 .[M]. 北京：中共中央党校出版社，2000.

10. 余钊 . 北京旧事 [M]. 北京：学苑出版社，2000.

11. 刘烈茂，郭精锐．车王府曲本研究 [M]. 广州：广东人民出版社，2000.

12. 郑维东．政治秩序的构建：儒家政治文化与政治稳定 [M]. 长春：吉林人民出版社，2002.

13. 葛荣晋．儒家思想精蕴新释 [M]. 齐鲁书社，2002.

14. 姜林祥．儒家思想价值传统与现代化 [M]. 齐鲁书社，2002.

15.（加）伊尼斯著，何道宽译．传播的偏向 [M]. 中国人民大学出版社，2003.

16. 黄昀．略论儒学与少数民族的相互关系——兼及儒学对当代民族关系的意义 [D]. 云南师范大学，2004.

17. 崔蕴华．百本张与子弟书书坊 [J]. 民族文学研究，2004(04).

18. 陈国庆．晚清社会与文化 [Z]. 北京：社会科学文献出版社，2005.

19. 陈炎．多维视角中的儒家文化 [M]. 济南：山东教育出版社，2006.

20. 刘绪贻．试论儒家思想与传统文化的关系 [J]. 学术界，2007.

21. 胡锦涛．高举中国特色社会主义伟大旗帜 为夺取全面建设小康社会新胜利而奋斗——在中国共产党第十七次全国代表大会上的报告 [J]. 前线，2007（11）.

22. 郭齐勇主编．儒家文化研究（第二辑）[Z]. 上海：生活·读书·新知三联书店，2008.

23. 姚颖．清代中晚期北京说唱文学与伎艺研究：以子弟书、岔曲为中心 [M]. 北京燕山出版社，2008.

24. 王平．明代儒家思想的嬗替与小说的流变 [J]. 文学评论，2008.

25. 赖贤宗．儒家诠释学 [M]. 北京大学出版社，2009.

26. 崔蕴华，陆昕．论明清说唱文学对传统叙事诗的创新 [J]. 民族文学研究，2009（02）.

27. 李芳．观看与书写：清初、中叶旗人观剧体验与其俗曲创制 [J]. 中正大学中文学术年刊，2010（02）：221—249.

28. 耿瑛．子弟书与鼓曲 [J]. 中国演员，2011（05）.

29. 曹官力．休闲与事业：清末民初的京剧票界（1871-1929）[D]. 台湾大学，2011.

30. 祝薇 . 论早期现代新儒家的宗教观 [M]. 上海：上海古籍出版社，2011.

31. 昝宏宇 . 清代时事类子弟书中的“子弟”形象考略 [J]. 山西社会主义学院学报，2011（01）.

32. 王淑琴 . 儒家思想社会化及其当今启示 [J]. 理论探索，2012（09）.

33. 盛志梅 . 清代子弟书的传播特色及其俗化过程 [J]. 满族研究，2012（04）.

34. 陈祖为，匡钊 . 儒家思想与人权 [J]. 学术月刊，2013（11）.

35. 盛志梅 . 中国说唱文学之发展流变 [M]. 北京：中国社会科学出版社，2013.

36. 欧阳辉纯 . 论儒家忠德主体 [J]. 唐都学刊，2013（05）.

37. 李华 . 晚清儒学的危机与变革——论洋务运动时期的儒学 [D].2014.

38. 韩先虎 . 先秦儒家思想八讲 [M]. 上海：上海交通大学出版社，2015.

39. 王美雨 . 车王府藏子弟书方言词语及满语词研究 [M]. 北京：九州出版社，2015.

40. 车振华 . 清代说唱文学创作研究 [M]. 齐鲁书社，2015.

41. 景海峰，赵东明 . 诠释学与儒家思想 [M]. 东方出版中心，2015.

42. 邓运佳 . 中国戏曲广记 [M]. 成都：四川大学出版社，2015.

43. 刘嘉伟，丛国巍 . 子弟书对《红楼梦》语言艺术的继承与创新 [J]. 南京师范大学文学院学报，2016（02）.

44. 冷纪平，郭晓婷 . 子弟书源流考 [M]. 中国社会科学出版社，2016.

45. 董璐 . 传播学核心理论与概念（第二版）[M]. 北京大学出版社，2016.

46. 李芳 .《绿棠吟馆子弟书选》考釋 [J]. 戏曲与俗文学研究，2016（12）.

47. 程鹏 . 社会主义核心价值观与儒家文化关系研究 [D]. 陕西师范大学，2016.

48. 王永祥 . 儒家家庭教育思想研究 [D]. 兰州大学，2017.

49. 中共中央办公厅 国务院办公厅印发《关于实施中华优秀传统文化传承发展工程的意见》[N]. 中国文化报，2017.01.26.

50. 崔蕴华 . 说唱、唱本与票房 北京民间说唱研究 [M]. 北京：商务印书馆，2017.

51. 郭齐勇主编 . 当代新儒家与当代中国合世界 [Z]. 贵阳：孔学堂书局有限

公司，2017.

52. 陈典平 . 先秦儒家历史观研究——以孔子、孟子、荀子为中心的考察 [D].2017.

53. 王美雨 . 语言文化视域下的子弟书研究 [M]. 北京：九州出版社，2017.

54. 王美雨 . 子弟书对水浒人物的审美接受与再造 [J]. 菏泽师范学院学报，2018（04）.

55. 王美雨 . 清代满族说唱文学子弟书诗篇研究述评 [J]. 满族研究，2018（02）.

56. 邵龙宝 . 儒学在人类命运共同体构建中的资源价值 [J]. 上海师范大学学报（哲学社会科学版），2018（01）.

57. 王美雨 . 清代百本张及别野堂子弟书目录研究 [J]. 满族研究，2018（04）.

58. 鞠忠美 . 中华传统文化创造性转化创新性发展实现机制研究 [D].2018.

59. 王美雨 . 清代满族红楼梦子弟书诗篇内容及文化意蕴研究 [J]. 满族研究，2019（02）.